デリバティブ キーワード390

DERIVATIVES KEYWORDS

三井住友信託銀行マーケット事業 編

JN240873

一般社団法人 金融財政事情研究会

はじめに

　金融数学を用いて組成する本格的な（狭義の）デリバティブ取引は，一般に，1981年に世界銀行とIBMが成約した通貨スワップ取引から始まったといわれています。ただし，商品先物取引などの古典的なデリバティブ取引は18世紀から存在しており，広義のデリバティブ取引の歴史は意外にも長いようです。しかし，「デリバティブ」という呼び名が定着したのは，1990年代半ばであり，その意味では，デリバティブ取引の歴史はせいぜい30年あまりですので，他の金融取引に比べれば，新しい分野といえるでしょう。

　その短い歴史のわりには，デリバティブほど世の中を騒がした金融取引はほかにはありません。2008年9月のリーマン・ショックは，大量破壊兵器と揶揄されたCDS取引（クレジット・デフォルト・スワップ）の乱用による過度の投機が招いた悲劇でした。そのほかにも，デリバティブに関連した巨額損失事故は多数発生しています。その結果，「デリバティブ悪玉論」が唱えられ，さまざまなデリバティブ規制が導入されてきました。そのため，ここ15年間は規制対応に追われ，デリバティブは「冬の時代」を耐えて過ごしてきた感があります。

　しかし，ここで冷静に考えていただきたいのは，数々の巨額損失事故はデリバティブ固有の性質が原因ではなく，そのユーザーの使用方法に起因する点です。事故の多くは，リスク管理の基本である与信限度額管理，ロスカット・ルール，フロント・バックの牽制などが遵守されていなかったことが原因です。飲酒運転や暴走行為による交通事故は運転手の人間性が原因であり，自動車の性能に起因するものではないのと同じです。つまり，デリバティブは，本来，便利なツールであり，適切に利用する限り，安全な金融技術なのです。

　21世紀になってすでに四半世紀が過ぎようとしている昨今，注目を集め

ているのがGX（グリーントランスフォーメーション）とDX（デジタルト
ランスフォーメーション）です。そのGXとDXにおいて，目下，デリバ
ティブが新たな問題解決のツールとして脚光を浴びつつあります。

　GXにおいては，従来からのリスクとリターン（収益）のバランスに加
えて，第3の要素であるESGに配慮した運用や投資が求められます。つま
り，ESGを考慮し，儲け過ぎてはならず，さりとて赤字を出すわけにもい
かず，その絶妙な損益分岐点を見出す必要があります。また，DXにおい
ても，価格変化の激しい暗号資産（仮想通貨）のリスクヘッジ，あるいは
異なる暗号資産の交換のニーズがあります。かかる場面では，問題解決の
ツールとしてデリバティブが登場します。なぜならば，変動金利と固定金
利，異なる通貨建ての元利金支払，価格変化率と変動金利といった属性の
異なる財物を等価値にして交換する，あるいは相場変動リスクを極小化す
るのは，まさにデリバティブの真骨頂だからです。

　ちなみに，日本の資本主義の父と称される渋沢栄一は，その著書『論語
と算盤』のなかで，「と」の力の重要性を説いています。「と」とは英語の
"and" であり，その反対語の "or" は日本語の「か」に当たります。つ
まり，「AとB（A and B）」と「AかB（A or B）」がお互いに反対概念と
なるわけです。渋沢栄一は，「AとBは相矛盾するから，いずれかを選ぶ
しかない」として，限られた範囲・条件下での選択的な判断を行う「か」
の考え方ではなく，「AとBは相矛盾するが，同じ目的を目指すものだか
ら，組み合わせてみよう」と柔軟に判断する「と」の考え方を推奨してい
ます。事実，渋沢栄一は「と」の力で多くの企業や社会インフラを創設し
ました。それは，今日でいう持続可能な社会を目指すESGに配慮した経営
につながるものでした。つまり，利潤追求とESG（環境保全，人権尊重，
法令順守）という，一見，相矛盾するように思われがちな両者のバランス
を保つ経営は，まさに「と」の精神の実践です。この「と」を実現する代
表的な手段がデリバティブなのです。

　そのデリバティブを適切かつ効果的に活用していただくための道標とし

て，本書『デリバティブキーワード』は1995年にその初版が出版されました。その後，2000年，2007年，2013年，2019年にその改訂版が出版され，今回が5回目の改訂版となります。つまり，今年（2025年）は，本書の創刊30周年に当たる記念するべき年です。デリバティブは前述のとおり，すでに30年以上の歴史を有しますが，その性質上，その商品の種類と範囲が広く，かつ金融数学，IT技術，法務コンプライアンス技術といった専門技術を要するため，一般的に理解がむずかしい面があります。しかし，スポーツにおいても，そのルールを理解していないと正しいプレーができないのと同様に，デリバティブにおいても，その専門用語を理解しておくことが取引の前提条件です。その理解をサポートするのが本書の目的です。今回の改訂では，LIBOR等の金利指標の改廃，新商品の登場，各種規制や市場慣行の変更等を反映し，その項目数を前回版の360から390へと増やし，より充実した内容といたしました。

　弊社（三井住友信託銀行）は，昨年（2024年），記念するべき創業100周年を迎えました。その起源は，1924年（大正13年）創業の三井信託銀行，1925年（大正14年）創業の住友信託銀行，1962年（昭和37年）創業の中央信託銀行であり，それら3社が二度の合併を経て2012年に三井住友信託銀行が誕生しました。3社のうち創業時期が最も古い三井信託銀行の創業から数えて，昨年で満100年となったわけです。上記各社の創業の精神である「奉仕開拓」「信義誠実」「信頼創造」は，弊社グループ（三井住友トラストグループ）の行動規範（Value）のなかに明記されており，いまも受け継がれています。これまでの100年間に弊社がその初志を貫徹しえたかどうかは，ひとえにお客様の評価にお任せするしかありませんが，さらなる100年に向けては，「お客様の貴重な財産を信じて託していただけることが「信託」のあるべき姿」という原点にあらためて回帰していかねばなりません。また，弊社が特に力を入れているESGについても，今後，さらなる推進に努めていく必要があります。次なる100年へのカウントダウンはすでに始まっているのですから。

本書の創刊30周年と弊社の創業100周年がほぼ重なるダブル・アニバーサリーの今年（2025年）に，本書の改訂の機会に恵まれたことは誠にありがたいことであり，その改訂新版が読者の皆様のデリバティブへの理解の一助となれば，弊社および本書の執筆陣にとって望外の喜びです。この改訂新版がデリバティブ市場の発展に微力ながらも貢献できることを，切に願ってやみません。

　最後になりますが，本書の改訂にあたり，懇切丁寧な助言をくださり，弊社からの要望にも辛抱強くご対応いただき，本書の出版を力強くかつ温かく支援してくださった一般社団法人金融財政事情研究会の花岡博様に心から厚く感謝を申し上げます。

地球沸騰のなか，デリバティブがESGに貢献しうることを切に祈って

　2025年 1 月

三井住友信託銀行株式会社

マーケット事業　執筆責任者

植木　雅広

【編集】 三井住友信託銀行マーケット事業

【執筆者略歴】

植木　雅広（うえき・まさひろ）
1986年　東京大学法学部卒業
2022年　三井住友信託銀行株式会社入社
第一勧業銀行，三和銀行，三菱UFJ銀行，みずほ銀行を経て，現在 マーケット企画部 審議役

上野　直樹（うえの・なおき）
2013年　東京大学大学院工学系研究科修士課程修了
2013年　三井住友信託銀行株式会社入社
マーケットソリューションビジネスユニットを経て，現在 マーケットメイクビジネスユニット 調査役

大嶋　康平（おおしま・こうへい）
2018年　早稲田大学政治経済学部卒業
2018年　三井住友信託銀行株式会社入社
マーケットメイクビジネスユニットを経て，現在 欧州部ロンドンマーケットビジネスユニット 主任

加藤　雅史（かとう・まさし）
1995年　早稲田大学大学院理工学研究科修士課程修了
2024年　三井住友信託銀行株式会社入社
日本興業銀行，シンプレクスなどを経て，現在 マーケットメイクビジネスユニット 審議役

菅野　将司（かんの・まさし）
2014年　慶應義塾大学経済学部卒業
2014年　三井住友信託銀行株式会社入社
マーケットメイクビジネスユニットを経て，現在 マーケット金融ビジネスユニット 調査役

喜多　駿（きた・すぐる）
2012年　関西学院大学経済学部卒業
2012年　三井住友信託銀行株式会社入社
マーケットメイクビジネスユニットを経て，現在 マーケットALMビジネスユニット 調査役

久保　福一郎（くぼ・ふくいちろう）
2007年　京都大学大学院理学研究科博士課程修了
2007年　住友信託銀行株式会社入社
年金信託部，リスク統括部，金融庁出向，マーケットメイクビジネスユニットを
経て，現在 マーケットDXビジネスユニット　審議役

齋藤　恭平（さいとう・きょうへい）
2017年　一橋大学経済学部卒業
2017年　三井住友信託銀行株式会社入社
現在 マーケットメイクビジネスユニット　主任

鈴木　敬一（すずき・けいいち）
2001年　早稲田大学社会科学部卒業
2001年　住友信託銀行株式会社入社
マーケット事業内の複数部署，証券会社出向，海外拠点，投資家事業などを経
て，現在 欧州部　審議役

土井　航一（どい・こういち）
2022年　東京大学大学院総合文化研究科修士課程修了
2022年　三井住友信託銀行株式会社入社
現在 マーケットALMビジネスユニット　主務

中村　一基（なかむら・かずき）
2012年　名古屋大学法学部卒業
2012年　三井住友信託銀行株式会社入社
マーケットメイクビジネスユニットを経て，現在 マーケット企画部　調査役

早川　拓海（はやかわ・たくみ）
2018年　東京理科大学理工学部卒業
2018年　三井住友信託銀行株式会社入社
マーケットソリューションビジネスユニットを経て，現在 マーケットメイクビ
ジネスユニット　主任

水谷　真治（みずたに・しんじ）
2016年　東京大学経済学部卒業
2016年　三井住友信託銀行株式会社入社
現在 マーケット企画部　調査役

【本書のご利用にあたって】

1 　今回の改訂にあたり，全面的にキーワードの統廃合と修正を行っています。それと同時に，バーゼルⅢ最終化，IBOR廃止に伴う市場慣行の変化，話題性のある運用商品，最新研究を反映した数理理論など，時代に合った重要なキーワードを新設しています。その結果，前改訂版では360であったキーワード数が390に増えています。新設したキーワードには，目次で **NEW** を付けています。

2 　キーワードを13の分類にまとめています。これにより，各分類についての基礎知識を確認したり，知識を整理する，という用途にお使いいただけると思います。

3 　キーワードごとに，キー・コンセプトを見出しにまとめるとともに，Step 1 で総論，Step 2 で各論，Step 3 で応用編を簡潔にまとめるように構成しています。

4 　索引を日本語と英語の両方に対応させていますので，どちらの言語からでもデリバティブ用語をお調べいただけます。

目　次

1　市　場

4 スワップ

5 債券・証券化商品

6 クレジット

7　その他デリバティブ

8　戦　　略

9 リーガル

10　財務・会計

11　リスク管理

12 数理モデル

13　数学・数値計算

1

市　場

デリバティブ（金融派生商品） *Derivatives*

金利，為替，株式，商品等の原資産価格やリファレンス・レート等によって価値の決まる契約。

Step 1　デリバティブは，ある原資産の価格やリファレンス・レートなどによって，価値の決まる契約のことです。株式や債券などの現物取引から派生（Derive）したため，金融派生商品（または派生商品）と呼ばれています。また，かつて貸借対照表に載らなかった取引であったことからオフ・バランス・シート（簿外）取引といわれることもありました。

Step 2　代表的なデリバティブは先物取引，スワップ取引，オプション取引です。たとえば，大阪取引所で取引されている「日経225先物」は，将来のある時点の日経平均株価を原資産とした先物取引であり，日経平均株価に連動して先物価格が変化します。また，「日経225オプション」は，将来のある時点の日経平均株価を原資産としたオプション取引であり，日経平均株価やオプション満期日までの期間等によってオプション・プレミアムが決まります。

　デリバティブにはさまざまな種類の原資産やリファレンス・レート等が使用されたものがあります。株価指数先物で参照するインデックスは日経平均株価やTOPIX，S&P500など多数あり，金利スワップで参照する指標は各通貨のリスクフリーレート（例：TONA，SOFR）やIBOR（例：TIBOR，EURIBOR）などです。このほかにも為替レートや物価上昇率など取引需要のあるさまざまな価格やレートが参照されます。

　デリバティブを特徴づけるものとしては，そのほかにも市場（取引所，店頭市場）や決済方法（現物決済，差金決済），損益曲線などがあります。デリバティブは，原資産や取引形態などによって次頁表のように分類する

ことができます。これらは代表的な取引であり，これ以外にもさまざまな
デリバティブが取引されています。

　デリバティブはポートフォリオのリスク・ヘッジや投資などに利用され
ます。デリバティブをヘッジに利用する際は，ヘッジ対象とデリバティブ

さまざまなデリバティブ			
原資産		商品種別	取引形態
株	株価指数	株価指数先物	取引所取引
		株価指数オプション	取引所取引
	個別株	先渡取引	店頭取引
金利	債券	債券先物	取引所取引
		債券先物オプション	取引所取引
	金利指標	金利先物	取引所取引
		金利先物オプション	取引所取引
		FRA	店頭取引
		金利スワップ	店頭取引
		スワップション	店頭取引
		CAP	店頭取引
		FLOOR	店頭取引
		通貨スワップ	店頭取引
		NDS	店頭取引
為替	為替	為替フォワード	店頭取引
		通貨オプション	店頭取引
		通貨先物	取引所取引
		NDF	店頭取引
商品	商品	商品先物	取引所取引
		商品先物オプション	取引所取引
その他	指数など	T.R.S.	店頭取引
	物価上昇率	インフレーション・スワップ	店頭取引
	気温など	天候デリバティブ	店頭取引
	不動産価格指数	不動産デリバティブ	店頭取引

の損益曲線やヘッジ対象とデリバティブのリスク・ファクターに対する感応度を計測するなどして，複数あるデリバティブのなかから目的に最も適したデリバティブを選択します。デリバティブを取引した後も，VaRやストレスシナリオなどのリスク管理を継続的に実施し，その時々の目的や方針に見合った状態になっているかを確認します。

デリバティブのユーザー

デリバティブによってリスク・ヘッジや投資をする個人，企業。

Step 1 デリバティブの主な用途としては，時価や収益の変動を抑えるためのヘッジ，相場変動から収益を獲得するための投資などがあり，さまざまなユーザーがいます。

(1) 投 資 家

機関投資家や年金基金などの投資家は，投資やリスク・ヘッジにデリバティブを使用することがあります。デリバティブが内包された仕組債への投資や運用指数に連動するトータル・リターン・スワップ取引を行うことがあります。また，外国債券や外国株などを保有している投資家は，為替リスクをヘッジするために為替予約を行うことがあります。

(2) 事業法人の財務部

事業法人の財務部では，輸出入に伴う為替リスクを為替予約や通貨オプション等によってヘッジすることがあります。また，借入れに伴う金利リスクを金利スワップやキャップ等によってヘッジすることもあります。

(3) 銀行のALM部門

銀行は個人等から預金として資金を調達し，企業への貸出や国債投資等で資金を運用しているため，金利リスクや信用リスク等を保有しています。そのため，金利リスクを金利スワップやスワップション等によって，信用リスクをCDS等によって，それぞれヘッジすることがあります。また，外貨貸出のための外貨調達として通貨スワップや為替スワップを取引することもあります。

(4) 個 人

デリバティブが内包された特約付預金や外貨建て保険などが販売されており，間接的にデリバティブの経済効果を享受することができます。

デリバティブのセールス

デリバティブをセールスする際に気をつけたいこと。

Step 1　デリバティブ取引は証券と同様，リスクのある金融商品取引であるため，セールスする際には顧客への十分な商品説明が求められます。説明が不十分であった場合，金融商品取引法等の法令や金融庁の指針に抵触し，さらに顧客とのトラブルに発展する可能性があります。そのため，セールスの担当者はわかりやすい商品の説明を行い，顧客から「商品のリスク説明を受けて，理解した」ことを確認する文書をもらう必要があります。また，セールスの立場として，むやみに収益期待を抱かせるような言動や，為替や金利などの変動予想について断定的な意見を述べるようなことは，禁止されています。

Step 2　セールスを行う際は以下のポイントを確認したうえで，顧客にリスク説明を行います。

(1)　**顧客類型**

　金融商品取引法（金商法）における特定投資家制度のもとでは，顧客は以下の4つの類型に区分されます。これは取引の活性化と利用者保護の徹底を両立させるためです。たとえば，一般投資家の顧客に対しては，1年以内に同種内容の商品の説明書面を交付していない場合，説明書面の交付が義務づけられていますが，特定投資家に対してはかかる義務が除外されています。

(2)　**利用目的**

　デリバティブの主な利用目的は以下の2つに分けられます。それぞれの目的に応じて適切なセールスを行います。

●リスクヘッジ

　事業法人が抱えるさまざまな財務上のリスクを把握し，それを回避する

金融商品取引法上の投資家の分類	
類　型	該当者
Ⅰ　特定投資家（一般投資家への移行不可）	⇒　適格機関投資家，国，日本銀行
Ⅱ　特定投資家（申出により一般投資家への移行可能）	⇒　内閣府令で定める法人
Ⅲ　一般投資家（申出により特定投資家への移行可能）	⇒　Ⅰ・Ⅱ以外の法人，内閣府令で定める要件に該当する個人
Ⅳ　一般投資家（特定投資家への移行不可）	⇒　個人（Ⅲの個人を除く）
（出所）　金融庁ウェブサイト	

ためのデリバティブの提案が考えられます。財務上のリスクには，金利変動に伴うもの，為替レートの変動に伴うもの，株価変動に伴うものなどがあります。セールスの担当者は，事業法人が保有するこのようなリスクを回避するために適切な商品を提案します。

●低コスト調達・高利運用

　金利情勢を利用して，借入れを顧客にとって最も有利な借入形態へ変更するフローや，余剰資金を高利回りの資産で運用するフローに着目したデリバティブの提案が考えられます。たとえば，顧客に余剰の外貨資金があり，一時的に円資金の調達ニーズがある場合，利率の高い外貨金利での運用と，低金利での円調達が同時に実現できる外貨と円貨を交換する通貨スワップ取引の提案が考えられます。

⑶　**商品のリスク説明資料**

　取引のリスク説明をする際には，取引内容，取引によるメリット，想定されるリスクを，図やグラフなどを織り込んだ資料等を使って，わかりやすく説明する必要があります。その際，将来予想される為替や金利の変動に応じた取引のリスク金額（エクスポージャー）をシミュレーションし，明示することが効果的です。

Step 3 デリバティブ商品を顧客と取り組んだ後は，マーケット
状況をこまめに伝えること，当該取引の時価評価等の情
報提供を定期的に行うこと，さらには損益の確定のための反対取引や中途
解約を行いやすい環境を整えることなど，きめ細かな配慮（アフターケ
ア）を行っていくことが重要です。

デリバティブの利用手順

デリバティブ取引の検討，約定，管理，契約満了までの流れ。

Step 1 　デリバティブは株や債券といった金融商品に比べ，リスクが把握しにくいものが多いので，デリバティブを取引する前に，十分に検討し，取引後も適切な管理とモニタリングを行う必要があります。一般に以下の手順で取引が行われます。

① 　まず収入と支出，資産の構造（財務状況）をチェックします。たとえば，運用等で入ってくる資金は固定金利，借入れの返済等で支払う資金は変動金利に連動するものが多い場合，金利上昇局面ではリスクを負っていることがわかります。この場合，運用の固定金利の受取資金に対し，固定金利払い変動金利受けのスワップを取り組むことで，金利上昇リスクを抑えることができます。

② 　次に今後の収益（P/L）の見通しを立てます。企業の場合，今後の業績見通しは良いか，悪いか，また金利，為替，株価等の市場の変動によって，将来の収益はどの程度影響を受けるのかシナリオを立てます。

③ 　シナリオを設定したら相場（金利，為替，株式，債券等）の見通しを立てます。たとえば，金利であれば上がるか下がるか，上がるならば（下がるならば）いつ頃からなのか，為替ならば，今後は円高か円安か，などさまざまな相場の見通しを立てます。

④ 　ここで，②で検討したシナリオと③で検討した相場見通しをもとに，将来の財務内容がどれくらいの可能性で，どのように変化するのかを検討するためにシミュレーションします。

⑤ 　シミュレーション結果から，将来発生しうるリスクのなかに，デリバティブで軽減できるものがないか検討します。効果的なデリバティブが見つかれば，具体的な取引内容（いつ，どのようなデリバティブ商品を

取り組むのか）を検討し，取引内容が確定したら，⑥に進みます。

⑥　そのデリバティブを取引したと仮定して，もう一度財務内容をシミュレーションし，デリバティブの効果と，デリバティブ取引によって新たに発生するリスクに問題がないか確認します。

⑦　デリバティブを取引すると決定した場合，取引相手先と取引内容の詳細を決めます。一般に個人や一般の法人の相手先は金融機関となります。一部デリバティブ取引のなかには，株式と同じように相手先が取引所のもの（取引所取引）もあります。

⑧　相手先と契約を交わし，取引を約定します。

⑨　デリバティブは取引をしたところで終わることはありません。取引後のチェックが最も重要です。取引したデリバティブの状況は，定期的に確認しておく必要があります。財務会計上もこの点を重要視し，2000年4月1日以降の事業年度より企業に対し，時価会計，ヘッジ会計の導入を義務づけ，デリバティブ取組み後のチェック体制の強化を図っています。

Step 2　デリバティブ利用で重要なことは，目的を明確化することです。そのためには，デリバティブを取引する部署をプロフィット・センターと位置づけないこと，あくまでも財務リスクの回避（ヘッジ）を目的とすることに留意することが重要です。投機目的（スペキュレーション）で取り組んだデリバティブは時価会計の適用を余儀なくされ，相場変動に伴い事業年度決算の数字が大きく変動する要因となる可能性があります。

Step 3　ディスクローズ等を考えると，取引したデリバティブについて時価評価，金利感応度等の管理を行うことが重要になってきていますが，個人や一般の法人にはむずかしい面もあります。そのため，これを補う手段として金融機関から時価評価レポートのサービスを定期的に（最低月1回）受けることが考えられます。

デリバティブの歴史　*History of derivatives*

Step 1　　デリバティブ取引の起源は古く，紀元前6世紀の古代ギリシャの哲学者タレスは，オリーブの豊作を予測して，その搾油機を借り占め，収穫期に利鞘をつけて転借し巨利を得ました。これは賃借権のオプション取引であり，デリバティブ取引の嚆矢といわれています。17世紀のオランダでは，チューリップの球根の先物取引やオプション取引が行われていました。日本での本格的なデリバティブ取引は米の先物取引であり，1730年に帳合米取引を行う堂島米会所が組織され，差金決済による米の先物取引が行われました。堂島米会所は世界初の商品先物取引所といわれています。

　世界で最初の通貨スワップは，1981年に世界銀行と米IBM社によって成約されました。起債によって調達した資金を互いにほしい通貨に交換する取引内容でした。初期のCDSで有名な取引は，1994年にJPモルガンと欧州復興銀行が締結した石油大手エクソン社を参照するCDSです。エクソン社がアラスカ沖で原油を流出させ，同社の信用が悪化しました。同社に融資していたJPモルガンは，CDSを使用して同社の信用リスクを削減することを考え，欧州復興銀行がその信用リスクを引き受けました。

　さまざまなデリバティブが取引されるようになると同時に，デリバティブ取引の市場基盤が整備されていきました。1985年には，デリバティブ市場参加者による業界団体であるISDAが設立され，デリバティブ市場発展のために標準的な契約書や市場慣行等の整備を行っています。また，金融機関や企業がデリバティブを使用しやすいように，各国の会計基準にヘッジ会計が整備されました。

　デリバティブの裾野が広がると，デリバティブによる損失も発生しました。サブプライムローン問題に端を発する2007年から2009年の金融危機（リーマン・ショック）では，住宅ローンの証券化によって多額の手数料

を得た金融機関がある一方で，CDSによって多額の損失を計上した金融機関がありました。また，日本においては大学や地方自治体などが，運用利回りを向上させるために為替関連のデリバティブや仕組債を保有していましたが，2007年から2008年にかけて急激に円高が進行したことによって，巨額の損失が発生したケースもありました。

かかる損失の発生の結果，各国の金融監督当局等による規制が厳しくなりました。2009年にはG20ピッツバーグ・サミットにおいて金融危機後の金融規制方針が示され，2010年には米国でドッド・フランク法が成立するなど，金融危機の再発防止のための各種規制が導入されました。

Step 2 デリバティブの評価に関する本格的な研究が行われるようになったのは，20世紀以降です。初期の研究として有名なのが，フランスの数学者ルイ・バシュリエ（Louis Bachelier）が1900年に発表した博士論文「投機の理論」です。同論文では，株価がブラウン運動するとの前提でオプション価格を求めようとしました。

1973年にはフィッシャー・ブラックとマイロン・ショールズが"The Pricing of Options and Corporate Liabilities"という論文を発表しました。これは対数正規分布を用いてデリバティブ価格を求めるものであり，伊藤清が証明した「伊藤の補題」を用いて確率微分方程式を解きました。ブラック・ショールズ・モデルは，その後，さまざまなデリバティブ価格算出の考え方の基礎となっています。

デリバティブ商品が複雑になるにつれ，その評価の難度は上がってきました。特に複雑なキャッシュフローをもつ商品に関しては，ブラック・ショールズ・モデルのような解析的な解法による評価がむずかしくなり，数値解析が用いられるようになりました。現在では，コンピュータの普及により，さまざまなデリバティブの評価をモンテカルロ・シミュレーションによって行うことも多くなっています。現在も，複雑なエキゾチック・オプションを評価するモデルの研究や計算速度を速くするアルゴリズムの開発等が行われています。

ブローカー　*Broker*

取引を仲介する人もしくは組織。

Step 1　ブローカーとは，ディーラーである金融機関などが行う為替取引などの仲介業者のことであり，OTC取引（為替市場，金利デリバティブ市場，コール市場など）や取引所取引の仲介をしています。特にOTC取引においては，ディーラーは取引をブローカーに仲介させることで，取引相手を円滑に発見することができます。ブローカーは仲介の対価として一定の手数料（ブローカレッジ）を受け取ります。

　かつては為替相場が大きく動いたときなどのテレビニュースで，私服のビジネスマンが丸いテーブルを囲み，電話で話しながらメモを投げあう光景をみることがありましたが，あれは為替取引を仲介するブローカーを映した光景です。なお，ディーラーの取引は，ブローカー経由だけでなく，金融機関同士が直接取引を行うDD（Direct Deal）でも行われます。

Step 2　金利スワップ取引を例にブローカーの業務を説明します。ブローカーは金利スワップ取引のニーズを把握するため，多くの金融機関と常時コンタクトしています。ディーラーであるA銀行は，円金利スワップで想定元本100億円，期間5年，固定金利の支払，6カ月円TIBORの受取りを行いたい旨をブローカーに伝えます。ブローカーはその情報網を利用して，A銀行のニーズに最もあいそうな金融機関を探し，A銀行の名前を伏せながら取引条件を詰めます。B銀行が50億円，5年，固定金利の受取り，6カ月円TIBORの支払をしたいニーズをもっているとき，ブローカーはA銀行とB銀行の取引約定を仲介し，取引は成立します。契約当事者はあくまでA銀行とB銀行であり，取引相手がなんらかの理由で不適切な場合は，A銀行，B銀行ともに取引を不成立にすることができます。

ディーラー *Dealer*

市場において業として自らの勘定で取引を行う人もしくは組織。

Step 1 ディーラーとは一般に販売業者のことであり，金融においては自己勘定で売買する人や組織を指します。ディーラー業務（自己売買業務）とは，自己勘定において自らの判断で有価証券やデリバティブ等を売買する業務のことであり，証券会社や銀行が営んでいます。たとえば，投資家が国債を購入するときには，投資家が国債ディーラーである証券会社に電話をして価格提示を求め，ディーラーが取引相手となり投資家が国債を購入します。

ディーラー業務と似た業務に委託売買業務（ブローカー業務）がありますが，これは投資家からの売買注文を市場に取り次ぐ業務であり，ディーラー業務のように取引の相手方にはなりません。たとえば，投資家から個別株の買い注文を受け付けて取引所で注文を執行する業務です。

Step 2 ディーラー業務はさまざまな役割を持った人によって構成されています。カスタマー・ディーラーは顧客の窓口として顧客への情報提供，商品の組成，マーケット・メーカーから提示された価格を顧客へ提示する等の役割を担います。マーケット・メーカーはカスタマー・ディーラーから提示を求められた商品の価格を市場動向や自身のポジション状況を鑑みながら提示します。通常，為替スポット・デスク，フォワード・デスク，通貨オプション・デスクのように商品ごとにデスクやチームが分かれており，各金融機関に複数のマーケット・メーカーが属しています。また，ディーラーは迅速なプライシング，高度なポジション管理や顧客への情報提供等のために複数のアプリケーションやシステムを使用してサービスを提供しているため，システム・エンジニアやクオンツが業務をサポートしています。

デリバティブ専門職としてのクオンツ　*Quants*

数理的知識を活かし，投資戦略や金融商品の開発・分析を行う専門家。

Step 1　クオンツは，定量分析をする人を表す "quantitative analyst" から派生した用語であり，数学や物理学等を活用した手法（金融工学）を用いて投資戦略，金融商品の開発・分析，リスク管理等（いわゆる数理ファイナンス）を行う専門家のことを指します。いわば，デリバティブ専門職です。金融機関においては，資金運用やトレーディング等を行うフロント部署，市場リスク等を管理するミドル部署で主に活躍しています。市場ではさまざまな種類のデリバティブが取引されているため，それらを活用した投資戦略の立案やマーケットメイクにおいては，さまざまなリスクを正確に計測する必要があります。クオンツは，それらのリスクを計測するために，市場価格のモデル作成や数値計算等を行います。

カウンターパーティ　*Counterparty*

取引の相手方。

Step 1　カウンターパーティは取引の相手方のことです。たとえば，A社とB銀行が金利スワップを取り組むと，A社のカウンターパーティはB銀行，B銀行のカウンターパーティはA社になります。なお，カウンターパーティをCPと略記することもあります。

　上述の例は店頭取引でしたが，取引所取引の場合には，執行された注文のカウンターパーティは明らかになりません。上場株式の売買の場合，証券会社を経由した注文は取引所で執行され，株式と資金の決済は証券会社でネッティングされた後に決済され，個々の取引ごとに決済されないためです。

Step 2　金利スワップなどの契約期間の長いデリバティブ取引は時価が大きく変動します。もしデリバティブ取引の時価が正の時にカウンターパーティが破綻すると，その時価相当額を受け取れなくなる可能性があります。そのリスクをカウンターパーティ・リスクと呼び，担保授受や中央清算機関（CCP：Central Counterparty）の活用等によって軽減する取組みが行われています。また，海外の銀行等がカウンターパーティとなる場合には，法制等が異なることによって発生するリーガル・リスクにも注意が必要です。

IBOR *Interbank Offered Rate*

TIBOR, LIBORなどの銀行間取引金利。

Step 1　IBORとはInterbank Offered Rate（銀行間取引金利）のことであり，TIBOR（Tokyo InterBank Offered Rate, タイボー）やLIBOR（London Interbank Offered Rate, ライボー）などがあります。TIBORは全銀協TIBORの通称です。通貨は日本円のみで「日本円TIBOR」と「ユーロ円TIBOR」の2種類があります。「日本円TIBOR」は本邦無担保コール市場の実勢を集計したレート，「ユーロ円TIBOR」は本邦オフショア市場の実勢を集計したレートです。リファレンス・バンクが午前11時における各期間の市場実勢を全銀協TIBOR運営機関に提示し，全銀協TIBOR運営機関が，それぞれ上位2行と下位2行の値を除外して，それ以外の呈示レートを平均することによって算出されます。算出されたレートは情報提供会社を通じて公表されています。

Step 2　LIBORはICE LIBORの通称であり，ロンドン銀行間市場における無担保貸出レートを集計した値でしたが，リファレンス・バンクが自行に有利になるようにレート提示を行うなどの不正が発覚し，現在は公表停止しています。

　スイスフラン，ユーロ，英ポンド，日本円，米ドルの5通貨，7期間（O/NまたはS/N，1週間，1カ月，2カ月，3カ月，6カ月，12カ月）が公表されていました。

Step 3　LIBORの不正については，2008年には一部メディアが不正の疑いを報道していましたが，2011年頃からLIBOR等を不正に操作した疑惑が本格的に浮上し，2012年には英国の銀行がLIBOR等の不正操作を認めて英米当局に巨額の和解金を支払いました。その後，複数の大手金融機関が当局に制裁金を支払うなどの事態に発

展しました。

　2014年に金融安定理事会（FSB）は，「LIBOR，EURIBOR，TIBORを可能な限り実際の取引に基づく金利指標にすること」を公表し，2021年3月に英国のFCAよりLIBORの廃止に係る声明が公表されました。

　日本でも2024年3月に，ユーロ円TIBORについて2024年12月末に廃止することが全銀協TIBOR運営機関より公表されました。金融庁は，遅くとも2024年6月末までにユーロ円TIBORを参照する商品の新規取引を停止することを推奨しており，実務上の論点については各検討主体において検討・整備が進められています。

FpML *Financial products Markup Language*

OTCデリバティブの取引内容を記述するフォーマット。

Step 1 FpMLとは，OTCデリバティブ取引の内容を記述する
フォーマットであり，現在はISDAが管理しています。

OTCデリバティブ取引は，金利スワップや通貨スワップなど多くの種類があり，それらの条件は取引当事者間で自由に決められるため，取引内容を記述するためには多くの項目を特定する必要があります。また，同一の商品であっても取引を記述するための項目数は一定ではありません。そのため，論理構造を記述可能なXML（eXtensible Markup Language）をベースとしたFpMLが開発されました。

一般的にOTCデリバティブ取引は複数のシステム上で管理と処理が行われています。たとえば，取引約定後に取引情報を担当者がシステム入力し，時価評価用システムや決済用システム等に取引情報がデータ連携されます。この際，システム上のフォーマットを共通化しておけば，データ連携時のフォーマット変換が不要となるなどの業務効率化を図ることができます。

Step 2 XMLに基づいた金融情報を記述するための言語は
FpML以外にもあります。たとえば，FIXML（Financial Information eXchange Markup Language）は証券フロント業務の標準的な通信メッセージであるFIXをXML化した標準フォーマットです。また，MDDL（Market Data Definition Language）は市場データをXMLで交換するための標準フォーマットです。さらに，外国送金においてはSWIFTが2025年11月までにISO20022という国際標準フォーマットに切り替えることを求めています。そのほかにも，Swift ML，IFX，TWIST XML，RIX MLなどがあります。

リスクフリーレート（RFR） *Risk Free Rate*

クレジット・リスクプレミアム等をほとんど含まない金利。

Step 1 RFR（リスクフリーレート：Risk Free Rate）とは，TONA（無担保コール翌日物金利：Tokyo OverNight Average rate）やSOFR（Secured Overnight Financing Rate）などのクレジット・リスクプレミアム等をほとんど含まない金利を指します。RFRは期間構造をもたない翌日物金利を指すことが一般的ですが，1カ月や3カ月などの期間構造をもつTORF（Tokyo Term Risk Free Rate）やTerm SOFR等を含めて指すこともあります（図表1参照）。

Step 2 RFR翌日物を変動金利として参照する場合，多くの場合は利息計算期間に対応するRFR翌日物を複利計算して，当該期間の利率を算出します。RFR翌日物は後決めであるため，実際の契約では図表2のような方式で利払日よりも前に利率が確定するように運営しています。しかしながら，それでも利率の確定から実際の利払日までは数営業日しかないことが多く，決済事務の負担が大きいことから，IBORと同様の前決め金利であるRFRターム物を事業法人が選択することがあります。ただし，インターバンク市場ではRFR翌日物を参照する取引が一般的であり，RFRターム物の取引は当局が出した使用範囲に関するガイダンスによる制約があることに注意が必要です。

図表1　IBORとリスクフリーレートの相違点

	IBOR	RFR翌日物	RFRターム物
期間構造	あり	なし	あり
金利決定タイミング	前決め	後決め	前決め
指標例	LIBOR, TIBOR	TONA, SOFR	TORF, Term SOFR

図表 2　主な計算方式

主な計算方式	内容	イメージ
Lookback方式 （Lookback Without Observation Shift方式）	金利計算期間と金利参照期間の日数を一致させ，金利参照期間を数営業日前にスライドする方法。複利計算は当該金利計算期間について行う。	
Observation Period Shift方式 （Backward Shift方式）	金利参照期間を数営業日前倒して，当該金利参照期間について複利計算を行う方法。	
Delay方式	金利計算期間と金利参照期間を一致させ，金利支払日を数営業日後倒しする方法。複利計算は当該金利計算期間について行う。	

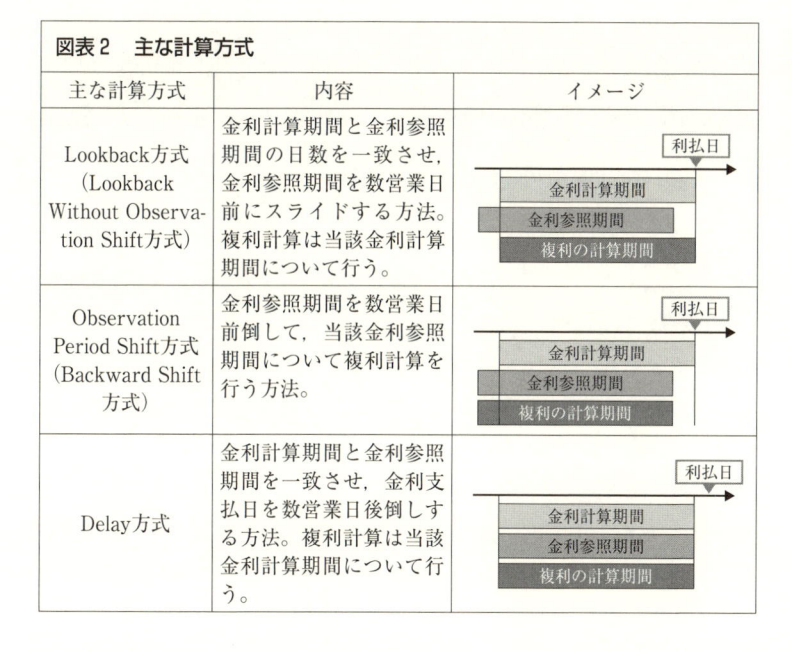

マイナス金利政策　*Negative Interest Rate Policy*

中央銀行が政策金利を負の値とする政策。

Step 1　通常，資金の借入れ（または預金の預入れ）に関しては，正の水準の金利が適用されます。つまり，資金を借り入れれば利息を支払う義務が生じ，預金を預け入れれば利息を受け取ることができます。しかし，この金利水準が負の値（マイナス金利）になると，資金を借り入れれば利息を受け取ることができ，預金を預け入れれば利息を支払う必要が生じることになります。マイナス金利政策は，民間の金融機関が中央銀行に預けている預金にマイナス金利を適用する（政策金利をマイナスにする）ことにより，市中に出回る資金量を増やす政策です。マイナス金利政策はもともと金利水準が低い国で，金融政策による景気刺激策が必要となった際に採用される政策です。

Step 2　海外では，日本に先んじて2012年7月にデンマーク国立銀行がマイナス金利政策を実施しています。日本においても2016年2月に日銀当座預金の一部にマイナス金利を適用しましたが，2024年3月に解除しました。マイナス金利はマクロ経済の観点に立てば，デフレを抑止し，経済を活性化させる効果や，通貨安効果による輸出の促進効果などが指摘されています。個別の経済主体についてみてみると，住宅ローンなどの借入金利の低下による支払利息の軽減という恩恵がある一方，保有金融資産の運用利息等で生計を立てる高齢者などにとっては，収入が減少し生計が苦しくなるといった問題が指摘されています。また貸付金利と預金金利の差（スプレッド）の縮小により，金融機関の収益の圧迫要因になることも指摘されています。

Step 3　マイナス金利政策は，デリバティブのプライシングにも大きな影響を与えています。デリバティブのプライシン

グに用いる金利モデルは将来の金利水準をシミュレーションするものですが，過去用いられてきたモデルのなかには金利がマイナスの水準に行くことがないという前提でつくられたものがあります。デリバティブを扱う多くの金融機関は，マイナス金利政策の導入によりデリバティブの評価モデルの見直しを迫られることになりました。

1

市

場

デイ・カウント・フラクション　*Day Count Fraction*

利息計算の際に使用する日数の数え方。

Step 1　デイ・カウント・フラクションとは，デリバティブ取引などの利息計算の際に使用する日数計算方法です。ISDAが定める主なデイ・カウント・フラクションにはAct/360，Act/365（Fixed），Act/Act（ISDA），Act/Act（ICMA），30/360，30E/360（ISDA），30E/360等があり，2021 ISDA Interest Rate Derivatives Definitionsの Section 4.6にそれらの定義が掲載されています。

Step 2　デイ・カウント・フラクションは，利息計算期間の実日数をもとにする方法と，利息計算期間の開始日と終了日のカレンダー上の日付をもとに計算する方法の2種類に大別できます。

⑴　**利息計算期間の実日数をもとにする方法**

休日調整後の利息計算開始日Date1，利息計算終了日Date2，Date1からDate2までの実日数を片端計算で（Date2 − Date1）としたときの利息額Intは，元本Pr，クーポンレートCRを用いて，以下のように表すことができます。

①　**Act/360（通称マネーベース）**

Act/360は米ドル金利スワップ取引の固定金利等の利息計算に使用されています。

$$Int = Pr \times CR \times \frac{Date2 - Date1}{360}$$

②　**Act/365（Fixed）**

Act/365（Fixed）は円金利スワップ取引の固定金利や全銀協日本円TIBORの利息計算に使用されています。閏年を無視して，分母の年日数を常に365とします。

$$Int = Pr \times CR \times \frac{Date2 - Date1}{365}$$

③ Act/Act（ISDA）

Act/Act（ISDA）は閏年を加味する計算方法です。（Date2 − Date1）の実日数を，閏年にかからない期間の実日数NL（Date2 − Date1），閏年にかかる期間の実日数L（Date2 − Date1）に分解します。

$$Int = Pr \times CR \times \left\{ \frac{NL(Date2 - Date1)}{365} + \frac{L(Date2 - Date1)}{366} \right\}$$

④ Act/Act（ICMA）

Act/Act（ICMA）は国債や社債などの利息計算に使用されています。年間利払い回数Fr，クーポン計算期間の日数をNominal_Periodとします。

$$Int = Pr \times CR \times \frac{Date2 - Date1}{Fr \times (Nominal\_Period)}$$

⑵ カレンダー上の日付をもとに計算する方法

休日調整後の利息計算開始日Date1をY1年M1月D1日，利息計算終了日Date2をY2年M2月D2日としたときの利息額Intは，元本Pr，クーポンレートCRを用いて，以下のように表すことができます。

$$Int = Pr \times CR \times \frac{360 \times (Y2 - Y1) + 30 \times (M2 - M1) + (D2 - D1)}{360}$$

このタイプの計算方法は主にアセットスワップ取引の利息計算に使用されており，日付の置き換え方によって以下のように分類されます。

① 30/360（通称ボンドベース）

・D2が31であり，かつD1が30もしくは31の場合，D2を30に置き換えます。

・D1が31の場合，D1を30に置き換えます。

② 30E/360（ISDA）

・D1が月末日の場合，D1を30に置き換えます。

・D2が月末日の場合，D2を30に置き換えます。ただし，D2が最終期日かつ2月末の場合には置き換えません。

③ 30E/360（通称ユーロボンドベース）

・D1が31の場合，D1を30に置き換えます。

・D2が31の場合，D2を30に置き換えます。

Step 3 具体的に計算してみましょう。想定元本10億円，クーポンレート1％，利息計算開始日2012年11月30日，利息計算終了日2013年5月31日のケースを想定します。

① Act/365（Fixed）の場合

2012年11月30日から2013年5月31日までの実日数は182日間（片端計算）ですから，利息額は以下になります。

$$10億円 \times 1\% \times \frac{182}{365} = 4,986,301円（端数切り捨て）$$

② 30/360の場合

STEP 2 の定義を参照すると，D2が31かつD1が30に該当しますので，D2を30に置き換えます。利息額は以下になります。

$$10億円 \times 1\% \times \frac{360 \times (2013 - 2012) + 30 \times (5 - 11) + (30 - 30)}{360}$$

$$= 5,000,000円$$

取引所取引　*Trading on an exchange*

取引所で行われる取引。

Step 1　株式，債券，為替，デリバティブ等の取引には，店頭取引（OTC取引）と取引所取引の2つの形態が存在します。取引所取引では，金融機関が顧客から発注を受けると，その発注をすべて取引所に連携します。取引所では金融機関から受けたすべての売り買いの発注をマッチングさせることで取引を成立させます。取引所取引では多くの投資家の注文が1カ所に集中することによって，公正かつ迅速な取引が可能となります。一方で各投資家は取引の相手方を選ぶことができません。また，上場銘柄や取引時間や決済方法等が決められているため，取引に制約があります。

　日本の代表的な取引所としては，株式や株価指数先物等が取引される東京証券取引所や大阪取引所，金利先物や金利先物オプション等が取引される東京金融取引所，穀物や貴金属等の実物取引や先物等が取引される東京商品取引所などがあります。また，世界の代表的な取引所としては，商品先物や金利先物等が取引されるシカゴ・マーカンタイル取引所（Chicago Mercantile Exchange），株式等が取引されるニューヨーク証券取引所（New York Stock Exchange）等があります。

Step 2　取引所での売買は競争売買で行われ，「価格優先の原則」と「時間優先の原則」に従って執行されます。「価格優先の原則」とは，買い注文であれば，より高い価格の注文が優先されることであり，「時間優先の原則」とは，同じ価格での注文では最も早い時間に発注された注文が優先されることです。また，競争売買では行き過ぎた取引価格となることがあるため，価格変化が一定以上になった場合に取引を停止するサーキット・ブレーカー制度が導入されている場合もあります。

店頭取引（OTC取引） *Over-the-counter trading*

取引所を通さずに売り手と買い手が条件を決めて行う取引。

Step 1　株式，債券，為替，デリバティブ等が取引される形態には，店頭取引（OTC取引）と取引所取引の2つがあります。店頭取引とは相対で行われる取引のことであり，取引所外取引や相対取引，OTC取引とも呼ばれます。取引所では標準化された商品のみを取引することができますが，店頭取引では取引条件（決済期日，取引量，取引期間等）を買い手と売り手が双方で自由に取決めすることが可能です。そのため，市場参加者のニーズにあわせた取引条件を必要とするデリバティブ取引は店頭取引のほうが一般的であり，取引残高は取引所取引よりも店頭取引のほうが多くなっています（図参照）。その他の店頭取引としては，債券現物取引や株式のバスケット取引，為替取引等があります。

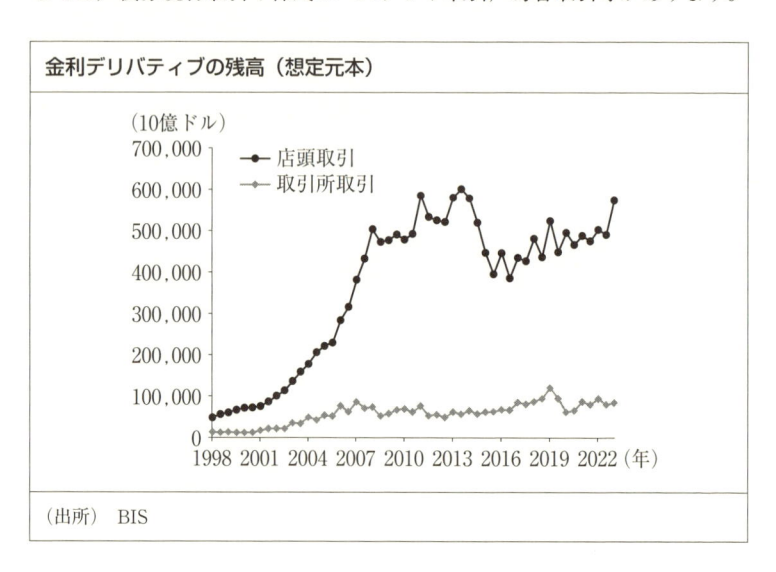

金利デリバティブの残高（想定元本）

（出所）　BIS

Step 2 　店頭取引は自由に取引条件を決められる半面，契約手続が煩雑になり，取引相手先の信用リスクが発生する等のデメリットもあります。その対応策として，店頭デリバティブ取引では効率的な契約締結と維持管理が可能なISDAマスター契約を使用し，信用リスク削減のために，成約した取引を中央清算機関（CCP）に譲渡し清算集中することも行われています。

競争入札　*Auction*

より良い条件で取引するための手法。

Step 1　競争入札とは，複数の応募者から金額等の条件の提示を求め，最も有利な条件を提示した応募者と取引する方法です。金融市場における代表的な競争入札としては，財務省が国債を発行する際に実施する入札，事業会社が為替取引やデリバティブ取引を実施する際の入札等があります。

Step 2　金融市場で一般的な競争入札方式は，コンベンショナル方式とダッチ方式です。コンベンショナル方式は，落札価格が個々の落札者の応札価格（または応札利回り）となる方式です。そのため，すべての落札者が同一の落札価格になるとは限りません。ダッチ方式は，落札価格が落札者の最低応札価格（または最高応札利回り）となる方式です。そのため，すべての落札者が同一の落札価格となります。なお，利回りで応札するダッチ方式は，イールド・ダッチ方式と呼ばれます。

どちらの入札方式が優れているかは一概にはいえず，試行や実証研究や理論研究が行われています。日本や英国などにおける国債の入札方式はほぼコンベンショナル方式ですが，米国債の入札方式はダッチ方式となっています。

Step 3　日本国債の入札で需要の強さを確認するときには，最低落札価格と応札倍率とテール（最低落札価格と平均落札価格の差）をみることが一般的です。最低落札価格は事前予想と比較し，応札倍率は過去の応札倍率と比較します。また，テールは差が小さいほど需要が強いとみることが一般的です。なお，応募額が入札額に満たないことを「札割れ（ふだわれ）」といい，実際の発行額が予定発行額に満たないことを「未達」といいます。

電子取引 *Electronic Tradings*

コンピュータ・ネットワークを介した取引。

Step 1 コンピュータ・ネットワークを介して商品やサービスの売買を行うことを電子取引（または電子商取引）と呼びます。金融機関等の市場参加者は日々多くの取引を約定しますが，以前は電話などを通じ人手によって取引の約定と事後処理がされていました。しかし，近年は情報通信技術の発展とともに取引が電子化されてきています。電子取引に向いている取引は単純かつ流動性の高い取引で，たとえば外国為替のインターバンク市場のスポット取引はほとんどが電子取引により執行されています。一方で，国債現物取引は市場流動性が低いため，取引の電子化はあまり進んでいません。また，さまざまな取引条件が可能な通貨オプション等の店頭デリバティブも電話等で取引されています。

電子取引の主なメリットは業務の効率化です。取引の電子化によって人件費が削減され，それに伴い取引執行手数料が低下することが考えられます。また，取引約定後にも決済やリスク管理等の処理がありますが，それら一連の処理について人手を介さずに処理するSTP（Straight Through Processing）とすることができます。さらに，取引件数が増加しても追加的な費用があまり増えないというメリットもあります。

Step 2 2015年9月以降，金融商品取引法により，一定の条件を満たす対象者による特定の店頭デリバティブは電子取引基盤（ETP：Electronic Trading Platforms）を通じて取引するように義務づけられており，一部の円金利スワップがその対象となっています。この規制の背景としては，2007年頃から発生した金融危機において，当局が店頭デリバティブ取引の実情を把握するために時間を要したことがあげられます。

営業日・休日調整
Business Day・Business Day Convention

営業日の定義と資金決済日が休日に当たった場合の調整方法。

Step 1 2021 ISDA Interest Rate Derivatives Definitions（以下，2021年版定義集）のSection 2.1.1の定義によれば，Business Day（営業日）とは以下の意味です。

① 当該取引のコンファメーションまたは2021年版定義集で指定した特定の都市（市場の所在地）において商業銀行が営業しており，かつ外国為替市場が開いており，取引全般についての資金決済が可能な日

② 2021年版定義集のSection 2.1.5〜Section 2.1.9およびSection 2.2所定の定義に基づく各国・地域に特化した営業日

③ 上記①②のいずれにも該当せず，ほかに特段の指定がなければ，Section 2.1.2所定のCurrency Business DayやSection 2.1.4所定のPublication Calendar Dayの定義に基づく日

まず上記①のBusiness Dayの定義は最も標準的な定義であり，その定義に従い，当該取引のコンファメーション中のBusiness Dayの記入欄には，Tokyo, London, New Yorkといった都市名を必要に応じて記入します。

次に上記②の各国・地域に特化した営業日の定義として2021年版定義集には，Section 2.1.5所定のTARGET Settlement Day（ユーロの資金決済が可能な日），Section 2.1.6所定のNew York Fed Business Day, Section 2.1.7所定のNYSE Business Day, Section 2.1.8所定のU.S. Government Securities Business Day, Section 2.1.9所定のAbu Dhabi Days, Section 2.2所定のHong Kong Business Daysが規定されています。

さらに上記③の，Currency Business Dayは当該通貨の主要市場における営業日の意であり，Publication Calendar Dayは当該金利指標の独自の

営業日の意です。

Step 2 　資金決済日等が休日に当たる場合の調整は2021年版定義集のSection 2.3所定のBusiness Day Convention（休日調整規定）に従って行います。具体的には，①Following Business Day Convention，②Modified Following Business Day Convention，③Preceding Business Day Convention，④No Adjustment Business Day Conventionの 4 つがあります。

　①は，その日が休日に当たる場合に，単純に翌営業日にずらし，調整の結果，翌月にずれ込むこともありえます。②は，翌営業日にずれる点は①と同じですが，もし翌営業日が翌月の場合には前営業日にずらします。③は，その日が休日に当たる場合に，単純に前営業日にずらし，調整の結果，前月にずれ込むこともありえます。④は，文字通り，その日が休日に当たっても，その調整を行いません。

　取引のコンファメーションに上記①～④のいずれかを指定しますが，④を指定することはきわめてまれです。④を指定するのは，その日が資金決済に関係のない場合（計算期間の始期や終期の場合等）に限られます。

端数処理　*Rounding*

デリバティブ取引における利率や金額の有効数字に関するルール。

Step 1　利率の端数処理については，2021 ISDA Interest Rate Derivatives Definitions（以下，2021年版定義集）のSection 4.8.1に「利率のパーセンテージの端数は小数点第6位を四捨五入し，小数点第5位までを有効数字とする」旨が定められています。金額の端数処理については，2021年版定義集のSection 4.8.2に「別途記載の4通貨を除いて当該金額の小数点第3位を四捨五入し，小数点第2位までを有効数字とする（米ドル建て金額であれば，0.1セントの桁を四捨五入し，1セントの桁までを有効数字とする）」旨が定められています。なお，例外的な4通貨とはチリペソ，ハンガリーフォリント，日本円，韓国ウォンです。チリペソ，ハンガリーフォリントでは，小数点第1位を四捨五入し，1の桁（1ペソ，1フォリントの桁）までを有効数字とします。日本円，韓国ウォンでは，1円未満，1ウォン未満の端数はすべて切り捨てとします。

Step 2　デリバティブ取引のコンファメーションに2021年版定義集を適用しておけば，自動的に上記の規定が適用されますが，確認の意味で，コンファメーション中に利率や金額の端数処理を記入する場合があります。その場合，利率の端数処理については，rounded to the nearest one hundred-thousandth of a percentage pointと表記し，金額の端数処理については，もし米ドル建て金額であれば，rounded to the nearest cent（with one half cent being rounded up）（"Shishagonyu"）と，もし円建て金額であれば，rounded down to the next lower whole Japanese Yen（"Kirisute"）と，それぞれ表記します。

資金決済方法

デリバティブ取引における円資金や米ドル資金等の受渡しの方法。

Step 1 インターバンク取引（銀行間取引）における円資金の決済については，外為円決済システム（正式名称は外国為替円決済制度）または日銀ネット（正式名称は日本銀行金融ネットワークシステム）のいずれかで行います。なお，外為円決済システムについては，直接参加している加盟銀行と間接参加している決済制度事務委託銀行があります。取引のコンファメーションのAccount Detailsの欄には，それぞれ下記のように記入します。

［外為円決済システムの場合］

Through Foreign Exchange Yen Clearing System（"Gaitame Yen Kessai"）

［日銀ネットの場合］

Through BOJ Net System（"Nichigin Net"）

Step 2 インターバンク取引における米ドル資金の決済については，下記事例のように在米の銀行にある口座を経由して，CHIPS（Clearing House Interbank Payments System）やFedwire（Federal Reserve Wire Network）で行います。下記事例では，ABC銀行ニューヨーク支店にあるXYZ銀行東京本店名義の口座番号12345678の預金口座を経由して，ABC銀行東京本店は取引相手との米ドル資金の受渡しを行います。

Account with Bank（口座のある銀行名）：The ABC Bank, Limited, New York Branch

Account No.（決済に使用する口座番号）：12345678

In favor of（口座名義）：The XYZ Bank, Limited, Tokyo Head Office

Step 3 日本国内における銀行と事業法人（商社，メーカー等）
との資金決済については，下記事例のように，取引関係
のある銀行の本支店に有している当座預金口座で行います。なお，通常は
円決済用の当座預金口座ですが，貿易取引の多い会社では米ドル決済用の
当座預金口座を有している場合もあります。下記事例では，ABC銀行渋
谷支店にあるPQR貿易会社名義の口座番号1234567の預金口座を経由して，
PQR貿易会社は取引相手との資金の受渡しを行います。

Account with Bank （口座のある銀行名）：The ABC Bank, Limited,
　　Shibuya Branch

Account No.（決済に使用する口座番号）：1234567

In favor of（口座名義）：PQR Trading Corporation, Ltd.

　なお，当該デリバティブ取引を成約した銀行に当該事業法人の当座預金
口座がある場合には，銀行から事業法人への支払も，事業法人から銀行へ
の支払も，同一の当座預金口座で行うのが通例です。

フィンテック　*Fintech*

金融と情報技術を組み合わせて，新しい金融サービスをつくりだす技術。

Step 1　フィンテックとは，Finance（金融）とTechnology（技術）を組み合わせた造語であり，金融サービスと情報技術を組み合わせることにより，新しい金融サービスを生み出すことを指します。米国では，2000年代前半からフィンテックという言葉が使われていました。ハードウェアの計算能力の向上やスマートフォン，人工知能などの技術の発展を経て，近年，新しい金融サービスが生み出されています。

Step 2　フィンテックは，個人資産管理，決済・送金，保険，個人・法人向け融資，経理支援，資金調達，トレーディングなど，金融のさまざまな分野に適用されています。たとえば，個人資産管理では，人工知能などの技術を用いて顧客の資産運用を行うものや，銀行口座と連携して家計の資産管理を行うものがあります。決済・送金では，オンライン決済サービスや暗号資産（仮想通貨）を利用した決済サービスがあります。また，トレーディングでは，市場価格や取引データなどのビッグデータを解析しトレーディングに役立てるものがあります。

Step 3　このようなフィンテック・サービスの発展の背景として，情報技術の目覚ましい発展があげられます。たとえば，人工知能の分野では，ディープラーニングと呼ばれるデータ解析技術の発展により，より精度の高いデータ解析が可能となりました。そのほかにも，ブロックチェーンと呼ばれるデータを分散管理する仕組みにより，従来から金融機関が集中管理している決済システムを分散化することも提案されています。暗号資産では，ブロックチェーンの技術を利用して，データの分散管理が行われています。

直物・先渡・先物

直物取引　*Spot Trade*

取引約定後，すみやかに決済される為替や商品現物等の取引。

Step 1　直物取引（スポット取引）は，取引約定後にすみやかに決済される取引のことです。為替の直物取引は，通常，約定日から2営業日後に決済される取引であり，テレビや新聞などでみかけるドル円やEUR/USD等の為替レートは，直物取引のものです。約定から2営業日も時間を空けて決済される理由は，事務処理や時差等を考慮しているためです。決済が3営業日以降になる取引は先渡取引（フォワード取引）といいます。

なお，「スポット取引」という表現を使用する商品は限られており，債券現物取引や株式現物取引や資金取引などでは，通常，使用しません。

Step 2　「スポット」がつく用語は数多くあります。スポット市場はスポット取引が行われる市場，スポット価格（スポット・レート）はスポット取引の価格，スポット・デートはスポット取引の決済日のことです。なお，スポット・レートは，金利デリバティブにおいてゼロ・クーポン・レートのことを指すこともあります。

資金取引や金利スワップなどでは，通常の取引開始日のことを単に「スポット」ということがあります。たとえば，金利スワップを取引する際には「スポット・スタート，5年の金利スワップ」という言い方をして，先日付スタートの金利スワップと区別することがあります。

無担保コール市場や為替スワップ等には，「S/N」という期間があります。これは，SPOT NEXTの略であり，スポット（2営業日後）からその翌日までの取引を意味します。

先渡取引 *Forward Transaction*

通常の決済日よりも先の期日に決済する取引。

Step 1 先渡取引（フォワード取引）は，通常の決済日よりも先の期日に決済する現物決済の取引のことです。たとえば，ドル円などの為替取引の多くは，約定日から2営業日後に決済される取引を直物取引と呼びますが，約定日から3営業日後以降に決済される取引が先渡取引です。為替取引の先渡取引は為替予約取引とも呼ばれ，為替取引以外にも株式や債券などでも先渡取引が行われます。

先渡取引と似た名称の取引に先物取引がありますが，商品性は異なります。先渡取引の目的は為替や株式等の授受のため現物決済ですが，先物取引の目的は主にリスク・ヘッジや商品等の授受であり，決済方法は差金決済または現物決済です。また，先渡取引は店頭取引であるため柔軟な契約が可能ですが，取引所取引である先物取引は規格化された商品のみしか取引できません。

Step 2 先渡取引の価格は直物取引の価格とは異なります。ドル円の先渡取引であれば，ドル円の直物取引価格に日米の金利差等を考慮して先渡取引価格を計算します。また，国債の先渡取引であれば，現物価格にレポ・レート等を考慮して先渡取引価格を計算します。

先渡取引は約定後にすみやかに決済されないため，市場価格が変化して大きな時価評価損益が発生する可能性があります。そのようなときに取引相手がデフォルトして先渡取引が決済されないと本来得られたはずの利益が得られなくなる可能性（カウンターパーティ・リスク）があります。特に，決済までの期間が長い場合にはカウンターパーティ・リスクが大きくなりますので，証拠金の授受等の対策がとられることがあります。

先物取引 *Futures Contract*

将来の取引の価格をあらかじめ決定する取引。

Step 1　先物取引は，将来のある時点で有価証券や指数等の原資産をある価格で売買することを約束する取引であり，原資産や取引時間などの諸条件がすべて標準化・定型化された取引所取引です。先物取引が可能な有価証券等は取引需要のある指数や有価証券等に限られており，必ずしも希望する金融商品を取引できるわけではありません。しかし，取引需要のある先物取引に関しては，多くの投資家の注文が取引所に集中するため，取引の相手方を容易に見つけることができ，公正な価格での取引が可能です。

先物取引をする際，必ずしも原資産を決済するわけではありません。先物取引には証拠金を預け入れることが必要ですが，それにより証拠金に対してより大きな金額での取引が可能です。また，新規約定時にも買い建てだけでなく，売り建てからも取引することができます。約定後は，期日到来前に転売や買戻しをすることによって建て玉を閉じることができます。なお，満期時に建て玉を保有している場合は，約定価格と満期時点の原資産価格の差額で清算する方法（差金決済）や原資産によって清算する方法（現物決済）があります。決済方法は先物取引ごとに決まっており，日経平均株価を原資産とする日経225先物取引は差金決済であるのに対して，日本国債を原資産とする国債先物取引は現物決済です。

ちなみに，先物取引と似た取引に先渡取引がありますが，先渡取引は将来のある時点での有価証券等の売買をあらかじめ約束する現物決済の取引であり，取引の相手方と条件を決定する店頭（OTC）取引です。なお，先物取引のように転売や買戻しによる決済方法はありません。

株価指数先物取引　*Stock Index Futures Contract*

株価指数を原資産とする先物取引。

Step 1

株価指数先物取引とは，株価指数を原資産とした先物取引です。日本株の指数を原資産とする代表的な先物取引として，日経平均株価を原資産とした「日経225先物」や東証株価指数「TOPIX」を原資産とした「TOPIX先物」が大阪取引所で取引されています。また，海外ではS&P500指数を原資産とした「S&P 500 Futures」などがCMEなどの取引所で取引されています。

株価指数先物取引も他の先物取引と同様に限月ごとに取引され，通常は3月限（さんがつぎり），6月限，9月限，12月限が取引されます。株価指数先物取引は証拠金を預け入れることで取引することができ，買い建て，売り建てのどちらからでも取引を始めることができます。決済方法は，満期までに転売または買戻しするか，満期まで保有した場合には特別清算数値（SQ値）によって差金決済されます。

投資家からみると，株価指数先物に投資することは個別銘柄の選択が不要であり，個別銘柄の倒産リスクの影響を受けにくく，経済全体のトレンドに投資できるといった点が特徴としてあげられます。

Step 2

株価指数先物取引は満期時点の株価指数を取引対象としているため，先物価格と現時点の株価指数は必ずしも一致しません。日経225先物価格と現時点の日経平均株価の関係は以下の式のようになります。

日経225先物理論価格 ＝ 日経平均株価 $\times e^{(r-\delta)T}$

なお，eは自然対数の底，rは金利，δは予想配当利回り，Tは満期までの年数です。

株式先渡取引 *Equity Forward Contract*

将来，現在定める価格で株式を売買することを約束する取引。

Step 1 株式先渡取引とは，将来，株式をある価格で売買することを約束する取引であり，店頭取引で行われます。たとえば，東京証券取引所で売買される個別株式の決済日は売買日から2営業日後ですが，なんらかの事情によって2営業日よりも先日付で決済をしたい場合に先渡取引をします。先渡取引は，取引条件が標準化・定型化された取引所取引とは異なり，取引条件を売買当事者間で決定する店頭取引です。そのため，取引条件は柔軟に決められますが，市場流動性が乏しく，必ずしも希望する取引ができるわけではありません。また，先物取引のように転売や買戻しによる決済はできません。

Step 2 株式先渡取引の活用例としては，自社株式先渡取引があります。たとえば，自己株式をM&Aの対価として活用しようと考えている企業があるとします。その企業は，当面は既存事業の成長投資に資金が必要であるため，現時点では自己株式買いを見送りましたが，将来において自己株式買いをする可能性があると考えました。このようなケースでは，現時点での株価から算出される先渡価格で自己株式を将来購入する自社株式先渡取引をすることによって，将来のキャッシュフローを確定させることができます。この取引では，将来の株価が先渡価格よりも高くなれば，この企業に収益が発生することになりますが，将来の株価が先渡価格よりも低くなれば損失が発生することになります。なお，自社株式先渡取引は差金決済によっても行われます。

為替予約取引 *Forward Exchange Contract*

市場慣行の決済日よりも将来に決済される為替取引。

Step 1 為替取引（スポット取引）は約定日から，通常，2営業日後に決済されますが，為替予約取引は約定日から，通常，3営業日以降に決済される為替取引のことです。為替予約取引は為替変動リスクを回避する目的で利用されます。

たとえば，輸出企業A社が1年後に売上代金100万ドルを受け取る予定となっている場合を考えます。ドル円のスポット・レートが現状よりも1年後に円安の方向に動くと予想するのであれば，何もしないほうが得策です。しかし，円高の方向に動いてしまうと，受け取った100万ドルを円貨に変えるとき，思わぬ為替差損を被ってしまいます。このようなドル円のスポット・レートの変動リスクを回避するため，為替予約取引が行われます。

Step 2 為替予約取引のレートを提示する金融機関は，為替予約取引のキャッシュフローをスポット取引と為替スワップ取引によって作ります。実際の為替予約の値決めでは，スポット・レートと為替スワップのレートをそれぞれ取得して，それを合成して，できあがりの為替予約のレートを決定します（下図参照）。

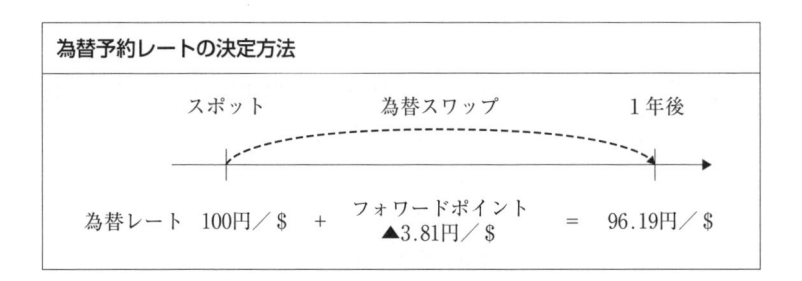

為替予約レートの決定方法

スポット	為替スワップ	1年後
為替レート　100円／＄	＋　フォワードポイント　▲3.81円／＄	＝　96.19円／＄

為替スワップ　*Foreign Exchange Swap (FX swap)*

直物取引と反対方向の為替予約取引を組み合わせた取引。

Step 1　為替スワップとは，2時点で逆の売買条件の為替取引を組み合わせた取引です。主に事業法人が直物取引と組み合わせて為替予約取引としたり，外貨建て資産へ投資した際の為替変動リスクのヘッジに活用したりします。

　事業法人では外貨建てのキャッシュフローにあわせて為替予約のかたちで取引することが多い一方で，インターバンク市場では直物為替と為替スワップに分解してそれぞれで取引されています。

Step 2　為替スワップと似たデリバティブとして，通貨スワップがありますが，図表1のような違いがあります。

　ただし，どちらも外貨の調達または運用を目的にした取引で，取引条件が主に2通貨の金利差や需給によって決まるため，市場参加者は為替スワップと通貨スワップを併用してリスク管理を行う場合もあります。

図表1　為替スワップと通貨スワップの違い		
	為替スワップ	通貨スワップ
満期までの金利交換	なし	あり
満期時の為替レート	フォワードレート	契約時レート
インターバンクでの取引期間	1年以内の短期が多い	1年超が多い

Step 3　為替スワップの条件は理論上，スポット・レートと2通貨の金利差によって決められます。具体的には直物取引の決済日から為替予約取引の決済日まで自通貨を自国の金利で運用した結果と，現時点で自通貨を外国通貨と交換したうえで，外国通貨を外国金利で運用して，決済日に外国通貨と自通貨を交換した場合の結果が等しくな

るように決まります。たとえば，約定時の為替レートが1ドル＝100円，米金利5％，円金利1％の場合，1年後には米ドルは1ドル→1.05ドル，日本円は100円→101円となるので，1年後の為替レートは101円÷1.05ドル＝96.19円となります（図表2）。なお，為替スワップのプライスを提示する際は，この満期日の為替レート（96.19円）ではなく，約定時為替レートと満期時為替レートの差分，100円－96.19円＝3.81円を提示することが一般的です。この約定時－満期時為替レートの差分をフォワードポイントやスワップポイントと呼びます。

　為替スワップの条件は以上のように決定しますが，実際は2通貨の金利差以外にも市場参加者の各通貨に対する需給や期待などさまざまな要因を織り込んで決定します。

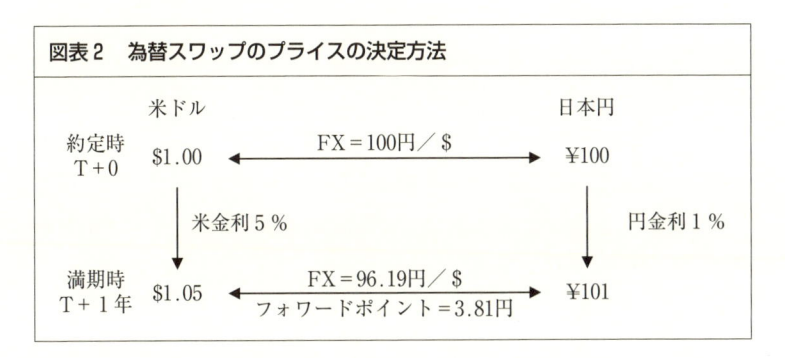

図表2　為替スワップのプライスの決定方法

	米ドル		日本円
約定時 T＋0	$1.00	←　FX＝100円／$　→	¥100
	↓米金利5％		↓円金利1％
満期時 T＋1年	$1.05	←　FX＝96.19円／$　→ フォワードポイント＝3.81円	¥101

通貨先物取引 *Currency Futures*

為替レートを原資産とした先物取引。

Step 1 通貨先物取引とは，将来の特定の日の為替レートを取引対象（原資産）とする取引所取引のことです。代表的な通貨先物の取引所は，シカゴ・マーカンタイル取引所（CME）の国際通貨先物市場（IMM：International Monetary Market）であり，主要通貨が対米ドルで取引されています。

通貨先物取引の経済効果は為替予約取引とほぼ同じですが，為替予約取引は通貨の決済を目的とするのに対して，通貨先物取引は取引価格と満期日の精算価格の差額を決済することを目的としていることが主な違いです。

Step 2 通貨先物を利用したヘッジ取引の具体例を示すと，以下のようになります。

A社は8月1日現在，3カ月後に輸出代金1,000万ドルの受取予定があり，今後の円高の動きに備えてヘッジを考えています。

○直物為替　1ドル＝78.44円
○先物為替（11月1日）　1ドル＝78.355円（3カ月のフォワード・レート△8.5銭）
○円通貨先物　12月限（受渡最終12月19日）　100円＝1.2774ドル（1ドル≒78.284円）

輸出代金1,000万ドルを11月1日期日の先物為替（為替予約取引）でおさえると，円貨額は1,000万ドル×78.355＝783,550,000円となります。これを通貨先物でヘッジすると，

円通貨先物の売買1単位＝1,250万円

必要契約枚数は，783,550,000円÷12,500,000円≒63枚となり，したが

って，通貨先物12月限を1.2774ドルで63枚購入することになります。

（ケース1） 11月1日までに円安になった場合

> ○直物為替　1ドル＝80.00円
> ○円通貨先物　12月限　100円＝1.2507ドル（1ドル≒79.955円）

円通貨先物12月限を1.2507ドルで63枚売却します。

円通貨先物取引での損失は，

$（1.2507－1.2774）／100×12,500,000円×63枚×80.00円$

$＝△16,821,000円……①$

3カ月後直物為替での円転による円貨額

$10,000,000ドル×80.00円＝800,000,000円……②$

受取最終円貨額　$①＋②＝783,179,000円$

（ケース2） 11月1日までに円高になった場合

> ○直物為替　1ドル＝76.00円
> ○円通貨先物　12月限　100円＝1.3166ドル（1ドル≒75.953円）

円通貨先物12月限を1.3166ドルで63枚売却します。

円通貨先物取引での利益は，

$（1.3166－1.2774）／100×12,500,000円×63枚×76.00円$

$＝23,461,200円……①$

3カ月後直物為替での円転による円貨額

$10,000,000ドル×76.00円＝760,000,000円……②$

受取最終円貨額　$①＋②＝783,461,200円$

（注）　上記のように，将来円高・円安にかかわらず，当初為替予約での受取円貨額とほぼ等しい経済効果が得られることがわかります（ただし，上記例では為替取引のマージン，通貨先物取引の手数料，直物為替と通貨先物との価格差の変動リスク等の要素は考慮に入れていません）。

金利先渡取引　*Forward Rate Agreement*

将来のある期間の金利をあらかじめ定める取引。

Step 1　金利先渡取引（FRA）とは，将来のある時点から始まる一定期間における指標金利について，契約時点に取引当事者間であらかじめ固定金利を定め，指標金利の利率が確定した後に，これらの差額を授受する店頭取引です。この差額は，利払い日から決済日まで割り引いた金額となります。なお，金利スワップ市場では，先決め金利（LIBOR，TIBORなど）から，後決め金利（TONAなど）への移行が進んでおり，前者の金利を参照するFRAの取引量は減少しています。

Step 2　A社は，資金調達を控え将来の金利上昇リスクを回避するため，下記のFRAを銀行から購入しました。

〔FRA明細〕

- ・契約日　2000年10月20日
- ・A社FRA購入／銀行FRA売却
- ・契約金額　10億円
- ・利率決定日　2000年11月17日
- ・決済日　2000年11月19日

- ・満期日　2001年2月19日
- ・契約期間　3カ月間（92日間）
- ・契約利率　2.00％（360日ベース）
- ・決済利率　3カ月円LIBOR

2000年11月17日の3カ月円LIBORは2.1875％でした。FRAを購入したA社は，2000年11月19日に，銀行から476,503円を受け取ります。

$$決済金額 = 10億円 \times \frac{(2.1875 - 2.0) \times 92}{360 \times 100 \times \left(\dfrac{1 + 2.1875 \times 92}{100 \times 360}\right)} = 476,503円$$

これでA社は，1カ月後の調達金利を2％で固定できたことになります。
（注）上記の取引事例に登場する円LIBORはすでに廃止されています。

金利先物取引　*Interest Rate Futures Contract*

金利指標を原資産とした先物取引。

Step 1　　金利先物取引は，金利指標を原資産として，将来の特定の日の原資産のレートを取引対象とする取引所取引のことです。代表的な金利先物は，CMEで取引されているSOFR Futuresです。日本では，TONA3カ月金利先物が上場されており，下表のように規格化されています。

　金利先物の取引価格は「100−原資産の年利率」によって表され，原資産の金利が上昇すれば価格は下落し，逆に金利が低下すれば価格は上昇する仕組みになっています。たとえば，TONA3カ月金利先物12月限を99.89円で100枚購入した場合，この先物取引の限月から3カ月間のTONA日次複利を年率換算した数値が0.11％（＝100−99.89）よりも低ければ収益が発生し，高ければ損失が発生します。つまり，将来の金利が現在の市場実勢よりも低下すると予想する時に購入し，上昇すると予想する時に売却することで，リスクヘッジの手段として活用できます。

TONA3カ月金利先物の商品概要	
参照金利	限月から3カ月間のTONA日次累積複利
取引単位	1ベーシスの値＝2,500円
価格表示	100から年利率を差し引いた数値
最小変動幅	0.001（1単位当り250円）
限月	四半期ごとの限月（3・6・9・12月限）を20限月（5年分）
最終取引日	各限月の3カ月後の第3水曜日
決済方法	期限前：転売・買戻し 期限：最終決済価格による差金決済
（参考）　東京金融取引所ウェブサイト	

債券先物取引　*Bond Futures Contract*

債券を原資産とした先物取引。

Step 1　債券先物取引とは債券を将来の特定の日にあらかじめ決められた価格で売買することを約束する取引です。取引対象（原資産）となる債券は特定の債券銘柄ではなく，償還期限やクーポン等を標準化した標準物です。大阪取引所には，中期国債先物（クーポン3％，償還期限5年），長期国債先物（クーポン6％，償還期限10年，下表参照），超長期国債先物（クーポン3％，償還期限20年）が上場されています。

Step 2　債券先物取引の決済方法は，取引最終日までに反対売買する方法（差金決済）のほか，取引最終日までに反対売買せずに国債の現物を受渡しする方法（受渡決済）があります。受渡決済できる国債の銘柄は，受渡適格銘柄として複数銘柄が指定されています。また，受渡決済における債券の価格は，債券先物の取引対象が架空の標準物のため，交換比率（コンバージョン・ファクター：CF）という係数を用いて以下のように計算されます。

長期国債先物取引の概要	
取引対象	クーポン6％，残存10年の日本国債標準物（架空の債券）
限月	3・6・9・12月（最長9カ月）
取引単位	1億円
価格表示方法	額面を100とした価格，下2桁銭表示
値幅制限	前日の清算価格±3円
受渡適格銘柄	残存7年以上11年未満の10年利付国債
受渡決済期日	各限月の20日（休業日の場合は繰下げ）
取引最終日	受渡決済期日の5日前（休業日を除外する）

受渡価格＝売買最終日の終値×CF÷100円×額面

なお，交換比率は受渡適格銘柄の複利利回りが標準物クーポンとなる単価を計算し，それを100で割った値です。

商品先物取引 *Commodity Futures Contract*

農産物，金属，エネルギー等の特定の商品を対象とした先物取引。

Step 1 商品先物取引とは，将来のある時点で原資産となる商品（コモディティ）をあらかじめ決めた価格で売買することを約束する取引です。原資産となる主な商品は，小麦・牛肉などの農産物，プラチナ・金・銅などの金属，原油・天然ガスなどのエネルギーです。江戸時代に大阪堂島の米の取引所（米会所）で行われた取引（帳合米商）が商品先物取引の起源といわれており，帳合米商の決済は，正米（現物）の受渡しではなく，帳簿上の差金で決済されていました。

Step 2 商品先物取引に似た取引として，商品CFD（Contract for Difference）取引があり，商品先物取引と比べると，下表のような相違点があります。

商品先物取引と商品CFD取引		
	商品先物取引	商品CFD取引
取引形態	取引所取引（東京商品取引所，大阪堂島商品取引所等）	OTC取引（店頭取引）
決済方法	差金決済あるいは現物決済	差金決済
レバレッジ（証拠金）	SPAN(注)により算出された証拠金以上で，商品先物取引業者の定める額（倍率10倍～40倍）	商品先物取引法のレバレッジ規制により，20倍以下に制限
委託者（取引参加者）の資産保全	取引証拠金は，日本商品清算機構に直接預託（取引証拠金制度）。保全対象財産は，信託，委託者保護基金への預託，銀行等の保証，基金代位弁済委託のいずれかまたはその組合せにより保全（分離保管制度）。	商品先物取引業者が信託銀行と金銭信託契約を締結し，信託保全（信託による分離保管）。
(注)　SPAN（Standard Portfolio Analysis of Risk）は，CMEが1988年に開発したリスクベースの証拠金計算方法およびシステム。		

NDF取引 *Non Deliverable Forward*

取引時と満期時の為替レートを差金決済する為替予約取引。

Step 1 NDF取引は，規制によって取引が制限されている通貨や流動性が乏しい通貨と主要通貨を交換する為替予約取引を，主要通貨による差金決済で行う取引です。主に取引されている通貨は韓国ウォンやブラジルレアルなどです。通常の為替取引と異なる点は，交換する2つの通貨の元本は決済せずに，取引時の為替レートと満期時の為替レートの差額を主要通貨で決済する点です（下図参照）。NDF取引は，為替変動による損益をヘッジする目的や投資目的で活用されています。なお，NDF取引によって外貨を調達することはできません。

Step 2 NDF取引で特に注意したいのは価格変動です。規制によって取引が制限されている通貨や流動性が乏しい通貨が取引の対象となっているため，規制の変更や政治的混乱等によって価格が大きく変動する可能性があります。

東京外国為替市場委員会の「東京外国為替市場における外国為替取引高サーベイ」（2024年1月公表）によれば，NDFの取引高は韓国ウォン，インドルピー，台湾ドル，インドネシアルピアなどを対象通貨とするものが多く，差金決済に用いる主要通貨は米ドルが大宗を占めます。

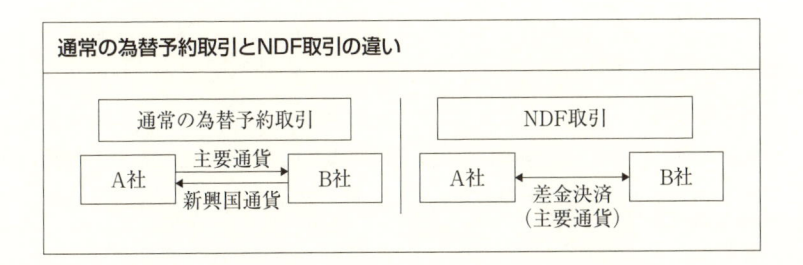

通常の為替予約取引とNDF取引の違い

通常の為替予約取引　／　NDF取引

A社 ← 主要通貨 → B社　新興国通貨

A社　差金決済（主要通貨）　B社

仲値取引 *Middle Rate Trades*

金融機関が顧客との外国為替取引を行う際にその日の基準となる為替レートでの取引。

Step 1　仲値取引とは，金融機関が顧客との外国為替取引を行う際の基準となるレート（仲値）を用いて行う取引のことです。仲値はTTM（Telegraphic Transfer Middle Rate）とも呼び，日本では各金融機関が毎営業日，午前9時55分の為替レートを参考に決定します。金融機関がTTMに手数料を乗せ，顧客に外貨を売るレートがTTS（Telegraphic Transfer Selling Rate），TTMから手数料を引き，顧客から外貨を買い取るレートがTTB（Telegraphic Transfer Buying Rate）です。顧客は，仲値取引を行うことで，日中為替市場をモニタリングしなくても，決まった価格で取引を行うことができるというメリットがあります。基本的に，仲値はその日一日同じ値が適用されますが，1円以上の大きな為替変動があった場合などには，あらためて仲値が定められることもあります。

　また，ゴトー日と呼ばれる5や0（10）がつく日は，企業が資金決済日にしていることが多く，午前9時55分にかけて取引が活発になる傾向があるといわれています。

Step 2　仲値取引のように，特定の条件で算出されたレートで行う取引をフィキシングオーダーと呼び，海外でも取引されています。代表的なものに，WM/Refinitivがロンドン時間の16時（夏時間は15時）に算出，公表する為替レートがあり，ロンドンフィキシングと呼ばれています。日本の仲値取引同様に為替取引が集中しており，為替の変動が大きくなることがあります。

3

オプション

オプション取引　*Options*

あらかじめ定められた条件で取引をする権利の売買。

Step 1　オプション取引の「オプション」とは「選択権」を意味します。オプション取引では，オプションの買い手（権利をもつ者）がオプションの売り手（義務を負う者）に「プレミアム」と呼ばれるオプション料を支払うことで，あらかじめ定められた条件で取引を行う権利を手に入れます（図表1参照）。オプションの買い手がこの権利を行使すると，オプションの売り手は取引に応じる義務を負うことになります。

オプション取引には，コール・オプションとプット・オプションの2つの基本型があります。コール・オプションは，対象となる商品（原資産）を定められた期日に定められた価格で買える権利，プット・オプションは売れる権利で，定められた期日を権利行使日，定められた価格を行使価格（ストライク・プライス）と呼びます。また，オプションが有効な期間をオプション期間，期間の最終日を満期日といいます。

オプションは，オプション期間中いつでもオプションの権利行使が可能なアメリカン・オプション，権利行使日が1回のみ設けてあるヨーロピア

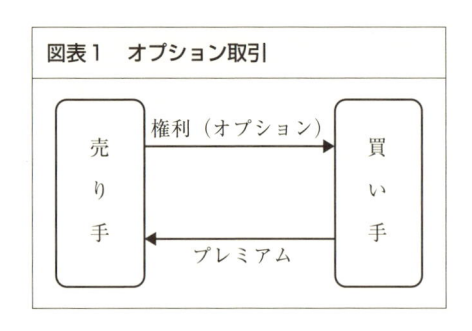

図表1　オプション取引

売り手　　権利（オプション）　→　買い手

←　プレミアム

ン・オプション，権利行使日が複数回設けてあるバミューダン・オプションに分類されます。

Step 2　オプション取引の基本的な利用方法として，輸出企業の円高ヘッジを考えてみます。輸出企業は，売上げを外貨で受け取ることから為替変動リスクを負っています。将来，明らかに円高となるという見通しがあれば，為替予約を用いていまのうちに為替レートを確定させればよいわけですが，意に反して円安に振れた場合，円安メリットを享受することはできなくなります。

オプション取引を用いて円高をヘッジするためには，プレミアムを支払い，円コール・オプションを購入します。為替レートが行使価格より円高になった場合，オプションの行使によって為替実勢にかかわらずあらかじめ定められた為替レートでの取引が可能になります。反対に為替レートが行使価格より円安になった場合，行使価格での取引はかえって損になるためオプションは行使せず，市場の為替レートで取引することで，円安のメリットを享受できます（図表2参照）。なお，オプションを購入した際に支払ったプレミアムは，円高に対する保険料と考えることができます。

図表2　外貨を保有している際の為替レートによる円ベースの価値（左）と円コール・オプション買いを取り組んだ後の損益（右）

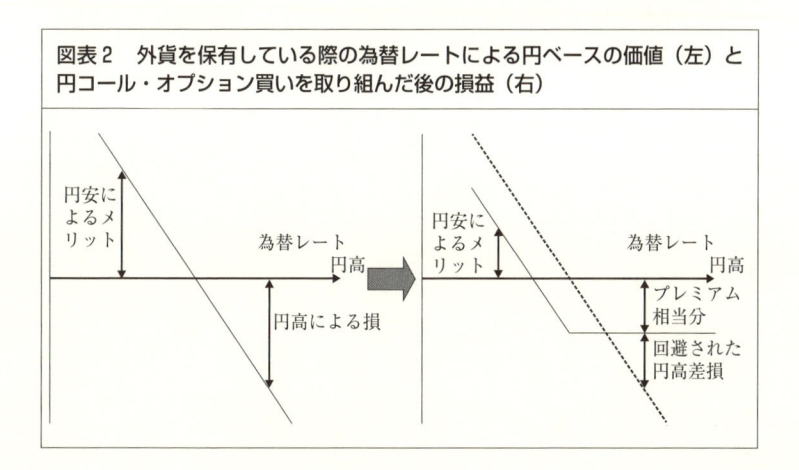

原 資 産 *Underlying Asset*

デリバティブ取引が参照する指数や商品等のこと。

Step 1 原資産とは，先物取引やオプション取引等のデリバティブ取引の損益やキャッシュフローを計算する際に参照する指数や商品等，もしくはデリバティブ取引によって交換する指数や商品や先物取引等のことです。たとえば，日経225先物取引の原資産は日経平均株価であり，日経225先物の価格は原資産である日経平均株価に連動します。また，固定金利（受取）と6カ月円TIBOR（支払）を交換する金利スワップの原資産は6カ月円TIBORであり，支払うキャッシュフローは金利更改日の6カ月円TIBORによって決定します。さらに，JGB先物オプション取引の原資産は長期国債先物であり，オプションの権利行使日にイン・ザ・マネーの場合には長期国債先物取引が発生します。

　原資産を直接売買できない投資家でも，デリバティブ取引を通して原資産と同様の損益を得ることができます。さらに，デリバティブ取引は，オプション取引のボラティリティなどの原資産にないリスク特性を生み出しています。

ITM（イン・ザ・マネー） *In the Money*
ATM（アット・ザ・マネー） *At the Money*
OTM（アウト・オブ・ザ・マネー） *Out of the Money*

3

オプション

オプションの行使価格と原資産価格の関係を表す言葉。

Step 1　オプションの行使価格と現時点の原資産価格の関係を表す言葉としてITM，ATM，OTMの3つがあり，コールとプット・オプションについて以下のようになります。

ITM：（コール）行使価格＜原資産価格

　　　（プット）行使価格＞原資産価格

ATM：（コール，プット）行使価格＝原資産価格

OTM：（コール）行使価格＞原資産価格

　　　（プット）行使価格＜原資産価格

　たとえば，ドル円のドルコール／円プット・オプション（行使価格105円）とドルプット／円コール・オプション（行使価格95円）の場合，下図

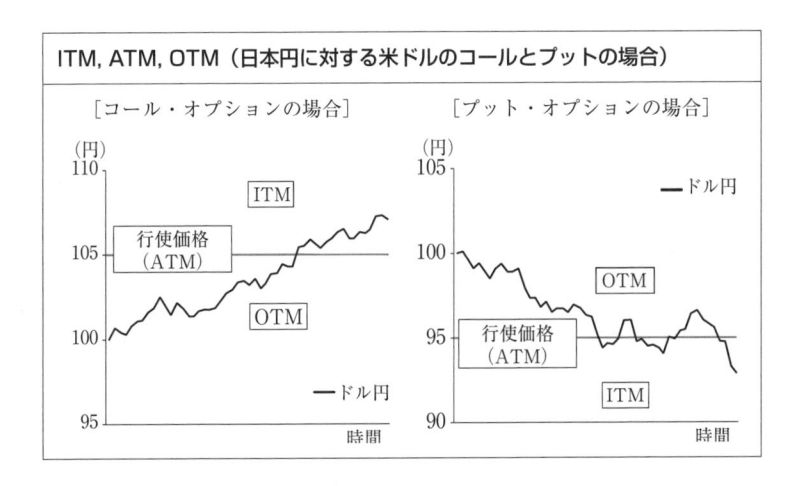

ITM, ATM, OTM（日本円に対する米ドルのコールとプットの場合）

［コール・オプションの場合］　　［プット・オプションの場合］

のようになります。

Step 2　上述の原資産価格は，ヨーロピアン・タイプとアメリカン・タイプで厳密には異なります。ヨーロピアン・タイプは権利行使が満期日のみなので，満期日におけるフォワード・レートになります。一方，アメリカン・タイプは満期日までいつでも行使が可能であるため，現時点の価格となります。しかし，期間の短いオプションについてはその差はわずかなことが多いため，単に原資産価格を参照してITM，ATM，OTMを判断することがほとんどです。

株価指数オプション　*Stock Index Options*

株価指数を原資産としたオプション。

Step 1　　株価指数オプションとは，ある特定の株価指数を原資産として，あらかじめ定められた行使価格・権利行使日で原資産を買い付けあるいは売り付けられる権利のことです。代表的な株価指数オプションとしては，日経平均株価を原資産とした「日経225オプション」，S&P500を原資産とした「S&P 500 Index Options」，EURO STOXX 50（ユーロ・ストックス50）を原資産とした「EURO STOXX 50 Index Options」などがあります。

　株価指数オプションを保有している場合，行使日までの期間は「転売」または「買戻し」することによって取引を決済することができます。転売・買戻しを行わず，権利行使日（最終取引日）まで権利を保有した場合には，「権利行使」または「権利放棄」が判定されて決済することになります。

Step 2　　株価指数オプションは指数を原資産としており，原資産そのもので受渡しができないため，権利行使価格と取引所が算出した清算数値との差によって差金決済されます。

　「日経225オプション」の場合，限月の第2金曜日に発表されるSQ（Special Quotation）と権利行使価格の差額によって差金決済されます。SQは日経平均株価を構成する225銘柄の株価の始値をもとにして算出されますが，日経平均株価の始値とは必ずしも一致しません。「S&P 500 Index Options」の場合も指数を構成する銘柄の始値に基づいて「Special Opening Quotation」が計算され，差金決済されます。「EURO STOXX 50 Index Options」では最終取引日の現地時間11：50から12：00の平均値に基づいて「Final settlement price」が算出され，差金決済されます。

債券先物オプション　*Bond Futures Options*

債券先物をあらかじめ定めた期日・価格で売買できる権利。

Step 1　債券先物オプションは，債券先物をあらかじめ定めた期日・価格で売買できる権利のことであり，日本では1990年5月から国債先物オプションの取引が開始され，現在は大阪取引所で長期国債先物オプションが取引されています。またCMEでは米2年物中期国債先物，米5年物中期国債先物，米10年物中期国債先物，米長期国債先物，米超長期国債先物等を原資産としたオプションが取引されています。

Step 2　ある事業会社が3月末時点で5月末に額面100億円の10年物国債を購入予定ですが，購入時までに価格が上昇するリスクを考えて，債券先物オプションでヘッジをすることにしました。ヘッジ対象の残存期間は約10年であるのに対し，ヘッジ手段である債券先物オプションの原資産の債券先物は，残存期間7年程度の国債価格に連動しますが，今回は残存期間の差については考慮しないことにしました。そこで，長期国債先物のコール・オプション（オプション満期は5月末，権利行使価格142.00円）を長期国債先物の額面100円当り0.50円で100枚（1枚は額面1億円分）購入しました。

　5月末に10年物国債は100.30円から101.70円に上昇し，100億円分の国債現物を購入し，6月限債券先物価格は141.60円から143.60円に上昇し，

債券先物オプションによる国債現物購入価格の固定化	
国債現物購入価格	10,170,000,000円
先物コール・オプション購入額	50,000,000円
先物コール・オプション売却額	160,000,000円
オプション導入後の実質購入価格	10,060,000,000円

コール・オプションのプレミアムは0.50円から1.60円に上昇し，このコール・オプションを売却し，国債価格の上昇によるコスト増の一部をヘッジできました。

金利先物オプション　*Interest Rate Futures Options*

金利先物をあらかじめ定めた期日・価格で売買できる権利。

Step 1　金利先物オプションとは，特定の金利先物をあらかじめ定めた価格で売買できる権利のことであり，取引所で取引されています。代表的な金利先物オプションとしては，ソファー・フューチャー（SOFR Futures）を原資産としたソファー・オプション（SOFR Options）がCMEで活発に取引されています。東京金融先物取引所では，ユーロ円3カ月金利先物を原資産とするユーロ円3カ月金利先物オプションや，TONA3カ月金利先物を原資産とするTONA3カ月金利先物オプションが上場されています。

TIBORやSOFR等の短期金利を原資産とする金利先物や金利先物を原資産とする金利先物オプションの取引量は，その時々の金融政策の影響を大きく受けて変化します。市場において利上げや利下げが意識されると，普段はあまり変動しない短期金利も変動し始め，リスク・ヘッジ目的や収益機会をねらった取引がされるようになるためです。

Step 2　ソファー・オプションは，最終取引日までいつでも権利行使可能なアメリカン・タイプのオプションです。オプションを権利行使すると，原資産であるソファー・フューチャーの建て玉が発生する仕組みとなっています。たとえば，2024年12月限のソファー・フューチャーを原資産とするソファー・プット・オプション（権利行使価格96.00，オプション満期2024年12月13日）を100枚購入し，イン・ザ・マネーとなった時点ですべて権利行使とすると，その時点で価格96.00のソファー・フューチャー100枚の売り建て玉が発生します。一方，このプット・オプションを売り持ちしていた投資家は，オプションが行使されるため，価格96.00のソファー・フューチャー100枚の買い建て玉が発生します。

商品先物オプション *Commodity Futures Options*

商品の先物をあらかじめ定めた期日・価格で売買できる権利。

Step 1　商品先物オプションとは，ある将来時点で金や原油など の商品（コモディティ）の先物をあらかじめ定めた価格 で売買できる権利のことです。日本では，東京商品取引所でヨーロピア ン・タイプの「金先物プット・オプション」と「金先物コール・オプショ ン」などが取引されています。このオプションの決済方法は，権利行使日 までの期間は「転売」または「買戻し」することによって取引を決済でき ます。また，権利行使日（最終取引日）までオプションを保有したときに は，イン・ザ・マネーの場合，行使価格と清算価格で自動的に差金決済さ れ，アット・ザ・マネー，アウト・オブ・ザ・マネーの場合は権利放棄と なります。

Step 2　商品先物オプションの具体的な利用方法を紹介します。 国内のある貴金属販売企業が将来の金価格上昇リスクを ヘッジするために，東京商品取引所で金先物コール・オプション（オプ ション期間6カ月，ストライク5,000円／グラム）を10キログラム分購 入したとします。6カ月後，金の先物価格が5,500円／グラムとなって いた場合，このオプションの保有者は権利行使日に（5,500－5,000）× 10,000＝500万円を差金決済により得ることができます。

通貨オプション　*Currency Options*

通貨をあらかじめ定めた期日・レートで売買できる権利。

Step 1　通貨オプションは，USD/JPY（ドル円）やEUR/USD（ユーロドル）などの通貨ペアをあらかじめ定めた条件で売買できる権利のことであり，主に金融機関と店頭取引の形態で売買されます。主に取引されている通貨オプションは，ヨーロピアン・タイプのコール・オプションとプット・オプションですが，バリア・オプションなどのエキゾチック・オプションも取引されます。

　為替リスクを有する輸出企業や輸入企業は，リスク・ヘッジするために通貨オプションを取引することがあります。為替リスク・ヘッジの代表的な手段である為替予約取引では，将来における為替取引を現時点で約束しますが，通貨オプションの場合は必ずしも為替取引が発生するとは限りません。たとえば，ある企業が通貨オプションを購入すると，企業はプレミアムを支払うかわりに，オプション満期時において原資産価格が企業にとって不利な場合はオプションを放棄し，有利な場合は権利行使して為替取引を行います。

Step 2　2つの通貨オプションの組合せによって，為替予約取引と同じ取引をすることができます。たとえば，ドル円のヨーロピアン・タイプのコール・オプションの買いとプット・オプションの売り（同一オプション満期，同一権利行使価格）を組み合わせてプレミアムの支払が発生しないゼロ・コスト・オプションを組成することで，オプション満期日に米ドルを権利行使価格で購入する為替予約取引となります。このような取引を「シンセティック・フォワード」といいます。

ヨーロピアン・オプション *European Options*

1つの権利行使日（満期日）のみ権利行使が可能なオプション。

Step 1　あらかじめ設定された日時に1回のみ権利行使が可能なオプションをヨーロピアン・オプションといいます。たとえば，原資産が円金利スワップのスワップションであれば，権利行使日の東京15時に権利行使するか権利放棄するかの判定をオプション購入者が連絡します。また，大阪取引所の日経225オプションは，権利行使日がSQ（特別清算指数：Special Quotation）の発表される日であり，SQ値によって自動的に判定されます。

Step 2　オプション・タイプを知るためには，取引所取引のオプションであっても，商品名に「ヨーロピアン」や「アメリカン」等が含まれていないことがほとんどですので，商品概要を確認する必要があります。たとえば，大阪取引所の「国債（JGB）先物オプション」は，取引最終日までいつでも権利行使可能なアメリカン・オプションです。そのため，オプションを売り持ちしている場合には，いつでも権利行使される可能性があります。なお，OTC取引の場合には，取引の前にオプション・タイプを明示する必要があります。

主な取引所取引のオプション・タイプ		
取引所名	商品名	オプション・タイプ
大阪取引所	日経225オプション	ヨーロピアン
大阪取引所	国債（JGB）先物オプション	アメリカン
東京金融取引所	ユーロ円3カ月金利先物オプション	アメリカン
東京商品取引所	金先物オプション	ヨーロピアン

アメリカン・オプション　*American Options*

オプション期間中にいつでも権利行使が可能なオプション。

Step 1　権利行使日が決められた1日のみのヨーロピアン・オプションとは対照的に，オプション期間中にいつでも権利行使が可能なタイプのオプションをアメリカン・オプションといいます。「いつでも権利行使が可能」といっても，実際に権利行使可能なのは1日の特定の時間帯に限られていることが一般的です。

　取引所取引のアメリカン・オプションとしては，大阪取引所の「国債（JGB）先物オプション」などがあります。

Step 2　アメリカン・オプションとヨーロピアン・オプションは商品性が異なるため，オプション・プレミアムは同一ではありません。オプション期間が長いアメリカン・オプションの場合には，市場の特徴をモデル化してモンテカルロ・シミュレーションなどで時価評価を行う必要があり，オプション・プレミアムに大きな差が出ることがあります。一方，オプション期間が短い場合，先物オプションや配当落ちなどがない現物株オプションについては，オプション・タイプによる評価差が小さくなります。そのため，アメリカン・オプションを簡易的にブラック・モデルやブラック・ショールズ・モデル等によって評価することもあります。なお，現物株オプションの原資産の配当落ちのように，アメリカン・オプションの権利行使を有効に使用できる場合もあるため，条件によってはオプション・プレミアムの差が大きくなる場合もあります。

　アメリカン・タイプの先物オプションが，オプション満期前に権利行使されることはあまりありません。オプションの時間価値を放棄してまで，権利行使するメリットがほとんどの状況でないからです。

バミューダン・オプション　*Bermudan Options*

複数の権利行使日が設定されているオプション。

Step 1　オプションは設定されている権利行使日の数によって分類され，権利行使日が1回のみ設けてあるヨーロピアン・オプション，権利行使日が複数回設けてあるバミューダン・オプション，オプション期間中いつでも権利行使可能なアメリカン・オプションがあります。なお，複数の権利行使日が設けられていても権利行使できる回数は1回です。バミューダン・オプションの名前の由来はオプションの性質が「ヨーロピアン」と「アメリカン」の間にあるため，欧州と米国のほぼ中間に位置する“バミューダ諸島”にちなんでいるといわれています。

Step 2　バミューダン・オプションの代表的な取引に，マルチ・コーラブル・スワップがあります。これは，契約当初にあらかじめ設定された複数の権利行使日のうちいずれかで，コストの受払いをすることなく契約を期限前終了させることができるオプションが付されたスワップです。

　マルチ・コーラブル・スワップは仕組預金や仕組債を組成する際に利用されます。仕組預金でよくみかけるものが，預入期間が変化する可能性があるかわりに金利が上乗せされているものです。この仕組預金は，定期預金とマルチ・コーラブル・スワップから構成されています。預入期間を延長できる権利は金融機関が保有しており，預金者がオプションを売却しているため，オプション・プレミアム分だけ金利が上乗せされます。金融機関はマルチ・コーラブル・スワップを時価評価し，期限前に終了させるかを判断します。金融機関がマルチ・コーラブル・スワップを終了させた時に，仕組預金が満期を迎えることになります。

キャップ *Cap*

金利上昇リスクを回避するために用いられる金利オプションの一種。

Step 1 キャップは金利オプションの代表的な取引です。キャップの買い手は契約期間中の金利更改日に当初に設定した基準金利（たとえば6カ月TIBOR）が，あらかじめ設定した上限金利（キャップ・レートといいます）を上回った場合，その差額（6カ月TIBOR − キャップ・レート）を受け取ることができます。一方，基準金利があらかじめ設定した上限金利を下回った場合，何も受け取ることができません。キャップの買い手はその対価としてプレミアム（キャップ料）をキャップの売り手に支払います。

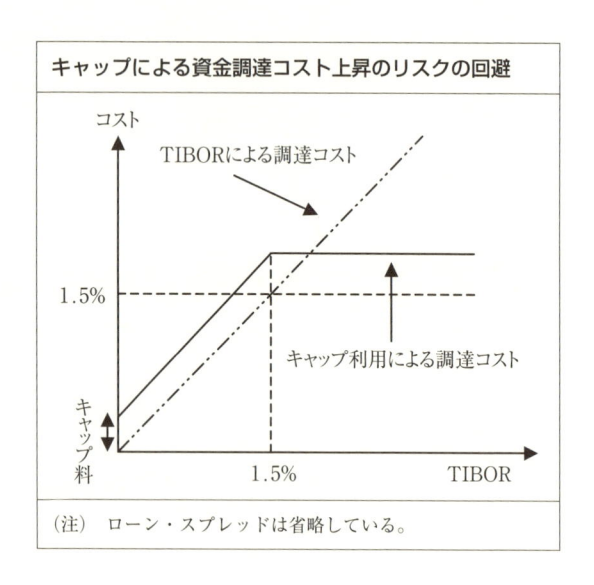

キャップによる資金調達コスト上昇のリスクの回避

コスト

TIBORによる調達コスト

1.5%

キャップ利用による調達コスト

キャップ料

1.5%　　　　　TIBOR

（注）　ローン・スプレッドは省略している。

Step 2

たとえば，変動金利で資金調達している債務者は，キャップを購入することにより将来に調達金利が上昇した場合のコスト増加をキャップから発生する収益で相殺することができるため，金利上昇リスクの回避手段として用いられています。企業が銀行から「6カ月TIBOR＋ローン・スプレッド」という条件で5年間の借入れを行っている場合，TIBORが低い場合は低金利のメリットを享受できる半面，TIBORが上昇した場合に調達コストが増大するリスクを抱えています。このとき，期間5年の上限金利1.5%のキャップを購入すれば，プレミアム分は負担が増加するものの，今後5年間の調達コストは最大で「1.5%＋ローン・スプレッド」で抑えることができます。さらに低金利のメリットも享受することができます。プレミアムの支払は，契約締結時に一括して支払うことも，契約期間中に分割して支払うこともできますので資金状況にあわせた取引が可能です。

Step 3

将来のある時点でキャップを取引する権利を売買するオプションをキャップションと呼びます。これはコンパウンド・オプションといわれるものの一種です。キャップションの買い手は，権利行使をすることにより契約時点で決めた取引内容（キャップ・レート，金額，期間，プレミアム等）のキャップを購入することができます。権利行使日のプレミアムが当初決めたプレミアムよりも安い場合は，権利を放棄してその時点で新たに同条件のキャップを取り組むこともできます。

　キャップ取引から派生したデリバティブとしては，基準金利がキャップ・レートを上回った場合にある一定利率分のみ金利差を受け取れるデジタル・キャップ，基準金利が一定の範囲内にある場合のみ効果があるレンジ・キャップ等があります。

フロアー *Floor*

金利低下リスクを回避するための金利オプションの一種。

Step 1 フロアーは金利オプションの代表的な取引です。フロアーの買い手は契約期間中の金利更改日に当初に設定した基準金利（たとえば6カ月TIBOR）が，あらかじめ設定した下限金利（フロアー・レートといいます）を下回った場合，その差額（フロアー・レート − 6カ月TIBOR）を受け取ることができます。一方で，基準金利があらかじめ設定した下限金利を上回った場合，何も受け取ることができません。フロアーの買い手はその対価としてプレミアム（フロアー料）をフロアーの売り手に支払います。

Step 2 変動金利で運用している投資家はフロアーを購入することによって，将来に運用金利が低下した場合の運用利回り低下をフロアーから発生する収益で相殺することができるため，金利低

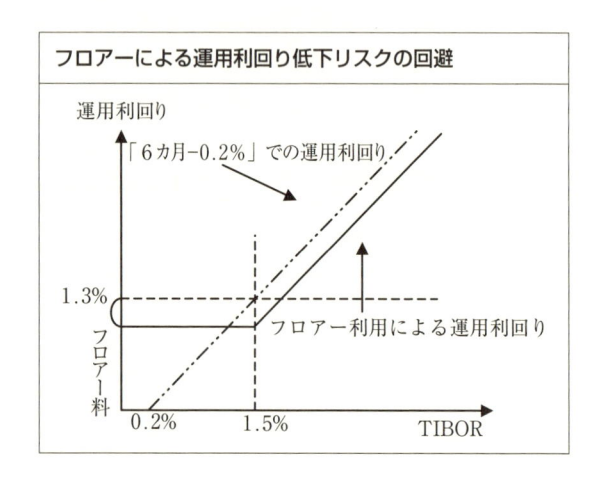

フロアーによる運用利回り低下リスクの回避

運用利回り

「6カ月−0.2%」での運用利回り

1.3%

フロアー料

フロアー利用による運用利回り

0.2%　1.5%　TIBOR

下リスクの回避手段として用いられています。企業が「6カ月TIBOR－0.2%」という条件で5年間の資金運用を行っている場合，TIBORが高い場合は高金利のメリットを享受できる半面，TIBORが下落した場合に運用利回りが低下するリスクを抱えています。このとき，期間5年，基準金利＝6カ月TIBOR，下限金利1.5%のフロアーを購入すれば，プレミアム分は負担が増加するものの，今後5年間の運用利回りは最小で「1.5%－0.2%＝1.3%」とすることができます。さらに高金利のメリットも享受することができます。プレミアムの支払は，契約締結時に一括して支払うことも，契約期間中に分割して支払うこともできますので資金状況にあわせた取引が可能です。

Step 3 　将来のある時点でフロアーを取引する権利を売買するオプションをフロアーションと呼びます。これはコンパウンド・オプションといわれるものの一種です。フロアーションの買い手は，権利行使をすることにより契約時点で決めた取引内容（フロアー・レート，金額，期間，プレミアム等）のフロアーを購入することができます。権利行使日のプレミアムが当初決めたプレミアムよりも安い場合は，権利を放棄してその時点で新たに同条件のフロアーを取り組むこともできます。

　フロアー取引から派生したデリバティブとしては，参照金利がフロアー・レートを下回った場合にある一定利率分のみ金利差を受け取れるデジタル・フロアー，参照金利が一定の範囲内にある場合のみ効果があるレンジ・フロアー等があります。

エキゾチック・オプション　*Exotic Options*

ペイオフやストライクなどに特殊な条件がついたオプション。

Step 1　先物オプションやスワップションなどの単純なオプションは，プレーン・バニラ・オプション（Plain Vanilla Options），またはスタンダード・オプション（Standard Options）と呼ばれています。一方で，ペイオフ（最終損益）やストライク等に特殊な条件がついたオプションを"風変わりな""珍しい"という意味で，エキゾチック・オプション（Exotic Options）と呼びます。代表的な例は以下の通りです。

　① **ペイオフに特殊な条件がついたオプション**

・バイナリ・オプション：ペイオフがデジタルに変化

・ルックバック・オプション：ペイオフが事後的に決定

・アベレージ・オプション：ペイオフが特定期間のレートの平均

・レンジ・アクルーアル・オプション：原資産が一定範囲でペイオフ増

　② **ストライクに特殊な条件がついたオプション**

・ムービング・ストライク・オプション：ストライクが変動

・ラチェット・オプション：ストライクが変動

　③ **オプションの効力発揮に特殊な条件がついたオプション**

・ノックアウト（ノックイン）・オプション：オプションが消滅（発生）

・チューザー・オプション：プットかコールのいずれかを購入可能

・ターゲット・リデンプション：クーポンが一定金額になると早期償還する条項

　④ **原資産が特殊なオプション**

・コンパウンド・オプション：原資産がオプション

・イールド・カーブ・スプレッド・オプション：複数の指標の差が原資産

バリア・オプション　*Barrier Options*

原資産価格がある水準に到達するとオプションが発生もしくは消滅するオプション。

Step 1　バリア・オプションは，バリアの種類によって，アメリカンバリア・オプション，ヨーロピアンバリア・オプション，ウィンドウバリア・オプションの3種類に分けられます。以下では，最も一般的であるアメリカンバリア・オプションについて記載します。アメリカンバリア・オプションとは，オプション期間中に原資産価格があらかじめ設定した価格（バリア・プライス）に到達した場合に，オプションが発生，もしくは消滅するオプションです。バリア・プライスに到達することでオプションが発生するタイプを「ノックイン・オプション」，反対に当初はオプションが有効ですが，バリア・プライスに到達するとオプションが消滅するタイプを「ノックアウト・オプション」と呼びます。

　バリア・プライスを1つだけもつタイプを「シングル・バリア・オプション（または，単にバリア・オプション）」，バリア・プライスが上下に2つあるタイプを「ダブル・バリア・オプション」と呼びます。

　シングル・バリア・オプションは，バリア・プライスが原資産価格より大きいか小さいかによって，図表1のように分類することができます。

図表1　バリア・プライスと原資産価格による分類

バリア・プライス	ノックイン・タイプ	ノックアウト・タイプ
原資産価格より大きい	アップ・アンド・イン （up-and-in）	アップ・アンド・アウト （up-and-out）
原資産価格より小さい	ダウン・アンド・イン （down-and-in）	ダウン・アンド・アウト （down-and-out）

Step 2 アメリカン・バリア・オプションを利用した具体的な取引を紹介します。いま，A社がB銀行と，"ストライクが1ドル100円，バリア・プライス（消滅価格）が1ドル110円の期間3カ月のノックアウト・コール・オプションの買い" + "ストライクが1ドル100円，バリア・プライスが1ドル110円の期間3カ月のノックアウト・プット・オプションの売り"という，バリア・オプションを組み合わせた取引を行ったとします。ただし，オプションのプレミアムは，買いと売りでちょうど相殺されるものとします。この場合，オプション期間中の為替変動によって，満期日には図表2の①②③の3つの状態が考えられます。

図表2の①②③の場合に，コール・オプションとプット・オプションは図表3のようになります。つまり，A社は，直物為替相場がオプション期間中に一度も110円に達しなければ，3カ月後にB銀行から1ドル100円で

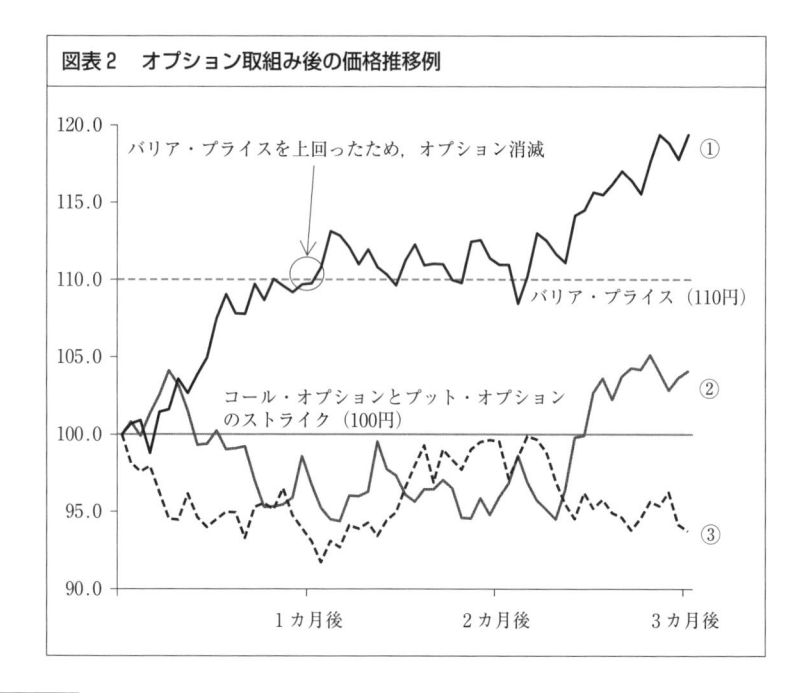

図表2　オプション取組み後の価格推移例

図表3　3カ月後の状態

| | ①一度でも1ドル110円に到達 | 一度も1ドル110円に到達せず | |
		②100円より円安	③100円より円高
コール・オプション	消滅	行使 (100円でドル購入)	権利放棄 (何も発生せず)
プット・オプション	消滅	権利放棄 (何も発生せず)	被行使 (100円でドル購入)
結果	何も発生せず	100円でドル購入	100円でドル購入

ドルを買うことになります。

　このような取引をノックアウト・フォワードと呼び，消滅条件がついた為替予約取引ともいえます。オプションが消滅するリスクがある分，消滅価格に達しなければ為替予約取引より有利な条件で外貨を売買できます。

ノックアウト・オプション *Knock-out Options*

原資産価格がある水準に到達すると，オプション取引自体が消滅する条項を付加したオプション。

Step 1　ノックアウト・オプションはバリア・オプションの一種であり，期間中に原資産価格がバリア・プライス（消滅価格）に達すると取引自体が消滅するノックアウト条項を付加したオプションです。

ノックアウト条項をつけることによって，オプションが消滅するリスクがある分，オプション・プレミアムが安くなりますが，期待していたヘッジ効果が得られない可能性があるので注意が必要です。

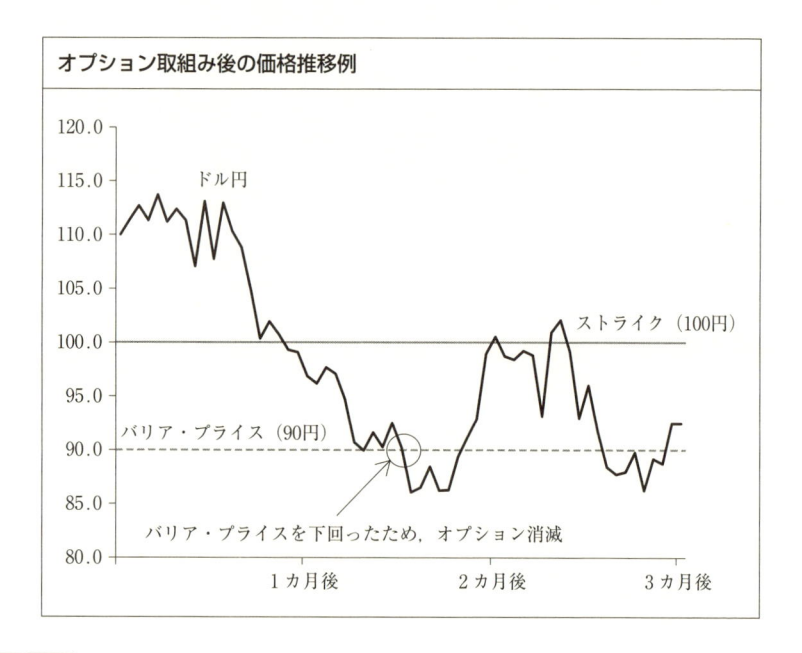

オプション取組み後の価格推移例

ドル円

ストライク（100円）

バリア・プライス（90円）

バリア・プライスを下回ったため，オプション消滅

1カ月後　　2カ月後　　3カ月後

Step 2　　ノックアウト・オプションの具体的な利用方法を紹介します。ある輸出企業が円高リスクをヘッジするために，ドルプット／円コール・オプション（オプション期間 3 カ月，ストライク 1 ドル＝100円）の取組みを検討し，バリア期間中に 1 ドル＝90円に達することがないと見込んで，オプション料削減のためアメリカンバリアのノックアウト条項をつけました。オプション取組み後，ドル円が図のように推移した場合，バリア・プライスである 1 ドル＝90円を下回った時点でドルプット／円コール・オプションが消滅します。

ノックイン・オプション *Knock-in Options*

原資産価格がある水準に到達すると，オプションが発生するオプション。

Step 1 ノックイン・オプションはノックアウト・オプションとは対照的に，バリア期間中に原資産価格がバリア・プライスに達すると，あらかじめ定められたオプション取引が発生するオプションです。

ノックイン条項をつけることによって，オプションが発生しない可能性がある分，通常のオプションよりオプション・プレミアムが安くなります。

Step 2 ノックイン・オプションの具体的な利用方法を紹介します。あるトレーダーが先々の円安期待をもっているものの，チャート・ポイント上のあるレートを上回ると，財務省による為替介入期待が高まり，円高に傾くと考えているとします。そのような相場観を表現するために，ドルプット／円コール・オプション（オプション期間3カ月，ストライク1ドル＝100円）の取組を検討し，バリア期間中に1ドル＝110円に達すると，円高に転じるリスクがあると想定して，アメリカンバリアのノックイン条件（バリア水準1ドル＝110円）をつけました。オプション取組み後，ドル円が図のように推移した場合，1ドル＝110円を上回った時点で，ドルプット／円コール・オプションが発生します。これによって，プレーン・バニラのドルプット／円コール・オプションをノックイン・オプション取組み時よりも円安水準で構築でき，オプション・プレミアムを抑えることができます。

3
オプション

オプション取組み後の価格推移例

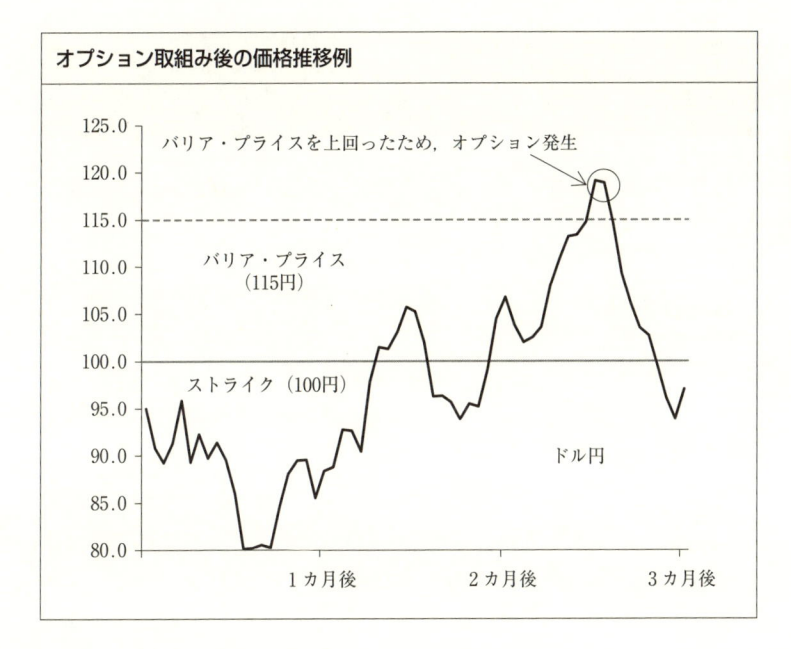

ウィンドウ・バリア・オプション
Window Barrier Options

バリア判定期間がオプション期間の一部に限られたバリア・オプション。

Step 1 アメリカン・バリア・オプションはオプション期間（約定日から権利行使日まで）がバリア観測期間（原資産がバリア・プライスに到達するか観測する期間）となるのに対して，ウィンドウ・バリア・オプションはオプション期間中の一部の期間のみをバリア観測期間とするバリア・オプションです。

Step 2 通常のバリア・オプションと比較すると，バリア観測期間が自由に定められるため，より柔軟な戦略や商品組成が可能であるという利点があります。また，ウィンドウ・バリア・オプションは通常の同じバリア水準のバリア・オプションと比べてバリア到達確率が低下するため，ノックイン・タイプであればプレミアムが安く，ノックアウト・タイプの場合，プレミアムが高くなる特徴があります。

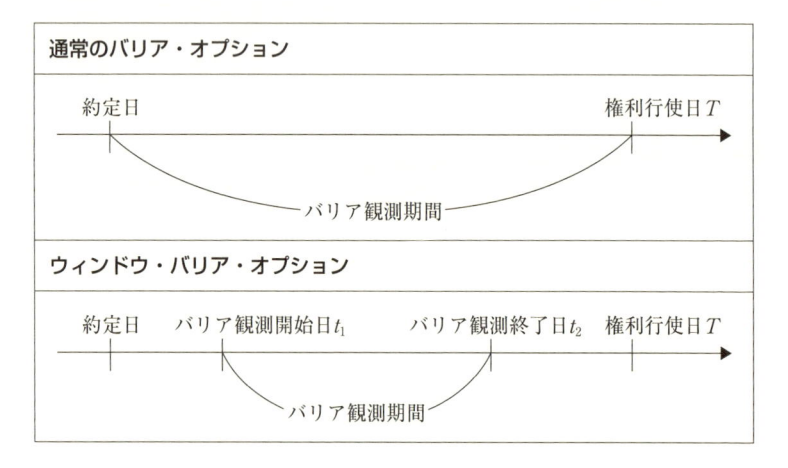

TARF *Target Redemption Forward*

ターゲット金額に達すると消滅するオプション。

Step 1 TARFはあらかじめ定めた期日に一定のレートで為替取引を実行できる為替予約に近い商品性ですが，通常の為替予約と異なり，実勢より有利なレートで為替取引した場合にその収益を累積させ，この累積収益金額がターゲットに到達した場合にノックアウトして早期終了します。具体的な取引例としては，下記の図表のようなものがあります。

Step 2 TARFのターゲット金額の設定方法としては，Big FigureとCashがあります。USD買い・JPY売りを例にすると，Big Figureの場合は $profit = Max\ (fixing - strike,\ 0)$，Cashの場合は $profit = Max(fixing - strike,\ 0) \times Notional$ という計算になります。加えて，ターゲット到達時のキャッシュフローの取扱いとして，その回まで満額取引できるFull，その回から取引が消滅するNone，ターゲット金額と正確に一致するように取引アマウントやストライクを調整するExactがあります。実需ではターゲットはBig Figureで設定し，ターゲット到達時も満額取引

TARFの取引例	
通貨ペア・サイド	USD買い・JPY売り
期間	3 年
期日	毎月末
行使価格（ストライク）	120.00
観測レートソース	BFIX TKY 15：00
想定元本	1mio $
累積収益ターゲット金額	20円（Big Figure）

できるFullで取引することが多いです。

　また，ペイオフの形状としては通常の為替予約のようなものだけではな
く，損失方向にノックイン条項をつけたものや，ストライクをずらしたレ
ンジ・フォワードなども取引されています。

ゼロ・コスト・オプション　*Zero Cost Options*

プレミアムの授受が発生しないように組み合わせたオプション取引。

Step 1　オプション購入によって支払うプレミアムとオプション売却によって受け取るプレミアムが同額になるように，オプションの購入と売却を組み合わせた取引をゼロ・コスト・オプションといいます。通常オプションを購入する際にはプレミアムを支払う必要がありますが，同時にオプションを売却することによって，プレミアムの支払をなくすことができます。ただし，オプションを売却するため，当初意図したヘッジ効果が得られているかには注意が必要です。

Step 2　プレミアムの授受が発生しないようなオプション取引の条件の組合せは多数ありますが，主に2つの方法で決められます。1つは，オプションの購入と売却の想定金額を同一にし，プレミアムの授受が発生しないように行使価格を調整する方法です。もう1つは，行使価格をあらかじめ定め，オプションの購入と売却の想定金額を調整する方法です。

　ゼロ・コスト・オプションの代表例としては，「レンジ・フォワード」があります。これは，プット・オプションとコール・オプションの購入と売却をプレミアムの授受が発生しないように組み合わせた取引であり，通貨オプションによるレンジ・フォワードの取組みが一般的です。

　オプションの購入と売却を組み合わせた取引を意味する用語は，そのほかにキャップとフロアーを組み合わせた「カラー」もありますが，「カラー」はプレミアムの授受が発生する取引も含みます。プレミアムの授受が発生しない「カラー」のことを特に「ゼロ・コスト・カラー」といいます。

デジタル・オプション　*Digital Options*

条件を満たした場合に権利を行使して一定額を受け取るオプション。

Step 1　デジタル・オプションは，あらかじめ定めた条件が成立したとき，オプションの買い手が一定の金額（ペイアウト）をオプションの売り手から受け取ることができるオプション取引です。オプションの買い手はオプションの売り手に対してプレミアムを支払います。なお，通常のオプションと同様にコール・オプションとプット・オプションがあります。デジタル・コール・オプションの場合，オプションの買い手は原資産価格が権利行使価格以上であれば一定額を受け取れますが，原資産価格が権利行使価格未満であれば何も受け取ることができません。

Step 2　デジタル・オプションの取組み例を示します。ドル円のデジタル・プット・オプション（権利行使価格：108.00円，オプション満期：3カ月後，ペイアウト：100万円）を40万円で購入したとします。権利行使日にドル円が108.00円を下回った場合に100万円を受け取れますが，上回ると何も受け取れません。

Step 3　通常のデジタル・オプションは満期日の原資産価格で条件判定する期日判定型ですが，約定日から満期日までの期中で条件成立を判定するオプションもあります。期中に一度でも条件にタッチした場合にペイアウトが発生するものをワンタッチ・オプション，期中に一度も条件にタッチしなかった場合にペイアウトが発生するものをノータッチ・オプションといいます。

アベレージ・オプション　*Average Options*

原資産価格の平均値によって決済金額が決まるオプション。

Step 1　アベレージ・オプションは原資産価格の平均値によって決済金額が決まるオプションであり，エイジアン・オプション（Asian Options）と呼ぶこともあります。また，アベレージ・オプションは，アベレージ・レート・オプションとアベレージ・ストライク・オプションの2つに分類されます。

　アベレージ・レート・オプションは，あらかじめ定めた観測期間の原資産価格の平均値とストライクレートの差を決済するオプションです。また，アベレージ・ストライク・オプションは，あらかじめ定めた観測期間の原資産価格の平均値と権利行使日の原資産価格の差を決済するオプションです。

Step 2　同じ行使価格のアベレージ・レート・オプションとヨーロピアン・オプションのプレミアムを比較すると，観測期間における原資産価格の平均値は，原資産価格と比べボラティリティが小さいので，通常，アベレージ・レート・オプションのプレミアムのほうが安くなります。

チューザー・オプション　*Chooser Options*

プットかコールのどちらかを選択できるオプション取引。

Step 1　チューザー・オプションとは，あらかじめ定められた時点において，チューザー・オプションの購入者がプット・オプションまたはコール・オプションを選択して取引することができるオプション取引です。チューザー・オプションの購入者は有利なオプションを選択して取引し，選択されなかったオプションを取引する権利は消滅します。

　選択できるプット・オプションとコール・オプションはさまざまな条件にすることが可能ですが，同一のオプション満期日とストライク・プライスになっているものが一般的です。この場合は，同一オプション満期日と同一ストライク・プライスのプット・オプションとコール・オプションを取引するストラドルと似ていますが，チューザー・オプションはオプションを選択した後，選択されなかったオプションを取引する権利が消滅するところが異なります。そのため，ストラドルよりもプレミアムが安くなります。

Step 2　チューザー・オプションの取組み例を示します。A社はドル円の変動リスクをヘッジするためにチューザー・オプション（選択期日は1カ月後，権利行使日は3カ月後，ストライク・プライスが100円）を金融機関から購入し，プレミアムを支払いました。1カ月後の期日にA社はその時点の為替レートなどからドル・プット・オプションとドル・コール・オプションのどちらかを選択し，その後は，通常のオプションとなります。

コンパウンド・オプション　*Compound Options*

オプション取引を原資産としたオプション取引。

Step 1　コンパウンド・オプションとは，コール・オプションやプット・オプションを原資産としたオプションです。権利行使価格と権利行使日が2つずつあり，「ある時点（第2の満期）である原資産を決められた価格（第2の行使価格）で購入・売却できる権利」を「それより前の時点（第1の満期）で，あらかじめ決めた価格（第1の行使価格）で購入・売却できる権利」のことです。

コンパウンド・オプションのオプション・タイプと原資産の組合せにより4つに分類できます（下表参照）。たとえば，プット・オン・コールの取引では，権利行使日において原資産価格（コール・オプションのプレミアム）が権利行使価格を下回った場合に，コンパウンド・オプション購入者は原資産（コール・オプション）を権利行使価格で売却することができます。コンパウンド・オプションが権利放棄となった場合は原資産の授受が行われず取引は終了となり，権利行使となった場合は原資産の売買が行われて，原資産のオプションが終了するまで取引が続きます。

コンパウンド・オプションの分類		
分類項目	オプション・タイプ	原資産
コール・オン・コール	コール	コール・オプション
プット・オン・コール	プット	コール・オプション
コール・オン・プット	コール	プット・オプション
プット・オン・プット	プット	プット・オプション

バスケット・オプション　*Basket Options*

複数の資産から構成されるポートフォリオを原資産としたオプション取引。

Step 1　バスケット・オプションとは，複数の資産をまとめたポートフォリオを原資産とするオプション取引です。ポートフォリオは為替，株式，金利，商品などを自由に組み合わせることが可能ですが，複数の株式指数をまとめた原資産など，同じ種類の資産のみをまとめることが一般的です。たとえば，5銘柄の株式から構成される時価1億円のポートフォリオがある場合，バスケット・オプションの原資産はポートフォリオの時価となります。また，通常のオプションと同じように コールとプットのオプション・タイプがあり，ポートフォリオの価値下落をヘッジするためには，たとえば権利行使価格0.8億円のプット・オプションを購入することなどを検討することになります。

　バスケット・オプションの活用方法としては，多国籍企業など複数の通貨の為替リスクをもつ企業が，そのリスクをヘッジするためにオプションを購入することが考えられます。ほかにも，運用商品として，債券の償還価格や，クーポン・レートにオプションのペイオフを組み込んだかたちの仕組債などがあります。

Step 2　バスケット・オプションを評価するためには，ポートフォリオを構成する個々の資産価格の変動を考慮する必要があります。これは，それぞれ資産価格が必ずしも同じ方向に同じ変化率で変化するわけではないためです。そのため，バスケット・オプションを評価するときには，それぞれの資産価格変動を相関行列によって表現し，モンテカルロ・シミュレーション等によって計算することが一般的です。

ディファード・ストライク・オプション
Deferred Strike Options

約定後に権利行使価格を決定するオプション。

Step 1　　通常のオプション取引は，約定時にオプション・タイプ
や原資産，権利行使期日，権利行使価格などを決めます
が，ディファード・ストライク・オプションは権利行使価格を約定日以降
に決めるオプション取引です。通常のオプションを将来時点で取引する場
合，オプション・プレミアムは将来時点の原資産価格等によって決まるた
め，現時点で算出されるオプション・プレミアムと異なりますが，現時点
でディファード・ストライク・オプションを取引すると，オプション・プ
レミアムが現時点で決定するため，将来時点の原資産価格等に左右されず
にオプションを取り組めます。なお，フォワード・スタート・オプション
（Forward Start Options）やディファード・プライス・オプション（De-
ferred Price Options）とも呼ばれています。

Step 2　　ディファード・ストライク・オプションを投資家が利用
する一例を紹介します。円決算の企業Aでは30日後に
100万ドルの売上げと売掛金が計上され，その売掛金が90日後にドルで回
収されるとします。その60日間の売掛金の為替変動を，プット・オプショ
ンを利用してヘッジすることを考えます。通常であれば30日後，売掛金が
計上されたタイミングでプット・オプションを取り組みます。現在市場は
安定しておりオプション価格も安いですが，この企業Aは30日後に市場が
荒れていることを予想しているとします。その際オプションの締結を30日
待つのではなく，30日後にストライクを決定するディファード・ストライ
ク・オプションを取り組むことで，直近の低いインプライド・ボラティリ
ティで望んだかたちのプット・オプションを取り組むことができます。

パーティシペーティング・フォワード
Participating Forward

同一行使価格でオプションの売り買いを組み合わせた手法。

Step 1 パーティシペーティング・フォワードは，同一行使価格のコール・オプションとプット・オプションの購入と売却を異なる比率で組み合わせることにより，原資産価格の変動リスクの一部をヘッジする取引のことです。一般にオプション料の受払いを伴わないゼロ・コスト・オプションのかたちで取り組みます。

具体的には，同一行使価格でのアウト・オブ・ザ・マネー（OTM）のオプションの購入とイン・ザ・マネー（ITM）のオプションの売却を組み合わせます。後者のオプション料のほうが前者よりも高いので，オプションの購入は1単位に対し，売却は1単位以下で，両者のオプション料が相殺できます。購入1単位に対する売却する単位の差を利益享受率と呼びます。

Step 2 以下に具体的な取組み例を紹介します。

ある企業Z社は，1カ月後に100万ドルを全額円に交換する予定ですが，為替変動リスクを抑えるためにパーティシペーティング・フォワードを以下の条件で取り組みます。なお，現在のドル円のスポットレート99.70円，1カ月先のフォワードレート98.60円とします。

[パーティシペーティング・フォワードの条件]

・行使価格（保証レート）：97.20円

  (a) ドル・プット／円コール・オプション（OTM）の購入

    ・元本：100万ドル　・1ドル当りのオプション料：1.155円

    ・支払プレミアム：1.155円×100万＝1,155,000円

  (b) ドル・コール／円プット・オプション（ITM）の売却

    ・元本：35万ドル（100万ドル×35％）　・1ドル当りのオプション

料：3.30円　・支払プレミアム：3.30円×35万＝1,155,000円

⇒利益享受率　65％　（100％－35％）

[期日の為替相場による決済結果]

① 　行使期日の相場が97.20円よりも円高（1ドル：90.00円）の場合

　売却ずみのドル・コール・オプションは行使されず，購入ずみのドル・プット・オプションを行使。全額97.20円／ドルで決済。

② 　行使期日の相場が97.20円よりも円安（1ドル：100.00円）の場合

　売却ずみのドル・コール・オプションが行使されてしまうため，全体の35％（35万ドル分）は97.20円／ドルで決済。残り65％（65万ドル）は当日の実勢レート100.00円／ドルで決済。

　このように保証レートは通常の為替予約相場に比べて不利なレートとなるため，注意が必要です。この取組みの場合，期日の為替レートが99.36円より円高の場合，通常の為替予約のほうが有利な結果となります。

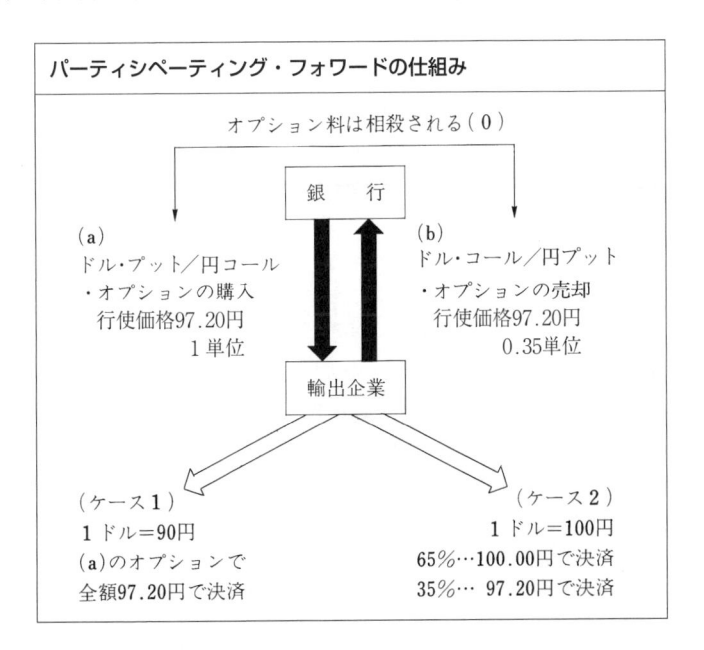

95

ムービング・ストライク・オプション
Moving Strike Options

行使価格が取引期間中に変動するオプション取引。

Step 1　ムービング・ストライク・オプションは，満期の異なる複数のオプションを合成した取引です。そして，そのオプションの行使価格は取引開始時点で決定されるのではなく，行使日が到来するたびに原資産価格の水準によって次回行使されるオプションの行使価格が決定される仕組みになっています。

Step 2　具体的にムービング・ストライク・キャップを例に行使価格の推移を説明します。ムービング・ストライク・キャップは，前回のキャップの行使日における指標レートに一定のスプレッドを上乗せした値が，次回の行使レートとして新たに設定されます。ここでは指標レートが6カ月TIBOR，スプレッドが0.25％の場合を考えます。初回行使日時点の6カ月TIBORが0.5％の場合，2回目の行使価格は，0.5％＋0.25％＝0.75％になります。2回目の行使時点の6カ月TIBORが0.875％になった場合，3回目の行使価格は0.875％＋0.25％＝1.125％となります。

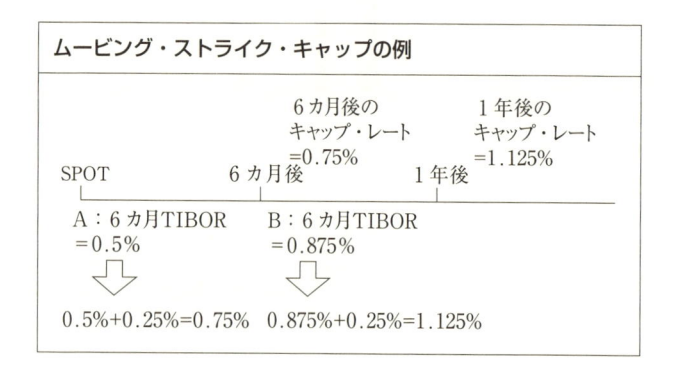

ムービング・ストライク・キャップの例

	6カ月後のキャップ・レート=0.75％	1年後のキャップ・レート=1.125％
SPOT	6カ月後	1年後
A：6カ月TIBOR=0.5％	B：6カ月TIBOR=0.875％	
0.5％＋0.25％＝0.75％	0.875％＋0.25％＝1.125％	

コンティンジェント・オプション
Contingent Options

権利行使する場合に限りプレミアムの授受が発生するオプション。

Step 1　通常のオプションが，権利行使の有無にかかわらずプレミアムの授受を行うのに対し，権利行使する場合のみ（したがって，通常権利行使時に）プレミアムの授受を行うタイプをコンティンジェント・オプションと呼びます。買い手は，支払ったプレミアムが無駄となるリスクを避けられますが，プレミアム自体は通常のオプションより割高となります。

Step 2　典型的なコンティンジェント・オプションのペイオフは，左図のように表せます。通常のオプションがストライクを境に収支が改善するのに対し（右図），コンティンジェント・オプションは権利行使がない限り損得ゼロですが，権利行使時に支払超となる場合もあります。

　したがって，原資産価格が低位安定か大きく上昇するかのいずれかであると予想できる場合に，コンティンジェント・オプション購入がよい選択となります。

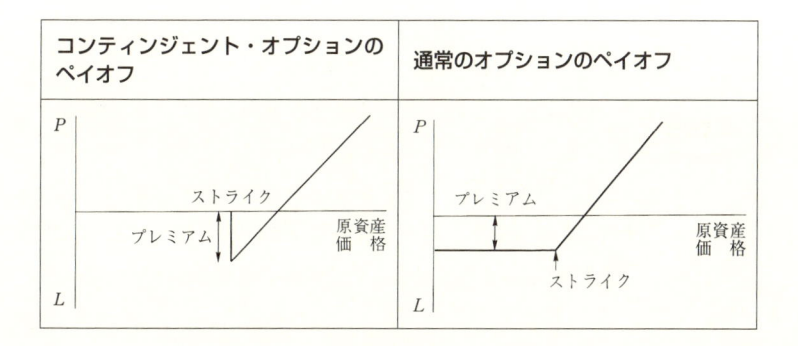

コンティンジェント・オプションの ペイオフ	通常のオプションのペイオフ

ラチェット・オプション　*Ratchet Options*

原資産の価格変化に伴い，ストライク・プライスが変化するオプション。

Step 1
ラチェット・オプションとは，原資産の価格の変化に従い，ストライク・プライスが変化するオプションのことをいいます。なお，クリケット・オプションとも呼ばれます。

たとえば，初回の権利行使日を6カ月後，初回のストライク・プライスを「100」，オプション行使期日のサイクルを6カ月とする価格上昇型のラチェット・オプションを契約したと仮定します。まず初回のオプション期日（t_0）については，固定されたストライク・プライスをもつ通常のオプションとまったく同じ効果をもつことになります。つまり，t_0時点の原資産価格をS_{t0}とすると，受払いされる価値は「$\max\,(S_{t0}-100,0)$」と表現できます。ここで，もし「$S_{t0}=120$」であれば，この受払いされる価値は「$120-100=20$」となり，さらに次回（t_1）のストライク・プライスが当初設定された「100」から「120」に変更されます。一方，「$S_{t0}=80$」となっていた場合は，受払いされる価値は「0」となり，次回（t_1）のストライク・プライスは当初設定したものと同じ「100」をそのまま適用することになります。以降同じ方法に従って，オプションの価値と次回のストライク・プライスが決定されていくことになります。

Step 2
想定元本を1，インデックス金利を6カ月円TIBOR，当初ストライク・プライスを0.5％，オプション・サイクルを6カ月とするラチェット・オプションがあると仮定します。ここで，6カ月円TIBORの変化と，それに伴うストライク・プライスおよび受払いされる価値の変化を表現すると，次頁の図のようなイメージになります。

6カ月円TIBORの推移

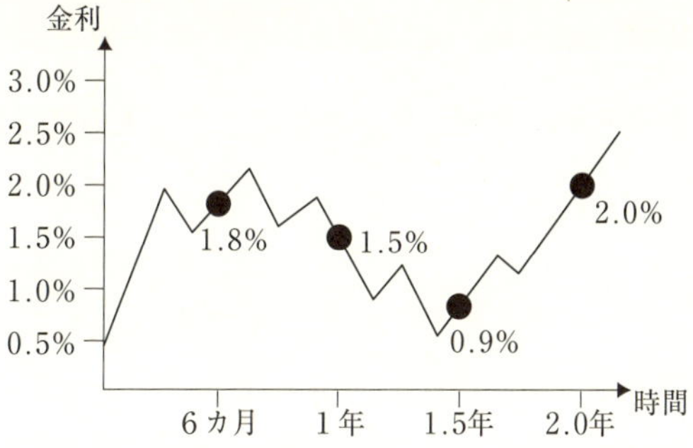

ストライク・プライスとオプション価値の変化

オプション期間	ストライク・プライス	TIBOR	受払いされる価値	次回ストライク
第1回	0.50%	0.30%	max[(0.3%－0.5%)×期間(年),0]=0	0.50%
第2回	0.50%	1.80%	max[(1.8%－0.5%)×期間(年),0] =1.3%×期間(年)	1.80%
第3回	1.80%	1.50%	max[(1.5%－1.8%)×期間(年),0]=0	1.80%
第4回	1.80%	0.90%	max[(0.9%－1.8%)×期間(年),0]=0	1.80%
第5回	1.80%	2.00%	max[(2.0%－1.8%)×期間(年),0] =0.2%×期間(年)	2.00%

ルックバック・オプション　*Lookback Options*

**権利行使価格もしくは参照価格が原資産の過去の価格に依存する
オプション。**

Step 1　ルックバック・オプションとは，行使時点の原資産価格
だけでなく，それ以前の原資産価格の推移に応じて行使
価格や参照価格が決定されるオプションです。ルックバック・オプション
には「権利行使価格固定タイプ」と「権利行使価格変動タイプ」の2種類
があり，ペイオフはオプション期間における原資産の最大値，または最小
値を用いて決定されます。

Step 2　「権利行使価格固定タイプ」の場合，ペイオフの原資産
価格としてオプション期間中でいちばん有利となる価格
を利用します。コール・オプションの場合，原資産価格は期中の最大値が
利用され，ペイオフは次のように表されます。

$$\max\{S_{\max}-K,0\}$$

ここで，$S_{\max}$はオプション期間中の原資産の最大値，Kは権利行使価格
です。また，プット・オプションの場合，原資産価格は期中の最小値が利
用され，次のように表されます。

$$\max\{K-S_{\min},0\}$$

ここで，$S_{\min}$はオプション期間中の原資産の最小値です。

「権利行使価格変動タイプ」の場合，行使価格がオプション期間中の原
資産価格によって変動します。コール・オプションの場合，行使価格はオ
プション期間中の原資産価格でいちばん低いものが採用され，ペイオフは
次のように表されます。

$$S(T)-S_{\min}$$

ここで，$S_{\min}$はオプション期間中の原資産の最小値，$S(T)$は満期日の

原資産の価格です。

　また，プット・オプションの場合，行使価格はオプション期間中の原資産価格でいちばん高いものが採用され，ペイオフは次のように表されます。

$S_{\max} - S(T)$

　ここで，$S_{\max}$はオプション期間中の原資産の最大値，$S(T)$は満期日の原資産の価格です。

Step 3 ルックバック・オプションは，オプションの購入者にとって最も有利な原資産価格が利用されるため，通常のオプションを購入するよりもプレミアムが高価になります。また，オプションを売却する側にとってヘッジがむずかしいといった問題点があります。

3

オプション

レンジ・アクルーアル・オプション
Range Accrual Options

参照価格が一定のレンジに入っている日数によりペイオフが変化するエキゾチック・オプション。

Step 1　レンジ・アクルーアル・オプションとは，契約時に権利行使価格のかわりに一定の価格帯（レンジ）を決めておき，満期日までのある期間中に参照価格がそのレンジ内にとどまった日数に応じて，決められた金額を満期日に受け渡すタイプのオプション取引です。レンジ内にとどまっている日数が多ければ多いほど，オプションの買い手が満期日に受け取れる金額は大きくなります。このオプションはある価格を境にペイオフが発生するかしないかを判断するため，同じくエキゾチック・オプションであるデジタル・オプションに似ています。

Step 2　参照価格のレンジの設定は，一定区間を指定するほかに，ある価格以上，ある価格未満などいろいろな形態をとることが可能です。また，参照価格の観察単位も1日単位，週単位，月単位などの設定が可能です。

　具体例として，以下の事項を設定します。

① 　参照価格：ドル円

② 　設定レンジ：140円〜155円

③ 　支払プレミアム：30,000,000円

④ 　期間：90日（日米の休日を除く）

⑤ 　受取プレミアム：3,000,000円

⑥ 　観察単位：日次

　この期間中，毎日ある時点のドル円が設定レンジ内であれば，ポイントが加算され，満期後に総ポイント数×受取プレミアムを受け取れる仕組みです。

カ ラ ー *Collar*

キャップとフロアーの組合せで，金利リスクをヘッジする取引。

Step 1　カラーとは金利オプションの代表例であるキャップとフロアーを組み合わせた取引です。想定元本，基準金利，期間が等しく，それぞれ上限金利と下限金利が異なるキャップの買いとフロアーの売り（もしくはその逆）を組み合わせることで，金利の変動に一定の幅を設ける取引です。これにより，運用や調達の金利水準の変動をその範囲に収めることが可能になります。金利オプションの売りと買いを組み合わせるため，単純にオプションを買う場合に比べプレミアムの金額を低く抑えることができます。

Step 2　6カ月TIBOR連動の変動金利で資金調達をする際に，上限金利が5％のキャップを購入し，下限金利が3％のフロアーを売却したとすると，その効果は以下のようになります。

6カ月TIBORが3％を下回ったときにはフロアーが行使され6カ月

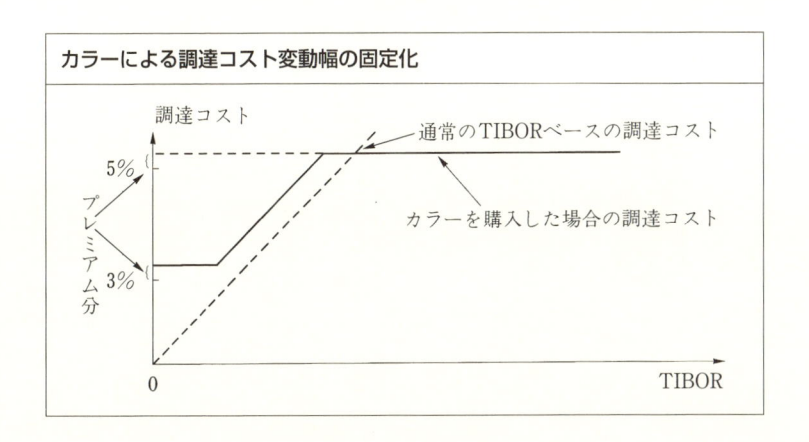

カラーによる調達コスト変動幅の固定化

調達コスト

通常のTIBORベースの調達コスト

カラーを購入した場合の調達コスト

5％

3％

プレミアム分

0　　　　　　　　　　　　　　　　　　TIBOR

TIBORと3%の差額を支払う必要があるため，資金調達の部分とあわせて支払金利は3%となります。6カ月TIBORが3%と5%の間であればキャップ，フロアーともに行使されません。6カ月TIBORが5%を超えた場合にはキャップが行使され，6カ月TIBORと5%の差額を受け取ることになります。つまり，6カ月TIBORの水準にかかわらず資金調達にかかる支払金利は3%と5%の間を推移することとなるわけです。

この例のように，単純にキャップを購入するにはキャップ料が高いとき，ある一定の水準より低金利になった場合のメリットを放棄するかわりにキャップ料を低く抑えるというケースが，カラーの利用例として最も一般的といえるでしょう。

Step 3 カラーは調達サイドばかりではなく，資金の運用利回りの確保のために用いることも可能です。この場合，前述の例でいえば3%のフロアーを買い，5%のキャップを売ることになります。

レンジ・キャップ *Range Cap*

基準金利が一定の範囲内にあるときに金利上昇リスクをヘッジできるキャップ。

Step 1
通常のキャップ取引では，オプション・プレミアムを支払うことによって，基準金利となる6カ月TIBOR等の短期金利が一定の水準（キャップ・レート）を上回ると，基準金利とキャップ・レートとの差額を受け取ることができ，金利上昇リスクをヘッジすることができます。一方，レンジ・キャップは異なるキャップ・レートのキャップの売りと買いを組み合わせた取引であり，基準金利が一定の範囲内にあるときに金利上昇リスクをヘッジすることができます。

Step 2
たとえば，キャップ・レートが2％のキャップを購入し，5％のキャップを売却するレンジ・キャップを取り組んだときの受取金利は左図のようになります（プレミアムは考慮せず）。基準金利が2％から5％の間では金利上昇リスクをヘッジできますが，基準金利が5％よりも高くなった場合にはヘッジすることができません。また，基準金利での借入れにこのレンジ・キャップを組み合わせたときの支払金利のイメージは右図のようになります。

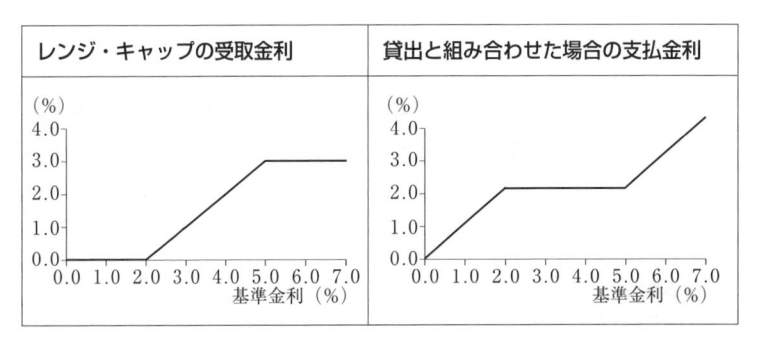

レンジ・キャップの受取金利	貸出と組み合わせた場合の支払金利

スワップション *Swaption*

金利スワップを原資産とするオプション。

Step 1　スワップションとは，将来のある時点において特定の金利スワップを取引する権利のことです。スワップションの買い手はオプション料（プレミアム）を売り手に支払い，対価としてオプション（スワップション）を保有します。

　スワップションは原資産の金利スワップのサイドによって名称が異なります。原資産が固定金利を受け取る（変動金利を支払う）金利スワップのスワップションをレシーバーズ・スワップション（Receiver's Swaption）と呼び，原資産が固定金利を支払う（変動金利を受け取る）金利スワップのスワップションをペイヤーズ・スワップション（Payer's Swaption）と呼びます。それぞれについて権利の「売り」と「買い」があり，合計4種類の組合せがあります。そのほか，スワップションを特定するために，次のような用語が用いられます。

① オプション期間（オプションテナー）：権利行使日までの期間のこと

② 期間（スワップテナー）：権利を行使した場合に開始するスワップの期間のこと

③ ストライク：対象となるスワップの固定金利の水準のこと

　たとえば，オプション期間1年，期間3年，ストライク4.0%のレシーバーズ・スワップションとは，1年後に期間3年の金利スワップ（固定金利4.0%を受け取り，変動金利を支払う）を取引する権利の売買契約のことです。このようなスワップションのことを，一般的には「1y into 3y, ストライク4.0%のレシーバーズ・スワップション」と呼びます。

Step 2　典型的な利用例として，1年後に期間3年の資金調達（固定）を予定している企業が，1年後の3年物固定金

利の上昇リスクをヘッジするためにスワップションを購入するケースがあります。この場合，この企業はオプション期間1年，期間3年，ストライク4.0%のペイヤーズ・スワップションを購入することが考えられます。1年後に期間3年のスワップ・レートが4.0%以下であれば，その時点での固定金利借入れのベース・レートは4.0%を下回っていると考えられるので，この企業は「金利スワップを開始する権利」を放棄し，あらためて

スワップションによる資金調達コストの固定化

（契約約定時）

企業 ──プレミアムの支払──→ 銀行

（1年後に期間3年のスワップ・レート＞4％の場合）

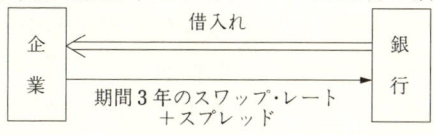

スワップ
4％
TIBOR
借入れ
TIBOR＋スプレッド
借入れ

※企業は権利を行使し，スワップが開始する。変動金利借入れを行うことで実質的に4％＋銀行スプレッドの固定金利借入れと同じ効果を得ることができる。

（1年後に期間3年のスワップ・レート≦4％の場合）

借入れ
企業 ←────────── 銀行
期間3年のスワップ・レート
＋スプレッド

※企業は権利を放棄し，固定金利で借入れを行う。その場合，通常，利率はスワップ・レート（この場合ならば≦4％）に銀行スプレッドを加えたものになる。

3年間の固定金利で借入れを行うでしょう。

1年後に期間3年のスワップ・レートが4.0%を上回っていれば,「金利スワップを開始する権利」を行使し,期間3年,4.0%の固定金利支払,6カ月TIBOR受取りという金利スワップをスタートさせ,これにあわせて6カ月TIBOR ベースの変動借入れをすることで,実質的な調達コストを4.0%に抑えることができます(銀行のスプレッドは考えないものとします)。

ちなみに,この場合のキャッシュ・フローは前頁の図のとおりです。

Step 3 スワップションのプレミアムの決済方法は取引後にすみやかに決済する「スポット・プレミアム」という方法が主流でしたが,プレミアム授受後にはスワップションの時価評価額が授受したプレミアムと同程度の金額となるためカウンター・パーティ・リスクが発生することになります。そのようなことを回避するために,現在はプレミアムを権利行使日に決済する「フォワード・プレミアム」が主流になっています。

また,スワップションの権利行使時の原資産の決済方法は,現物決済と差金決済の2種類あります。現物決済(フィジカル・セトル)は,権利行使が行われた際に原資産の金利スワップを取引する方法です。差金決済(キャッシュ・セトル)は,原資産の金利スワップを取引するかわりに,権利行使が行われた時点での金利スワップの時価評価額を授受する方法です。インターバンク市場では現物決済(フィジカル・セトル)が主流となっています。

差金決済に用いる金利スワップの時価評価額の計算方法は取引者同士で必ずしも一致しないことからIRR(Internal Rate of Return)決済という方法がしばしば用いられます。通常スワップション満期時において差金決済する場合,原資産である金利スワップのストライク・レートと同年限のパー・スワップのキャッシュフローの差をディスカウントファクターによって現在価値に割り引くことで授受する金額を決定します。IRR決済は

キャッシュフローの差を現在価値に割り戻すための割引率に満期時の原資産である金利スワップ・レートを使用することで一意に授受する金額が決定します。

トリガー・スワップション　*Trigger Swaptions*

ある指標がトリガーに抵触した場合に金利スワップが発生するスワップション。

Step 1　通常のスワップションは，将来の一定の期日において契約当初に合意した条件の金利スワップが価値をもつかどうかを判断し，価値をもつ場合にのみオプションを行使し金利スワップを取引する契約です。これに対して，トリガー・スワップションとは，将来の一定期日にある指標が一定の条件（トリガー・ストライク）を満たした場合に自動的に当初合意した条件の金利スワップが開始する契約です。

Step 2　トリガー・スワップション契約の代表的な例としては次のようなものが考えられます。

《契約条件》

・トリガー・インデックス金利：6カ月TIBOR

・トリガー・ストライク：1.00%

・オプション期日：6カ月後

・原資産：金利スワップ（固定金利2.00%支払・6カ月TIBOR受取り・期間3年）

《契約の流れ》

・上記条件のトリガー・スワップション契約の対価として，契約当初にオプション・プレミアムが授受されます。

・6カ月後のオプション期日に，6カ月TIBORが1.00%を上回っていた場合，原資産の金利スワップ（固定金利2.00%支払・6カ月TIBOR・期間3年）が発生します。オプション期日に原資産である金利スワップが負の価値をもっていた場合，すなわちその時のマーケットで同内容の金利スワップを取り組むより不利な状況にあったとしても，自動的に金

利スワップは発生することになります。

・6カ月後のオプション期日に，6カ月TIBORが1.00％以下であった場合，スワップは発生せずに契約が終了します。オプション期日に原資産であるスワップが正の価値をもっていた場合，すなわち，その時のマーケットで同内容の金利スワップを取り組むより有利な状況にあったとしても，金利スワップは発生せずに，契約は終了することになります。

Step 3　トリガー・スワップションの価値を算出する場合，将来の一定の期日にトリガー・インデックス金利がある条件を満たす確率と，将来の同じ期日における原資産の期待値を算出するだけでなく，トリガー・インデックスの動きとスワップ・レートの動きの相関（コリレーション）も考慮する必要があります。たとえば，両指標間に非常に強い正の相関がある場合，トリガー・インデックスが上昇すれば，スワップ・レートも上昇し，トリガー・インデックスが低下していれば，スワップ・レートも低下している可能性が高くなります。一方，負の相関がある場合は，トリガー・インデックスが上昇すれば，スワップ・レートが低下している可能性が強くなります。こういった2変数間の相関を考慮することにより，精緻なトリガー・スワップションの価値を算出することができます。

イールド・カーブ・オプション
Yield Curve Options

期間が異なる2つの金利の差を基準金利とするオプション。

Step 1　イールド・カーブ・オプションとは，期間が異なる2つの金利の差を基準金利としたオプションのことです。たとえば，「6カ月TIBOR－3カ月TIBOR」を基準金利としたキャップや「10年金利スワップ・レート－2年金利スワップ・レート＋0.50％」を基準金利としたフロアーが，イールド・カーブ・オプションです。通常，基準金利を構成する金利は同じイールド・カーブから選択します。

Step 2　利用例として建設機械を借入れで購入し，これを貸し出す事業を行っているリース会社が考えられます。機械の購入資金は3カ月TIBORをベースとした短期変動金利による借入れで調達し，機械の貸出使用料については，期間3年の金利スワップ・レート（固定金利と3カ月TIBORを交換）に連動した料金設定と仮定します。ここで，TIBORのイールド・カーブが順イールドであるならば，機械の貸出による収入は，3カ月の短期金利を上回っているため，収入で借入コストを支払うことができますが，もし，短期金利が急上昇し，金利の長・短逆転現象（逆イールド）が生じた場合，収入をコストが上回ってしまい，借入金利を事業収入で返済できなくなってしまいます。このような事態に対処するため，たとえば，3カ月TIBORが期間3年の金利スワップ・レートを上回っていた場合にその差額を受け取ることができるイールド・カーブ・オプションを購入しておけば，長・短金利の逆転により発生する支払超のリスクを回避することができます。

リアル・オプション　*Real Options*

投資プロジェクトにおける企業の選択肢またはそれら選択肢の評価方法。

Step 1　投資プロジェクトなどにおいて，企業による意思決定の選択肢をリアル・オプションと呼びます。また，分析手法も含めてリアル・オプションと呼ぶこともあります。デリバティブにおけるオプション評価のアプローチを実物資産への投資の選択肢の評価に応用することによって，従来の手法ではむずかしかった選択肢の評価が可能となり，意思決定を定量的に分析することができます。リアル・オプションを用いると，オプション性を考慮せずに評価した場合に収益性がなく実施するには不適当とされた投資プロジェクトであっても，リアル・オプション・アプローチを用いて評価すると「投資するに値する」といった結果がもたらされることもあります。しかし，評価に必要な市場データが存在しないことが多いため，評価することがむずかしい場合もあります。

Step 2　リアル・オプションの一例として，A社が新しい建設機械を開発する場合を考えます。建設機械の開発着手段階では将来の景気動向がわからず，開発時点で工場の規模を決めることに大きなリスクがある場合，A社は新製品の開発を行うべきではないと判断するかもしれません。しかし，仮にA社が新製品の開発完了後に工場の規模を決定できる場合，その時の市場動向にあわせて生産設備への投資規模を決定することができるため，一転してこの投資プロジェクトはリスクの低いプロジェクトと評価できます。この場合，工場の規模を将来時点で決定できる権利がリアル・オプションです。このリアル・オプションを考慮した開発を評価するためには，建設機械の需要を為替や原材料などの市場データでモデル化することが考えらます。

4

スワップ

スワップ取引 *Swaps*

現在価値が等しい異なるキャッシュフローを交換する取引。

Step 1　スワップ取引は，2者間で異なるキャッシュフローを交換する取引であり，約定時点では交換するキャッシュフローの現在価値が等しいという特徴があります。金利リスクヘッジや運用などの目的で多くの金融機関や企業などが利用しています。

　代表的なスワップは金利スワップと通貨スワップですが，店頭取引であるスワップは想定元本や固定金利などの取引条件を当事者間で決めます。その条件によってスワップに通称があり，それらを特徴のある項目ごとにまとめたものが下表です。

スワップの分類	
分類項目	主なスワップ
参照指標	OIS，ベーシス・スワップ，キャップド・スワップ，ディレイド・スワップ，ピリオディック・リセッティング・スワップ，プライム・リンク・スワップ，CMS，ボンド・インデックス・スワップ，コモディティ・スワップ
固定金利	クーポン・スワップ，デジタル・スワップ，ステップアップ・スワップ，ステップダウン・スワップ
想定元本	ローラーコースター・スワップ，アニュイティ・スワップ，インデックス・アモタイジング・レート・スワップ
決済タイミング	ゼロ・クーポン・スワップ，リバース・ゼロ・クーポン・スワップ
解約権	プッタブル・スワップ，コーラブル・スワップ
決済通貨	NDS，ディファレンシャル・スワップ
契約期間	エクステンダブル・スワップ，フォワード・スワップ
使用目的	アセット・スワップ

想定元本　*Notional Principal*

キャッシュフローの計算に利用されるが，実際には授受されない元本。

Step 1　想定元本とは，実際には授受されないものの，キャッシュフローの計算に使用する元本のことです。想定元本を使用する商品は，金利スワップやCDS等です。

　たとえば，固定金利（2％）と変動金利（6カ月TIBOR）を交換する金利スワップ（想定元本100億円，期間2年，利払頻度　半年ごと）を考えます。この場合，契約期間中半年ごとに授受するキャッシュフローは，固定金利の利息額が1億円（100億円×2％÷2），変動金利の利息額が（100億円×6カ月TIBOR÷2）億円だけであり，想定元本である100億円は授受しません。取引の当事者は，固定金利と変動金利の資金運用と資金調達を同時に行っているため，元本が相殺されると考えることができるからです。

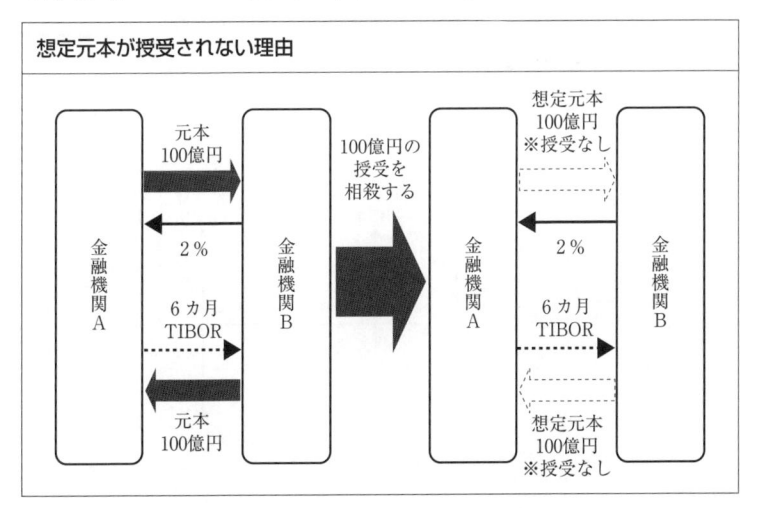

想定元本が授受されない理由

金利スワップ　*Interest Rate Swaps*

2者間で異なる金利を交換するスワップ取引。

Step 1　金利スワップとは，2者間であらかじめ定められた条件に基づき，異なる金利を交換するスワップ取引です。交換する金利の組合せは，固定金利と変動金利（6カ月TIBOR等），変動金利と変動金利（無担保コールO/N物レートと6カ月TIBOR等）などがあります。また，金利スワップの元本は想定元本と呼ばれ，実際には授受が行われません。

　たとえば，ある企業が金融機関と期間2年間，想定元本100億円の金利スワップ取引を取り組み，企業が年率2％を半年ごとに支払い，半年ごとに6カ月TIBORを受け取るとします（図表1参照）。企業と金融機関で授受されるキャッシュフローは固定金利と変動金利の利息額のみであり，想定元本は授受されません。固定金利は約定時点で決まっていますが，変動金利の6カ月TIBORは通常利息計算期間に該当するTIBORを使用します。たとえば，2年後に決済される利息の計算に使用されるTIBORは，1.5年

図表1　金利スワップのキャッシュフローの例

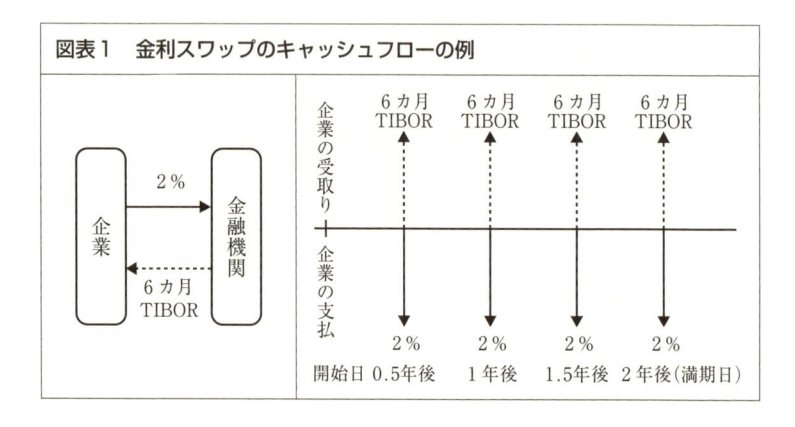

後に発表されるTIBORを使用します。

　金融機関は上述の例のように企業と金利スワップを取り組んだときだけでなく，定期預金（固定金利）で資金調達した場合などに，金利リスクを保有することになります。その金利リスクを削減するために，金融機関はインターバンク市場で金利スワップを取引しています。主に取引される円金利スワップは固定金利と無担保コールO/N物レートを交換する取引です。

Step 2　金利スワップの活用例としては，企業が変動金利での資金調達を固定金利にするケースや機関投資家やファンドなどが運用目的で使用するケース等があります。

　たとえば，企業が6カ月TIBORで円資金を調達を行っている場合を考えます。短期金利が将来的に上昇する場合は，6カ月TIBORの上昇に伴って調達コストが上昇することとなります。この企業が金利上昇リスクを回避するために，6カ月TIBOR（変動金利）を受け取り，固定金利を支払う金利スワップを取り組むことによって，6カ月TIBORによる調達が，実質的に固定金利による資金調達に切り替わります。これによって，短期金利の上昇リスクを回避できることになります（図表2参照）。

　機関投資家やファンドなどが金利スワップの特性を生かして運用目的で使用する場合もあります。通常，金利スワップは取組み当初に元本の決済

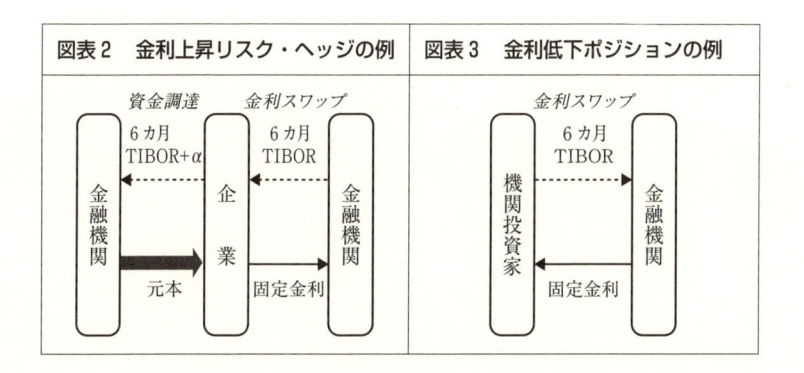

| 図表2　金利上昇リスク・ヘッジの例 | 図表3　金利低下ポジションの例 |

が必要なく，資金繰りを考慮せずに金利リスクを保有することができます。また，金利低下時に収益が得られるポジションを保有することだけではなく，金利上昇時に収益が得られるポジションを保有することもできます。金利低下時に収益を得るためには，図表3のように固定金利を受け取り，変動金利を支払う金利スワップを取り組みます。

スワップ取引のコンベンション

市場参加者の間で認識されている市場慣行。

Step 1 　市場参加者の間で認識されている一般的な取引条件を
マーケット・コンベンションと呼びます。スワップ取引
は取引所を介さない相対取引であるため，取引ごとに日数計算や利払頻度
等の細かい取引条件を指定する必要があります。その組合せは非常に多く
なりますが，参照する通貨や指標ごとにインターバンク市場等で一般的に
取引される取引条件が存在します。それらをまとめたものが次頁の表で
す。

インターバンク市場の一般的な取引条件

通貨	インデックス	レグ	利払頻度	デイカウント	営業日調整※	参照カレンダー	Fixing Lag	Pay Delay	Reset Position
JPY	TONA	変動	年1回	ACT/365	Modified Following	日本	0営業日	2営業日	後決め
JPY	TONA	固定	年1回	ACT/365	Modified Following	日本	—	2営業日	—
JPY	TIBOR	変動	年2回	ACT/365	Modified Following	日本	2営業日	0営業日	前決め
JPY	TIBOR	固定	年2回	ACT/365	Modified Following	日本	—	0営業日	—
USD	SOFR	変動	年1回	ACT/360	Modified Following	英国	0営業日	2営業日	後決め
USD	SOFR	固定	年1回	ACT/360	Modified Following	英国	—	2営業日	—
GBP	SONIA	変動	年1回	ACT/365	Modified Following	英国	0営業日	0営業日	後決め
GBP	SONIA	固定	年1回	ACT/365	Modified Following	英国	—	0営業日	—
EUR	€STER	変動	年1回	ACT/360	Modified Following	欧州	0営業日	1営業日	後決め
EUR	€STER	固定	年1回	ACT/360	Modified Following	欧州	—	1営業日	—
EUR	EURIBOR	変動	年2回	ACT/360	Modified Following	欧州	2営業日	0営業日	前決め
EUR	EURIBOR	固定	年1回	30/360	Modified Following	欧州	—	0営業日	—

※Modified Following：スタート日や利払い日が土日祝日の場合、翌営業日を参照する。ただし、翌営業日が翌月になる場合には前営業日となる。

気配値（スクリーン・プライス）　*Quote*

売買の目安となる価格。

Step 1　気配値とは，株式や債券，為替などの取引において，買い方が買いたい，売り方が売りたい，と希望する価格のことです。買いの気配値をビッド・レート，売りの気配値をオファー・レート，その中間値をミッド・レートと呼びます。取引所取引の場合，表示されている取引価格で取引が可能ですが，金利スワップなどの相対取引では，相手方によって取引価格が異なります。したがって，あくまで取引が成立する水準の目安となります。気配値は，ブローカー各社や証券会社等が情報端末を通じて配信しています。

Step 2　また，金利スワップ等の相対取引は取引所取引のような清算価格がありません。そこで，RSBL（Refinitiv Benchmark Services（UK）Limited）などの情報ベンダーやブローカー各社等が基準となるレートを公表しており，固定貸出の基準金利やCMS等のデリバティブ取引の参照指標等として利用されています。代表的なものは，RSBLが公表している東京スワップレートがあります。同レートは，毎営業日の東京時間10:30と15:30に公表されています。以前は日本円LIBORとユーロ円TIBORを参照した金利スワップのレートが公表されていましたが，両指標の公表停止等を受け，現在はTONA参照のレートが公表されています。東京スワップレート（TONA参照）は，電子プラットフォームやブローカー等から得たレートを用いて算出されます。公表されるスワップの期間は，1年，18カ月，2年〜10年，12年，15年，20年，25年，30年，35年，40年です。

オーバーナイト・インデックス・スワップ（OIS）
Overnight Indexed Swaps

一定期間の翌日物金利と固定金利を交換する金利スワップ取引。

Step 1　オーバーナイト・インデックス・スワップ（以下，OIS）とは，一定期間の翌日物金利（複利運用）と固定金利（OISレート）を交換する金利スワップ取引です。代表的な通貨ごとの翌日物金利は，日本円が無担保コールO/N物レート，米ドルは無担保のFederal Funds RateやSOFR，ユーロが€STR，英ポンドがSONIAです。OISの利用目的はリスク・ヘッジや投資，デリバティブの時価評価やリスク管理等に必要なOIS Discounting等があります。

　日本では，1997年頃からOISが取引され始めましたが，1999年2月のゼロ金利政策導入から2006年3月の量的緩和政策解除まで翌日物金利はほぼ下限付近を推移したことから，流動性が乏しい状況が続きました。その後，2006年から2007年に日本銀行が利上げを実施し，OIS取引が急増しましたが，リーマン・ショックによる世界的な金融・経済危機を受けて，2008年12月に日本銀行が利下げを実施して以降，取引は減少していました。2021年末をもって円LIBORの公表が停止されたことで円LIBORに代わる金利指標を参照する円金利スワップとしてOISが主流になっています。2023年頃から日本銀行による利上げがテーマとなるなか，政策金利変更予想をモニタリングするうえで円OISレートへの注目度が増しています。

　欧米では従前より資金取引や債券取引に対するヘッジや裁定の手段としてOISが活発に取引されてきました。LIBOR廃止後は，日本と同様主要な金利スワップとしてOISが取引されています。

Step 2　OISを利用する主なメリットとしては以下の点が考えられます。まず，短期資金の運用・調達を行う市場参加者

は，翌日物のレートを対象としているため，３カ月TIBORや６カ月TIBOR等を取引対象とするデリバティブと比べて，よりきめ細かなリスク管理を行うことができます。また，OISレートには政策金利に関する市場参加者の見通しが織り込まれていますので，金融政策の見通しを知るうえで重要な手段となります。さらに，OISレートは国債利回りとの相関が高いため，現物債券の代替的な取引手段としても利用できることから，バランス・シートの拡大や現物債券の手当・資金繰りに伴うコストを回避したい市場参加者には特にメリットがあります。

ベーシス・スワップ　*Basis Swaps*

異なる変動金利を交換するスワップ取引。

Step 1　ベーシス・スワップとは，異なる変動金利を交換するスワップ取引のことです。たとえば，6カ月TIBORと無担保コールO/N物レート（以下，TONA）を交換するベーシス・スワップ，3カ月TIBORと6カ月TIBORを交換するベーシス・スワップなどが取引されています。また，異なる通貨の変動金利を交換する通貨スワップ取引もベーシス・スワップということがあります。なお，固定金利と変動金利を交換する取引は金利スワップと呼ばれます。

金融機関では，TIBORやTONAに連動する資金の運用調達やマーケットメイクを行っており，参照金利や期間のミスマッチを相殺するために，ベーシス・スワップを取り組むことがあります。以前は3カ月LIBORと6カ月LIBOR等の差であるテナー・ベーシスはあまり意識されませんでしたが，リーマン・ショック以降にテナー・ベーシスが拡大すると，テナー・ベーシスを区別したマルチ・イールド・カーブによるリスク計測や時価評価が本格的に行われるようになりました。

Step 2　ファイナンス会社Aは，6カ月TIBORに連動する資産をもっており，その見合いの調達は3カ月TIBORに連

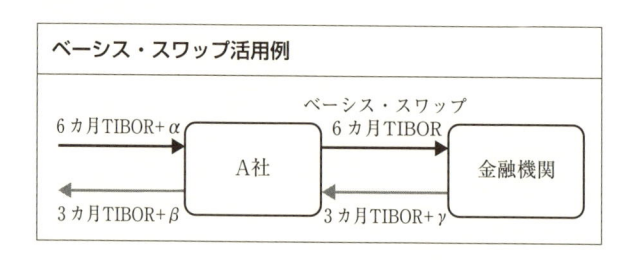

ベーシス・スワップ活用例

	ベーシス・スワップ	
6カ月TIBOR+α →	6カ月TIBOR →	
A社		**金融機関**
← 3カ月TIBOR+β	← 3カ月TIBOR+γ	

動するとします。この場合，A社は6カ月TIBORと3カ月TIBORの金利
差が変動すると収益が変動するリスクを保有しています。このリスクを相
殺するためには，A社は6カ月TIBORを支払い，3カ月TIBOR＋γを受け
取るベーシス・スワップを取り組むことが考えられます。

4

スワップ

通貨スワップ　*Cross Currency Swaps*

異なる通貨のキャッシュフローを交換するスワップ取引。

Step 1　通貨スワップとは，2者間で異なる通貨のキャッシュフローを交換する取引のことであり，通常は元本と利息を交換します。ベーシス・スワップとも呼ばれます。主に外貨調達のために使用され，外貨が必要な邦銀やサムライ債発行によって円貨を調達した国外発行体は，円貨運用・外貨調達の通貨スワップ取引によって，一定期間外貨を調達することができます。

　インターバンク市場で取引される通貨スワップは，変動金利と変動金利の交換が一般的です。円とドルを交換する通貨スワップでは，TONA＋α とSOFRを交換し，αが市場価格となります。また，契約期間中の元本額の見直し方法は，定期的にその時点での為替レートで元本額を調整する Mark-To-marketと契約当初に合意した為替レートのみを使用して元本調整しないnon Mark-To-Marketの2種類があります。

Step 2　A社は米国企業でドル建債券を低利発行できますが，現在はスイスフラン資金を必要としています。B社はスイス企業でスイスフラン建債券を低利で発行できますが，現在はドル資金を必要としています。これらのニーズに対し，銀行が仲介者となり両企業と通貨スワップを取り組むことで両者のニーズを満たすことができます。なお，契約終了時には上記と逆方向の元本交換が行われます。

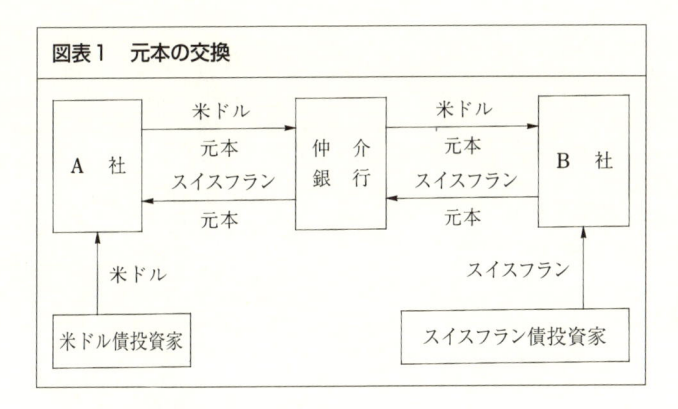

図表1　元本の交換

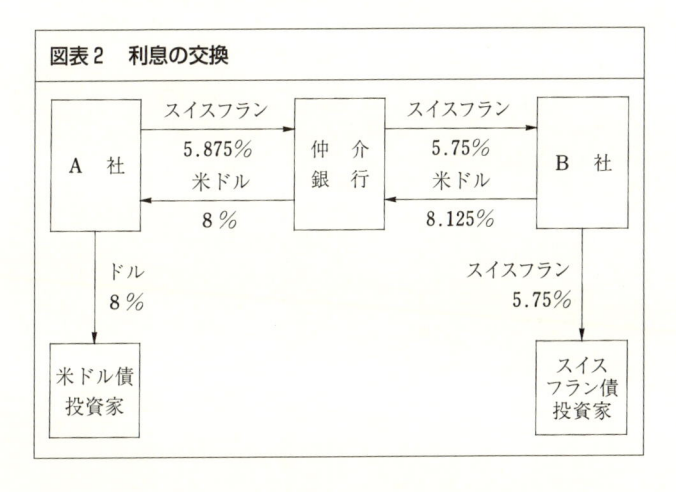

図表2　利息の交換

図表3　A社とB社の収支

A社の収支		A社の調達コスト	
支払利息	8 %	米ドル……………………………	8 %
スワップ受取	8 %	スイスフラン…………………	6 %
スワップ支払	5.875%	B社の調達コスト	
正味支払額	5.875%	米ドル……………………	8.25%
直接に資金調達を行った場合のコスト	6 %	スイスフラン…………………	5.75%
スワップによる調達コスト削減分	0.125%	この通貨スワップを取り組むことによりそれぞれの企業は，A社は，その実力ではスイスフランの調達金利は6％であるから，0.125%の金利コスト削減に成功したことになります。一方でB社は，その実力では米ドルの調達金利は8.25%であるから，0.125%の調達コストの削減に成功したことになります。	
B社の収支			
支払利息	5.75%		
スワップ受取	5.75%		
スワップ支払	8.125%		
正味支払額	8.125%		
直接に資金調達を行った場合のコスト	8.25%		
スワップによる調達コスト削減分	0.125%		

NDS取引　*Non Deliverable Swaps*

元利金を差金決済する通貨スワップ取引。

Step 1　NDS取引は，規制によって取引が制限されている通貨や流動性が乏しい通貨と主要通貨を交換する通貨スワップ取引を主要通貨による差金決済で行う取引です。主に取引されている通貨は韓国ウォンやブラジルレアルなどであり，差金決済に使用する主要通貨は米ドルや日本円などです。通常の通貨スワップ取引と異なる点は，元本や利息は差額を主要通貨で決済するところです。そのため，NDS取引によって外貨を調達することはできません。

Step 2　たとえば，米ドルとフィリピンペソを対象とした取引の場合，通貨スワップ取引とNDS取引では下図のような違いがあります。NDS取引では，取引開始時や取引終了時の元本交換，各金利支払日における利息額の交換のそれぞれについて，決済は米ドルでされます。通常，各決済日における為替レートは，決済日がスポットとなる為替レートが適用されて，授受するネット決済額が決められます。

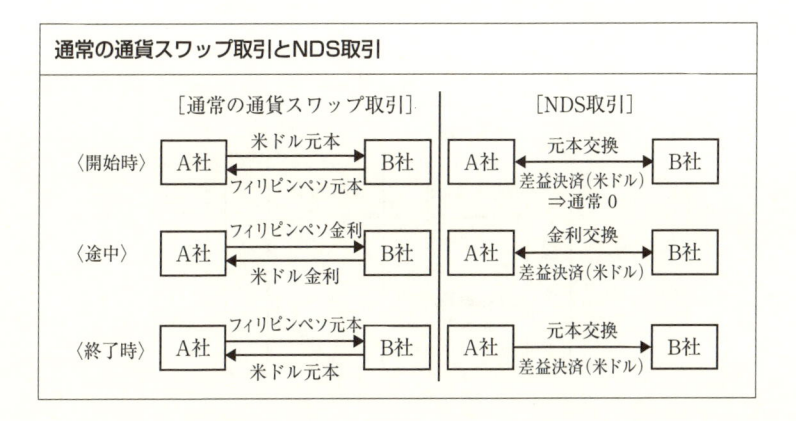

通常の通貨スワップ取引とNDS取引

キャップド・スワップ　*Capped Swaps*

金利スワップの変動金利に上限金利が設定されたスワップ取引。

Step 1　キャップド・スワップとは，固定金利と変動金利を交換する金利スワップの変動金利に，上限金利（キャップ）を設定した金利スワップ取引です。変動金利がその上限を超えて高くなっても変動金利の適用レートはその上限金利を超えないことから，変動金利の支払側にとっては，リスクが限定されていることになります。

　キャップ取引と金利スワップ取引を組み合わせることにより生成することが可能ですが，キャップのプレミアム料分だけ受取固定金利は低くなります。

Step 2　ある企業は既存の固定金利調達を変動化することで短期的に金利負担を軽減したいが，将来の金利上昇時のコスト増加をある一定限度にとどめたいと考えているとします。そのため，変動金利の上限を設定したキャップド・スワップの取組みを検討しました。

　既存の固定金利調達とキャップド・スワップの固定金利が同じ場合，固定金利同士が相殺し，6カ月TIBORベースの調達となります。ここまで

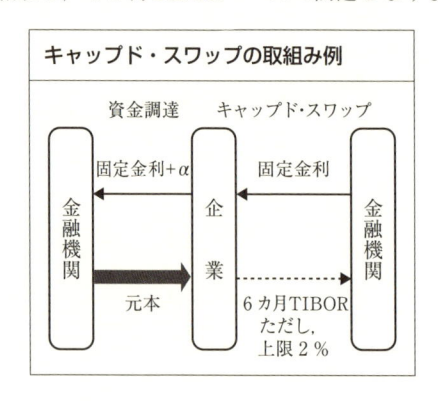

キャップド・スワップの取組み例

資金調達　キャップド・スワップ

固定金利+α　　固定金利

金融機関　←　企業　←　金融機関

元本　　　6カ月TIBOR
　　　　　ただし，
　　　　　上限2％

は通常の金利スワップによる変動化と変わりませんが，6カ月TIBORに上限金利2％が設定されているため，取組期間中に6カ月TIBORが2％以上になった場合でも，調達金利は2％となります。また，上限金利2％以下の場合は調達金利が6カ月TIBORとなります。

4

スワップ

アセット・スワップ　*Asset Swaps*

債券等のキャッシュフローを変換するスワップ。

Step 1　アセット・スワップとは，債券等の資産から得られるキャッシュフローを別のキャッシュフローに変換するスワップ取引のことです。たとえば，固定利付社債（半年ごとに 2 ％）を対象としたアセット・スワップであれば，「半年ごとに 2 ％」を支払って「半年ごとにTONA（複利）＋α」を受け取る金利スワップを取り組むことによって，固定利付債の半年ごと 2 ％のキャッシュフローを半年ごと「TONA（複利）＋α」に変換することができます。投資家は固定利付社債とこの金利スワップを保有することによって，金利変動リスクを保有せずにこの社債の信用リスクのみを保有することができます。なお，αは社債の信用リスクや金利水準等によって決まります。ただし，債券の発行体がデフォルトした際には，債券の元本が返済されなくなると同時に，アセット・スワップが終了まで継続されるリスクがあります。

　上述の例のようにアセット・スワップは，投資家が社債などの信用リスクのみを保有したい場合に主に利用されます。対象となる債券は社債以外にも国債やサムライ債などがあります。国債のアセット・スワップの水準や金利スワップ・レートと国債利回りの差は，「スワップ・スプレッド」と呼ばれることがあり，国と金融機関の信用リスクの差や国債の需給等を反映していると考えられており，投資対象となっています。

Step 2　通常，債券の購入価格と償還価格には差があるため，上記の取組みの際にはこの差額の調整が行われます。その方法としては，パーイン・パーアウト方式とファイナル・アジャストメント方式があります。

① パーイン・パーアウト方式

たとえば，アンダー・パーの債券（円債の例で考えます）を投資家が購入する際に，投資家は額面との差額を当初スワップの取引相手に支払い，利受けの際には固定債のクーポン相当を支払うかわりに，TONAに連動する金利を受け取ります。このときのTONA連動の受取りには，当初支払ったアップフロント・ペイメント相当が，取組期間にわたり織り込まれて返還されることになります（債券のキャッシュフローとあわせると，債券額面で変動利付債を購入したキャッシュフローとなります）。

② ファイナル・アジャストメント方式

この方式では，アンダー・パーの債券を投資家が購入し，利受けの際には固定債のクーポン相当を支払うかわりに，TONAに連動する金利を受け取ります。固定債の償還時に，購入金額との差額をスワップの取引相手に支払い，このバックエンド・ペイメントが，逆にTONA連動の受取金利に織り込まれることになります（債券のキャッシュフローとあわせると，アンダー・パーの金額を額面とする償還差損益のない変動利付債を購入したキャッシュフローとなります）。

ローラーコースター・スワップ
Rollercoaster Swaps

想定元本が増減する金利スワップ取引。

Step 1 プレーンな金利スワップでは想定元本が一定ですが，ローラーコースター・スワップ（左図参照）では想定元本が増減します。たとえば，プロジェクト・ファイナンスではローンの元本が増減するケースがあり，ローラーコースター・スワップによって金利リスクをヘッジすることがあります。

Step 2 想定元本の変化で分類される金利スワップとしては，そのほかにアモタイジング・スワップ（Amortizing Swaps：右図参照）とアクリーティング・スワップ（Accreting Swaps）があります。アモタイジング・スワップとは想定元本が減額していく金利スワップのことであり，アクリーティング・スワップとは想定元本が増額していく金利スワップのことです。なお，アクリーティング・スワップのことをドローダウン・スワップ（Drawdown Swaps）ともいいます。

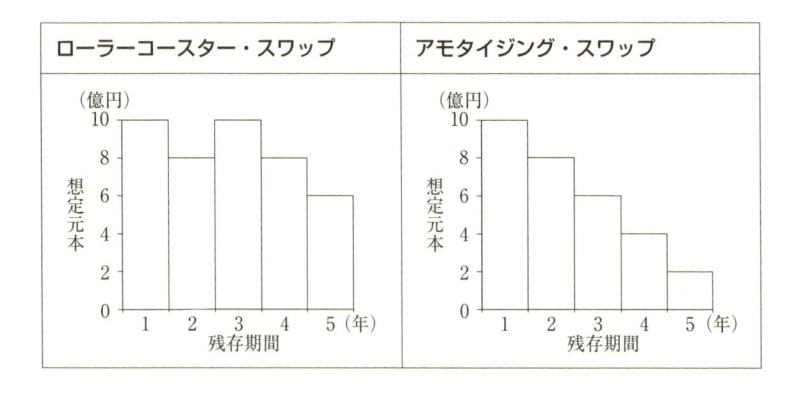

アニュイティ・スワップ *Annuity Swaps*

元利均等のキャッシュフローに変換するためのスワップ取引。

4
スワップ

Step 1 アニュイティ・スワップとは，元利均等払いとなるよう に想定元本を調整した金利スワップのことで，アモタイ ジング・スワップの一種です。金利スワップでは元本の授受はしませんの で，ここでの「元利」は想定元本の減少額と固定金利の利息額の合計金額 を指します。なお，アニュイティとは年金のことで，毎年一定金額を受け 取るために，利息と元本を取り崩すようなキャッシュフローのことです。

　下図では，アニュイティ・スワップと元本が均等に減額するアモタイジ ング・スワップの想定元本を比較しています。アニュイティ・スワップで は元本返済に充てられる金額が少ない分，想定元本の減少速度が遅くなり ます。

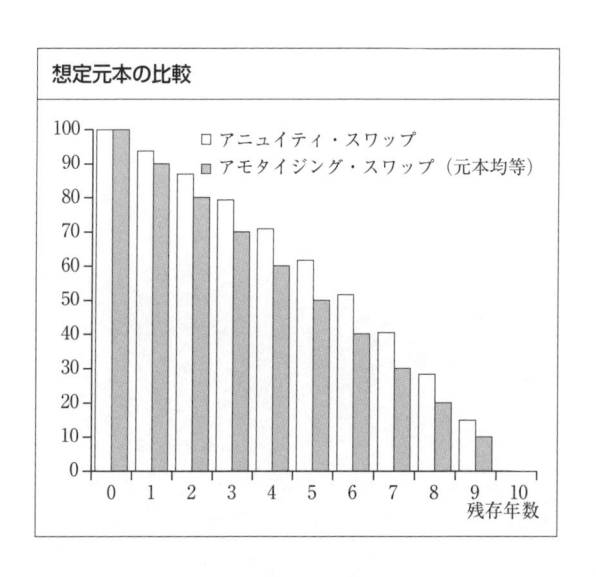

想定元本の比較

□ アニュイティ・スワップ
■ アモタイジング・スワップ（元本均等）

残存年数

Step 2 A社は当初不動産開発によって毎年一定収入を得ることを考え，金利が上昇しないとの見込みで，銀行から変動金利で借り入れたとします。その後，A社の金利見通しが金利上昇に変わったときに，アニュイティ・スワップで元利均等返済になるように変動金利から固定金利に変換することが考えられます。

インデックス・アモタイジング・レート・スワップ
Index Amortizing Rate Swaps

特定のインデックスによって，想定元本が減額される金利スワップ取引。

4
スワップ

Step 1 アモタイジング・スワップとは，契約期間中に想定元本が減額される金利スワップ取引であり，約定時に想定元本の減額スケジュールが決まっています。これに対し，インデックス・アモタイジング・レート・スワップは，TIBORなどの変動金利の動きをインデックスとして想定元本が減額されるスワップで，IARと略称されます。インデックス金利が低下すれば想定元本は減額，変化しなければ想定元本もそのままです。そのため，権利行使期限に至る前に想定元本がなくなることもあります。インデックス金利が再び上昇しても想定元本が増額されることはありません。

Step 2 本来，変動金利の低下は変動金利支払側に有利であり，固定金利支払側は受取金利の減少で相対的に負担が増加します。このような負担を軽減させるために，変動金利に応じて下表のように想定元本を減額させるインデックス・アモタイジング・レート・スワップを取り組むことを考えます。

固定金利支払側は，変動金利が高い場合は高い金利を受け取ることがで

変動金利の低下に応じた想定元本の減額	
変動金利	想定元本
6 ％～	100%
4 ％～ 6 ％	75%
2 ％～ 4 ％	50%
～ 2 ％	0%

きる一方，変動金利が低い場合は想定元本が小さくなり固定金利の支払の負担を軽減することができます。このように，固定金利側の負担を軽減する仕組みがあることから，支払固定金利は通常の金利スワップ取引よりも高くなります。

Step 3 このスワップは典型的な金利パス依存型デリバティブであり，プライシングにはモンテカルロ・シミュレーション等を用いなければなりません。

IARの固定金利は通常の金利スワップより高いものとなりますが，想定元本が一定である通常のキャップ等と異なり一度減額した想定元本は復元しないので，意に反して金利が低下した場合は固定化によるデメリットが軽減でき，先行きの金利変動が不明確な状況にあっては，キャップより有利に財務コントロールに利用できる可能性があるといえます。

エクステンダブル・スワップ *Extendable Swaps*

あらかじめ定めた条件を満たすと期限が延長されるスワップ取引。

4
スワップ

Step 1 金利スワップ等のスワップ取引で，あらかじめ定められた期限延長条件が満たされると，当初と同一金利条件でスワップ取引の期限を延長する特約を定めた取引をエクステンダブル・スワップと呼びます。簡単なエクステンダブル・スワップの例としては，当初契約期間2年は固定金利を支払い（変動金利の受取り），2年後に3年物スワップ金利が契約固定金利を超えていれば3年間延長するというものがあります。固定金利受取側は，期限が延長されるリスクを負担する見返りに，通常の2年スワップより高い金利を受け取ることができます。逆に，固定金利支払側は，2年後にスワップ金利が上昇していたとしても引き続き低い固定金利支払に抑えることができます。

Step 2 簡単なエクステンダブル・スワップは，金利スワップとスワップションの組合せで合成することができます。上述の例の場合，2年物金利スワップと，2年後権利行使日の3年物ペイヤーズ・スワップションで合成することができます（下図参照）。

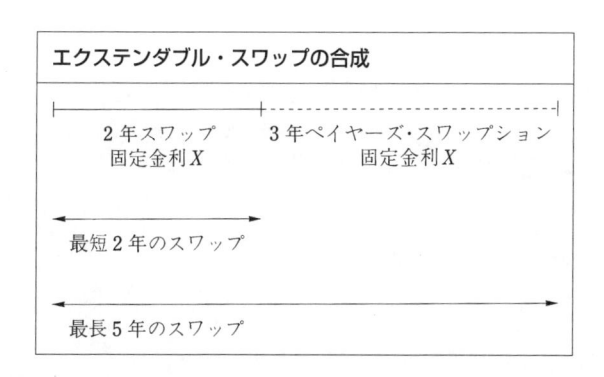

エクステンダブル・スワップの合成

2年スワップ　　　3年ペイヤーズ・スワップション
固定金利 X　　　　　固定金利 X

最短2年のスワップ

最長5年のスワップ

デジタル・スワップ *Digital Swaps*

条件式に従って金利がデジタルに変化するスワップ取引。

Step 1　デジタル・スワップとは，あらかじめ定めた期日に条件式に従って，金利が2通りに変化するスワップ取引であり，スワップ取引にバイナリ・オプション（デジタル・オプション）を組み合わせた取引です。デジタル・スワップは，バイナリ・スワップとも呼ばれます。

Step 2　デジタル・スワップの1つに「CMS（コンスタント・マチュリティ・スワップ）・スプレッド・デジタル・スワップ」があります。これは「プレーン・バニラの金利スワップ」とバイナリ・オプションである「CMSスプレッドを原資産としたデジタル（フロアー）・オプション」で構成されています。ここで，変動金利の借入れを行っている企業がその金利変動リスクのヘッジとして「CMS・スプレッド・デジタル・スワップ」を取り組む場合について説明します。

　次頁の図において，企業Aは20yCMS－2yCMSが0.60％を下回らなければペイオフは発生しませんが，0.60％を下回るとペイオフの発生により支払コストが増えることになります（20yCMSは20年のスワップ金利を交換金利とするCMS金利を表します）。

[20yCMS－2yCMS≧0.60％の場合における企業Aの支払金利]

　　（①金利スワップの固定金利）－（②デジタルオプションのプレミアム（金利按分））

となり，

　　①0.80％－②0.15％＝0.65％

となります。

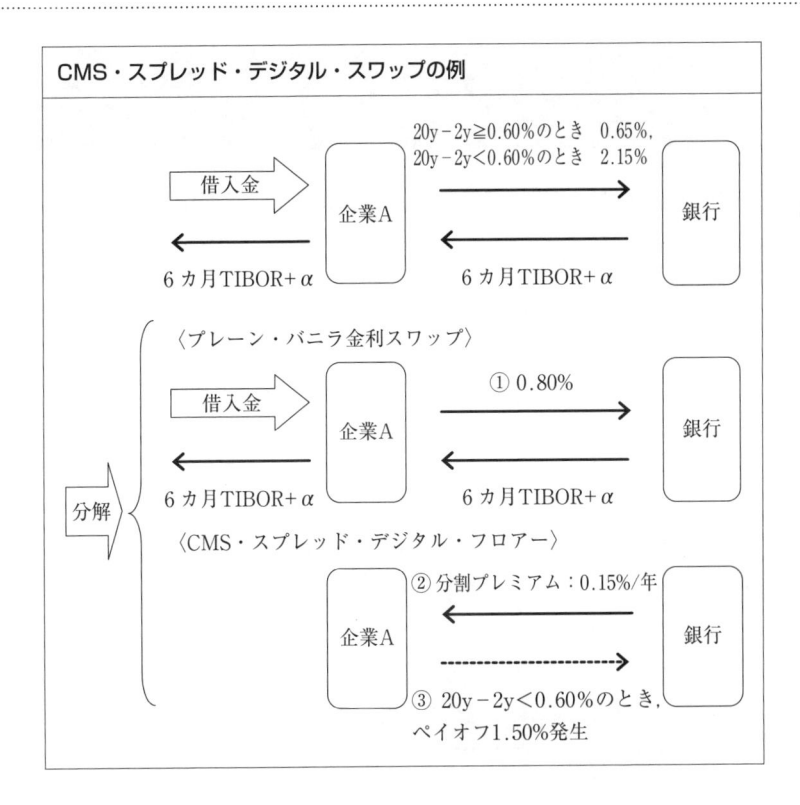

CMS・スプレッド・デジタル・スワップの例

[20yCMS－2yCMS＜0.60％の場合における企業Aの支払金利]

デジタルオプションのペイオフ③が発生しますので，顧客支払金利は，

(20yCMS－2yCMS≧0.60％の場合における顧客支払金利) ＋ (③デジタルオプションのペイオフ)

となり，

0.65％ ＋ ③1.50％ ＝ 2.15％

となります。

ゼロ・クーポン・スワップ　*Zero Coupon Swaps*

固定金利が満期日に一括して支払われるスワップ取引。

Step 1　ゼロ・クーポン・スワップとは，変動金利サイドが定期的に変動金利を支払い，固定金利サイドが満期日に一括して固定金利を支払うスワップ取引です。

Step 2　たとえば，企業Aはあるプロジェクトを行っているが，プロジェクトの入金がプロジェクトの完成までない場合を考えます。一方で，必要となる資金は変動金利で調達しているとします。プロジェクトの完成までに，予期せぬ変動金利上昇が起こったときに備えて，企業Aは変動金利受取り，固定金利支払のゼロ・クーポン・スワップを取り組んだとします。このスワップを取り組むことで，プロジェクトの完成までの変動金利の上昇リスクをヘッジするとともに，入金のタイミングにあわせて，一括して固定金利を支払うことになり，キャッシュフローをあわせることができます（下図参照）。

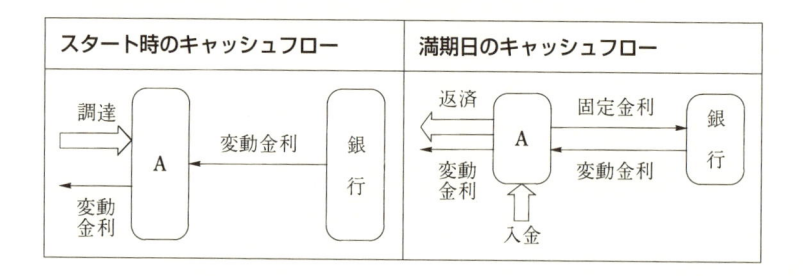

スタート時のキャッシュフロー	満期日のキャッシュフロー

ディレイド・スワップ　*Delayed Swaps*

適用金利が金利計算期間終了日の数営業日前に決まる金利スワップ取引。

Step 1　TIBORの金利スワップの変動金利サイドの適用金利は，利息計算期間開始日の2営業日前に決定しますが，ディレイド・スワップでは，利息計算期間終了日の数営業日前に適用金利が決定されます（図表1参照）。適用金利の決定日がディレイ（Delay＝遅れる）するためディレイド・スワップと呼ばれています。通常のTIBOR（金利計算期間開始日の2営業日前に決定）とディレイドTIBOR（金利計算期間終了日の2営業日前に決定）とを交換するディレイド・TIBOR・リセット・スワップなどが取引されます。

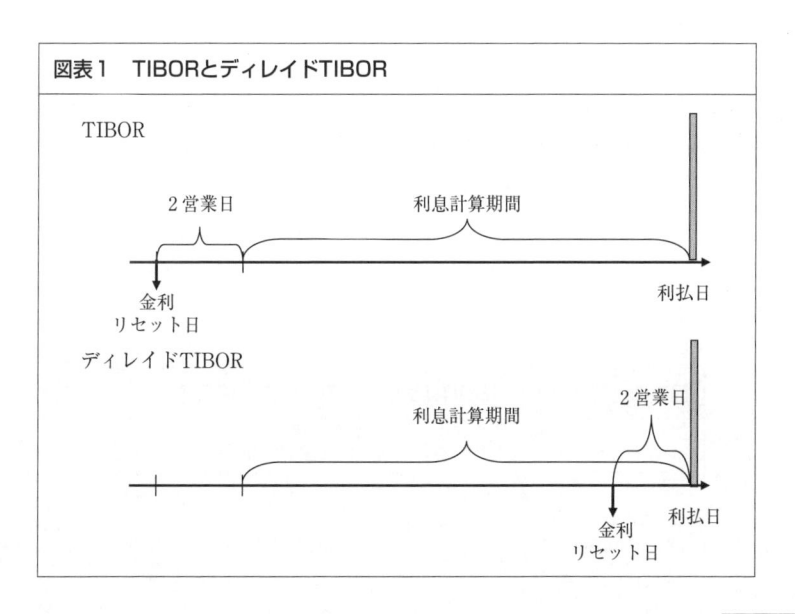

図表1　TIBORとディレイドTIBOR

TIBOR

2営業日　利息計算期間

金利
リセット日　利払日

ディレイドTIBOR

利息計算期間　2営業日

金利
リセット日　利払日

Step 2　A社は，将来金利は低下すると考えており，既存の TIBORベースの借入れをディレイドTIBORベースに替えるため，ディレイドTIBORスワップを取り組みました。スワップで受け取る通常のTIBORは借入れのTIBORと相殺され，調達コストはディレイドTIBORベースに替わったことになります。予想どおり金利が低下した場合，通常のTIBORよりディレイドTIBORのほうが低くなるので，A社は支払金利低減を実現できます。

　また，取組み時の金利体系が，順イールドの場合，理論的に計算されるディレイドTIBORは高く計算されるため，A社のような取組みの場合，ディレイドTIBOR側にマイナス・スプレッドが付加されます（図表2参照）。逆イールドの場合は，ディレイドTIBORは低く計算されるため，ディレイドTIBOR側にプラス・スプレッドが付加されます。

Step 3　上記のとおり，ディレイド・スワップは，取組時点のイールド・カーブの形状により，ディレイドTIBOR側に付加されるスプレッドがプラスになったりマイナスになったりします。通常の環境では金利は順イールドであり，一定期間のインプライド・フォワード・レートは先にいくほど高く計算されます。よって，通常のTIBORとディレイドTIBORとの関係は，ディレイドTIBOR側のほうが高くなります。それゆえ，等価交換を目的としたスワップ取引では，ディレイドTIBORにマイナス・スプレッドが付加されることが多くなっています。

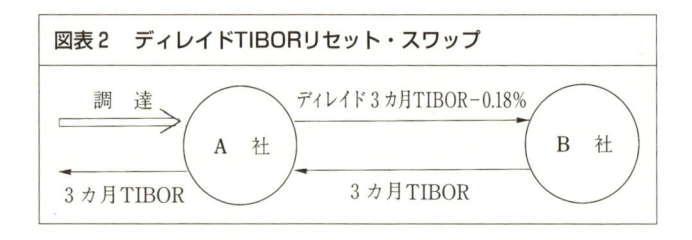

図表2　ディレイドTIBORリセット・スワップ

調達 → A 社 ── ディレイド3カ月TIBOR−0.18% → B 社

3カ月TIBOR ← A 社 ← 3カ月TIBOR ← B 社

ピリオディック・リセッティング・スワップ
Periodic Resetting Swaps

利息計算期間中の変動金利の平均値と固定金利を交換するスワップ取引。

Step 1　円金利スワップ取引の場合，固定金利はあらかじめ決まっており，変動金利は利息計算期間の開始日の2営業日前（Fixing日）のレート（たとえば6カ月TIBOR）が適用されるものが一般的です。これに対して，ピリオディック・リセッティング・スワップの場合，変動金利は利息計算期間中の変動金利の平均値が用いられます。そのため，アベレージ・レート・スワップといわれることもあります。

Step 2　固定金利で調達を行っている企業が，金利スワップを用いて実質的な調達を変動金利に切り替えようとする際，支払う変動金利をある特定の1日の水準ではなく，利息計算期間中の変動金利の平均値にならして支払いたいと考える場合などに用いられます。

　Fixing日の変動金利が，たまたま何かの理由で急上昇するリスクを回避したいというニーズから開発された商品といえます。

　以下に例を示します。

ピリオディック・リセッティング・スワップの例	
取引開始日の2営業日前の6カ月円TIBOR＝0.75％，最初の半年間の6カ月円TIBORの平均値＝1.0％の場合，初回の金利交換は次のようになる。	
（プレーンな金利スワップ）	（ピリオディック・リセッティング・スワップ）
受取金利：0.75％	受取金利：1.0％
支払金利：1.0％	支払金利：1.0％
ネット受払い：−0.25％	ネット受払い：±0％

フォワード・スワップ *Forward Swaps*

利息計算期間が市場慣行よりも先の日付から始まるスワップ取引。

Step 1 円金利スワップ取引は約定の2営業日後から利息計算期間が開始するものが一般的ですが，このような市場慣行よりも将来から始まるスワップ取引をフォワード・スワップといいます。金利スワップ取引の場合，「先スタートの金利スワップ」という場合もあります。フォワード・スワップは，将来の支払（受取）金利を現時点で確定させるために用いられます。現在の金利水準に魅力を感じながらもスワップ取引の実需が少し先である場合によく用いられます。

フォワード・スワップの固定金利は，約定時点のスワップ・レートのかわりにイールド・カーブおよびインプライド・フォワード・レートに基づいて計算された理論上の金利が用いられます。

Step 2 6カ月TIBORで借入れを行っている企業が，半年後に5年計画で設備投資を予定しているとします。現在の5年間の金利スワップ・レート（固定金利支払，6カ月TIBOR受取り）が2.5%，半年後から5年間のレートが3.0%であるとします。当該企業は，現時点で先スタートの金利スワップを取り組むことにより，半年後からの調達コストを3.0%に固定することができます。このときの3.0%は，現時点のイールド・カーブおよびインプライド・フォワード・レートにより求められた理論的な金利です。

当該企業は，先スタートの金利スワップ取引により，半年間の金利変動リスクを回避することができます。もし，半年後の資金需要にあわせて半年後に金利スワップを取り組むとすれば，現時点から半年間に金利スワップ・レートが変動する可能性があるからです。

プッタブル・スワップ　*Puttable Swaps*

変動金利の支払側が解約権をもつスワップ取引。

Step 1　　プッタブル・スワップは，変動金利の支払サイドがある一定期間経過後に取引を終了させる権利をもつスワップ取引です。したがって，変動金利の支払サイドはオプションを保有している分，受け取る固定金利は通常のスワップよりも低くなります。

Step 2　　たとえば，現在固定金利による借入れがあるが，長期的にみて金利低下基調にあると考えているため，金利スワップによって変動金利ベースでの借入れにしたいとします。一方で，支払変動金利が上昇するリスクもあると考えているとします。こうしたケースでは，プッタブル・スワップが有効です。

　プッタブル・スワップにおける2者間のやりとりは，下図のようになり

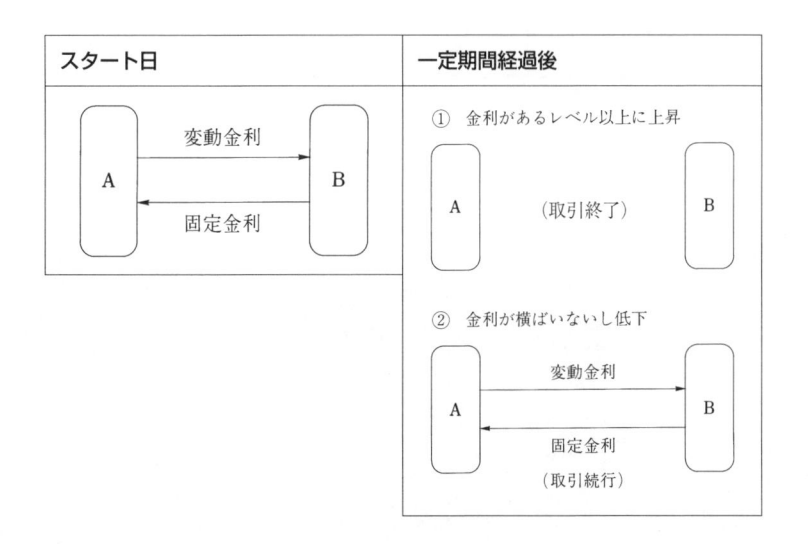

ます。このスワップを取り組むことで，変動金利の支払サイドは，将来の金利低下メリットを享受することができるとともに，一定期間経過後，金利が上昇している場合には，取引を終了させることができ，より高い固定金利の受取りの新たなスワップを取り組むことができます。

ボンド・インデックス・スワップ
Bond Index Swaps

債券インデックスを原資産とした金利スワップ取引。

Step 1　　ボンド・インデックス・スワップとは，債券インデックスを原資産としたスワップです。原資産としたインデックスのスワップ期間における価格変動から生じる収益と，同期間の変動金利（もしくは固定金利）を交換する取引です。債券インデックスを原資産として用いるため，実際に債券の売買を行うことなく，その収益を授受することが可能です。原資産として利用されるインデックスとしては，FTSE World Government Bond Indexなどが例にあげられます。

Step 2　　債券現物投資とボンド・インデックス・スワップへの投資では，そのリターン特性は似通っております。一方で債券売買を実際に行うと投資開始の際に債券購入のための資金が必要になるのに対し，ボンド・インデックス・スワップでは取組開始時に資金が必要ないのが特徴となっています。

リバース・ゼロ・クーポン・スワップ
Reverse Zero Coupon Swaps

固定金利がスワップ開始日に一括して支払われるスワップ取引。

Step 1　ゼロ・クーポン・スワップでは，固定金利がスワップ終了日に一括して支払われるのに対して，リバース・ゼロ・クーポン・スワップでは，固定金利がスワップ開始日に一括して支払われます。固定金利側，変動金利側の支払は，下図のようになります。

Step 2　このスワップ取引において，スワップ開始日時点で，固定利息金額を一括で払う側の取引者は，その相対する取引者に対し，大きい信用リスクをもっていることになります。なぜならば，固定利息を一括で支払った後は，変動利息額を受け取るのみの取引となるためです。

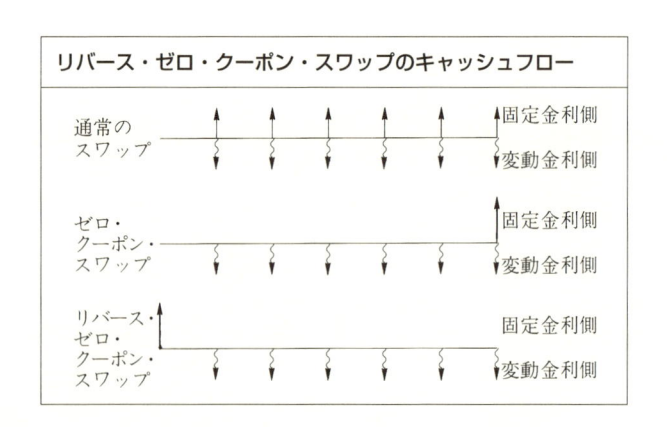

リバース・ゼロ・クーポン・スワップのキャッシュフロー

コーラブル・スワップ　*Callable Swaps*

固定金利の支払側が解約権をもつスワップ取引。

Step 1　コーラブル・スワップは，固定金利の支払側がある一定期間経過後に取引を終了させる権利をもつスワップ取引です。したがって，固定金利の支払側はオプションを保有している分，支払う固定金利は通常のスワップよりも高くなります。

Step 2　将来の金利上昇リスクに備えるために，固定金利の支払・変動金利の受取りとなるスワップを取り組みたいとします。一方で，受取変動金利が低下するリスクもあると考えているとします。こうしたケースでは，コーラブル・スワップが有効です。

　コーラブル・スワップにおける2者間におけるやりとりは，下図のようになります。このスワップを取り組むことで，固定金利の支払側は，将来

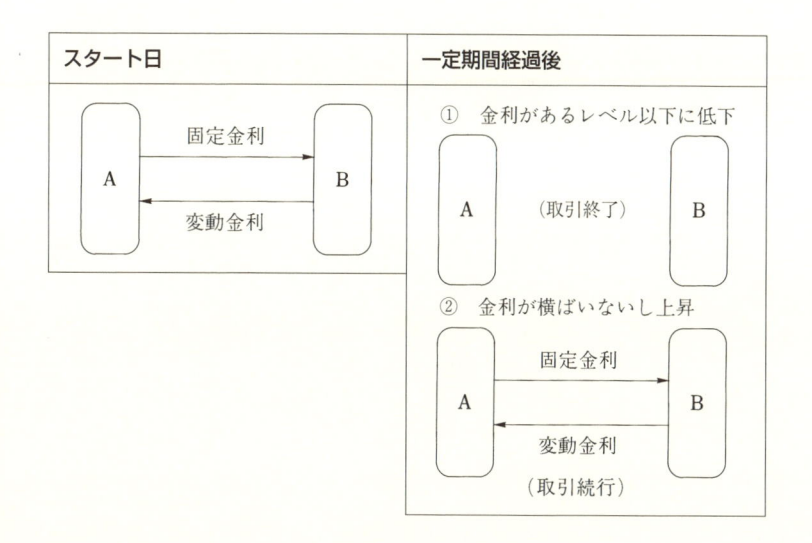

の金利上昇リスクに対して備えとなるとともに，一定期間経過後，金利が低下している場合には取引を終了させることができ，より低い固定金利の支払の新たなスワップを取り組むことができます。

コンスタント・マチュリティ・スワップ（CMS）
Constant Maturity Swaps

一定の年限のスワップ金利を交換の対象とした金利スワップ取引。

Step 1　金利スワップは，6カ月TIBOR等の変動金利と固定金利を交換する取引ですが，コンスタント・マチュリティ・スワップ（CMS）は，交換対象となる変動金利が特定の期間の金利スワップ・レートである取引です。たとえば，期間2年の金利スワップ・レートなどが変動金利となります。

CMSを参照した仕組商品も数多くあります。たとえば，期間20年の金利スワップ・レートと期間2年の金利スワップ・レートの差分を利回りに反映するような仕組商品です。この場合，長短金利差が大きくなったときに利回りは出やすくなるため，イールド・カーブがフラットニングするような環境では，魅力的な利回りが出ないことになります。

Step 2　金利スワップの時価評価は，固定と変動の差の現在価値の総和になります。そのためには，将来の変動金利を求める必要がありますが，現時点で将来時点の金利をゼロ・コストで予約すると仮定した場合のレートであるフォワード・レートによって算出することができます。ただし，CMSは，変動金利が一定の年限のスワップ金利という特殊性から，時価評価を正確に行うためには，フォワード・レートに調整を行わなければなりません。

通常の金利スワップの時価評価に用いる時点 t_i におけるフォワード・スワップ・レートを y_i とすると，CMSの時価評価に用いるフォワード・スワップ・レート y_i^{CMS} は，

$$y_i^{CMS} = y_i - \frac{1}{2} y_i^2 \sigma_{y,i}^2 t_i \frac{G_i''(y_i)}{G_i'(y_i)} - \frac{y_i \tau_i F_i \rho_i \sigma_{y,i} \sigma_{F,i} t_i}{1 + F_i \tau_i}$$

となります。ただし，$G(y)$ は利率 y の固定利付債の価格，$G_i'(y)$，G_i''

(y) はそれぞれ G の1階微分，2階微分，$\sigma_{y,i}$ はフォワード・スワップ・レートのボラティリティ，τ_i は $t_i - t$，F_i は t_i と t_{i+1} 時点間のフォワード・レート，$\sigma_{F,i}$ は F_i のボラティリティ，ρ_i は y_i と F_i の相関です。上記の式の第2項をコンベクシティ調整，第3項をタイミング調整といいます。

Step 3 ［コンベクシティ調整］

固定利付債券の価格は，金利が上がると下降し，下がると上昇します。しかし，金利と債券価格の関係は完全な比例関係にはありません。ある債券に関して将来時点で3つの債券価格のシナリオB_1，B_2，B_3を想定します。これら3つの債券価格の起こりうる確率は等しく，$B_2 - B_1 = B_3 - B_2$であると仮定します。また，それぞれの債券価格に対応する債券イールドをY_1，Y_2，Y_3とします。今，債券価格の期待値はB_2であり，B_2はフォワード債券価格となります。このB_2に対する債券イールドのY_2は，フォワード債券イールドといえます。一方で債券価格B_1，B_2，B_3，からそれぞれ求められる債券イールドのY_1，Y_2，Y_3の平均はY_2より明らかに高いY_2'になります。単純なイールドの平均Y_2'を債券価格に準じたイールドであるY_2まで調整する項目がコンベクシティ調整です。

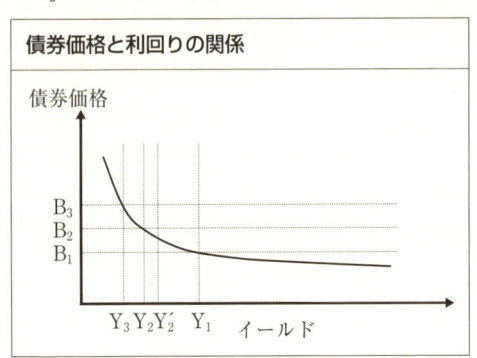

債券価格と利回りの関係

［タイミング調整］

CMSの時点 t_i における金利スワップ・レートを S_i，CMSの想定元本を N，$\tau_i = t_{i+1} - t_i$ とすると，時点 t_{i+1} におけるキャッシュフローは，$\tau_i N S_i$ と

なります。つまり，時点 t_{i+1} におけるキャッシュフローは，その1つ前の時点である t_i に決まったレートによって計算されます。この時点の差異を調整するのがタイミング調整です。

ステップアップ・スワップ　*Step-up Swaps*

交換する固定金利が段階的に高くなるスワップ取引。

Step 1　ステップアップ・スワップは，通常期中一定である固定金利を，当初一定期間は低く抑えて，その分後半の固定金利を高くする金利スワップのことをいいます。スワップは現在価値の等しいキャッシュフローを交換する取引ですので，ステップアップ・スワップの固定金利も現在価値を変化させないように決めることが一般的です。ステップアップ・スワップは，変動金利のローンや変動金利の社債と組み合わせて，当初一定期間の利払いを抑えた資金調達をする場合などに利用されます。

Step 2　ステップアップ・スワップを使用した例として，ステップアップ債を説明します。通常の固定利付債では，同一クーポン・レートによって利払いが決定されるのに対し，ステップアップ債では，クーポン・レートが段階的に上昇していきます。この債券は，通常の変動利付債にステップアップ・スワップを組み合わせて組成されます。たとえば，当初2年間のクーポン・レートを低めに抑えるかわりに，後半3年間のクーポン・レートを高めに設定する債券にすることができ，発行体の資金調達ニーズに応えることができます。また，これを極端にしたもので，当初の一定期間に利払いをせずに，これを繰り延べて，最後に一括して支払うような債券も組成することができます。

　投資家からみると，当面のクーポン収入には余裕があり，先々のクーポン収入を多めに確定しておきたい場合にステップアップ債を活用できます。

ステップダウン・スワップ　*Step-down Swaps*

交換する固定金利が段階的に低くなるスワップ取引。

Step 1　ステップダウン・スワップは，通常期中一定である固定金利を，当初一定期間は高く設定して，その分後半の固定金利が低くなる金利スワップのことをいいます。スワップは現在価値の等しいキャッシュフローを交換する取引ですので，ステップダウン・スワップの固定金利も現在価値を変化させないように決めることが一般的です。ステップダウン・スワップは，変動金利のローンや変動金利の社債と組み合わせて，後半部分の期間の利払いを抑えた資金調達をする場合などに利用されます。

Step 2　ステップダウン・スワップを使用した例として，ステップダウン債を説明します。通常の固定利付債では，同一クーポン・レートによって利払いが決定されるのに対し，ステップダウン債では，段階的にクーポン・レートが低下していきます。この債券は，通常の変動利付債にステップダウン・スワップを組み合わせて組成されます。たとえば，当初2年はクーポン・レートを高めに設定するかわりに，後半3年間のクーポン・レートを低くする債券にすることができます。

　投資家からみると，当面のクーポン収入を多めにし，先々のクーポン収入を少なめにしたい場合にステップダウン債を活用できます。

ディファレンシャル・スワップ　*Differential Swaps*

想定元本と変動金利の通貨が異なる金利スワップ取引。

Step 1　ディファレンシャル・スワップとは，想定元本の通貨と異なる通貨の変動金利を交換する金利スワップ取引であり，クオント・スワップとも呼ばれます。たとえば，日本円の想定元本上で日本円の固定金利と米ドルRFRを交換するディファレンシャル・スワップ取引では，日本円の固定金利による利息と米ドルRFRによる利息がともに日本円で資金決済されます。なお，米ドルRFRはあくまで利息金額を計算するための指標として用いるだけです。このほかにも，米ドルの想定元本上で日本円TIBORと米ドルRFRを交換するスワップ取引もディファレンシャル・スワップです。

活用方法の1つとしては，通貨間の金利差や金利動向の違いに着目した投資があります。「将来，円金利が上昇して，米ドル金利が低下する」と考える投資家は，日本円の想定元本上で日本円TIBORを受け取り，米ドルRFRを支払うディファレンシャル・スワップを取り組むことによって，米ドルで資金決済することなく米金利に投資することができます。

Step 2　ディファレンシャル・スワップのキャッシュフローには変動金利と為替レートという2つの変数が含まれているため，時価評価する際にはクオント調整が必要です。将来時点において金利更改される米ドルImplied Forward RFRは，下式のようにクオント調整されて時価評価されます。

$$米ドルImplied\ Forward\ RFR(1+\rho\sigma_{FX}\sigma_I t)$$

ここで，米ドルImplied Forward RFRとUSD/JPYフォワード取引の相関係数をρ，USD/JPYフォワード取引のボラティリティをσ_{FX}，米ドルImplied Forward RFRのボラティリティをσ_Iとします。

クーポン・スワップ *Coupon Swaps*

元本交換を行わない金利交換だけの通貨スワップ取引。

Step 1 クーポン・スワップとは，異なる通貨の金利部分のみを交換する取引であり，元本を交換する通貨スワップと区別してこのように呼ばれます。両者の違いを図示すると図表1のようになります。なお，交換する金利の種類としては，固定金利と変動金利，変動金利と変動金利，そして固定金利と固定金利の交換があります。

Step 2 クーポン・スワップは異なる通貨の金利を交換する取引ですが，基本はキャッシュフローの等価交換です。そのため，固定金利同士の交換は，複数の為替予約取引を組み合わせたキャッシュフローと同じになります。

たとえば，A社が海外の取引先より半年ごとに10万米ドルの送金を受けるとします。このとき，為替リスクを回避すべく為替予約取引を考えまし

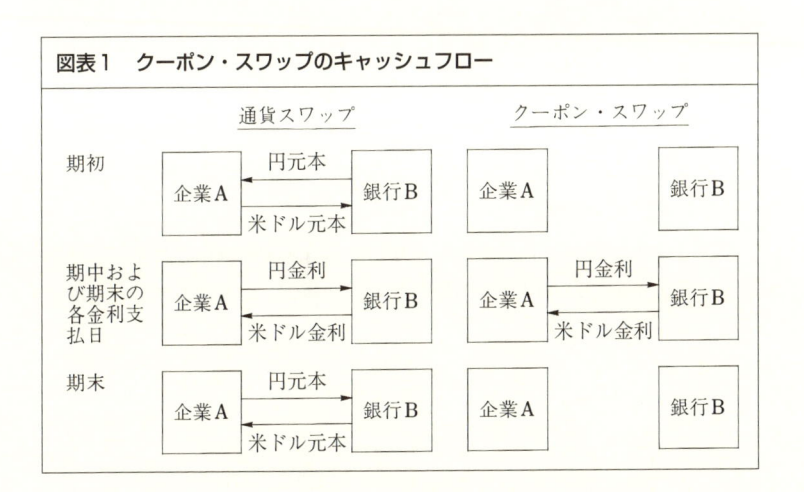

図表1　クーポン・スワップのキャッシュフロー

図表2　為替予約を取り組んだときのキャッシュフロー

0.5年後	為替予約レート	98円	円貨額9,800,000円（＝A円）
1年後	為替予約レート	97円	円貨額9,700,000円（＝B円）
1.5年後	為替予約レート	96円	円貨額9,600,000円（＝C円）
2年後	為替予約レート	95円	円貨額9,500,000円（＝D円）
2.5年後	為替予約レート	94円	円貨額9,400,000円（＝E円）
3年後	為替予約レート	93円	円貨額9,300,000円（＝F円）

たが，価格が期日に応じて異なるために半年ごとの円貨額が不揃いとなります（図表2参照）。A社はこれを嫌い，クーポン・スワップにより全期日において同額の円貨額を受け取ることにしました。

このとき，クーポン・スワップによる為替レートの求め方をみてみましょう。まず，表のキャッシュフローに基づき，受取り円貨額の現在価値の合計を求めます。

$$現在価値の合計 = A/(1+0.5年金利)^{\frac{1}{2}} + B/(1+1年金利)$$
$$+ C/(1+1.5年金利)^{\frac{3}{2}} + D/(1+2年金利)^2 + E/(1+2.5年金利)^{\frac{5}{2}}$$
$$+ F/(1+3年金利)^3$$

次に，受取円貨額がXで固定の場合のクーポン・スワップの現在価値の合計は以下のとおりとなります。

$$現在価値の合計 = X/(1+0.5年金利)^{\frac{1}{2}} + X/(1+1年金利)$$
$$+ X/(1+1.5年金利)^{\frac{3}{2}} + X/(1+2年金利)^2 + X/(1+2.5年金利)^{\frac{5}{2}}$$
$$+ X/(1+3年金利)^3$$

上記2つの現在価値合計が等しくなるようなXを求めることで，クーポン・スワップの受取り円貨額が決定され，為替レートを求めることができます。

トータル・リターン・スワップ　*Total Return Swaps*

特定の金融資産や指数の時価変動から得られる損益と，固定金利等を交換するスワップ。

Step 1　トータル・リターン・スワップとはある金融資産を原資産とし，そこから生じるインカム・ゲインおよびキャピタル・ゲイン（トータル・リターン）を固定金利や変動金利と交換するスワップであり，OTCデリバティブの一種です。利用される金融資産は多岐にわたり，債券・株式・指数などさまざまなものが用いられます。原資産価格が上昇していた場合，トータル・リターンの支払側はトータル・リターンを相手に支払い，固定金利等を受け取ることになります。また，原資産価格が下落していた場合，トータル・リターンの支払側はその損失分を受け取り，かつ固定金利等を受け取ることとなります。

　一定期間ごとにインカム・ゲインおよびキャピタル・ゲインを計測し金利と交換する必要があるため，基本的には時価が容易に計測できる金融資産が原資産として用いられます。

Step 2　債券や株式等の資産のトータル・リターン・スワップは，借入れによって現物資産をもつことと基本的にリターン特性は変わりません。しかし，現物をもつことに比べ初期費用が少なくすむため，ヘッジファンドのようなレバレッジを効かせたいプレイヤーにとってメリットがあります。また，規制やシステム対応の関係上，現物資産をもてないプレイヤーにとっても，トータル・リターン・スワップを取り組むメリットがあります。

　また，現物資産が存在しない指数に対してもトータル・リターン・スワップを構築することができます。たとえば，TOPIXなどの株式指数や投資戦略をインデックス化したものなどです。

コモディティ・スワップ　*Commodity Swaps*

商品価格を交換するスワップ取引。

Step 1　コモディティ・スワップとは，原油や金属等の商品価格を交換するスワップ取引であり，商品価格の変動リスクをヘッジするためや投資などに利用されます。交換するキャッシュフローは，商品の固定価格と変動価格，商品価格の変化率と金利など目的に応じてさまざまなタイプがあります。商品仕入価格の固定化や商品販売価格の固定化に利用され，特に商品価格の変動リスクをヘッジしたい期間が長期間に及ぶときに，コモディティ・スワップの取組みが有効です。

Step 2　たとえば，原油を調達する石油精製会社が原油の価格変動リスクをヘッジするためには，固定価格を支払って原油価格の平均値を受け取るコモディティ・スワップを取り込むことが考えられます（下図参照）。この取引によって，原油価格が上昇した場合でも，石油精製会社は実質的に固定価格で原油を調達することができます。

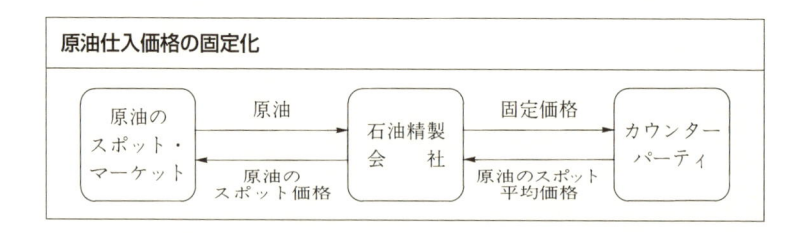

原油仕入価格の固定化

原油の スポット・ マーケット	→原油→ ←原油の スポット価格←	石油精製 会　社	→固定価格→ ←原油のスポット 平均価格←	カウンター パーティ

5

債券・証券化商品

債　券 *Bonds*

資金調達のために発行される有価証券の一種。

Step 1　債券とはあらかじめ定められた期間経過後に元本を支払うことを約束した有価証券のことで，各種事業体によって資金調達の目的で発行されます。代表的な債券を発行体別に分類すると下図のようになります。そのほかにも，仕組債や銀行規制対応のAT1債，B3T2債，TLAC債など，さまざまな特性の債券が発行されています。

代表的な債券の大まかな分類

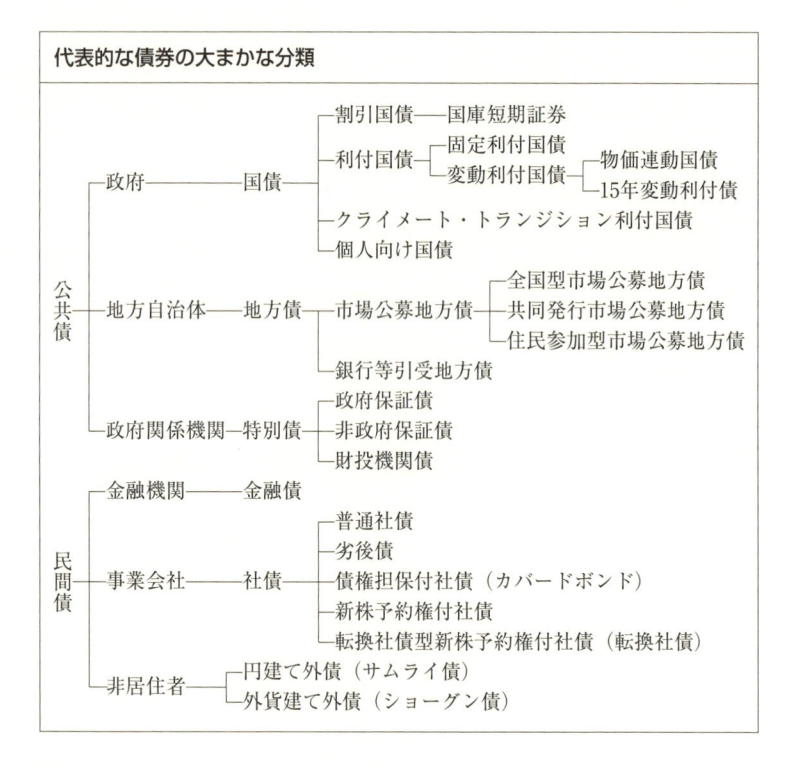

公共債
- 政府──国債
  - 割引国債──国庫短期証券
  - 利付国債
    - 固定利付国債
    - 変動利付国債
      - 物価連動国債
      - 15年変動利付債
  - クライメート・トランジション利付国債
  - 個人向け国債
- 地方自治体──地方債
  - 市場公募地方債
    - 全国型市場公募地方債
    - 共同発行市場公募地方債
    - 住民参加型市場公募地方債
  - 銀行等引受地方債
- 政府関係機関──特別債
  - 政府保証債
  - 非政府保証債
  - 財投機関債

民間債
- 金融機関──金融債
- 事業会社──社債
  - 普通社債
  - 劣後債
  - 債権担保付社債（カバードボンド）
  - 新株予約権付社債
  - 転換社債型新株予約権付社債（転換社債）
- 非居住者
  - 円建て外債（サムライ債）
  - 外貨建て外債（ショーグン債）

社　債　*Corporate Bonds*

資金を調達するために民間企業が発行する債券。

Step 1　民間企業による主な資金調達手段には，銀行からの借入れ，株式の発行，社債の発行があります。特に，社債の発行は大企業にとって銀行からの借入れと並ぶ重要な資金調達手段となっています。社債の種類は，普通社債，資産担保型社債，転換社債型新株予約権付社債（転換社債），新株予約権付社債に大きく分類されます。普通社債は満期と利率が設定された普通の社債です。資産担保型社債は，住宅ローンなどの特定の資産を裏付けにした社債です。転換社債型新株予約権付社債は，所定の価格で社債を発行会社の株式に転換できる社債です。新株予約権付社債は，所定の価格で発行会社の株式を購入できる権利がついた社債です。

Step 2　社債を発行する場合には，投資家の需要を意識した発行条件とする必要があるため，さまざまな種類の社債が発行されます。固定利付社債に加え，TIBOR，TONA等の変動金利やCMS等を参照して利率が変動する変動利付社債，発行体が期中で償還する権利を持つコーラブル債などがあります。このような複雑なキャッシュフローの社債を組成するために，金利スワップやオプション等のデリバティブが使用されている場合があります。

Step 3　社債には民間企業の信用リスクが内包されており，社債の利回りと無リスク金利の差をクレジット・スプレッドといいます。格付の良い企業ほど社債の利回りは相対的に低く，クレジット・スプレッドも小さい傾向にあります。クレジット・デリバティブは，このクレジット・スプレッドを用いてプライシング等を行います。

信託社債 *Trust Bonds*

社債の一種で，信託の受託者が，信託財産のために発行する社債。

Step 1 信託社債は会社法に基づいて発行される社債の一種で，会社法施行規則第2条第3項第17号において，「信託の受託者が発行する社債であって，信託財産（信託法（平成18年法律第108号）第2条第3項に規定する信託財産をいう。以下同じ。）のために発行するものをいう」と定義されており，通常の社債と同様に，金融商品取引法第2条第1項に定める「有価証券」に該当します。

Step 2 信託社債の元本償還および利息支払は信託財産を原資として行われます。信託法第25条で定められた倒産隔離機能に基づき，受託者である信託銀行が破産しても，信託財産には影響が及びません。一方で，責任財産限定特約が付された契約の場合，信託社債の発行体は償還責任を負わないことから，信託財産に内包されるリスクを理解する必要があります。

　一般的に，信託社債は信託財産を裏付けとする資産担保証券（ABS）として位置づけられます。通貨オプション取引，金利スワップ取引，CDS取引などのデリバティブを内包したり，仕組債，劣後債，事業債などの既発債券をリパッケージしたりすることで，投資家のニーズにあうキャッシュフローを組成することが可能となるため，結果として仕組債と同様の性質を有するケースが多くみられます。

変動利付国債　*Floating Rate Government Bonds*

クーポン・レートが市場金利に連動する国債。

Step 1　　変動利付国債とは，クーポン・レートが市場金利に連動する国債であり，日本においては「15年変動利付国債」「個人向け国債（変動10年）」があります。

15年変動利付国債は，1983年から1985年にかけて信託銀行，農林中金，全信連，生命保険を対象に私募形式で全期間譲渡制限付きで発行された後，発行が途絶えていましたが，2000年から発行が再開されました。しかし，投資家の需要がそれほどなかったことや金融危機の影響を受けて，2008年5月に48回債が発行されて以降，発行されていません。

個人向け国債（変動10年）は2003年から発行が開始されています。東日本大震災後に，個人向け国債（変動10年）の商品性をベースにした個人向け復興応援国債が2012年と2013年に発行されました。

なお，海外において変動利付国債が発行された例はあまりなく，フランスで10年金利に連動するTEC 10 OATと呼ばれる変動利付国債が発行されていましたが，現在は発行が取りやめられています。

変動利付国債の商品概要			
商品名	15年変動利付国債	個人向け国債 変動10年	復興応援国債
クーポン レート	基準金利－α ※αは発行時に決定	基準金利×0.66	当初3年間：0.05% 以降：基準金利×0.66
基準金利	基準金利はクーポン・レート決定前直近に行われた10年固定利付国債入札から算出		
下限金利	0.00%	0.05%	0.05%

物価連動国債　*Inflation-Linked Government Bonds*

物価指数に連動して元利金が変動する国債。

Step 1　物価連動国債は，元本と利息収入が物価変動率（通常は消費者物価指数を使用）に連動する国債です。投資家にとっては，将来のインフレ・リスクをヘッジすることが可能になるというメリットがあることから，特に物価に連動する負債を有する投資家の運用対象として需要があります。

物価連動国債は1981年に英国が発行したのがその起源といわれています。日本では，2004年3月より財務省が金融機関や年金基金などの機関投資家向けに物価連動国債の発行を開始しました。その後，投資家のインフレ期待の低迷で元本割れリスクが高まったことから市況が悪化し，2008年秋以降，物価連動国債の発行は見送られました。2013年には，元本保証が設定された物価連動国債の発行が再開されました。なお，海外で発行されているほとんどの物価連動国債では元本保証が設定されています。

個人投資家向けの物価連動国債は2017年2月に発行が予定されていましたが，インフレ期待が高まらなかったことを理由に販売を延期しています。そのため，個人投資家は物価連動国債を直接購入することはできませんが，物価連動国債を運用対象とする投資信託を購入することで，将来のインフレ・リスクをヘッジすることが可能です。

Step 2　物価連動国債の市場価格から市場が推測する将来のインフレ率の期待値を計算できます。国債利回り（名目金利）と物価連動国債利回り（実質金利）の差で算出され，ブレーク・イーブン・インフレ率と呼ばれます。市場のインフレ率に対する期待の変化を反映することから，多くの市場関係者がモニタリングしています。

サムライ債　*Samurai bonds*

海外の発行体が日本国内で発行する円建て債券。

Step 1　海外の発行体が日本国内で発行する円建て債券は，通称サムライ債と呼ばれます。サムライ債は外債の一種であり，海外の発行体が日本国内で発行する外貨建て債券のことを通称ショーグン債と呼びます。

通常，サムライ債の起債は最も資金調達コストのかからない発行市場で行われます。日本は緩和的な金融環境が続いているため，投資家の運用需要が高く，他国に比べて資金調達コストが少なくなる状況にあります。そのため，海外の発行体も日本で円建ての債券を発行して円資金を調達し，通貨スワップを使用して必要な通貨に交換することが行われています。

サムライ債の利回りは発行体の信用リスクが内在するため，一般的に日本国債よりも高い場合がほとんどですが，発行体が破産した際には償還金を全額受け取れないリスクがあります。2001年12月にアルゼンチン政府が発行したサムライ債がデフォルトし，2008年9月にはリーマン・ブラザーズ・ホールディングスが発行したサムライ債がデフォルトしました。欧州債務危機時には，デフォルトには至らなかったものの，ギリシャ政府が発行したサムライ債が償還されるのかが大きな話題になりました。

Step 2　通貨ベーシスの動向を分析する際，サムライ債の発行や償還を調査することがあります。サムライ債の発行体は，銀行等の金融機関と円運用外貨調達の通貨スワップを取り組み，金融機関はインターバンク市場でヘッジ取引を取り組むため，通貨ベーシスの変動要因になります。

ハイブリッド証券　*Hybrid Securities*

株式と社債の中間的性質をもった証券。

Step 1　株式は配当取得権，株主総会議決権，残余財産請求権といった権利を表象する有価証券であり，社債は約束に従って元利金を受け取る権利を表象する有価証券です。このような株式と社債の中間の性質をもつ証券がハイブリッド証券です。「ハイブリッド」は「混成の」という意味であり，ここでは資本（株式）と負債（債券）の性質が混ざっていることを意味します。

ハイブリッド証券には，株式（普通株式）の権利を調整して社債的性質に近づけた優先株，社債（優先債）の権利を調整して株式的性質に近づけた劣後債，新株に転換する権利をつけた債券である転換社債型新株予約権付社債等があります。なお，相対的にリスクの低い社債や銀行ローンなどはシニア・ファイナンスと呼ばれ，シニア・ファイナンスよりもリスクの高いハイブリッド証券はメザニン・ファイナンスに含まれます。「メザニン」とは「中2階」を意味し，ここではリスクが相対的にやや高いことを意味します。

Step 2　投資対象としてのハイブリッド証券は，普通株式や社債のリスク・リターンに満足できない投資家の需要を満たします。劣後債は，一定の財務条件下では利払いが行われないことをあらかじめ特約することにより，普通社債よりも高い利率を受け取ることができます。

株主総会議決権を制限する優先株は，普通株式に優先して優先配当を受け取ることができます。転換社債型新株予約権付社債は，所定の価格で社債を発行会社の株式に転換できるオプションが付された社債です。

永 久 債　*Perpetual Bonds*

元本の最終償還期限がない債券。

Step 1　通常の債券では最終償還期限（満期）が定められ，最終償還期限に元本が返済されて債券は消滅します。一方，永久債では元本の最終償還期限はなく，発行体がデフォルトしない限り，利子のみが永久に支払われる債券で，無期債とも呼ばれています。ただし，多くの永久債には一定期間後に発行体が中途償還できる条項（コール条項）が付されています。

Step 2　歴史的に有名な永久債は，英国政府により1751年以降に発行されたコンソル債（Consols）です。政府には一定の期日以後は随時償還する権利がありますが，保有者には償還請求権がなく，政府が償還しようとしない限りコンソル債の満期はありません。

Step 3　永久債に1円投資した時の現在価値は，割引率が永久に一定であるという前提で，以下の算式で表されることが知られています。

$$永久債の現在価値 = \frac{永久債のクーポン・レート}{資金調達利回り}$$

劣 後 債　*Subordinated Bonds*

—般の債務よりも債務弁済順位が劣る社債。

Step 1　劣後債は劣後特約付社債の通称であり，劣後特約に定められた「劣後事由」（破産手続や会社更生手続の開始等）が発生した場合に債務弁済順位が一般の債務よりも劣後する債券です。劣後債は一定の条件を満たすことで，規制や格付上の資本として認められることもあります。投資家にとっては，普通社債との比較において弁済順位が劣るデメリットはありますが，一般的に普通社債と比べて利回りは高くなるため，リスク・リターンを高めた債券といえます。

Step 2　劣後債は事業会社や金融機関等によって発行され，発行条件はさまざまです。たとえば，大手商社によって発行された「劣後特約付社債（ハイブリッド社債)」は，弁済順序を「全債務に劣後し，普通株式に優先する」とし，調達額の50％を資本とすることを格付機関から認定されています。

また，2013年のバーゼルⅢ段階適用開始後に大手金融機関から発行された劣後債は，「無担保社債（実質破綻時免除特約および劣後特約付き)」のように，劣後特約のほかに「実質破綻時免除特約」という特約が付されています。この特約は，銀行の実質的な破綻時に損失の吸収（「元本削減」「普通株式への転換」）を求める契約条項です。金融機関はバーゼル規制で一定以上の自己資本比率を求められていますが，この特約を劣後債に付すことによって自己資本（＝普通株式等Tier1＋その他Tier1＋Tier2）へ算入することができます。原則，自己資本のTier2に算入されますが，普通株式等Tier1比率がトリガー発動基準（5.125％以上）を下回ると損失が吸収される「債務免除特約」が付された永久劣後債はその他Tier1に算入することができ，このような債券をAT1債（Additional Tier1債）といいます。

CB（転換社債型新株予約権付社債）
Convertible Bonds

決められた価格で株式と交換できる権利のついた社債。

Step 1　新株予約権付社債のうち，一定価格（転換価額）で，株式と社債を交換することができるものをCBといいます。投資家は社債として利息受取りが可能であると同時に，発行体の株価が転換価額以上に上昇した場合には株式に転換することで株式の値上り益も期待できる社債です。そのため，通常の社債より低い金利で発行されます。

Step 2　CBの株式転換による取得株式数と転換価額の関係は「取得株式数＝CB額面÷転換価額」となります。たとえば，CBの額面が100万円，転換価額が1,000円の場合，1,000株の株式に転換することができます。転換価額は，通常，CB発行時の株価より高い水準に設定されることが多く，CB発行時の株価を上回る率をアップ率と呼びます。

CBへの投資判断材料として，パリティ価格と乖離率を使用することがあります。CBの理論価格をパリティ価格といい，「パリティ価格＝株価÷転換価額×100」で計算されます。たとえば，株価が1,200円，転換価額が1,000円の場合，パリティ価格は120円となります。また，乖離率は一般に「乖離率＝（CB時価－パリティ価格）÷パリティ価格×100」で計算します。上記の例でCBの市場価格が110円の場合，乖離率＝（110－120）÷120×100＝－8.333…となります。この乖離率を時系列で確認することによって，そのCBの需給等を確認することができます。

5

債券・証券化商品

新株予約権付社債　*Warrant Bonds*

株式を一定の条件で取得する権利のついた社債。

Step 1　新株予約権付社債とは，株式を一定の条件で取得することができる新株予約権（ワラント）がついた社債のことであり，「新株予約権付社債」と「転換社債型新株予約権付社債」に分類されます。商品性の違いは，新株予約権を行使した時，新株予約権付社債は行使に伴う株式購入代金が必要であり，社債部分は残るのに対し，転換社債型新株予約権付社債は社債の額面金額が株式購入代金に充当されるため，新たな株式購入代金は不要であり，社債部分は消滅することです。

Step 2　2002年施行の商法改正によって，従来の「転換社債の転換権」「新株引受権」「ストック・オプション」の総称として「新株予約権」が導入されました。また，従来の「転換社債」および「非分離型ワラント債」は「新株予約権付社債」に統一されました。

　なお，「ストック・オプション」とは，株主以外の会社役員や従業員に対して新株予約権を与えて，一定期間内に権利行使することで株式を一定の価格で取得できる権利のことをいいます。

Step 3　新株予約権の分析に用いられる指標について紹介します。「付与率」とは，社債額面に対して購入できる新株の割合であり，付与率が大きいほど投資家にとって有利なことを表す指標です。「付与率＝新株の購入できる金額÷社債額面」で計算され，たとえば，社債額面が100万円で購入できる新株の金額が30万円の場合，付与率は30％となります。

　「ギアリング・レシオ」とは，株価が1株当りの新株予約権の価値の何倍に当たるかを示した指標であり，投資の効率性を計るために使用します。「ギアリング・レシオ＝株価÷新株予約権の価値」で計算されます。

MSCB *Moving Strike Convertible Bonds*

転換価額が株価水準によって修正される転換社債型新株予約権付社債。

Step 1 MSCB（転換価額修正条項付転換社債型新株予約権付社債）は，あらかじめ定められた条件で転換価額が修正される条項のついた転換社債型新株予約権付社債です。通常の転換社債では，発行時に決定された転換価額が変更されることは原則ありませんが，MSCBでは転換価額が修正されます。株価に応じて，転換価額を上方修正する条項や下方修正する条項などがあります。

Step 2 転換価額下方修正条項付きのMSCBを発行するメリットは，発行体が市場環境に応じて株式を発行できること，簡易的かつ機動的に発行できることです。通常の転換社債は株価が下落した場合に転換が進みにくいのに対し，転換価額下方修正条項付きのMSCBでは，株価下落時でも転換価額が下方修正されるため，株式への転換が進みやすい特徴があります。一方，転換される株式数は「額面総額÷転換価額」となるため，株価が下落すると発行株式総数が増加します。そのため，1株当りの価値が低下し，既存株主にとっては価値毀損となります。

また，投資家のメリットは，市場価格よりも有利な価格で株式を入手できることです。たとえば，転換価額は「過去5営業日の平均値の90％」などと決定されます。

Step 3 過去に，MSCBを引き受けた一部の投資家が，転換価額下方修正条項付きのMSCBの商品性を利用し，発行体の株式を空売りし，安くなった転換価額で買い戻して鞘抜きをしているとの指摘がありました。このような事情から，欧米ではDeath Spiral Convertible Bondsと呼ばれることもあります。

CoCo債 *Contingent Convertible Bonds*

発行体の自己資本比率がある一定水準を下回った際などに，株式に転換される，または元本が削減される社債。

Step 1　CoCo債（偶発転換社債）は，「発行体の自己資本比率があらかじめ定められた一定水準を下回ること」をトリガーとして，損失の吸収（「元本削減」または「普通株式への転換」）に充てられる条項が付された社債です。この性質により発行体は損失が発生した際にその影響を緩和することができ，自己資本の大きな毀損を回避することが期待できます。主に欧州の金融機関によって発行されています。

　投資家にとっては，元本削減や株式へ強制転換される可能性があるため，普通社債と比較して一般的に利回りは高くなり，リスクとリターンを高めた債券といえます。

Step 2　金融機関はバーゼル規制で一定以上の自己資本比率を求められていますが，CoCo債はバーゼルⅢにおける自己資本（＝普通株式等Tier1＋その他Tier1＋Tier2）に算入することができます。基本的には自己資本のTier2に算入されますが，トリガーが発動される基準が「普通株式等Tier1比率が一定水準（5.125％以上）を下回ること」や「償還期限がないこと」等の条件を満たすと，その他Tier1に算入することができ，かかる条件付きのCoCo債をAT1債と呼びます。

　2023年3月に経営危機に陥っていたクレディ・スイスをUBSが買収しました。この買収はスイス政府主導で行われ，スイス金融市場監督機構（FINMA）はクレディ・スイスが発行していたAT1債を無価値化することを決定しました。通常，AT1債保有者の弁済は株主に優先されますが，株式価値が残存するなかで同決定が行われたことで，株式とAT1債の弁済順位が逆転し，市場に動揺を与えました。一連のクレディ・スイスのAT1

債をめぐる問題では，投資家が当局やAT1債の販売会社等を提訴する訴訟
が各国で発生しています。

EB債（他社株転換社債） *Exchangeable Bonds*

償還方法が現金または第三者の発行する株式となる債券。

Step 1 EB債とは，償還方法が現金だけではなく，第三者の発行する株式となる可能性のある債券であり，その償還方法は対象株式の株価水準によって決定されます。一般的には，評価日における対象株式の株価水準が発行時にあらかじめ定めた転換価格を上回った場合には現金，下回った場合には対象株式で償還されます。株式で償還される場合，その時の株価によっては投資元本を下回るリスクがあります。

通常，「EB債」という場合には，転換権の保有者が発行体である社債を指すことが多いですが，転換権の保有者が社債権者である社債を特に「交換債」といいます。交換債は転換社債型新株予約権付社債と似ていますが，転換する株式が第三者の発行する株式である点が異なります。なお，EB債は欧米でReverse Convertible Bondとも呼ばれます。

Step 2 EB債は，投資家からみると，対象株式のプット・オプションの売りが組み込まれているといえます。転換価格を行使価格とみると，行使価格を上回った場合にはオプションの買い手は権利を行使しないため，投資家には通常の債券と同様に現金で償還されます。一方，行使価格を下回った場合にはオプションの買い手が権利を行使するため，投資家には株式で償還されます。

このように投資家は，対象株式のプット・オプションを売却することで株価変動による元本割れリスクを負うかわりに，通常の債券に比べて高いクーポンを得ています。

仕 組 債 *Structured Bonds*

デリバティブを組み込んだ債券。

Step 1　仕組債とは，スワップやオプションなどのデリバティブを組み込むことで通常の債券とは異なるキャッシュフローをもつ債券であり，投資家のニーズにあわせてクーポン・レート，償還金などを比較的自由に設定することができます。主な仕組債は図表1のとおりですが，仕組債の種類は多岐にわたり，ハイリスクなものもあります。一般的な仕組債のストラクチャーは図表2のとおりです。

図表1　主な仕組債	
コーラブル債	発行体が期限前償還の権利をもつ債券
プッタブル債	投資家が期限前償還の権利をもつ債券
デュアル・カレンシー債	償還と払込み・クーポンの通貨が異なる債券
リバース・デュアル・カレンシー債	払込み・償還とクーポンの通貨が異なる債券
PRDC債	リバース・デュアル・カレンシー債のクーポン・レートに工夫を凝らした債券
CMSリンク債	CMS（Constant Maturity Swap）に連動してクーポン・レートが変化する債券
スノーボール債	前回のクーポンを参照して，次回のクーポン・レートが決まる債券
レンジ・アクルーアル債	参照金利が一定範囲内に収まった日数に応じてクーポン・レートが決まる債券
クオント債	クーポン・レート算出用の指数の原資産通貨と元利金の通貨が異なる債券
指数連動債	株価やマルチアセット指数などの参照指数に連動してクーポンや償還金額が決まる債券
スーパーボール債	償還時の為替水準次第では実勢レート対比で有利な為替水準で元本が償還される債券

5

債券・証券化商品

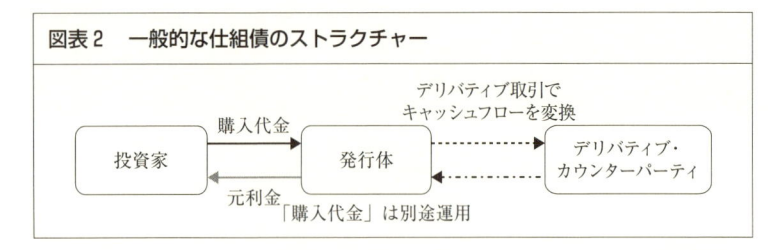

図表2　一般的な仕組債のストラクチャー

Step 2　昨今，複雑な仕組債（注）等を取り扱う日本証券業協会員の裾野の拡大，商品性や販売形態の多様化など，仕組債を取り巻く環境に大きな変化がみられています。そうしたなか，店頭デリバティブ取引に類する複雑な仕組債等の販売勧誘に関して投資者から寄せられる苦情件数の増加や問題点の指摘がなされていることを受けて，2023年に日本証券業協会は，投資家保護のさらなる充実を図る目的で，複雑な仕組債等の販売勧誘に際して関係するガイドラインの一部改定を実施しました。具体的には投資家がそのリスク・リターンを把握したうえで仕組債での運用に取り組めるように，日本証券業協会が定める投資勧誘規則において注意喚起文書の取扱いが変更されたほか，投資家宛ての勧誘開始基準や重要事項説明，合理的根拠適合性などに関するガイドラインの内容が見直されています。

（注）　日本証券業協会のホームページでは，複雑な仕組債について「債券の中で，利金の支払いや償還額の決定に当たり，店頭デリバティブ取引を用いる，又はそれと同等の効果を持つ方法により組成された仕組債。店頭デリバティブ取引に類する仕組債のこと」と定義されています。

リパッケージ債　*Repackaged Bonds*

有価証券等のキャッシュフローを組み替えて新しく組成される債券。

Step 1　すでに発行されている債券やローン等をSPV（Special Purpose Vehicle：特別目的事業体）が購入し，SPVがデリバティブ取引によりキャッシュフローを組み替えて，新たにSPVが発行した債券をリパッケージ債と呼びます。

　たとえば，SPVが裏付資産として日本国債を購入し，SPVが通貨スワップを取り組むことで円建て債券を外貨建て債券へと変換することができます。また，SPVが担保資産として日本国債を購入し，SPVがCDSのプロテクションをカウンターパーティに売却することでクレジットリンク債を組成することができます。このように投資家のニーズや選好するリスクにあわせたキャッシュフローをもつ債券を発行することが可能です。なお，SPVには，特定目的会社や信託等が利用されます。

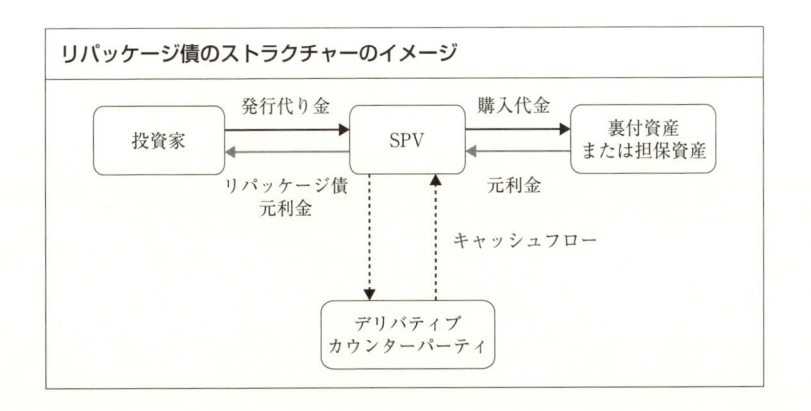

リパッケージ債のストラクチャーのイメージ

Step 2　リパッケージ債は，裏付資産や担保資産，デリバティブ取引のリスクだけでなく，デリバティブを取り組むカウンターパーティの信用リスクも保有します。カウンターパーティがデフォルトした際，デリバティブが中途解約されるリスクがあるためです。

コーラブル債　*Callable Bonds*

発行体が期限前償還の権利を保有する債券。

Step 1　コーラブル債とは，発行体が期限前償還の権利を有する債券のことです。投資家にとっては，債券の期間中に期限前償還のリスクを負うかわりに，相対的に利回りの高いクーポンを享受できる仕組みとなっています。コーラブル債は仕組債のなかでも，最も一般的な商品の1つです。

　期中一定のクーポンが支払われるスルーアウト・タイプや，クーポンが上昇していくステップアップ・タイプが一般的ですが，償還される期日が複数回のものも増加しており，バミューダ型コーラブル債やマルチ・コーラブル債と呼ばれています。図表1はステップアップ・コーラブル債の発行条件の例です。

図表1　ステップアップ・コーラブル債の例	
発行体：×××金融公社	形態：ユーロMTN
格付：AA	発行金額：10億円
発行日：20××年×月×日	発行価格：100円
期間：4年	償還日：20××年×月×日
利率：1年目　0.5%　　3年目　1.5%　　　2年目　1.0%　　4年目　2.0%	
コール権：1年目の利払日以降の各利払日に発行体が本債券を額面にて期限前償還する権利を有する。	

Step 2　コーラブル債が複雑な商品であるといわれる理由の1つに，バミューダ型コーラブル債，マルチ・コーラブル債の時価評価の困難さがあげられます。権利行使1回のオプションであれば，ブラック・モデルを用いて解析解を計算することができますが，権利

行使が複数回のオプションではシミュレーションによる難度の高い計算を行わなくてはならないからです。もちろん権利行使1回のコーラブル債も発行されていますが，権利行使複数回のオプションのほうがプレミアムは高く，その分投資家の受け取るクーポンも大きくなるため，投資家のニーズが強まります。

　コーラブル債のスキームを図表2に示します。コーラブル債の発行体は，固定金利調達を変動金利調達に変えるための金利スワップ（固定金利受取り，変動金利支払）（①）を取り組みます。また，期限前償還のヘッジのためにスワップションの売りポジション（②）を市場で構築し，発行体が得たスワップションのプレミアムを投資家へ支払うクーポンに上乗せします（③）。起債後，このスワップションが行使された場合，すでに取り組んでいる金利スワップと反対のキャッシュフローが発生し，発行体はコーラブル債を期限前償還することになります。

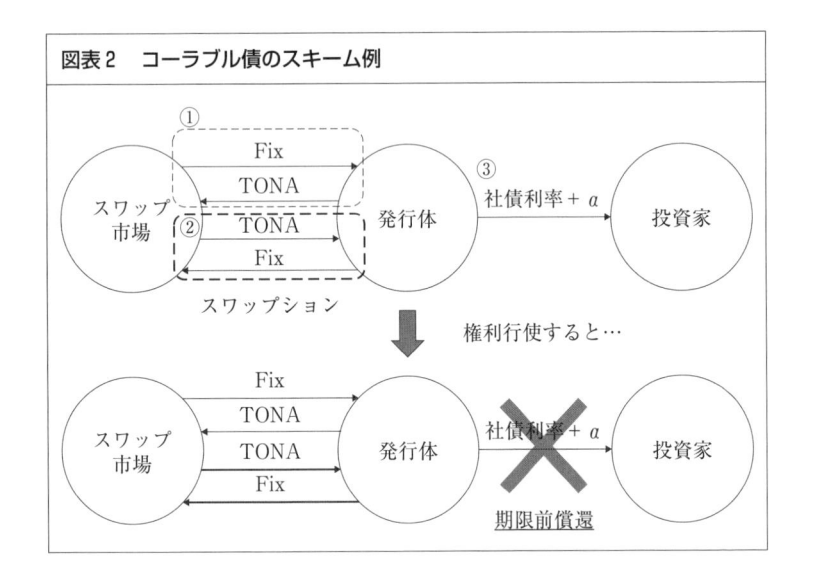

図表2　コーラブル債のスキーム例

プッタブル債　*Puttable Bonds*

投資家が期限前償還の権利を保有する債券。

Step 1　仕組債のなかで一般的なコーラブル債は発行体が期限前償還の権利を保有する債券ですが，プッタブル債は投資家が期限前償還の権利を保有する債券です。投資家が解約権をもつため，そのプレミアム分，クーポンは通常の債券に比べ利回りの低いものとなります。プッタブル債の名称は，売る権利を意味するプット・オプションに由来し，たとえば，市場金利が大幅に上昇したときにも，投資家は額面100円で売却することができます。

Step 2　プッタブル債投資のメリットは，投資家が期限前償還の権利を保有することです。仕組債に限らず，一般的に投資家は発行体が投資適格であることを前提としているため，発行体の信用力が弱まった場合，格下げが行われた場合等に期限前償還の権利を行使することができます。また，金利上昇時に期限前償還の権利を行使することができます。保有しているプッタブル債の利回りよりも，市場金利が高ければ，債券を償還し新たに債券を購入し直したほうが有利なので，通常，投資家は権利を行使します。

　プッタブル債投資のデメリットは，相対的なクーポンの低さです。長引く低金利の状況下，投資家はポートフォリオが受け入れられるリスクの範囲内で，少しでもリターンのよい商品を志向しています。しかし，プッタブル債に投資することによって，目先の利回りが低くなるため，投資家のニーズは大きくありません。投資家の利回り向上ニーズからデリバティブを内包した仕組債市場は拡大しましたが，プッタブル債の発行額は，コーラブル債と比較して，非常に小さいものになっています。

トリガー *Trigger*

あらかじめ指定された事項が執行されるための条件。

Step 1　　トリガーとは，あらかじめ指定された事項が執行されるための条件のことをいいます。あらかじめ指定された事項が執行される条件とは，たとえば，仕組債の場合は早期償還のきっかけとなるある特定の市場の値を，バリア・オプションの場合はオプションが発生または消滅する原資産価格を，クレジット・デフォルト・スワップの場合はプロテクションの売り手が買い手に損失相当額を支払うことになる参照先の信用事由を，それぞれ指します。

Step 2　　トリガーをもった仕組債の例としては，日経平均リンク債があります。日経平均リンク債は，日経平均株価を参照指標として償還金額や利率が変動するという性質をもった債券です。たとえば，日経平均株価がトリガーを下回った場合に元本割れで償還されるもの，日経平均株価がトリガーを上回った場合に利率が上がるものなどがあります。加えて，日経平均リンク債は早期償還条項を付されていることが多く，日経平均株価がトリガー以上となった場合に早期償還されるものがあります。

　このようにトリガーが設定された仕組債は，早期償還リスクや元本割れリスクなどがあるため，投資家からすると通常の債券と比較して高い利回りが得られるというメリットがありますが，一方で複雑な仕組みによって通常の債券と異なるリスクがあるため，商品設計をしっかり理解したうえで投資するかどうかを判断することが重要です。

TARN *Targeted Accrual Redemption Notes*

クーポンの累積が一定水準に達すると償還される仕組債。

Step 1 変動利付型仕組債において，実際に支払われたクーポンを累積し，あらかじめ定められた目標利率に到達した時点で償還が行われる特約が付された仕組債をTARNといいます。

たとえば，目標利率が 8 ％に設定されたTARNについて，年 1 回利払いで受け取ったクーポンのレートが初年度から順に 4 ％， 1 ％， 2 ％， 1 ％と変化したとします。このとき，受け取ったクーポンは 4 年目の利払時点で 8 ％となり，目標利率に達しますので償還となります。

Step 2 具体的な例としては，FX TARNがあります。FX TARNとは，クーポンの算式が為替レートを参照しており「○％×(「更新時の為替レート」−「約定時に決まる為替レート」)」のようなかたちをしたものです。

〈TARNの例〉

2007年○月○日発行
当初 2 年間：4.00％
3 年目以降： 1 ％×(更新時のUSD/JPY − 100) (上限 4 ％，下限 0 ％)
累積クーポンが15％に達した時に期限前償還

上記の例では，当初 2 年間は高いクーポンを受け取ることができますが， 3 年目以降，為替レートが 1 ドル＝100円より円高で推移した場合，クーポンは 0 ％となることに加え，期限前償還もないため満期まで保有することになります。FX TARNはリーマン・ショック前の販売が多く，当時は主にドル円や豪ドル円を原資産として満期まで30年程度あるような長期の発行が多くありました。

デュアル・カレンシー債　*Dual Currency Bonds*

払込みとクーポンの通貨が償還の通貨と異なる債券。

Step 1　デュアル・カレンシー債は，払込みとクーポンの通貨が償還（満期）の通貨と異なる債券で，二重通貨建て債とも呼ばれます。日本では，一般的に払込みとクーポンが円建て，償還（満期）が外貨建てのものが主流になっています。償還が外貨建てで行われるため，国内投資家は元本部分に為替変動リスクを負うことになります。また，デュアル・カレンシー債には，円償還条件がついたもの，期限前償還条件がついたものなどがあります。

Step 2　たとえば，「豪ドル円，デュアル・カレンシー債（期限前償還および円償還条件付き）」の発行条件は以下のようなイメージになります。

〈デュアル・カレンシー債の例〉

発 行 体：○○銀行	
格　　付：AA	
申込単位：100万円以上，100万円単位	
期　　間：1年	
発 行 日：20××年×月×日	
満 期 日：20××年×月×日	
売出価格：額面金額の100%	
年 利 率：2.0%（6カ月ごと支払，実日数／365計算）	
満期償還：日本円または豪ドルで償還	
当初為替レート：82.00円	
償還通貨判定為替レート：当初為替レート−12.00円	
償還通貨判定日：満期償還日の○営業日前	
償還為替レート：償還通貨判定日の○時における豪ドル円為替レート	

円償還条件：償還為替レートが償還通貨判定為替レート以上の円安豪ドル
　　　　　　高になること。
特　　　約：発行体の選択により，最短6カ月で額面金額の100％の円で期限
　　　　　　前償還される場合があります（期限前償還）。

　デュアル・カレンシー債は償還時に元本部分に為替変動リスクがあります。期限前償還の場合，元本が日本円で償還されるため，投資家は為替変動による元本割れリスクを負いません。

　次に満期償還されるケースについて考えます。満期時は，①償還為替レートが償還通貨判定為替レートより円安・豪ドル高の場合，②償還為替レートが償還通貨判定為替レートより円高・豪ドル安の場合で扱いが異なります。

　①の場合，額面金額の100％が円で償還され元本毀損はありません。しかし，最終的に豪ドル転を考えている投資家にとっては為替水準によっては次のような欠点と利点があります。償還為替レートが当初為替レートよりも円安・豪ドル高となった場合，申込み時の82.00円より高いレートで豪ドルを買わなければならないため，調達コストが上昇します。一方，償還為替レートが当初為替レートよりも円高・豪ドル安となった場合，申込み時の82.00円より低いレートで豪ドルを買うことができ，調達コストが減少します。

　②の場合，額面金額100万円につき，1,000,000円÷82.00円（当初為替レート）で算出される金額で豪ドル償還となります。豪ドル償還の場合，円換算で考えると償還金額は投資元本（100万円）を下回りますが，豪ドル換算でみると当初為替レートで調達したのと変わらない調達コストとなります。

5

債券・証券化商品

リバース・デュアル・カレンシー債
Reverse Dual Currency Bonds

払込みと償還の通貨がクーポンの通貨と異なる債券。

Step 1 リバース・デュアル・カレンシー債は，払込みと償還（満期）の通貨がクーポンの通貨と異なる債券で，逆二重通貨建て債と呼ばれます。元本部分（償還時）に為替変動リスクを負うデュアル・カレンシー債とは異なり，リバース・デュアル・カレンシー債はクーポン部分にリスクは限定されています。そのため，プレーンなデュアル・カレンシー債と比べると，一般的にクーポンは小さくなります。

また，デュアル・カレンシー債と同様に，リバース・デュアル・カレンシー債には期限前償還条項や早期償還条項がついたものなどがあります。利率を一段と高めるために工夫を加えたものは，パワー・リバース・デュアル・カレンシー債（PRDC債）と呼びます。

Step 2 たとえば，「豪ドル円，リバース・デュアル・カレンシー債（特約なし）」の発行条件は以下のようなイメージになります。

〈リバース・デュアル・カレンシー債の例〉

発　行　体	○○銀行
格　　　付	AA
申　込　単　位	100万円以上，100万円単位
発　行　日	20××年×月×日
満　期　日	20××年×月×日
期　　　間	10年
売　出　価　格	額面金額の100%
年　利　率	豪ドル2.0%（年1回受取り）
換　算　為　替	豪ドル1単位＝83.00円
外　貨　元　本	額面金額100万円／換算為替83.00円＝12,048豪ドル

> 利払い通貨：豪ドル
> 償還価格：100％円償還

　この債券は，クーポン部分に為替リスクがあります。受取り時の為替レートが，①換算レートと同じ場合，②円高に推移した場合，③円安に推移した場合の3パターンを考えると，クーポンは下記のようになります。

① 　クーポン受取り時為替レート：83.00円（換算為替レートと同じ）

　　12,048豪ドル×2.0％×83.00円＝20,000円

② 　クーポン受取り時為替レート：80.00円（換算為替レートより円高の場合）

　　12,048豪ドル×2.0％×80.00円＝19,277円

③ 　クーポン受取り時為替レート：85.00円（換算為替レートより円安の場合）

　　12,048豪ドル×2.0％×85.00円＝20,482円

　したがって，円換算で利息を計算すると，円高の場合は受取利息が減少し，円安の場合は受取利息が増加します。また，満期償還時は100％元本が日本円で償還されるため，為替リスクはありません。

PRDC債 *Power Reverse Dual Currency Bonds*

為替・金利のエキゾチック・デリバティブを内包した債券。

Step 1 PRDC債は，払込み・償還の通貨とクーポンの通貨が異なるリバース・デュアル・カレンシー債の利回りを一段と高めるためにクーポン部分に工夫を加えた債券です。1990年代後半からの円金利低下を受け，運用難に悩む国内投資家の運用ニーズにマッチしたことから市場が拡大しました。

Step 2 PRDC債は一般的にクーポン計算式が複雑で，超長期での発行，繰上償還の仕組みが組み込まれているなどの特徴があります。クーポン計算式の一例は次のようなものです。

$$クーポン = \max\left\{0\%, 14\% \times \frac{利払い時為替レート}{発行時為替レート} - 10\%\right\}$$

クーポン決定時点の為替レートが基準為替レートよりも円安になった場合，クーポンは上昇し，逆に円高の場合には低下します。クーポンがマイナスとならないようにフロアが設定されているのが一般的です。

PRDC債は，通貨間で金利差があるときに低金利国の通貨の先渡為替レートが高くなるというデリバティブ上の計算値を利用した仕組債です。

Step 3 当初は期限前償還条項が付加されていませんでしたが，より高いクーポンを求める投資家のニーズに応えるため，期限前償還条項がついたPRDC債が主流になりました。その後，期限前償還される時期のメドをつけやすくするため，受取クーポン総額に上限を設定するTARN型や為替レート水準にトリガー条項を付加したトリガー型などのPRDC債が開発されました。さらに償還時の為替水準によって元本が外貨償還する条件を付加することにより，一段と利回りを高めたものも開発され，現在，PRDC債の種類は多岐にわたります。

リバース・フローター債　*Reverse Floater Bonds*

クーポンが市場金利と反対方向に連動する債券。

Step 1　リバース・フローター債とは，クーポンの計算式が「固定金利○％－変動金利インデックス」となるような債券で，変動金利インデックスとなる市場金利が上昇するとクーポンが減少し，逆に低下するとクーポンが増加する特徴をもちます。インバース・フローター債と呼ばれる場合もあります。クーポンがマイナスとならないように下限金利が設定されることが一般的です。発行から一定期間は固定クーポンで，その後，リバース・フローターのクーポン計算式となるように設計されたものや，コーラブル条件のついたものなどがあります。

　短期金利の低下を予想する投資家や短期金利運用を行っている投資家にとっては，金利低下リスクをヘッジする効果が見込めます。過去には金利低下局面で発行される傾向がありました。

Step 2　リバース・フローター債のクーポンは，債券額面の2倍の想定元本で金利交換を行うことにより合成できます。

　発行体は投資家からTIBOR＋0.5％で資金調達ができるとします。リバース・フローター債は，これに調達資金の2倍の金利スワップを加えたものと経済的に同じです。次頁の図の2倍になっている固定化スワップのレートは，発行時点における債券の満期と同一年限の金利水準となるので，組成時には10年債なら10年金利が大きければクーポン式の定数部分も大きくなります。発行後，クーポンは短期金利水準の変動の影響を受けることになります。

リバース・フローター債の組成方法

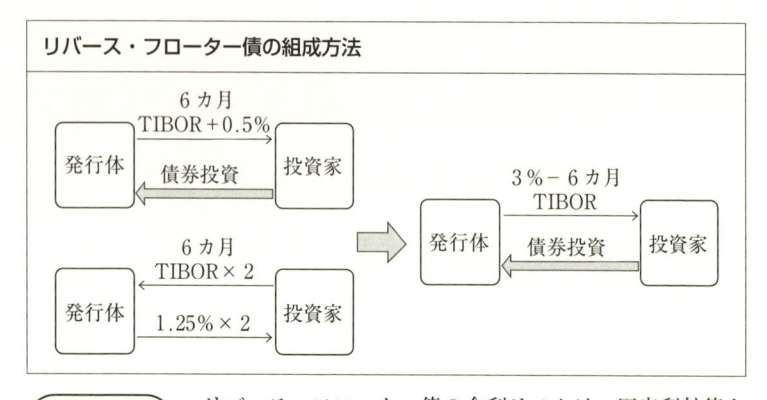

Step 3 リバース・フローター債の金利リスクは，固定利付債よりも大きくなります。金利が上昇するとディスカウント・ファクターが小さくなり時価が減少するという一般的な債券の性質に加え，リバース・フローター債ではクーポンも減少します。上図で示したとおり，リバース・フローター債を分解すると，変動利付債の買いポジションと債券額面の2倍の想定元本の固定化スワップとなります。金利リスクはこの固定化スワップの分だけ増加することになります。

CMSリンク債（CMS連動債）　*CMS-linked Bonds*

CMS（Constant Maturity Swap）に連動してクーポン利率が変化する債券。

Step 1　CMSリンク債（CMS連動債）とは，CMS（Constant Maturity Swap）に連動してクーポン利率が変化する債券です。CMSとは，満期が一定のスワップレートを変動金利として参照する金利スワップのことであり，受けか払いのいずれかに長期のスワップレートが用いられます。

[CMSフローター債]

　クーポンが一定年限のスワップレートに基づいた計算式により決定される変動利付債です。クーポンの計算式は「○×20年スワップ金利％」「○×20年スワップ金利％ − TONA（複利）+ α」などと表され，クーポンにフロア（下限），キャップ（上限）が設定される場合があります（図表1）。

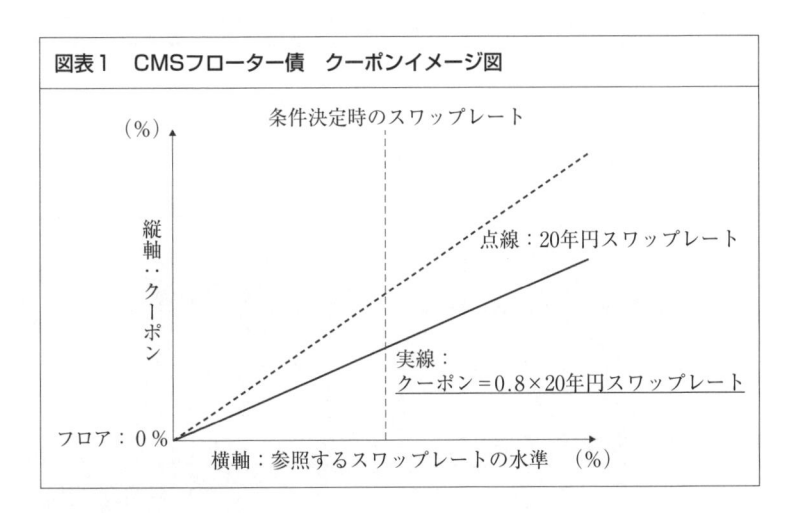

図表1　CMSフローター債　クーポンイメージ図

条件決定時のスワップレート

（％）

縦軸：クーポン

点線：20年円スワップレート

実線：
クーポン＝0.8×20年円スワップレート

フロア：0％

横軸：参照するスワップレートの水準　（％）

［CMSスプレッド債］

2つの異なる年限のコンスタント・マチュリティ・スワップ（CMS）から組成され，クーポンの計算式が「20年スワップ金利−2年スワップ金利＋固定金利○％」などとなるような債券です。長短金利差が広がるほどクーポンが増加し，縮まるほどクーポンが減少する特徴をもちます（図表2）。実際に発行されているCMSスプレッド債には，コーラブルなどの期限前償還の条件がついたものも多くあります。

このスキームは，特に短期金利低下または長期金利上昇によるイールドカーブのスティープニングを予想する投資家に妙味がある商品といえます。

Step 2 CMSリンク債のリスクを考える際は，金利水準全体の変化の影響をとらえる金利デルタや修正デュレーションだけでなく，各年限の金利に対する感応度も考慮する必要があります。固定利付債などと同様に満期までの年限の金利の影響が大きくなるほか，クーポンの参照に用いる年限の金利の影響も大きくなると考えられます。

特にCMSスプレッド債の評価は，通常，解析的に計算することがむずかしいため，金利期間構造モデルを用いてモンテカルロ・シミュレーションによって評価します。各年限の金利間の相関を考慮することで，精緻な評価が可能となる一方で，モンテカルロ・シミュレーションによる計算負荷の大きさがリスク管理をむずかしくする要因の1つになっています。

図表2　イールドカーブのスティープニングによるCMSスプレッド債のクーポンの変化

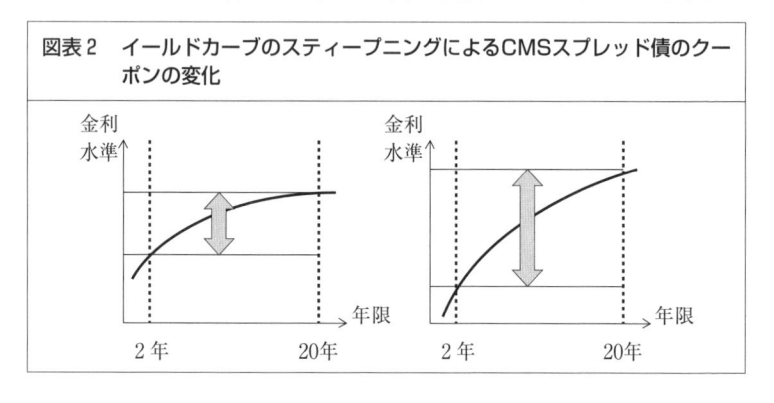

スノーボール債　*Snowball Bonds*

前回のクーポンを参照してクーポンが決定する債券。

Step 1　スノーボール債とは，前回のクーポンを参照するクーポン算式をもつ債券です。前回のクーポンが高ければ雪だるま式に利息が大きくなっていくことからこのように呼ばれています。一般的には変動金利を参照しており，「前回のクーポン±A×6カ月TIBOR±B%」といったクーポン算式となります。下限金利や上限金利が設定されている場合もあります。

　クーポン算式にスノーボールの特徴をもち，期限前償還条項としてTARN条項（取引期間中に受け取ったクーポンの累計額が設定した額に達すると期限前償還されるという条件）のついた債券をスノーブレード債といいます。

Step 2　スノーボール債において，リバース・フローターの特徴をクーポン算式に採用している場合，クーポンは以下の算式のようになります。

$$クーポン_t = クーポン_{t-1} - 6MT_t + B\%$$
$$= クーポン_{t-2} - 6MT_{t-1} + B\% - 6MT_t + B\%$$
$$= クーポン_{t-3} - 6MT_{t-2} + B\% - 6MT_{t-1} + B\% - 6MT_t + B\%$$
$$……$$

　スノーボール債は，「今後，金利水準の大きな変化はない」「金利水準は低下傾向にある」「フォワード・レートが内包するほどの金利上昇はないだろう」と予想する投資家にとって，妙味がある商品といえます。前回の変動金利の水準が低ければ低いほど前回のクーポンは高くなっているので，それを参照するということは，金利の低下方向へレバレッジをかけた状態であるといえます。

レンジ・アクルーアル債　*Range Accrual Bonds*

参照金利が一定の範囲内に収まった日数に応じてクーポンが決まる債券。

Step 1 　観測期間中に変動金利等の参照金利がある一定の範囲内に収まった日数に応じて，クーポンが決まる債券です。観測期間中に参照金利が一定の範囲に収まらなかった場合は，クーポンはゼロになります。クーポンの計算式例は，固定金利ベースのものだと，「A％×（参照金利が範囲内に収まった日数／利息計算期間）」，6カ月TIBORベースのものだと，「（6カ月TIBOR＋B％）×（参照金利が範囲内に収まった日数／利息計算期間）」となります。ほかにも，CMSや2つの指標のスプレッドを参照する等のバリエーションもあります。また，期限前償還条項が同時についている債券も多くあります。

Step 2 　金利が一定の範囲内に収まれば高いクーポンが得られるため，「今後，短期金利水準の大きな変化はない」と予想する投資家に妙味がある商品といえます。

　レンジ・アクルーアル債のクーポンの計算のためには，日々の金利を観察し範囲内にあるか否かを判定しなければなりません。将来のクーポンの予測をモンテカルロ・シミュレーションで行うためには，参照する時点の数だけのステップ数のパスを使う必要があるので，たとえば，10年債の計算には，1年を250営業日と仮定した場合，10年×250営業日ものステップ数が必要となり，計算負荷が膨大なものになってしまいます。そこで，金利観察頻度を週次にするなど，簡便的な計算でシステム負荷を軽減する方法も考えられます。

クオント債　*Quanto Bonds*

参照する原資産と，元本・クーポンの通貨が異なる債券。

Step 1　クオント債とは，参照する原資産と元本・クーポンの通貨が異なる債券であり，その組成にあたってはデリバティブを利用します。たとえば，円クーポンが米国の株式指数に連動して決定されるものなどがあります。

〈クオント債の例〉

元　　本：1億円 クーポン：1％×S&P500指数/3,000＋0.02％

上記の例の場合，S&P500指数が2,700の時，1％×2,700/3,000＋0.02％＝0.92％の円クーポンが投資家に支払われることになります。株式指数自体は米ドルベースのものですが，特に為替レートを用いて円転せず，指標が円建てである場合と同様に取り扱うのが特徴です。

Step 2　クオント債を評価する場合，原資産とキャッシュフローが異なる通貨で変動するようなモデルを用いなければなりません。すなわち，異なる通貨間の相関係数を考慮する必要があるだけではなく，異なる通貨間で無裁定理論を満たしておく必要があり，クーポンにクオント調整と呼ばれる調整を行います。また，商品性にもよりますが，相関のある正規乱数を用いるモンテカルロ・シミュレーションなどの高度な数値計算法を利用しなければならない場合があります。

指数連動債　*Index-linked Bonds*

株価やマルチアセット指数などの参照指数に連動してクーポンや償還金額などが決まる債券。

Step 1　仕組債のなかで，株価やマルチアセット指数などの参照指数に連動してクーポンや償還金額が決まる債券を指数連動債といい，代表例としてはEB債や日経平均リンク債等の株価指数連動債，マルチアセット指数連動債などがあります。

海外では，Index-linked Bondsと称した場合，CPI（消費者物価指数）等の特定の物価指数に連動してクーポンが決まる物価連動債（Inflation-linked Bonds）のことを指すケースもみられます。

また，最近ではマルチアセット指数連動債の発行量も増加しています。マルチアセット指数とは主に国内外の株式，債券，商品等に連動する複数の指数を組み合わせたものであり，金融機関ごとに異なる戦略が採用されています。

マルチアセット指数連動債は，その運用判断や運用手法の違いによって，あらかじめ定められたルールやモデルに従って投資判断を行う「ルールベース型」，経済環境や市場環境に対する運用者の見通しに基づき投資判断を行う「ジャッジメンタル型」，目標ボラティリティ等を掲げ，リスクを一定の範囲内に抑制することを重視する「ボラティリティ型」，市場動向等の予想に基づきリターンの向上を重視する「トレンド型」等に分類されます。金融機関ごとに資産の配分割合が異なるほか，ロングポジションだけでなくショートポジションを組み合わせたものなども存在します。戦略の一例として，ポートフォリオの投資対象とする各資産のリスク量が均等となるように資産の配分比率を決定する戦略は，リスク・パリティ戦略などと呼ばれます。

スーパーボール債（為替ジャンプアップ債）

償還判定時の為替水準次第で，実勢レートよりも有利な為替水準で元本が償還される債券。

Step 1　スーパーボール債は，一般的な利付債と比較して期中の利率を低く設定するかわりに，償還判定時の為替水準次第で，実勢レートよりも有利な為替水準で元本が償還される債券であり，一般的に，その参照する為替レートの外貨建てで発行されることが多いものです。その一方で，償還判定時の為替水準が所定の条件を下回れば，外貨で投資元本が満期償還されます。また別途，早期償還判定用の為替水準を設定し，償還判定実施前に一度でもその水準を上回った場合に，早期償還となる条項をつけるケースもみられます。投資家視点では，すぐに円転する必要はないものの，不利な持ち値で手持ちの外貨を保有する投資家が償還差益を目的に取り組むケースが多くみられます。

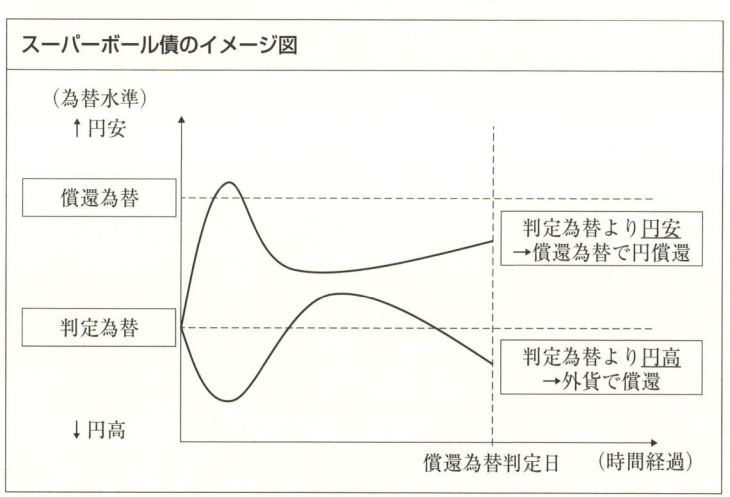

スーパーボール債のイメージ図

（為替水準）
↑円安

償還為替

判定為替より円安
→償還為替で円償還

判定為替

判定為替より円高
→外貨で償還

↓円高

償還為替判定日　　（時間経過）

CDSスキュー債　*Credit Skew Notes*

CDSインデックス売りとCDSインデックスを構成する全銘柄の個別買いの価格差に着目した裁定取引を活用する債券。

Step 1　　CDSスキュー債は，CDS市場におけるスキューに着目した債券です。CDSの市場では，各企業を参照した個別のCDSとCDSのうち流動性の高い銘柄を複数組み合わせたインデックス（iTraxx等）が取引されています。理論上のインデックスの市場価格は構成CDS銘柄の合計（理論値）に一致するはずですが，実際の市場では両者に乖離がみられており，その乖離のことを「スキュー」と呼びます。

　スキューは市場の流動性が低下した状況で発生しやすく，構成CDS銘柄の合計スプレッドがインデックスのスプレッドを上回るかたちで発生します。

　スキューの裁定取引は，一般的には，CDSインデックスのプロテクションの買いポジションと，同じ構成CDS銘柄の売りポジションを，同じサイズずつ構築することで行われます。個別ネームのクレジット・イベントは完全に相殺されるため，信用リスクの影響を受けない裁定取引となります。

　なお，一般的にスキュー指数と呼ぶ場合には，米シカゴ・オプション取引所（CBOE）が算出する市場のゆがみ（skew＝スキュー）を数値化した指数を指します。これはS&P500指数を対象とするオプション取引における，コール（買う権利）に対するプット（売る権利）の需要の強さを表し，オプション市場で将来の大きな価格変動に備える取引が増えると，上昇する傾向にあります。

証券化商品　*Securitized Products*

キャッシュフロー等を生み出す資産を裏付けとして発行される有価証券。

Step 1　資産の保有者（オリジネーター）が対象資産をSPV（Special Purpose Vehicle）に譲渡し，その資産を裏付けとしてSPVが発行した有価証券を証券化商品といいます。証券化商品の具体的な例としては，資産担保証券（ABS），モーゲージ証券（MBS），ローン担保証券（CLO），不動産投資信託（REIT）などがあります。

　SPVを介する最大の理由はオリジネーターとの倒産隔離を果たすことです。一般的には，資産流動化法上の特定目的会社，合同会社，信託などをSPVとして活用したスキームがあります。採用するスキームにより発行される有価証券は異なり，債券，CP，信託受益権などがあります。

証券化商品の組成

Step 2　オリジネーターからみると，オリジネーターの信用力に関係なく資金調達が可能となるため，調達コストを抑えることができるというメリットがあります。これに加え，投資口を小口に分けることで高額な原資産の売却が容易になる，原資産のリスクを投資家に移転できる，原資産のオフバランス化によりバランスシートを圧縮できる，といったメリットがあります。

　また，投資家からみると，証券化商品は伝統資産と異なるリスク・リターン特性を有する投資対象です。弁済順位をもとに優先劣後構造が設定

5

債券・証券化商品

されることがあり，優先部分がシニア，劣後部分がジュニア，両者の中間がメザニンと呼ばれます。シニアに近づくほどローリスク・ローリターン，ジュニアに近づくほどハイリスク・ハイリターンとなります。

不動産投資信託（REIT）
Real Estate Investment Trust

投資家から集めた資金で不動産への投資を行い，そこから得られる賃貸料収入や不動産売買益を原資に投資家に配当する金融商品。

Step 1 　REITはReal Estate Investment Trustの略称で，不動産投資信託や不動産投資法人と呼ばれます。不動産投資信託（REIT）は投資者から集めた資金で不動産への投資を行い，そこから得られる賃貸料収入や不動産売買益を原資に投資家に配当する金融商品であり，代表的な証券化商品の１つです。取引所に上場されている不動産投資信託（REIT）は，上場株式などと同様に取引所での売買が可能となるため，比較的流動性が高い商品といえます。

　また，不動産への直接投資と比較すると，少額での投資が可能であることや複数物件への分散投資が容易であること，換金性の高さ等の優位性があります。

　日本では2000年の投信法改正により，投資信託の運用対象として新たに不動産等が加えられたことで，J-REITの組成が可能となりました。2024年３月時点では58銘柄が上場しており，東京証券取引所に上場しているJ-REITの時価総額は約15兆円にものぼります。また，REITを対象とする代表的な指数の例として，東京証券取引所に上場しているJ-REIT全銘柄を対象とした時価総額加重平均の指数である東証REIT指数があります。

　2010年に日本銀行は金融緩和政策の一環としてREITとETFの購入を開始しました。2013年の異次元緩和以降，日銀によるREITの購入額が増加したことで，市場に大きな影響を与えることになりました。その後，日銀が正常化を進めるなかで買入額は減少，2024年３月の決定会合にてREITとETFの新規購入を終了することが決定されました。今後，日銀が保有するREITの売却等，出口戦略が議論されていくことになります。

5

債券・証券化商品

資産担保証券（ABS） *Asset Backed Securities*

金銭債権等を裏付けとして発行される証券。

Step 1　　資産担保証券（ABS）は，企業が保有する資産の信用力やキャッシュフローを裏付けとして発行される証券です。広義では，住宅ローンや商業用不動産向けローンを裏付けとして発行されたMBS（Mortgage Backed Securities），国や企業に対する貸付債権や公社債を裏付けとして発行されたCDO（Collateralized Debt Obligations）などをABSに含めます。一方，狭義では，MBSやCDOを除いて，消費者ローン債権，オートローン債権といった主にノンバンクが保有する金銭債権等を裏付けとして発行される証券化商品を指します。

　ABSはSPV（Special Purpose Vehicle）を用いて発行されます。証券化対象の資産の保有者（オリジネーター）は，資産をSPV等に譲渡し，その資産から発生するキャッシュフローを裏付けとしてABS等の証券化商品が発行され，投資家が購入する仕組みです。

Step 2　　日本では，1993年6月に施行された「特定債権等に係る事業の規制に関する法律」によりリース債権・クレジット債権の流動化が開始されました。その後，1996年4月に同法が改正され，ABSの発行が解禁となり，同法が廃止された現在でも資金調達手段の1つとして活用されています。

モーゲージ証券（MBS）
Mortgage Backed Securities

不動産を担保とする貸付債権を裏付けとして発行される証券。

Step 1 モーゲージ証券は，資産担保証券（ABS）の一種であり，住宅ローンなどの不動産を担保とする貸付債権（モーゲージ）を裏付資産として発行された証券です。その裏付資産が住宅ローンの場合にはRMBS（Residential Mortgage Backed Securities）と，商業用不動産向けローンの場合にはCMBS（Commercial Mortgage Backed Securities）と，それぞれ呼ばれます。

MBSの主な形態には，パススルー証券とCMO（Collateralized Mortgage Obligations）があります。多数の住宅ローン等の裏付資産をプールし，それらの裏付資産から生じる元利金のキャッシュフローを証券の保有者がそのまま受け取るものをパススルー証券といい，プールした裏付資産の信用リスクや償還期限によってキャッシュフローを複数に分割したものをCMOといいます。

また，MBSは，政府または政府関連機関がその元利金支払を保証しているエージェンシーMBSとそれ以外のノンエージェンシーMBSに大別されます。モーゲージ市場が発達している米国では，エージェンシーMBSが発行の大半を占め，ジニーメイ（連邦政府抵当金庫），ファニーメイ（連邦住宅抵当公庫），フレディマック（連邦住宅金融抵当公庫）などが主な発行体となります。日本におけるMBSの主な発行体としては，住宅金融支援機構があげられます。

Step 2 MBS投資における特徴的なリスクは，裏付資産である住宅ローン等に借換え等が生じてMBSのキャッシュフローが変化することです。一般的に金利低下（上昇）局面では住宅ローンの借換えに伴う期限前償還が増加（減少）し，MBSのデュレーションも

5

債券・証券化商品

短期化（長期化）する傾向があります。MBSを評価する際には，期限前償還がどの程度発生するかをプリペイメント・モデルによって設定します。代表的なプリペイメント・モデルには，PSAモデルやPSJモデルがあります。

不動産抵当証券担保債券（CMO）
Collateralized Mortgage Obligations

複数のモーゲージのキャッシュフローを組み替えて発行される債券。

Step 1 不動産抵当証券担保債券（CMO）は，複数のモーゲージをプールしたもの（ローンプール）を裏付けとして発行される債券であり，モーゲージの期限前償還のリスクを軽減するために開発されました。CMOの特徴的な点は，ローンプールから発生するキャッシュフロー（元利金）の配分方法について，異なる優先順位をつけたクラス（トランシェ）を設定して発行されることです。一般に上位トランシェほど，デフォルト・リスクが低く，キャッシュフローや平均年限が安定しており，利回りは低くなる傾向があります。

Step 2 CMOはキャッシュフローの配分方法により複数のタイプに分類されます。代表的なものはSequential（シークエンシャル）とPAC（Planned Amortization Class）/Supportです。

シークエンシャルは，利息収入は各トランシェに同時に配分される一方，期限前償還を含む元本償還は，第1のトランシェから優先的に配分され，その後，第2のトランシェへと順番に配分されます。なお，シークエンシャルは「順次に」という意味です。

PAC/Supportは，PACトランシェとSupportトランシェに分けて発行されます。PACトランシェの投資家はスケジュールどおりに元利金を受けることができる一方，ローンプールで生じたキャッシュフローの変動はSupportトランシェの投資家が全面的に負担します。ただし，非常に速いペースで期限前償還が起きた場合などは，Supportトランシェだけではキャッシュフローの変動を吸収できないため，PACトランシェもキャッシュフロー変動リスクにさらされることになります。

債務担保証券（CDO）
Collateralized Debt Obligations

貸付債権や公社債を裏付けとして発行される証券。

Step 1　債務担保証券（CDO）は，国や企業向けのローンや公社債などを裏付けとして発行される証券であり，資産担保証券（ABS）の一種です。ローンや公社債だけではなく，RMBS等の資産担保証券を裏付資産とすることもあります。また，特に裏付けとなる資産がローンのみで構成される場合はローン担保証券（CLO：Collateralized Loan Obligations）と，公社債のみで構成される場合は社債担保証券（CBO：Collateralized Bond Obligations）と，それぞれ呼ばれています。CDOのなかで弁済順位が異なる数種類の債券が組成され，支払優先順位が高く高格付のものをシニア債，中間のものをメザニン債，低格付のものをジュニア債といいます。

　特にCLOについては，2007年に低格付の個人向け住宅ローンであるサブプライム住宅ローン危機が発生した後に一時的に発行金額が落ち込みましたが，近年では投資適格未満の信用力が低い企業に対するバンクローン債権を裏付資産とするかたちで，再び市場規模が拡大しています。

Step 2　CDSなどのクレジット・デリバティブを用いて，SPVがローンや公社債を保有しているのと同等の効果を得て発行したCDOをシンセティックCDOといいます。シンセティックCDOではローンそのものはSPVへ移転せず，クレジット・デリバティブを用いてその資産の信用リスクとリターンのみを擬似的にSPVへ移転します。発行体からすると，ローンの借り手の同意や承認を得るなどの手続が不要となるメリットがあります。また，CDSのプレミアムは同一年限・格付の社債より利回りが高くなる場合が多く，低金利環境下では魅力的な投資対象となります。ただし，CDSの流動性が乏しい点には注意が必要です。

レポ取引 *Repurchase Agreements*

債券や株式等を貸借する取引。

Step 1 レポ取引とは，債券や株式等を担保として差し入れ，資金を調達する取引のことを指します。米国では，債券を売却し一定の期日後に利子を上乗せした金額で買い戻すことをRepurchase Agreementといいますが，通常，その略称でレポと呼ばれています。日本では，債券等を担保として差し入れるスキームも，同様の経済効果が得られるため，レポと呼ばれるようになりました。

日本における代表的なレポ取引は債券レポ取引であり，SC（Special Collateral）レポ取引とGC（General Collateral）レポ取引があります。SCレポ取引は，債券の銘柄を指定したレポ取引です。債券は発行額が限られているため，投資家の需要が特定の銘柄に集中した際に，債券を投資家に販売している証券会社がその銘柄を調達するために主に使用します。他方で，GCレポ取引は，債券の銘柄を指定しないレポ取引です。

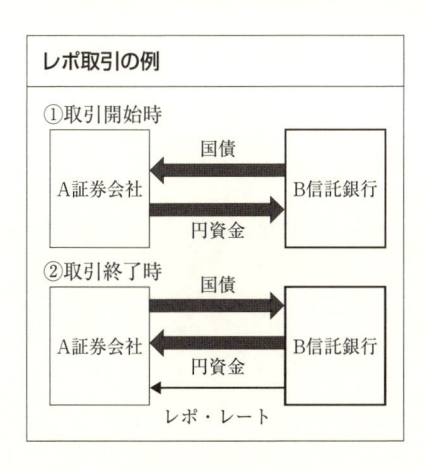

レポ取引の例

①取引開始時
A証券会社 ←国債→ B信託銀行
A証券会社 ←円資金→ B信託銀行

②取引終了時
A証券会社 ←国債→ B信託銀行
A証券会社 ←円資金→ B信託銀行
レポ・レート

5
債券・証券化商品

Step 2 レポ取引は重要な資金調達手段であるため，2007年から
レポ取引のレートを集計した「東京レポ・レート」が公
表されています。この指標を原資産としたデリバティブとして，東京金融
取引所に「GC レポスポット・ネクスト金利先物」が上場されていました
が，2012年に上場廃止となっています。

クレジット

クレジット・デリバティブ　*Credit Derivatives*

国や企業などの信用リスクを原資産とする金融派生商品の総称。

Step 1　クレジット・デリバティブとは信用リスクを原資産とするデリバティブの総称です。信用リスクとは取引相手が債務不履行となるリスクのことです。たとえば，契約当事者の破綻などの事由により，契約どおりの利息や元本の支払が行われなかった場合，もう片方の契約の当事者は損失を被ることになります。クレジット・デリバティブを利用することにより，このような信用リスクをヘッジすることができます。

代表的なクレジット・デリバティブとしてはクレジット・デフォルト・スワップ（CDS）があり，クレジット・イベントが発生した際の損失をヘッジすることが可能です。

信用リスクが内包される金融商品としては，銀行貸出や社債やTIBORなどがあります。それらには信用リスク以外にも流動性リスクや市場リスクも内包されていますが，他の取引と組み合わせて信用リスク部分をスプレッドとして抽出することができます。前述の金融商品であれば，銀行貸出は流動性・金利リスク部分を排除した貸出スプレッドとして，社債はリスクフリーレート（RFR）である国債利回り比の対国債スプレッドとして，TIBORはRFRであるOISレート比のTIBOR-OISとして，それぞれ信用リスク部分を抽出するのが一般的です。

Step 2　1990年代後半から2000年代初頭にかけて，クレジット・デフォルト・スワップ（CDS）を基礎としてさまざまな形態のクレジット・デリバティブが開発されました。また，さまざまなクレジット・デリバティブを組み込んだ債券担保証券（CDO）やクレジット・リンク・ノート（CLN）などの商品も多数発行されました。しかし，

2008年のリーマン・ブラザーズの破綻時にこれらの複雑なクレジット・デリバティブが想定を超える価格下落を起こしたことで，連鎖的な倒産の一因となりました。

クレジット・イベント *Credit Event*

破産などの信用力の著しい悪化を表す出来事。信用事由。

Step 1 銀行が融資を行った企業が，融資を返済する前に破産した場合，銀行は元本と利息の一部または全部を失う可能性があります。このように，債務者（参照体）の信用力が著しく悪化することで債務の履行に支障が生じて，債権の価値が著しく損なわれるような出来事をクレジット・イベント（信用事由）と呼びます。

クレジット・デリバティブの登場により，為替リスクや金利リスクと同様に，信用リスクを売買することが可能となりました。クレジット・デリバティブを取引する際には，資金決済のトリガーとなるクレジット・イベントをあらかじめ契約書にて明示しておくのが一般的です。

Step 2 クレジット・デリバティブにおいては，どのようなクレジット・イベントの発生をトリガーとするか，取引当事者間で明確に取り決めておく必要があります。ISDA（International Swaps and Derivatives Association, Inc.）では，クレジット・デフォルト・スワップに関する専門用語の標準化を進めており，何度か改訂を重ねながら，契約書に記載するクレジット・イベントの定型化が進められています。現在，ISDAではクレジット・イベントとして以下の事由が定義されています。これらの組合せにより契約上のクレジット・イベントを定義します。

① バンクラプシー（Bankruptcy）

参照体が破産した場合を指します。破産の定義については各国の倒産法（破産法，会社更生法など）の内容が適用されます。

② 支払不履行（Failure to Pay）

参照体の債務について元利金を支払わなかった場合を指します。ただ

し，適用には猶予期間がありますので，不払いが発生したからといっ
て，直ちにクレジット・イベントとして認定されるわけではありませ
ん。

③ リストラクチャリング（Restructuring）

債務の条件が変更される場合を指します。具体的には，参照体の債務
について，(i)支払金利もしくは支払利息または経過利子の金利減免が行
われた場合，(ii)満期もしくは予定償還期日に支払われるべき元本額また
はプレミアムの削減が行われた場合，(iii)(A)利息の支払日もしくは発生日
または(B)元本もしくはプレミアムの支払期日のいずれかに関する延期も
しくは繰延べが行われた場合，(iv)いずれかの債務について支払優先順位
の変更を行い，その結果，当該債務がその他の債務に対し劣後性を有す
ることになった場合，(v)利息もしくは元本の支払の通貨，構成が許容通
貨以外の通貨に変更された場合を指します。

④ 履行拒絶／支払猶予（Repudiation/Moratorium）

参照体が債務の履行を拒絶，または当該債務の有効性について異議を
申し立てた場合（履行拒絶），債務の支払に関する猶予期間を宣言もし
くは設定した場合（支払猶予）を指します。

⑤ オブリゲーション・デフォルト（Obligation Default）

支払不履行以外の債務不履行，期限の利益喪失事由，またはその他の
事由が発生し，当該債務の本来の支払期日の前に支払期限の到来の宣言
を行うことが可能となった場合を指します。

⑥ オブリゲーション・アクセレレーション（Obligation Acceleration）

支払不履行以外の債務不履行，期限の利益喪失事由，またはその他の
事由が発生し，当該債務の本来の支払期日の前に支払期限が到来した場
合を指します。

⑦ ガバメンタル・インターベンション（Governmental Intervention）

2014年のISDAクレジット・デリバティブ定義集の改訂により追加さ
れたクレジット・イベントであり，政府によって参照体の債券等の債務

6

クレジット

条項が強制的に修正されることを指します。たとえば，債務元本を株式に転換することにより，参照体内部の破綻時の負担率を上昇させる（ベイルイン：Bail-in）等の手法がとられます。

クレジット・リンク・ノート　*Credit Linked Notes*

発行体以外の信用リスクが内包された社債。

Step 1　クレジット・リンク・ノートは高格付債券に，その発行体以外の信用リスクを追加することで利回りを高めた商品です。この商品はSPC（特定目的会社）を使って組成され，投資家はそのSPCが発行するクレジット・リンク・ノートを購入します。

SPCは商品組成のために2つの取引を行います。1つ目は高格付債券の購入であり，投資家へのクレジット・リンク・ノート発行で得た資金により購入します。2つ目はCDSの締結（プロテクション売却）であり，これによりSPCはCDSのクレジット・イベントが発生しない限り定期的にクーポンを得ることができます。この場合，高格付債券の発行体とは別の組織を参照したCDSを利用します。クレジット・リンク・ノートは満期時に元本が償還され，CDSの参照組織のクレジット・イベント発生時にはCDSでの損失額を差し引いた額が償還されます。

クレジット・リンク・ノートは，複数の信用リスクを内包しているため，通常の債券より高リスクですが，高い利回りが得られます。

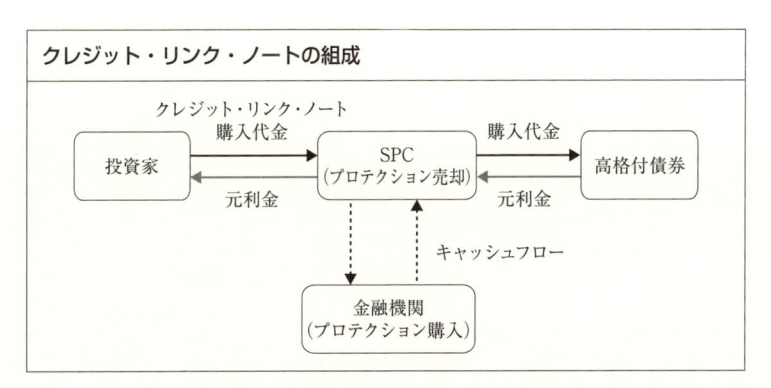

クレジット・リンク・ノートの組成

クレジット・デフォルト・スワップ（CDS）
Credit Default Swaps

クレジット・イベントが発生した際に，損失相当額を受け取ることができる取引。

Step 1 CDSとは，一定の保証料（プレミアム）を支払う対価として，あらかじめ定められたクレジット・イベント（信用事由）が発生した際に，損失相当額を受け取ることができるデリバティブ取引です。

　信用リスクをヘッジしたい取引側（プロテクションの買い手）が，一定の保証料をカウンターパーティ（プロテクションの売り手）に支払います。その対価として，クレジット・イベントが発生した際，プロテクションの買い手は，プロテクションの売り手から損失相当額を受け取ることができます。

　どのような事由をクレジット・イベントとみなすかについては，契約の

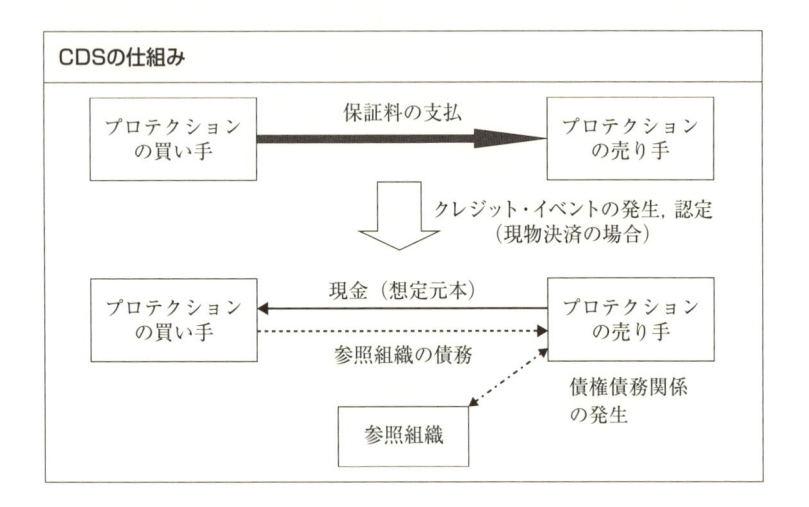

CDSの仕組み

プロテクション
の買い手 ──── 保証料の支払 ───▶ プロテクション
の売り手

クレジット・イベントの発生，認定
（現物決済の場合）

プロテクション
の買い手 ◀──── 現金（想定元本） ──── プロテクション
の売り手
······ 参照組織の債務 ······▶
　　　　　　　　　　　　　　　　　　　　　　　債権債務関係
　　　　　　　　　　　　　　　　　　　　　　　の発生

参照組織

際に当事者間で取決めを行うことができます。参照組織が民間法人の場合は，特定の債権に関する以下の①②③のクレジット・イベントとする3CE型，または①②をクレジット・イベントとする2CE型が一般的です。また，参照組織がソブリンの場合は，下記の①破産のかわりに④支払猶予／モラトリアムを選択するのが一般的です。

① 破産

② 支払不履行

③ リストラクチャリング

④ 支払猶予／モラトリアム

⑤ オブリゲーション・デフォルト

⑥ オブリゲーション・アクセレレーション

⑦ ガバメンタル・インターベンション

Step 2 プロテクションの売り手による，プロテクションの買い手に対する支払方法には2通りあります。

① 差額決済……クレジット・イベントが生じた際に，当該債権（参照債務）の額面満額とその市場価格との差額が支払われます。

② 現物決済……クレジット・イベントが生じた際に，プロテクションの買い手はプロテクションの売り手に当該債権（参照債務）を受け渡し，プロテクションの売り手はプロテクションの買い手に同債権の額面満額を支払います。

従来は，差額決済に伴う参照債務の市場価格評価が問題となりやすかったため，現物決済が一般的でした。しかしながら，CDSが現物債券のヘッジ以外の目的（すなわちCDS自体の売買）にも利用されるようになってきたため，クレジット・イベント発生時に参照債務の不足から現物決済が困難になるという事例が発生しました。このような事態を避けるために，近年ではISDA（International Swaps and Derivatives Association, Inc.）の開催するオークションによって決定した基準価格による差額決済（オークション決済）が主流になってきました。また，リーマン・ショック時の

混乱を教訓として，契約者間での相対清算から中央清算機関（CCP）による清算（クリアリング）への移行が進められています。

コンティンジェントCDS（CCDS）
Contingent Credit Default Swaps

一般的なクレジット・デフォルト・スワップ（CDS）のクレジット・イベントに加え，別条件を付与したCDS取引。

Step 1　通常のクレジット・デフォルト・スワップ（CDS）では，債務不履行等の指定されたクレジット・イベントのいずれかが発生することがトリガーとなりますが，条件付CDS（CCDS）では，クレジット・イベントとは別のイベントをトリガーとして指定することや，他のデリバティブ取引を参照債務に指定することが可能です。

　代表的なCCDSとしては，株式やその他の指標を追加のクレジット・イベントとしてつけるケースや，デリバティブ取引のエクスポージャーをヘッジするツールとして，CVA変動リスクのヘッジなどで活用されるケースがあります。

6

クレジット

ファースト・トゥ・デフォルト　*First To Default*

**複数の参照組織のうち最初の1社のデフォルトをトリガーとする
クレジット・デリバティブの仕組み。**

Step 1　クレジット・デリバティブには，1つの組織の信用リスクを参照するクレジット・デフォルト・スワップ（CDS）のほかに，複数の組織の信用リスクをまとめて売買する手段として，さまざまな仕組みのCDSが開発されています。このようなクレジット・デリバティブをバスケット・クレジット・デフォルト・スワップ（Basket CDS）といいます。ファースト・トゥ・デフォルト（FTD）とは，複数の組織を参照するBasket CDSにおいて，参照組織のうち1社でもデフォルトしたときにトリガーが発動する仕組みのことをいいます。

Step 2　FTD Basket CDSは，参照組織のうちどれか1社でもデフォルトした場合にトリガーが発動し，プロテクションの売り手は，最初にデフォルトした組織に関して発生した損失を引き受けることになります。プロテクションの買い手が売り手に支払うプレミアムは，1つの組織を参照組織とした場合よりも，通常，高くなります。

　FTD Basket CDSのプライシングは，参照組織（バスケット）の銘柄構成，特に銘柄数と格付水準に強く依存しています。バスケットの銘柄数が少なく，各銘柄の格付水準が高いCDSのトリガー抵触確率は，バスケットの各構成銘柄のデフォルト確率を参照することで類推することが可能です。一方，バスケットの銘柄数が多く，各銘柄の格付水準が低い場合などは，銘柄間の相関関係を考慮したコピュラなどの定量モデルによって，トリガー抵触確率を求める方法が一般的です。

CVA *Credit Valuation Adjustment*

デリバティブ取引の相手先の信用リスクに応じて価格調整を行うこと。

Step 1 CVAとは、デリバティブ取引の相手先がデフォルトした場合に被る損失の期待値を価格調整することであり、カウンターパーティ・リスクの管理手法の1つです。デリバティブ取引には証拠金（担保）授受をする場合と証拠金授受をしない場合がありますが、CVAが特に重要となるのは証拠金授受をしない場合です。その理由は、市場変動によって、デリバティブ取引の時価が大きな評価益となったときに相手先がデフォルトすると、その評価益を回収できない可能性があるためです。

Step 2 CVAを計算する時は現在の評価益だけでなく、将来の勝ちポジション（エクスポージャー）を考慮する必要があります。そのため、モンテカルロ・シミュレーションにより将来のエクスポージャーを求め、それにデフォルト確率とデフォルト時の損害率を乗じることで求めることができます

$$CVA = \sum_{t=0}^{T} E(t) \times PD(t) \times LGD$$

ここで、$E(t)$ をエクスポージャー、$PD(t)$ を倒産確率、LGDを倒産時損害率とします。

Step 3 デリバティブ取引の相手先も自社の信用リスクをプライスに織り込むため、相手先の信用リスクから自社の信用リスクを控除したネットの信用リスクを議論する場合があります。相手先からみた自社の信用リスクに関する信用評価調整をDVA（Debt Valuation Adjustment）と呼び、双方向の信用リスクを加味したCVAをBCVA（Bilateral CVA）と呼び，$BCVA = CVA - DVA$で計算されます。

　BCVAには，自社と相手先のデフォルト・シナリオにおいて，どちらが先にデフォルト（First To Default）するかというシナリオを取り込んだ条件付BCVA（Contingent BCVA）と，First To Defaultシナリオに関係なく，デリバティブ契約の満期前に相手先（自社）がデフォルトすればCVA（DVA）計算に含める無条件BCVA（Unconditional BCVA）という2種類の計算アプローチが存在します。

信用格付業者　*Credit Rating Agencies*

信用格付を付与し，投資家に提供する会社。

Step 1　信用格付業者は，企業や個別の債券に対して信用格付を付与する業者のことです。企業が資金調達のために有価証券を発行する際に，その証券の信用の第三者評価を得るため，信用格付業者に信用格付を付与してもらいます。投資家は信用格付業者が付与した信用格付をもとに，有価証券の売買やリスク管理を行います。金融危機以降，信用格付を付与・公表する格付会社に対しては，よりいっそうの公正性，妥当性，透明性が求められています。

Step 2　2009年6月に公布された「金融商品取引法等の一部を改正する法律」のなかで，グローバルな金融市場の混乱への対応（市場の公正性・透明性の確保）を目的として，信用格付業者に対する次のような規制が導入されています。

1．信用格付業者に対する登録制の導入

　信用格付業を公正かつ的確に遂行するための体制が整備された格付会社は，「信用格付業者」として内閣総理大臣の登録を受けることができます。

2．信用格付業者に対する規制・監督

　登録を受けた信用格付業者は，以下の点が義務づけられています。

- ●独立した立場で公正かつ誠実に業務を遂行すること（誠実義務）
- ●格付方針等を適時に公表すること，それらに係る説明書類を公衆縦覧に供し定期的に開示すること（情報開示義務）
- ●格付プロセスの独立性・公正性の確保・品質管理，利益相反防止等の体制整備を行うこと（体制整備義務）
- ●信用格付業者およびその役職員が，格付対象の有価証券の売買や

6

クレジット

その他取引があるなど一定の関係（利益相反の可能性）を有している場合や、信用格付に係る重要な事項に関し格付関係者（発行者等）に助言を行うなどのコンサルティング行為を行っている場合に格付の付与・公表を禁止すること（禁止行為）

また、登録を受けた信用格付業者に対する報告徴求・立入検査、業務改善命令等の監督規定が整備されています。

3．無登録業者による格付を利用した勧誘の制限

金融商品取引業者等は、無登録業者による格付を提供して、金融商品取引の契約締結の勧誘を行う際には、①無登録業者による格付であること、②格付付与に用いられた方針・方法とその前提・限界について説明を行う義務が課されています。

登録業者は、金融庁ホームページの「免許・許可・登録等を受けている業者一覧」に掲載されています。

信用格付業者登録一覧（2017年4月1日現在）	
登録年月日	業者名
2010年9月30日	株式会社日本格付研究所
2010年9月30日	ムーディーズ・ジャパン株式会社
2010年9月30日	ムーディーズSFジャパン株式会社
2010年9月30日	S&Pグローバル・レーティング・ジャパン株式会社
2010年9月30日	株式会社格付投資情報センター
2010年12月17日	フィッチ・レーティングス・ジャパン株式会社
2012年1月31日	S&PグローバルSFジャパン株式会社
（出所）　金融庁ホームページ	

再構築コスト　*Replacement Cost*

同一のデリバティブ取引を市場で再構築するために必要なコスト。

Step 1　再構築コストとは，契約中のデリバティブ取引と同じ条件の取引を市場で新たに取引した時にかかるコストです。取引を中途解約する時や信用リスクを計算する時などに使用します。

　再構築コストは一般的にデリバティブ取引の時価と近い数値になりますが，再構築の際の取引コストなどが含まれることがあります。たとえば，企業Aが金融機関Bと契約中の金利スワップ取引を解約するとします。金利スワップ取引を成約した当初，金融機関Bはその金利スワップ取引のリスクをヘッジするために，金融機関Cと別の金利スワップ取引を行います。企業Aが金利スワップ取引を解約した際，金融機関Bは企業Aとの金利スワップ取引を解約するだけでなく，金融機関Cとの金利スワップ取引も解約するか，または企業Aと成約したものと同じ条件の金利スワップ取引を新たに成約する必要があります。その際に，ビッド・アスク・スプレッド等の取引コストも発生するため，時価にこれらを考慮した値を再構築コストとすることが一般的です。

Step 2　再構築コストは，カウンターパーティ・リスクにおいて重要な要素です。デリバティブ取引の取引相手がデフォルトして契約の履行が望めなくなった際，同取引の残存部分について当方は同じ条件の取引を別のカウンターパーティと成約しますが，その際に新たなカウンターパーティに支払う金額が再構築コストとなります。それと同時にデフォルトした取引相手に対する請求金額も，この再構築コストとなります。

信用補完　*Credit Enhancement*

信用リスク削減のために有効な手段。

Step 1　デリバティブ取引は将来のキャッシュフローを取引するため，デリバティブ取引のディーラーとして市場に参加するためには高い信用力が必要です。信用力を補強するための方策の1つが信用補完と呼ばれるもので，以下のようなものがあります。なお，それらは金融機関同士だけでなく，金融機関と事業会社の間でも行われます。

⑴　**担保（Collateral）**

　有価証券・現金等を，自己の取引における再構築コストに一定の掛け目をかけて取引の相手方に差し入れる方式や，当初想定元本の一定割合に相当する額の有価証券を取引期間中に差し入れる方式などがあります。

⑵　**保証（Guarantee）**

　高い信用力を有する親会社がデリバティブ取引の相手方に保証を行うケースや，高格付の損害保険会社などがデリバティブ取引の債務履行に対して保証を行うケースがあります。

⑶　**その他の方法**

　ミューチュアル・ターミネーション条項（取引の最終期日以前の特定の日に取引を相互に解約清算できる権利を認める条項）やダウン・グレード条項（信用格付が一定水準未満になると，両当事者間のすべての既存取引を解約清算できる条項）を契約書に追加する方法，またはクレジット・デリバティブ取引を成約することによって保証と同等の経済効果を得る方法などが考えられます。

キープウェル契約 *Keepwell Agreement*

親会社が子会社の信用補完のために子会社と締結する契約。

Step 1　子会社が社債やCP発行による資金調達を円滑に行うために，親会社が子会社の取引相手（債権者）と保証契約を締結，または親会社が子会社とキープウェル契約を締結して信用補完を行う場合があります。キープウェル契約とは，親会社が子会社に対して資金サポートを行うことで一定の財務状態の保持を約束する契約であり，別名コンフォートレター（Comfort Letter）とも呼ばれます。保証契約の場合は，子会社の債務不履行時に親会社は同債務の履行義務がありますが，

6
クレジット

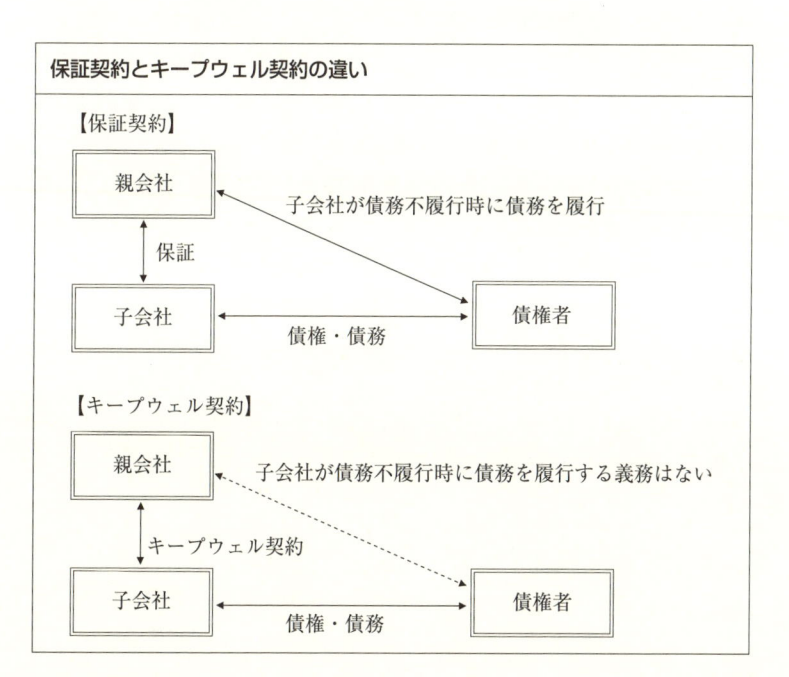

保証契約とキープウェル契約の違い

【保証契約】

親会社 ── 子会社が債務不履行時に債務を履行 ──

保証

子会社 ── 債権・債務 ── 債権者

【キープウェル契約】

親会社 ┄┄ 子会社が債務不履行時に債務を履行する義務はない

キープウェル契約

子会社 ── 債権・債務 ── 債権者

キープウェル契約の場合は，親会社が子会社の債務を履行する義務はありません。

Step 2　キープウェル契約には，一般的に次のような内容が含まれます。

① 親会社が子会社に対する持株比率を維持し続ける。

② 子会社が一定額の純資産を維持できない場合，親会社が増資に応じる。

③ 子会社の利益に対する支払利息の比率の水準維持を親会社が支援する。

④ 流動性に関する問題が生じた場合，親会社が資金調達を支援する。

⑤ キープウェル契約によって生じる債務と他の債務を同順位とする（パリパス条項：Pari Passu Clause）。

⑥ キープウェル契約が保証そのものではないことを明記する。

Step 3　親会社による保証契約やキープウェル契約が締結されている場合，格付機関（信用格付業者）で信用補完の効果について評価したうえで格付付与が行われるのが一般的です。具体的には，親会社の信用格付と子会社の信用格付を比較して，より高いほうが選択されます。ただし，親会社の信用力が子会社と比較して高いものの，その信用力自体がさほど高くない場合には，親会社よりも1ノッチ以上低い格付が付与されるケースもあります。保証契約やキープウェル契約が締結されている場合の格付付与の方法は，各格付機関にて公表されています。

クレジット・スプレッド　*Credit Spread*

債券利回りのうち，発行体の信用リスクにより生じた部分。

Step 1　企業は社債発行や借入れにより資金調達を行いますが，その際に与信を行う債券投資家や銀行はその企業が倒産するリスクに対するリスク・プレミアムを含めた利回りを求めます。この場合，倒産リスクが高い企業のリスク・プレミアムは高くなりますが，倒産リスクが低い企業のリスク・プレミアムは低くなります。無リスクの発行体に求められる利回りと，倒産リスクを抱える発行体に求められる高い利回りの差をクレジット・スプレッドと呼びます。

Step 2　古典的なクレジット・スプレッドは社債の利回りから無リスク金利の利回りを引くことで算出され，その際の無リスク金利として国債利回りが用いられてきました。この方法を用いた場合，クレジット・スプレッドのなかに国債との市場流動性格差に起因する流動性リスクなどといった，信用リスクではないリスクも内包されてしまいます。また金融危機以降，国債の信用リスクが意識されるようになり，必ずしも国債利回りを無リスク金利とみなせるとは限らなくなりました。

Step 3　現在，クレジット・デフォルト・スワップ（CDS）を用いてクレジット・スプレッドを算出する方法がしばしば用いられます。CDSは信用リスクのみを取り出した商品であり，そのクレジット・スプレッドは債券個別銘柄の流動性などに比較的左右されにくくなっています。

6

クレジット

その他デリバティブ

エクイティ・デリバティブ　*Equity Derivatives*

株式価格の変動リスクを内包したデリバティブ取引。

Step 1　株式価格の変動リスクを内包したデリバティブ（派生商品）を総称したもので，代表的なものとしては「株価指数先物」「株価指数オプション」「個別株オプション」「エクイティ・スワップ」「ワラント」等があげられます。

基礎的なオプション・モデルであるブラック・ショールズ・モデルは配当支払のない株式オプションのプレミアムを計算するモデルとして1973年に発表されました。株式価格に対するデリバティブは，その後もデリバティブ理論研究をするうえで重要な商品の1つとされています。

Step 2　エクイティ・デリバティブの1つであるエクイティ・スワップは，株式投資の収益率と金利を交換する取引です。株式投資の収益率として株価指数の収益率以外に個別株や複数銘柄のバスケットの収益率が用いられることもあります。機関投資家が保有株式の価格変動リスク（主として下落リスク）をヘッジする手段として，一定期間の株式の投資利益を支払い（損失なら受取り），金利を受け取るというスキームを取り組むケースが一般的です。

Step 3　エクイティ・スワップについては，証券取引法の取扱い（「有価証券市場」と「差金の授受」の解釈）および刑法上の取扱い（「賭博罪」にあたるおそれ）等の法的な問題点から，取引を行うことができないという不都合がありました。しかし1998年12月に証券取引法改正で有価証券店頭デリバティブが解禁されたことを受け，日本国内の金融機関でも取扱いが可能になりました。

インフレーション・デリバティブ
Inflation Derivatives

物価上昇率を原資産とするデリバティブ。

Step 1 インフレーション・デリバティブとは，物価上昇率を原資産とするデリバティブであり，代表的な商品はインフレーション・スワップです。原資産となる物価上昇率は，日本では消費者物価指数から算出される適用指数であり，英国ではRPI（Retail Price Index）などが一般的です。インフレーション・スワップは，物価上昇率に連動する指数と固定金利や変動金利を交換するスワップ取引です。

年金基金等は，株式や固定利付債のみを対象とした資産運用だと将来の物価上昇分の支払をカバーできない可能性があります。そのため，物価上昇率にクーポンや元本が連動する物価連動国債投資やインフレーション・スワップ取引等を行っています。

Step 2 満期時に一度だけ固定金利と変動金利（物価連動）を交換するゼロ・クーポン・インフレーション・スワップについて説明します。Nを想定元本，Yを固定金利，Tを取引開始から満期までの期間，I_Tを満期時のインフレ指数，I_0を取引開始時のインフレ指数とすると，満期時の受払いは下図のようになります。下図において，A社はインフレ・リスクをヘッジしたい投資家（年金基金等）で，B社はインフレ・リスクを保有してもよいと考える投資家などが想定されます。

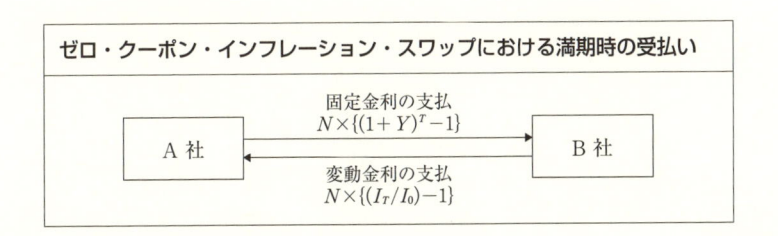

ゼロ・クーポン・インフレーション・スワップにおける満期時の受払い

A社 → B社
固定金利の支払
$N \times \{(1+Y)^T - 1\}$

A社 ← B社
変動金利の支払
$N \times \{(I_T/I_0) - 1\}$

コモディティ・デリバティブ
Commodity Derivatives

コモディティを原資産としたデリバティブ取引。

Step 1　コモディティ・デリバティブとは，原油，天然ガス等のエネルギーや貴金属，農産物などのコモディティを原資産としたデリバティブ取引です。原資産価格の変動リスクをヘッジするために用いられます。将来の一定期日にあらかじめ定めた数量・価格で取引を実施する先物取引に加え，一定のインデックスを定め，オプション料を事前に支払うことで，期間中のインデックスの推移に応じてあらかじめ定められた金額を受け取ることができるオプション取引などがあります。

Step 2　コモディティ・デリバティブのなかでも，原油デリバティブは多く取引されています。原油デリバティブでは，主にWTI原油，ブレント（Brent）原油，ドバイ（Dubai）原油といったインデックスが利用されます。NYMEX（2008年よりCMEグループ）におけるWTI原油のデリバティブ（先物）取引の金額は，1999年以降大きく拡大しています。

不動産デリバティブ　*Property Derivatives*

不動産に関連する指標を原資産としたデリバティブ取引。

Step 1
不動産デリバティブとは，不動産収益率インデックスや賃料収入といった不動産に関連する指標を原資産としたデリバティブ取引です。不動産デリバティブを利用すると不動産の売買にかかわる複雑な手続を経ることなく不動産リスク移転が可能です。国・地域・不動産のタイプなど不動産の特徴ごとにインデックスが作成され，そのインデックスをもとに資金の受払いが実行されます。

Step 2
英国では，1990年代初頭に不動産指数を用いて不動産リスクを移転する金融取引が登場しました。英国では機関投資家等が多くの不動産を所有していたため，不動産価格の変動リスクをヘッジする需要がありましたが，不動産デリバティブと実物不動産の損益を通算できないという税制上の問題があり，不動産デリバティブはあまり普及しませんでした。その後，機関投資家等の働きかけによって2004年に税制改正が実施されてから，徐々に不動産デリバティブが活発に取引されるようになりました。取引形態としては，トータル・リターン・スワップが主流であり，不動産デリバティブの参照指標としてはIPD（Investment Property Databank）社の不動産指数が用いられています。

　一方，日本では2010年3月に金融庁が不動産デリバティブにつき「その他銀行業に付随する業務に該当」との見解を示したことから，銀行および子会社における不動産デリバティブ取引が事実上解禁となりました。しかし，現在まで不動産デリバティブに対する需要はあまりなく，活発に取引されていません。なお，2001年に初めて上場されたJ-REITは投資家からの需要があり，銘柄数や時価総額を伸ばしており，不動産デリバティブとは対照的な状況になっています。

7

その他デリバティブ

Step 3 英国での不動産デリバティブ市場拡大に寄与した商品は，前述のIPD Annual Index を活用したインデックスのトータル・リターンと金利（例：LIBOR＋α）のスワップ取引（Total Return Swap），およびパフォーマンスがIPD Annual Indexにリンクした一種の証券化商品です。後者の代表的事例としては，Barclays Capitalが開発したPICsがあげられます。

また，米国では実物不動産を所有する年金基金の不動産価格変動リスクをヘッジするというニーズと，実物不動産に投資することなく不動産のトータル・リターンを享受したい保険会社（投資家）のニーズをマッチさせるかたちで，不動産トータル・リターン・インデックスであるNCREIF（ニクリフ）と変動金利＋αを交換するトータル・リターン・スワップが締結されたこともあります。

このような不動産インデックス・リンク商品には，不動産エクスポージャーの増減が簡易に可能なこと，実際の不動産売買と比較して手数料が小さいというメリットがあり，市場を拡大させていきましたが，昨今は取引が確認できておりません。

不動産投資家は私募REITや私募ファンドを選好する傾向にあることや，プライシングモデル上の課題やマーケットメイク行動に必要なヘッジ手段の確保，さらにはリスク・アセット上の整理等も未完であることから，急

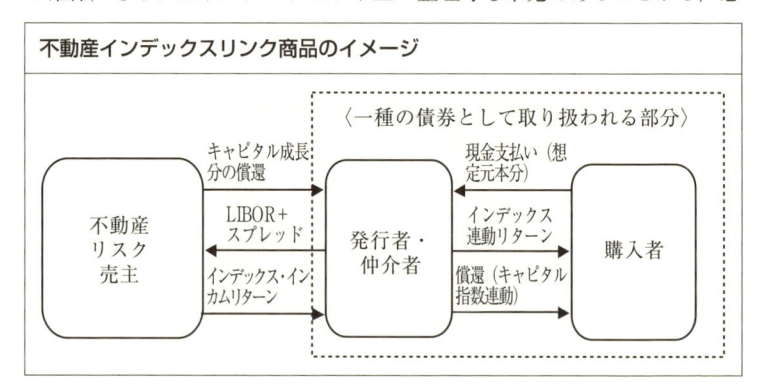

不動産インデックスリンク商品のイメージ

〈一種の債券として取り扱われる部分〉

不動産リスク売主 → キャピタル成長分の償還 → 発行者・仲介者 → 現金支払い（想定元本分） → 購入者
LIBOR＋スプレッド
インデックス・インカムリターン
インデックス連動リターン
償還（キャピタル指数連動）

速に取引が拡大する見込みは薄いものの，投資利回りの観点や需要過多な私募REIT・私募ファンドの状況をふまえるに，将来的には不動産投資の一環として不動産デリバティブが市場に普及する可能性はあるかもしれません。

災害デリバティブ　*Catastrophe Derivatives*

災害を原資産とするデリバティブ取引。

Step 1　災害デリバティブは，地震，台風等の災害に関連したインデックスやトリガーを定め，オプション料を事前に支払うことで，期間中のインデックスの推移やトリガーの発生に応じてあらかじめ定めた条件で金額を受け取るデリバティブ取引の総称です。災害デリバティブは，カタストロフィック（大災害）な事象に対応した地震デリバティブ，台風デリバティブ等が取引されています。

保険商品の場合は損害額を調査したうえで保険金が支払われますが，災害デリバティブの場合は，あらかじめ定められた事象（例：台風デリバティブの場合，台風の襲来個数）が発生した場合，実際の損害額にかかわらず，あらかじめ定めた条件で資金決済される点が特徴です。たとえば，地震の発生による損害としては，建物の損壊などの直接的なものだけでなく，営業の中断や顧客の減少等による間接的な損害も考えられます。地震デリバティブは，損害発生の証明が不要であることから，こうした間接的な損害発生にも備えることができる点がメリットとなります。

Step 2　保険リスクの移転手法も多様化してきており，証券化によって小口化を行い，リスクを投資家に分散して移転する手法も登場しました。この証券は，「CAT Bond」（Catastrophic Bond）と呼ばれ，カタストロフィックな事象が発生した場合に，債券を購入した投資家は元本の一部が減額され，発行者は事象発生時の補てんを受けることができます。

天候デリバティブ *Weather Derivatives*

気温や降水量等の天候に関する指数を原資産としたデリバティブ取引。

Step 1　天候デリバティブとは，気温や降水量等の天候に関する指数を原資産としたデリバティブです。暖冬・冷夏等の天候変動に起因する収益減少や支出増加などの損益変動をヘッジするために取引されます。なお，天候不良に対する保険商品と類似していますが，実損てん補を原則としない点が異なります。

Step 2　米国ではHDD（Heating Degree Days），CDD（Cooling Degree Days）という指数の期間中の累積値が定型指数として活用されるケースがあります。HDD，CDDとは，人間にとって快適とされる華氏65度（摂氏約18度）を基準に，以下のとおり定義されます。HDDは暖房必要度（累積数値が小さいほど暖冬），CDDは冷房必要度（累積数値が小さいほど冷夏）と解釈することができます。

$$HDD = Max（華氏65度 - 当日の平均気温, 0）$$

$$CDD = Max（当日の平均気温 - 華氏65度, 0）$$

下図の契約例では，オプションの購入者は，CDDの累積が下回った場合に支払を受けることで，冷夏に伴う損益変動をヘッジできます。

累積CDDを指標としたプット・オプション	
観測地	○○市
観測期間	2000年5月1日～2000年10月30日
ストライク	累積CDD850
支払い単位	ストライクを1CDD下回るごとに1万ドル
最大支払額	200万ドル
プレミアム	40万ドル

長寿スワップ　*Longevity Swaps*

年金基金などが保有する長寿リスクをヘッジするデリバティブ取引。

Step 1　世界的に平均寿命が伸長し，高齢者人口が増加しているため，確定給付型年金が支払う給付額が増加するリスク（長寿リスク）が顕在化し始めています。長寿リスクをヘッジする手段の1つとして，英国を中心に取り組まれているデリバティブ取引が長寿スワップです。一般的な取引では，年金基金は投資銀行や保険会社といった相手先に終身給付の予想額を支払うかわりに，年金加入者に支払われる終身給付の実績額を受け取ります。年金基金は，年金加入者が契約当初に予想していたよりも長生きした場合でも，長寿スワップによって予想と実績の差額が保証されるため，長寿リスクがヘッジされたことになります。ただし加入者の寿命は不確実性を伴いますので，リスクの対価として年金基金は相手先にプレミアムを支払います。

長寿スワップのほかに長寿リスクを移転する代表的な手段としてはバイアウト，バイインがあります。バイアウトとは，年金基金などが年金資産と年金債務を相手先に移転し，対価として保険料を支払バランス・シートから完全に切り離す手法になります。バイインとは，年金資産と年金債務をバランス・シートから切り離さず，年金債務をカバーするための保険契約を相手先と締結し，対価として保険料を支払う手法になります。またそのほかにも，退職者が一定の年齢を超えて長生きした場合に利息を年金基金に支払う長寿債（Longevity Bonds）を，保険会社や特定目的会社が発行する事例もみられ，長寿リスクを取引する資本市場の整備も行われています。

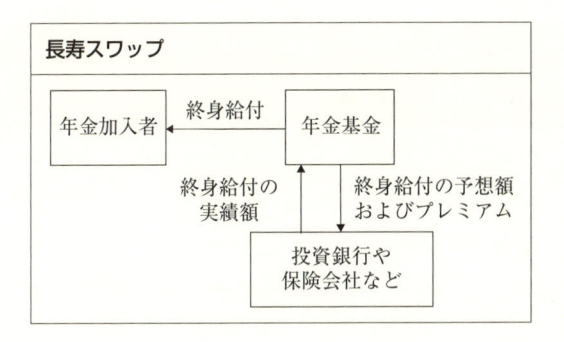

Step 2 長寿スワップを評価するためには，将来の死亡率を推計したうえで終身給付金を算出しなければなりません。将来死亡率予測の代表的なモデルとしてLee-Carterモデルと呼ばれるものがあります。Lee-Carterモデルでは年齢x・年次tの死亡率$Y(x,t)$が次のような関係式で表現できるとしています。

$$\ln Y(x,t) = a(x) + k(t)\,b(x) + \varepsilon(x,t)$$

$a(x)$は年次tの経過によって変化しない年齢x固有の対数死亡率になります。$k(t)$は年次tによって変化するトレンドを表現するパラメータで，$b(x)$は$k(t)$に対する年齢xにおける死亡率変化をそれぞれ表しています。$\varepsilon(x,t)$はモデル誤差となります。Lee-Carterモデルは，時間によらない不変的な部分$a(x)$と，時間によって変化するトレンドとその各年齢への影響度合い$k(t)\,b(x)$の線形モデルによって対数死亡率が表現できるため，わかりやすさとモデルの簡易性から広く利用されています。

暗号資産デリバティブ　*Digital Asset Derivatives*

暗号資産を裏付けとしたデリバティブ取引。

Step 1　暗号資産とは，インターネット上でやりとりできる財産的価値であり，円やドルなどの法定通貨と取引所などを通じて交換したり，モノやサービスの対価として利用したりできるものです。暗号資産の代表的な例としては，ビットコインやイーサリアムがあります。また，暗号資産にはブロックチェーンという技術が利用されていることが特徴です。ブロックチェーンは，取引履歴を暗号技術によって時系列につなげる技術であり，データ改ざんを行うためには，それよりも新しい取引のすべてを改ざんする必要が生じるため，ブロックチェーンは改ざん耐性に優れた仕組みといえます。

Step 2　暗号資産のデリバティブとしては，海外ではCMEでビットコインの先物取引が可能となっているほか，一部の業者は暗号資産オプションの取引所機能を提供しています。日本国内で取引される暗号資産デリバティブには，暗号資産CFDがあります。CFDはContract for Differenceの略で，差金決済取引のことをいい，投資家は，暗号資産の売買取引を行いますが，その現物の受渡しは行わず，反対売買の価格差のみを決済します。原資産の暗号資産取引と比較すると，売りから取引が可能である点，投資家が差し入れる証拠金以上の額面の売買が可能であり，レバレッジを利かせることが可能である点などが特徴です。

ディールコンティンジェントヘッジ
Deal-Contingent Hedge

M&Aやプロジェクトファイナンスなどの契約が成立することを条件に実行されるデリバティブ。

Step 1　クロスボーダーのM&Aや，プロジェクトファイナンスといった，実現に不確実性が高く，金利・為替のリスクが発生する案件（Deal）について，Dealが成約した場合にのみ発生するデリバティブのことを指します。特にクロスボーダーM&Aにおいては，成約時のみ成立する為替フォワード，プロジェクトファイナンスでは成約時のみ成立する金利スワップが取り組まれることがあります。通常のスワップ，またはスワップションを利用したヘッジを事前に行うことも考えられますが，成約しなかった場合には，前者ではスワップの時価ぶれや解約コスト，後者の場合はスワップションのプレミアム支払が必要になります。ディールコンティンジェントヘッジを活用することでこの問題を解決することができます。一方でデリバティブの提供者は，デリバティブが成立しない可能性を考慮し，通常のデリバティブにマージンを上乗せすることになります。

Step 2　ディールコンティンジェントヘッジの提供者は，Dealの成約確率を加味したプライシングを行う必要があります。たとえば，Dealの成約確率とスワップの価値を用いて，ディールコンティンジェントスワップの時価の算出を行うことが考えられます。また，成約確率はDealの段階に応じて変化していくことが考えられるので，スワップのポジションを段階に応じてヘッジするためのヘッジコストも見積もったプライシングが必要になります。

7

その他デリバティブ

ESG関連デリバティブ *ESG Derivatives*

ESG関連のデリバティブ。

Step 1　近年，ESGへの関心の高まりを受けて，企業はさまざまなかたちで取組みを行っています。ESG関連デリバティブは，為替・金利など通常の店頭デリバティブの取組み条件にESGに関する項目を加えたものが代表的です。具体的には，ESGに関する目標を設定し，達成できなかった場合は追加のコストを支払う，という形式があります。企業はこのようなデリバティブを取り組むことで，ESGへの取組姿勢をアピールすることができます。

Step 2　ESG関連では排出量に関する取引も関心を集めています。排出量取引制度には，配分された排出枠（キャップ）と実際の排出量の差を取引（トレード）するキャップ・アンド・トレード方式，排出量削減前の基準値（ベースライン）を超えて削減した分の排出量について「クレジット」として認証されると取引できるベースライン・アンド・クレジット方式があります。キャップ・アンド・トレード方式においては，EU域内を対象にしたEU排出量取引制度（EU-ETS）が活発に取引されているほか，米国カリフォルニア州や中国などにも類似の制度があります。日本においても，官民共同の枠組みであるGXリーグが発足し，排出量取引「GX-ETS」の開始に向け準備が進んでいます。日本におけるベースライン・アンド・クレジット方式の代表的なものには，国が排出削減量を認証して売買可能とする「Jクレジット制度」が存在します。2023年10月には東京証券取引所に「カーボン・クレジット市場」が開設され，市場での取引も開始されました。今後の取引量の増加が期待されます。

8

戦　　略

裁定取引（アービトラージ） *Arbitrage*

同一金融商品の市場価格差を収益化するための取引。

Step 1　通常，金融商品は一物一価であり，同一の金融商品であれば同じ市場価格で取引されているはずですが，なんらかの理由によって同一金融商品でも市場間で価格が乖離していることがあります。その価格差を利用して収益を得ようとする取引を裁定取引といいます。たとえば，権利行使価格とオプション満期日が同一なコール・オプション買いとプット・オプション売りの合成ポジションが，オプションの原資産の買いとほぼ同じ価値になることを利用した裁定取引があります。

　狭義の裁定取引はマーケットリスクを負わず収益を得ることを指しますが，ある前提条件のもとでミスプライスを探して収益を得ようとする取引も裁定取引ということもあります。たとえば，ヘッジファンド戦略の1つであるCBアービトラージ戦略があります。CBアービトラージ戦略は普通社債と転換社債と株式の間でファンド独自のモデルに従い割安なアセットを購入し割高なアセットを売却することで企業価値の上下にかかわらず，割安割高の収斂をねらう戦略です。

Step 2　コール市場と為替市場にまたがった裁定取引もあります。コール市場において期間3カ月（92日間）の円資金が2.5％，ドル資金が6.5％で取引されており，為替市場では直物USD/JPYが100.00円，期間3カ月（92日間）の直先ディスカウント幅が120銭で取引されているとします。この時，コール市場でドル調達し，為替市場でドルを円に換え，為替フォワードで3カ月先に円をドルに換える取引をすると，3カ月間円資金を調達するキャッシュフローと同じになりますが，コストは1.73％程度となります。この場合，コール市場において円を調達するよりも割安であることから，裁定取引が可能です。

スペキュレーション　*Speculation*

相場の変動による利益をねらった取引。

Step 1　スペキュレーション（投機取引）とは，相場変動に着目して，機をみて売買し利益を得ようとする取引のことです。たとえば，「短期間で下落した株は反発するだろう」と考えて株式を購入することは，投機取引になります。

　取引の分類として「投機取引」のほかには，投資，ヘッジ取引，裁定取引があります。「投機」と対になって使用されることの多い「投資」は，投資先が経済活動を通して経済的価値や社会的価値を増すことに着目した取引です。たとえば，自動車会社の株式に長期保有することは，投資になります。なぜなら，この会社に安定的な株主がいることによって，この会社は自動車開発やそれに必要な資金調達が容易になり，新たな自動車の販売や生産が行われ，社会的な生産と需要が増すためです。しかし，単に投資期間やポジション量によって，「投機」や「投資」を使い分けることもあります。なお，ヘッジ取引は他の取引の価値変動を相殺する目的の取引であり，裁定取引は異なる価格で取引されている同一商品の価格差収斂に着目した取引です。

8

戦

略

アルゴリズム取引　*Algorithmic Trading*

あらかじめ定められた手順に基づいて行う取引。

Step 1　アルゴリズム取引とは，金融商品の価格などの情報を利用して，あらかじめ定められた手順に基づいて自動的に売買する取引であり，人のかわりにコンピュータが取引を行うため，より早いスピードで取引できることが特徴です。アルゴリズム取引の目的には，①取引コストの削減，②取引執行やマーケットメイクの自動化，③短期売買による収益機会の発見，④売買速度の向上，⑤裁定取引のための複数銘柄や商品の同時売買などがあります。近年アルゴリズム取引は活発になっており，2022年においても，東京証券取引所の注文全体に占める注文件数の割合は70％を超えているといわれています。

取引執行の代表的なアルゴリズム取引にVWAP（Volume-Weighted Average Price）があります。VWAPは，執行価格を市場の出来高加重平均価格に近づけることを目的とした戦略であり，過去の平均日中出来高を参照して売買を行います。

Step 2　アルゴリズム取引のうち，ミリ秒単位で高頻度の売買を繰り返すものを高頻度取引（High Frequency Trading）といいます。近年，高頻度取引によって株価が乱降下するなど市場に混乱をもたらしており，高頻度取引は規制の対象となっています。たとえば，2018年1月に施行されたMiFIDⅡでは，高頻度取引業者を登録制とすること，アルゴリズムの検査・承認を義務づけること，価格変動が一定水準を超えた場合に取引を停止することなどが定められています。また，米国では，自己勘定でアルゴリズム取引を行う業者に対して登録義務を課し，アルゴリズム取引に関する記録を保持することや売買の手順を記述したソースコードを当局の求めに応じて提供することなどの義務を課してしま

す。日本でも金融商品取引法で2018年4月から高速取引行為に関する登録制が導入されました。

テクニカル分析　*Technical Analysis*

過去の値動きなどから相場動向を予測する分析手法。

Step 1 テクニカル分析とは，株価などの過去の値動きをチャートで表し，そこからトレンドやパターンを導き出し，相場動向を予測する分析手法です。テクニカル分析は大まかにトレンド分析とモメンタム分析に分類されます。

Step 2 トレンド分析は，相場が上昇トレンドにあるのか，下落トレンドにあるのか，あるいはトレンドは出ていないのかといったことを分析します。具体的な指標としては，ローソク足（注1）や移動平均線（注2）などがあります。モメンタム分析は，現在の相場が買われすぎなのか，売られすぎなのかといったことを分析します。具体的な指標としては，RSI（注3）やストキャスティクスなどがあります。このほかにも確率・統計を利用した手法など，さまざまな分析があります。

テクニカル分析の分類	
トレンド分析	ローソク足，移動平均線，P&F，エリオット波動，バーチャートなど
モメンタム分析	RSI，ストキャスティクス，サイコロジカルラインなど
その他	タイム・サイクル，フィボナッチ，グランビルの短期テクニカル法則など

（注1）　一定期間の始値，高値，安値，終値の4つの値を1本の棒状の図形に作図し，時系列に沿って並べて価格変動をグラフとして表したもの。

（注2）　過去の一定期間の価格の平均値をグラフとして表したもの。

（注3）　値上り幅の合計を値上り幅と値下り幅の合計で割ったもの。

ファンダメンタルズ分析　*Fundamental Analysis*

経済状況などを表す基礎的な要因をもとに相場動向を予測する分析手法。

Step 1　ファンダメンタルズ分析とは，過去の価格データから相場動向を予測するテクニカル分析とは対照的に，GDPや物価，政策金利といった経済状況を表す基礎的な要因である「ファンダメンタルズ」をもとに相場の先行きを予測する分析手法です。一般にファンダメンタルズ分析では短期的な相場の変動を説明することはむずかしい一方で，中長期的なトレンドを把握することには優れているといわれています。

Step 2　ファンダメンタルズの具体的な指標としては，国などを対象とする場合には経済成長率，物価上昇率，財政収支などがあり，個別の企業を対象とする場合には純利益，売上高，資産，負債などがあります。国内の相場予測であっても，海外の金融政策・景気動向等も相場に大きな影響を与えるため，相場動向を予測するためには多くのファンダメンタルズを分析する必要があります。

　たとえば，円金利の動向を予測する場合，国内の経済指標，資金需給，日銀オペ，新発債の発行状況，為替動向に加え，海外の金融市場動向や経済指標なども分析するうえで重要になってきます。

8
戦
略

キャリー　*Carry*

市場が変化しなかったときに，投資対象を保有しているだけで得られる収益。

Step 1　投資におけるキャリーとは，市場環境が現在から変化しなかったときに，その投資対象を保有しているだけで得られる収益のことです。たとえば，債券投資におけるクーポン収入や時間経過に伴うキャピタル・ゲイン，外国為替におけるスワップ・ポイントなどが該当します。

Step 2　債券投資におけるキャリーは，一般的にインカム・ゲインとロールダウン効果（ローリング効果）によるキャピタル・ゲインに分けられます。ロールダウン効果とは，イールド・カーブが右肩上がりのとき，時間の経過とともにイールド・カーブの傾斜に沿って利回りが低下（債券価格が上昇）していくことを表します。たとえば，あるゼロ・クーポン債のイールド・カーブが残存5年で利回り5％（理論価格約78円），残存4年で利回り4％（理論価格約85円）のとき，イールド・カーブが変化しない前提においては，この残存5年のゼロ・クーポン債を1年間保有することにより7円の価格上昇，つまり利回りを上回る収益を享受することができます。

また，外国為替取引においては，低金利通貨で調達し，それを高金利通貨へ交換し運用することでキャリーを得ることができます。このような取引手法をキャリー・トレードと呼び，特に日本円で資金調達を行う場合を円キャリー・トレードといいます。両国金利差をキャリーとして獲得できる一方で，為替リスクを負うのがキャリー・トレードの特徴です。円キャリー・トレードでは，日本円を売って高金利通貨を購入するため円安要因となります。

ヘッジ・ファンド *Hedge Funds*

特定の投資家のみを対象とした私募形式の投資スキームをもち, 絶対リターンをねらうファンドの総称。

Step 1　ヘッジ・ファンドの起源は, 1949年にAlfred Winslow Jonesが組成した私募投信にさかのぼるとされています。当初は, 株式のロングポジションに加え, "ヘッジ"目的のショート・ポジションを組み合わせることで, マーケットの方向性ではなく, 銘柄間の相対的価値の変動を収益化しようとしていました。ただ, その後は大幅に戦略が拡大したことに伴い, 実際にヘッジ・ポジションをとるか否かにかかわらず, 多彩な戦略を駆使し, 特定の投資家のみを対象とした私募ファンドを一般的に「ヘッジ・ファンド」と呼ぶようになりました。金融危機時を除けば, その市場規模は成長を続けており, 2023年末現在, 運用資産規模は4兆ドルを超えていると推定されています。

Step 2　ヘッジ・ファンドへの投資を行うにあたり, まずはその戦略の概要を知る必要があります。ヘッジ・ファンドの戦略は, たとえば図表1のように大きく分類できます。これらの下にさらにさまざまな戦略が細分化されており, さまざまな戦略が生み出されています。

　それぞれの戦略でリスク・リターン特性は大きく異なっています。ファンドによっては大きなレバレッジ（注）をかけるものもありますので, 単純にリターンのみに注目するのではなく, 投資家はそれぞれのファンドの特性を十分に把握する必要があります。

（注）　レバレッジとは, デリバティブ等を用いて, 手持ちの資金よりも大きな金額を投資することです。たとえば先物であれば, 証拠金を預けることで, その何倍, 何十倍もの金額に相当する先物に投資すること

図表1 ヘッジ・ファンドの投資戦略

投資戦略	内容
ダイレクション	相場の方向を見出しシステマティック・リスクをとることで、マーケット全体の動きから収益を獲得する戦略
アービトラージ	流動性等の理由により、割安や割高な価格で取引されている商品を見つけ、その価格差がいずれ修正されることに賭ける戦略
イベント・ドリブン	M&Aを行う企業の株の空売り等、企業の破綻・買収やM&A等の合併等の企業イベントの前後で発生する企業価値の変動を収益化する戦略
オポチュニスティック	世界各国の為替・金利・株式等の流動性の高い商品を対象とし、時価と理論価格との乖離や、経済や政治情勢の分析を判断材料とすることで、常に投資タイミングを模索し、好機と判断したタイミングでレバレッジをかけて一気に投資を行う戦略

ヘッジ・ファンドは、いまやメジャーな投資クラスとなっています。ヘッジ・ファンドは、実際に投資するときは十分な調査（デュー・デリジェンス）が必要です。なぜなら、ヘッジ・ファンドは当局からの規制が緩く、その実態が外からは非常にみえにくくなっているからです。実際、ファンドのデュー・デリジェンスのむずかしさを示している顧問事件は、2008年に米国で発覚したマドフ事件や、日本でのAIJ投資といえます。上記のようなヘッジ・ファンドでも、相場次第では大きな痛手を被ることがありますので、投資家は自分が投資しているファンドが、どのような特徴をもっているのかを十分に知らなければなりません。

たとえば、システマティック・リスクを極力排除し、銘柄選定からアルファを求めるアービトラージ型の「エクイティ・マーケット・ニュートラル」という戦略のヘッジ・ファンドは、金融危機で流動性が枯渇した結果、次々にポジションをロス・カットさせられる事態となり、パフォーマ

がができます。

Step 3

260

ンスが大きく悪化しました。一方で，主に株・債券等の先物をアクティブに取引するオポチュニスティック型の「マネージド・フューチャー」という戦略は，流動性の高い商品への投資と，金融危機で生まれた大きなトレンドへのフォローで，大きなプラスのリターンを確保しました（図表2参照）。

　金融危機の際は，ほとんどの戦略が流動性の枯渇でロス・カットを余儀なくさせられましたが，「マネージド・フューチャー」は，プラスのリターンを確保した数少ない戦略となりました。これらは戦略ごとの，流動性やテールリスクの違いが顕著に出た例です。

　このように，それぞれの戦略は局面に応じてそのリスク・リターンが異なりますので，自分のリスク許容度や他のポジションに応じたヘッジ・ファンド投資を行うことが大切になります。

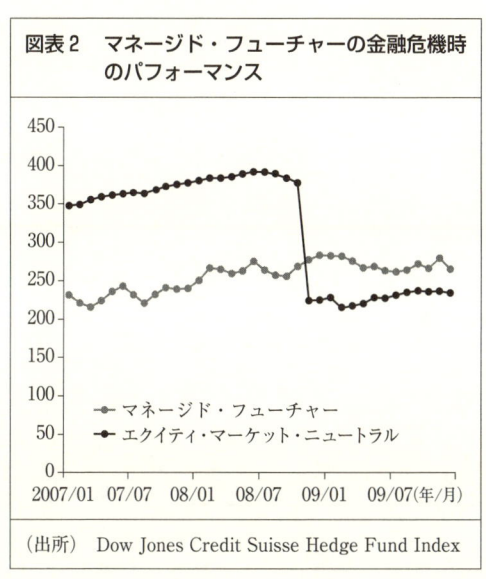

図表2　マネージド・フューチャーの金融危機時のパフォーマンス

（出所）　Dow Jones Credit Suisse Hedge Fund Index

ヘッジ *Hedge*

保有する取引やポートフォリオのリスクを打ち消すために取引をすること。

Step 1 デリバティブをはじめとしたさまざまな金融取引では，マーケットの変化に対して時価が変動します。この時価変動を抑えるために新たな取引を行うことをヘッジといいます。ヘッジには，金利先物のスタック・ヘッジ，一度だけヘッジをするスタティック・ヘッジ，動的にヘッジを行うダイナミック・ヘッジなどの種類があります。

Step 2 最も単純なヘッジは，保有する資産のリスクと逆のリスクをもつ取引を行うことです。たとえば，保有する株式の時価変動を抑えたいと思った場合，保有する株式と同じ銘柄の株式を保有量と同じ分だけ空売りすることで，株価が上昇しても下落しても損益が変動することを防ぐことができます（下図参照）。

オプションを使った簡単なヘッジとして，保有する株式のプット・オプションを購入することで，株価下落時の損益変動を抑える方法があります。

保有株式とヘッジ取引の損益

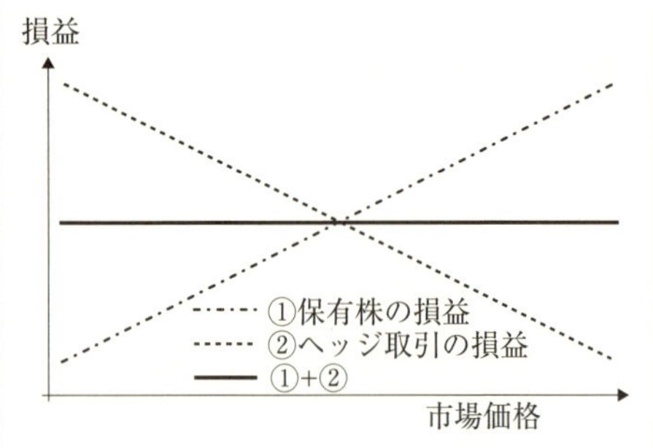

損益

------- ①保有株の損益
- - - - ②ヘッジ取引の損益
―― ①＋②

市場価格

スタック・ヘッジ　*Stack Hedge*

単限月の先物等をロールさせてヘッジする手法。

Step 1　スタック・ヘッジは，期間の長い資産・負債の価格変動や金利変動リスクについて，単限月の先物等をロールさせてヘッジする手法です。スタック・ヘッジでは，市場の流動性と予測を重視し，ある１限月で必要枚数分すべて取引し，限月終了とともに次の１限月でまた必要枚数分すべて取引する，すなわちロールさせてカバーすることになります。一方，もう１つの代表的なヘッジ手法であるストリップ・ヘッジでは，現時点でヘッジすべき期間に対して，先々の限月をすべて用いて必要枚数分取引することでカバーします。

Step 2　具体例をもとに，ストリップ・ヘッジと比較しながら説明します。いま，Ｌ銀行が３カ月定期預金100億円を１年間，ユーロ円金利先物（１限月＝３カ月）でヘッジするとします。期間１年の間に限月の更新が３回発生するため，ポジション数は300枚（１枚＝１億円単位，100億円×３÷１億円＝300枚）となります。なお，計算上１カ月を30日と簡略化しましたが，正確には実日数の計算が必要です。３カ月の大口定期預金で100億円を現時点（３月）で２つの手法を用いてヘッジしようとすると，図表１，２のようになります。

①　**スタック・ヘッジ**

まず，６月限月物300枚を売り建て，６月には９月限月物200枚，９月には12月限月物100枚を，リレーのようにロールしながら合計600枚を売り建てます。

②　**ストリップ・ヘッジ**

現時点での先物価格で，更新期にあわせて６月限月物100枚，９月限月物100枚，12月限月物100枚をすべてヘッジし，合計300枚を売り建てます。

期近の限月や中心限月を利用することが多いため，スタック・ヘッジのほうが流動性の確保という意味では優れていますが，取引コストの面や，ヘッジの精度という意味においては，ストリップ・ヘッジのほうが優れていると，一般的にはいわれています。

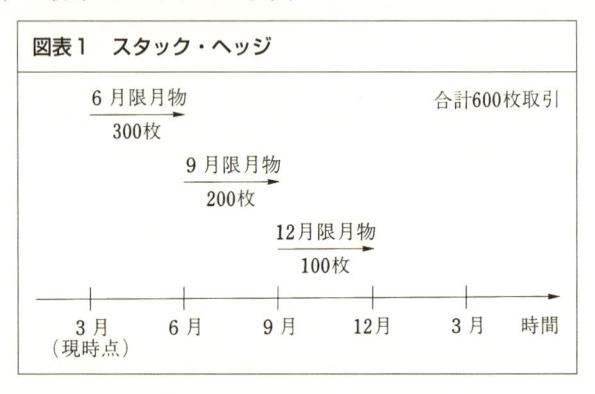

図表1　スタック・ヘッジ

6月限月物
300枚

9月限月物
200枚

12月限月物
100枚

合計600枚取引

3月　　6月　　9月　　12月　　3月　　時間
（現時点）

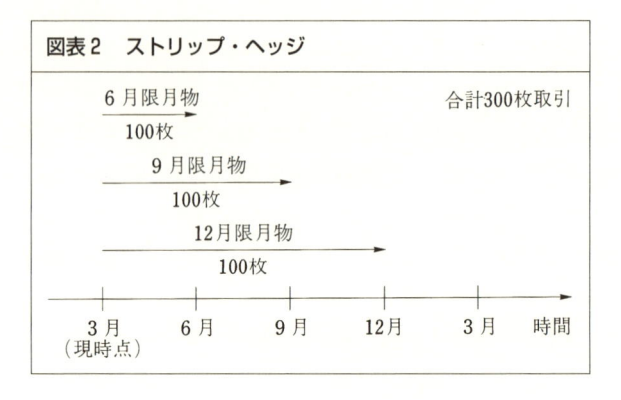

図表2　ストリップ・ヘッジ

6月限月物
100枚

9月限月物
100枚

12月限月物
100枚

合計300枚取引

3月　　6月　　9月　　12月　　3月　　時間
（現時点）

スタティック・ヘッジ　*Static Hedge*

ヘッジ開始時に一度だけヘッジする方法。

Step 1　スタティック・ヘッジとは，金融商品やデリバティブ取引などのヘッジ対象の損益を相殺するために，他の金融商品などでヘッジ開始時に一度だけヘッジし，そのポジションをヘッジ終了時まで解消しないヘッジ方法のことです。

　たとえば，機関投資家が円投で米国債を購入する際，ドル円の為替リスクが発生します。そこで，米国債の簿価部分の為替リスクのみヘッジするために為替予約取引でドルを売り建て，市場が変動してもドル円のポジションを変えず，米国債売却まで保有することがあります。なお，機動的にヘッジする方法はダイナミック・ヘッジといいます。

Step 2　スタティック・ヘッジとダイナミック・ヘッジは目的にあわせて同時に利用されることがあります。たとえば，円投による米国株と米国債のポートフォリオを保有している場合，簿価部分のみをスタティック・ヘッジし，米国株と米国債の評価損益部分をダイナミック・ヘッジする管理方法が考えられます（次頁の図参照）。このようにすると，簿価部分のヘッジ取引と評価損益部分のヘッジ取引を分けて集計できるため，ポートフォリオ全体を定期的にダイナミック・ヘッジするよりも損益の要因分析が容易になります。

8

戦

略

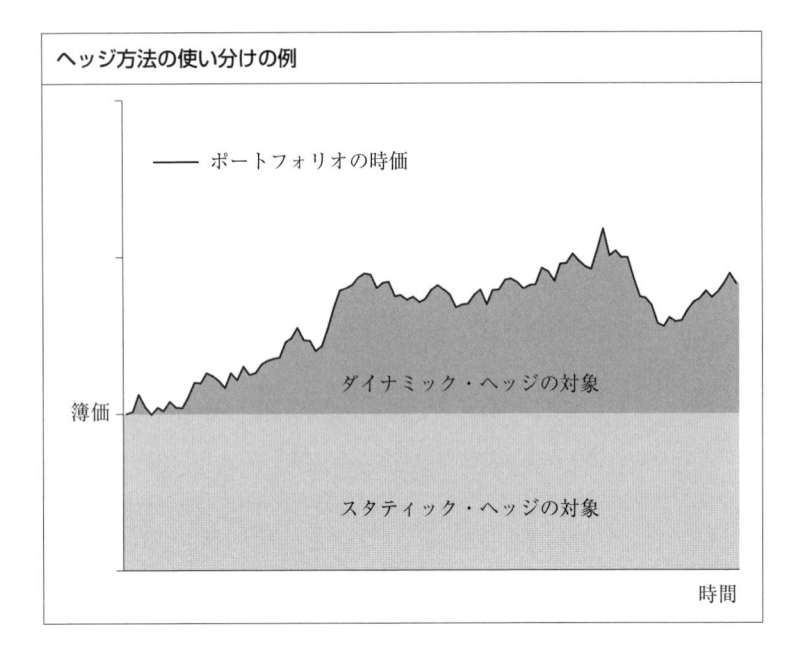

ヘッジ方法の使い分けの例

—— ポートフォリオの時価

簿価

ダイナミック・ヘッジの対象

スタティック・ヘッジの対象

時間

ダイナミック・ヘッジ　*Dynamic Hedge*

ヘッジ対象の損益を相殺するために機動的にヘッジする手法。

Step 1　金融商品やデリバティブ取引などのヘッジ対象から発生する損益を相殺するために，他の金融商品などのヘッジ手段を機動的に取引することをダイナミック・ヘッジといいます。

　ヘッジ手段はヘッジ対象と同一の金融商品ではないため，どの程度ヘッジすればよいかを決める必要がありますが，デルタ，ガンマ，ベガ等のグリークスを参考にすることが一般的です。たとえば，ドル円のコール・オプションの売り建てをヘッジするときには，コール・オプションのデルタを計算して，そのデルタを相殺するようにスポット取引でヘッジします。その後，市場が変動してコール・オプションのデルタが変化した場合には，そのデルタを相殺するようにスポット取引でヘッジします。このようなダイナミック・ヘッジを継続することによって，ヘッジ対象（コール・オプション）の損益がヘッジ手段（スポット取引）で相殺されることが期待できます。

　しかし，ダイナミック・ヘッジでは，取引のつど執行コストがかかり，急な相場変動で想定した価格での取引執行ができない可能性もあります。そのため，必ずしもヘッジ対象の損益を相殺できるわけではありません。

Step 2　ダイナミック・ヘッジのコストを減らすためにさまざまな工夫が行われています。ヘッジ手段の取引回数を減らすことによって執行コストは削減できますが，トレードオフとして相場変動時にヘッジが過小になる可能性があります。また，ヘッジが必要な商品を1つのポートフォリオにまとめて管理することにより，ヘッジ対象同士で損益が相殺されることがありますが，リスクが複雑になる可能性もあります。

8

戦

略

プロキシ・ヘッジ　*Proxy Hedge*

ヘッジ対象の損益を相殺するために，相関がある商品を用いて代替的にヘッジする手法。

Step 1　流動性や取引コストの観点から同様の金融商品を用いて直接ヘッジするのではなく，相関がある別の商品を用いて代替的にリスクヘッジを行うことをプロキシ・ヘッジといいます。

たとえば，為替市場においては政治的な問題や経済的な問題を背景として，新興国通貨の流動性が著しく低下することがあります。このような場合に高い執行コストを払って，直接その新興国通貨でヘッジするのではなく，流動性が十分にある通貨や商品のなかで，その新興国通貨と相関のあるものでポジションを構築し，代替的にヘッジを行うことがあります。

実際に，2023年にはトルコリラが同国のエルドアン大統領の政策による政治的な混乱や金融政策の影響により，短期間で急落しそれに伴って流動性も枯渇するような状況がみられました。このような場面において，プロキシ・ヘッジを用いることが有効となる可能性があります。たとえば，特に混乱が生じていた23年5月末から6月末に限定してトルコリラとの相関を調べると，ゴールドが逆相関を示しており，政治混乱によるリスクオフといった観点からもトルコリラのロングポジションに対して，ゴールドのロングポジションをもつことで一定程度リスクヘッジを行うことができたと考えられます。

ペイオフ・ダイアグラム　*Payoff Diagram*

市場価格とポジションの損益の関係をグラフ化したもの。

Step 1　ペイオフ・ダイアグラムは，横軸に市場価格，縦軸にポジションの損益をとり，両者の関係をグラフ化したものです。典型的なダイアグラムは図表1～6のとおりです。

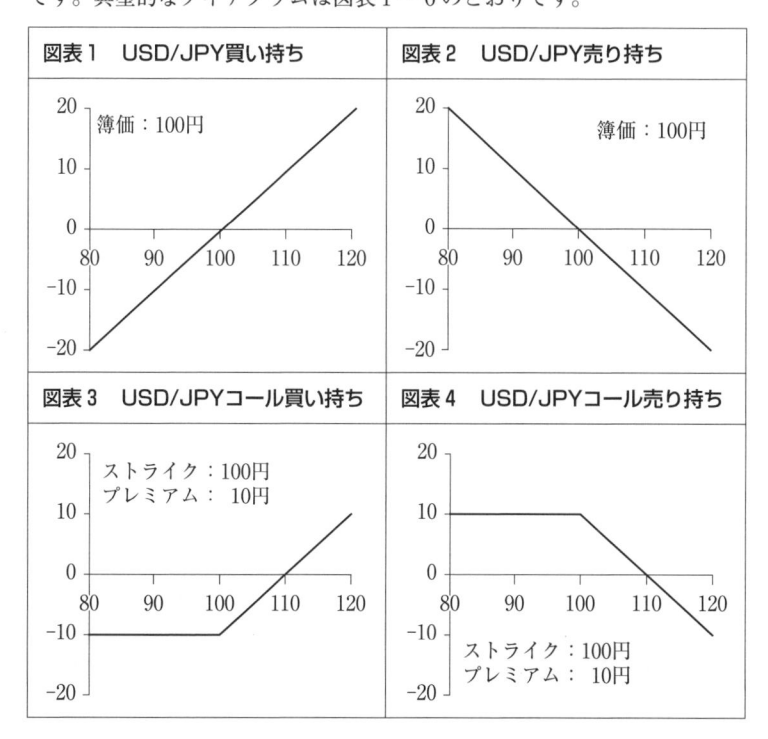

図表1　USD/JPY買い持ち　（簿価：100円）

図表2　USD/JPY売り持ち　（簿価：100円）

図表3　USD/JPYコール買い持ち　（ストライク：100円　プレミアム：10円）

図表4　USD/JPYコール売り持ち　（ストライク：100円　プレミアム：10円）

8
戦
略

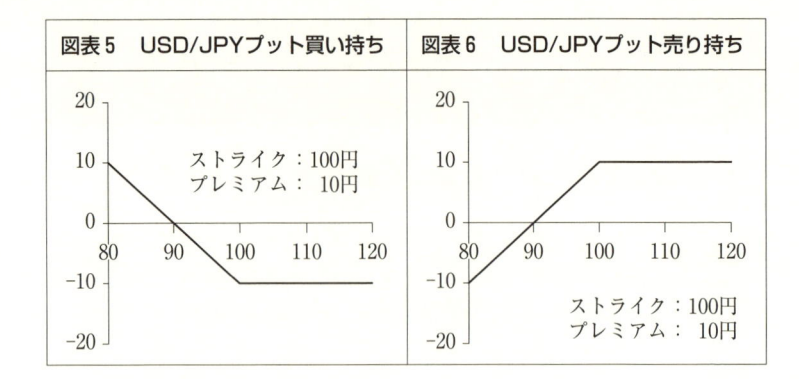

図表5　USD/JPYプット買い持ち	図表6　USD/JPYプット売り持ち
ストライク：100円 プレミアム： 10円	ストライク：100円 プレミアム： 10円

スプレッド *Spread*

金利差や価格差，またこれらに注目した売買戦略。

Step 1　スプレッドとは，一般的に2つの金利差や価格差を指します。たとえば，3カ月TIBORと3カ月OIS（Overnight Index Swap）など，同一期間のTIBORとOISの金利差はTIBOR-OISスプレッドと呼ばれ，TIBORに内在している信用リスクを確認する際に参照されます。また，銀行が企業等に対して貸出をする際に信用リスクに応じて上乗せする金利を貸出スプレッドといいます。それら以外にも，異なる期間のTIBORのスプレッド，社債利回りの対国債スプレッドなどさまざまなスプレッドがあります。なお，銀行等の金融機関が取引の際に徴収する手数料もスプレッドと呼ばれることがあります。

Step 2　スプレッドに注目して取引を行うことを「スプレッド・トレーディング」と呼びます。先物取引の代表的なスプレッド・トレーディングとしてはカレンダー・スプレッドがあります。これは，限月間の価格差に着眼し，その差が縮小する（拡大する）ことを予想して取引を行い，収益を追求します。オプション取引の代表的なスプレッド・トレーディングとしては，レシオ・コール・スプレッド（レシオ・プット・スプレッド）があります。これは同一満期で異なる権利行使価格のコール・オプション（プット・オプション）の買いと売りをある比率で組み合わせた取引です。組合せを調整することによって「ブル型＝価格上昇すると収益発生」「ベア型＝価格下落に対し収益発生」「バタフライ型＝価格が一定内にとどまった場合に収益発生」という取引をすることができます。

カレンダー・スプレッド　*Calendar Spread*

満期日のみが異なる先物取引等の売りと買いを組み合わせた投資戦略。

Step 1　カレンダー・スプレッドは，満期日のみが異なる先物取引やオプション取引等について，売りと買いを組み合わせた投資戦略です。満期日が異なることによって発生する価格差（スプレッド）に着目しています。

Step 2　先物取引のカレンダー・スプレッドは，同一商品の異なる2つの限月について，一方の限月を売り建て，他方を買い建てる取引を同時に行います。たとえば，ユーロ円3カ月金利先物6月限を99.90円で1,000枚売り建て，9月限を99.70円で1,000枚買い建てることによって，6月限と9月限の価格差が縮小したときに収益を得られます。

　また，オプション取引のカレンダー・スプレッドは，オプション満期日のみ異なる2つのオプションについて，一方を売り建て，他方を買い建てる取引を同時に行います。たとえば，日経225のコール・オプション4月限23,000円を200円で売り建て，6月限23,000円を450円で買い建てることによって，4月限と6月限の価格差が拡大したときに収益を得られます。

　一般的にオプション取引において「カレンダー・スプレッド」（ホリゾンタル・スプレッド，タイム・スプレッドとも呼ばれます）といった場合には，満期が短いオプションを売り建て，満期が長いオプションを買い建てる売買のことを指します。逆に，満期が短いオプションを買い建て，満期が長いオプションを売り建てる売買は，リバース・カレンダー・スプレッドと呼ばれます。

バタフライ・スプレッド　*Butterfly Spread*

権利行使価格が異なる3つのオプション取引を組み合わせた戦略。

Step 1
原資産，行使期日は同じで，権利行使価格が異なる3つのオプション取引を組み合わせた戦略をバタフライ・スプレッドといいます。行使価格の低いコールと高いコールを1単位ずつ買い，中間値のコールを2単位売ることを「ロング・バタフライ・スプレッド」と呼び，原資産の大きな価格変動はないと予想する場合に有効な戦略です。また，コール・オプションをプット・オプションに置き換えても同様の効果が得られます。一方，行使価格の低いオプションと高いオプションを1単位ずつ売却し，中間値のオプションを2単位購入することを「ショート・バタフライ・スプレッド」と呼びます。これは原資産の大きな価格変動を期待する戦略です。

Step 2
「ロング・バタフライ・スプレッド」の場合，オプションの行使期日に原資産価格が中間の行使価格近辺にあると収益を生みますが，大きく原資産価格が動くと少額の損失が発生します。なお，収益は原資産価格が中間の行使価格と同じときに最大となります（図表1）。

　一方，「ショート・バタフライ・スプレッド」の場合，行使期日に原資産価格がどちらかの方向に大きく変動したとき，収益をあげることができますが，原資産価格が中間の行使価格近辺にとどまったときは損失が発生します。損失は原資産価格が中間の行使価格と同じときに最大となります（図表2）。

Step 3
「バタフライ・スプレッド」は「ストラドル」の損益を限定した戦略であり，リスクを軽減できることが特徴です。たとえば「ロング・バタフライ・スプレッド」と「ショート・ストラ

8

戦略

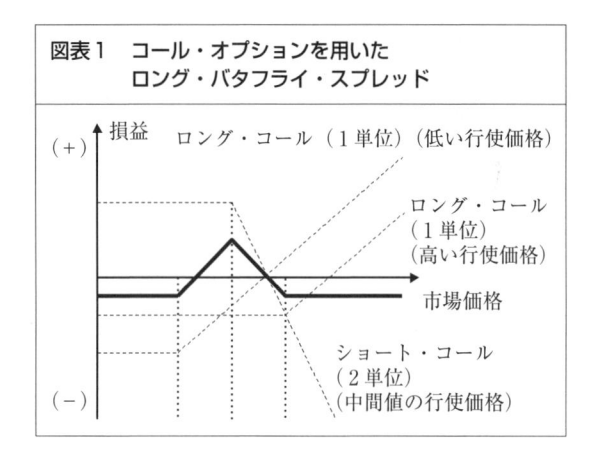

図表1　コール・オプションを用いた
　　　　ロング・バタフライ・スプレッド

(+) 損益

ロング・コール（1単位）（低い行使価格）

ロング・コール
（1単位）
（高い行使価格）

市場価格

ショート・コール
（2単位）
（中間値の行使価格）

(−)

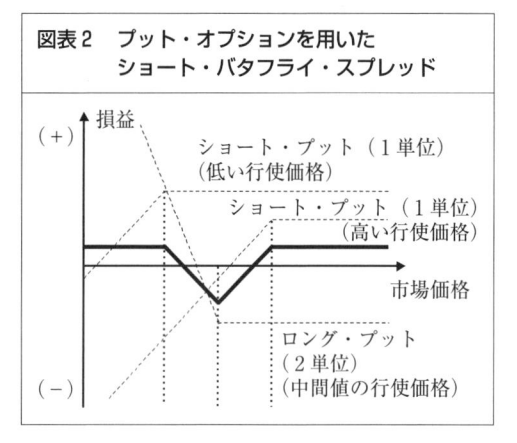

図表2　プット・オプションを用いた
　　　　ショート・バタフライ・スプレッド

(+) 損益

ショート・プット（1単位）
（低い行使価格）

ショート・プット（1単位）
（高い行使価格）

市場価格

ロング・プット
（2単位）
（中間値の行使価格）

(−)

ドル」を比較すると，「ロング・バタフライ・スプレッド」は相場が大き
く変動した場合でも，損失を限定できます。一方，最大利益は小さくなり
ます（図表3）。

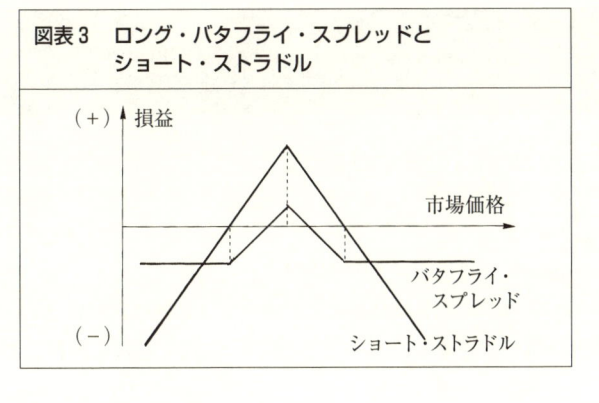

図表3　ロング・バタフライ・スプレッドと
　　　　ショート・ストラドル

8

戦

略

シンセティック・ポジション　*Synthetic Position*

金融商品の合成でつくられるポジション。

Step 1　　シンセティック・ポジションは，デリバティブなどの金融商品を合成してつくられるポジションです。基本的にデリバティブのペイオフは直線のフォワード系取引と非直線のオプション系取引に分解できます（図表1，2参照）。これらを組み合わせて構築したシンセティック・ポジションでは，既存の金融商品と同様のペイオフ，あるいは新たなペイオフをつくることができます。また，金融商品のリスクはデルタ，ガンマ，ベガ，セータ，ロー，ベーシス，コリレーションなどに分解することができます。複数の金融商品を組み合わせることで，これらのリスクもニーズに沿ったかたちでカスタマイズすることができます。

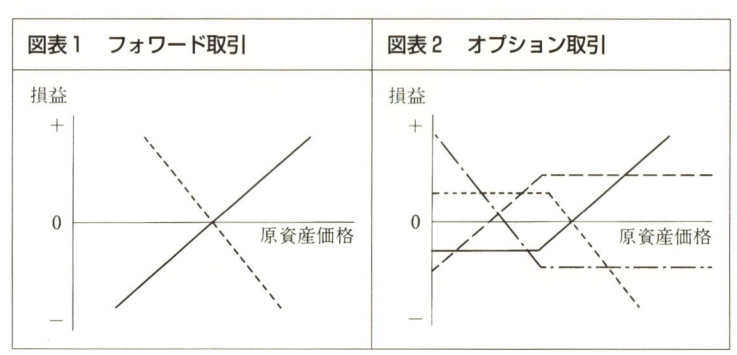

図表1　フォワード取引	図表2　オプション取引

シリンダー　*Cylinder*

異なる行使価格で反対サイドのオプションの売り・買いを同時に行う取引。

Step 1

シリンダーは，異なる行使価格で反対サイドのオプションの売り・買いを同時に行う取引の総称です。通貨オプションのコールとプットを活用したレンジ・フォワードやキャップの買い・フロアーの売りを活用したカラーなどがあります。たとえば，輸出企業がドル建て債権の円高リスクをヘッジする場合に，アウト・オブ・ザ・マネーのドル・プット・オプションを購入すると同時に，同じオプション期間の異なる行使価格であるアウト・オブ・ザ・マネーのドル・コール・オプションを売却することが考えられます。この戦略では，ドル・コール・オプションを売却しているため，将来円安となった場合に実勢より円高のレートで円転する義務が生じるものの，オプション料が手に入るため，これを元手にしてより低いコストで将来の円高時に備えてドル・プット・オプションの購入が可能となります。

Step 2

次にカラー取引を活用した金利変動リスク・ヘッジの具体例をみていきましょう。石油会社D社は，TIBORベースの変動金利で調達している資金の金利上昇リスクを気にしています。今回シリンダーの手法を利用しゼロコストで金利上昇リスクをヘッジすることを考えます（次頁の図参照）。(a)4.5％のキャップ取引を締結し，(c)の調達金利の金利上昇リスクをヘッジします。そして，(a)のキャップ取引のプレミアムをまかなうため，(b)のフロアー取引を売却します。このときのフロアーの水準を(a)のプレミアムの水準から逆算することでゼロコストを達成します（今回は３％とします）。借入債務(c)と，(a)(b)２つのオプションの購入・売却を含めた全体の損益は，図の実線のとおりです。ここで石油

会社D社は,

(ケース1) 6カ月円TIBOR＞4.5％の場合……キャップ取引を行使し, 金利がどれほど上昇しても実質4.5％の調達になります。

(ケース2) 3.0％≦6カ月円TIBOR≦4.5％の場合……キャップ取引を 行使しないかわりに, フロアー取引も行使されず, この間 (3.0％～ 4.5％) の変動金利での調達になります。

(ケース3) 6カ月円TIBOR＜3.0％の場合……フロアー取引が相手方に 行使されるため, マーケット金利がいかに下がろうとも, 実質3.0％の 調達ということになります。

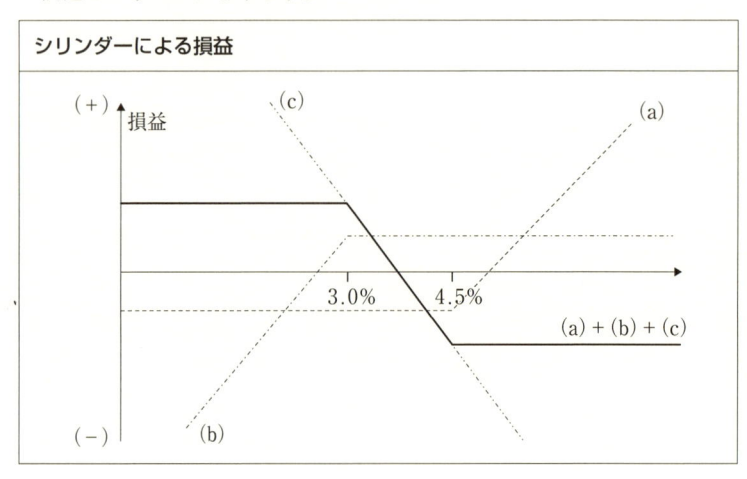

シリンダーによる損益

オプション・ストラテジー（オプション戦略）
Option Strategy

市場の方向や変動に着目しオプションを活用して収益獲得をねらう戦略。

Step 1 相場の方向や変動の見通しがある場合，オプションを組み合わせることで，その見通しに沿った収益獲得が可能なストラテジーを構築することができます。オプションを用いて立てた戦略の総称をオプション・ストラテジーといいます。先行き原資産が買われる（売られる）可能性が高い，または先行き原資産の価格が大きく変動する（安定する）可能性が高いといった見通しをもったうえでストラテジーを構築することになります。

Step 2 ［典型的なオプション・ストラテジー（通貨オプションの場合）］

※横軸の市場価格はドル円であり右に行くほどドル高円安を表します。

① 先行きの円安指向

a ドル・ロング（Dollar Long）

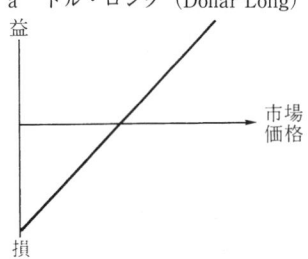

b ロング・コール（Long Call）

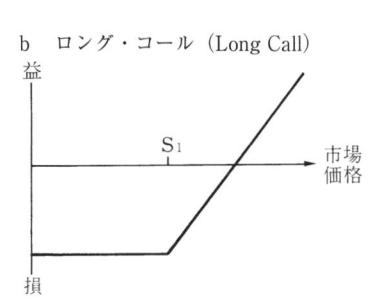

c　ショート・プット（Short Put）

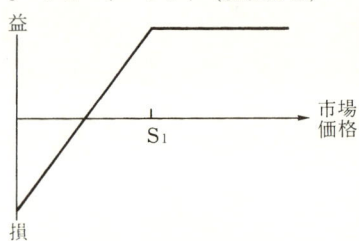

d　ブル・スプレッド（Bull Spread）

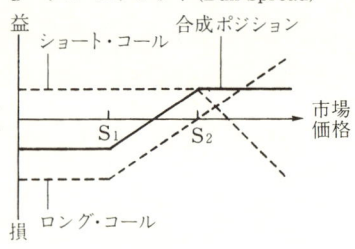

②　先行きの円高指向

a　ドル・ショート（Dollar Short）

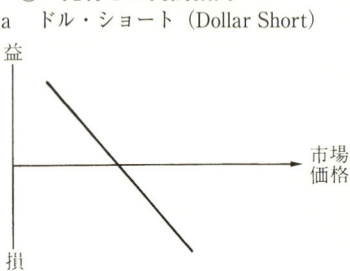

b　ロング・プット（Long Put）

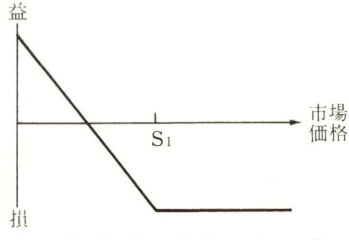

c　ショート・コール（Short Call）

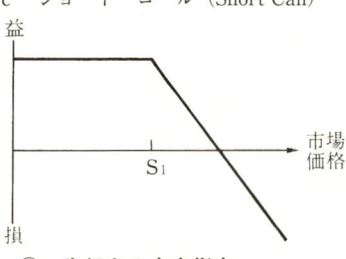

d　ベア・スプレッド（Bear Spread）

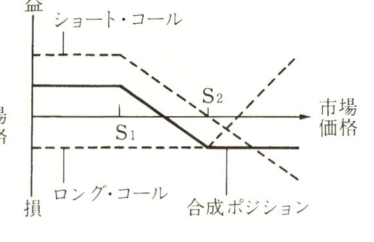

③　先行きの安定指向

a　ショート・ストラドル（Short Straddle）

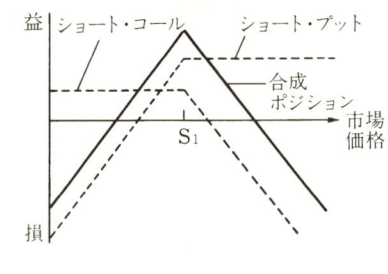

b　ショート・ストラングル（Short Strangle）

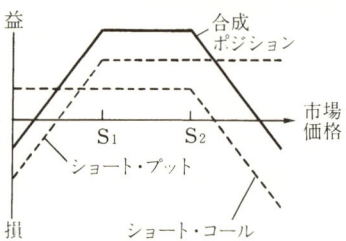

c　ロング・バタフライ・スプレッド
（Long Butterfly）

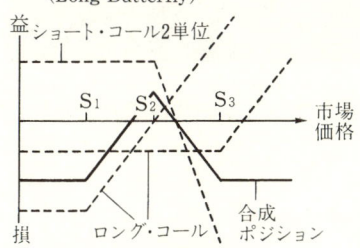

④　**先行きの変動指向**

a　ロング・ストラドル（Long Straddle）

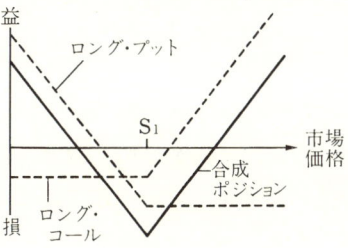

b　ロング・ストラングル（Long Strangle）

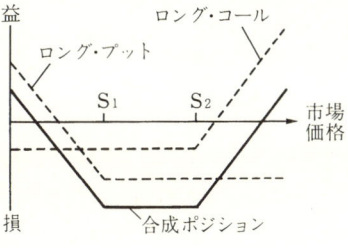

c　ショート・バタフライ・スプレッド
（Short Butterfly）

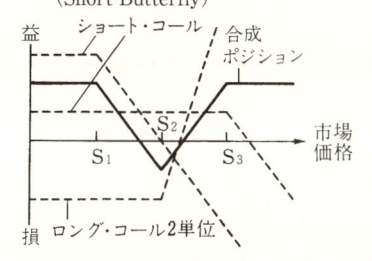

カバード・コール *Covered Call*

保有する金融商品とそのコール・オプション売却を組み合わせた戦略。

Step 1 ある金融商品を保有する場合に, それを原資産とするコール・オプションを売却し, 一定水準以上の値上り益を放棄するかわりにプレミアムを得る戦略をカバード・コールといいます。原資産価格があまり変動しないとみている場合に同戦略が活用されます。

カバード・コールは金融商品とコール・オプション売り建ての2つの取引で構成され, オプション満期日時点に2つのケースが考えられます。まず, オプションがITMとなり権利行使された場合, 保有している金融商品をオプション取引の相手方に引き渡します。一方, オプションがOTMとなり権利放棄された場合, 金融商品を引き続き保有します。

カバード・コールのペイオフ・ダイアグラムは下図のとおりで受け取ったプレミアム以上に原資産価格が下落した場合の損失は回避できません。

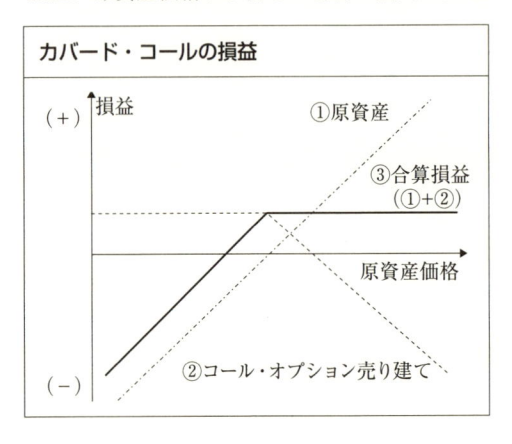

カバード・コールの損益

(+) 損益　　　　　　①原資産

　　　　　　　　　③合算損益
　　　　　　　　　（①+②）

　　　　　　　　　原資産価格

(−)　　②コール・オプション売り建て

ターゲット・バイイング　*Target Buying*

購入予定資産があるときに，プット・オプション売却により収益獲得をねらう戦略。

Step 1　ある資産の価格が一定水準まで下落したら購入したいと考えている場合，買入目標水準を行使価格としたプット・オプションを売却する戦略を「ターゲット・バイイング（Target Buying）」といいます。この戦略では，資産価格が下落しなかった場合はオプション売却によるプレミアムを獲得できる一方，資産価格が目標水準まで下落した場合は当初の目標金額で当該資産を購入することができます。言い換えれば資産価格が目標よりさらに下落したときの購入価格下落のメリットを捨てることでオプションのプレミアムを得る戦略となります。

Step 2　たとえば，ある企業が手持ちの円資金を1ドル108.00円で100万ドルに交換したいと考えていますが，現在のレートは110.00円だとします。この企業はドル資金がすぐには必要ないため，ターゲット・バイイングを選択しました。そこで，金融機関を取引相手として，ドル円のプット・オプション（権利行使価格108.00円，オプション満期3カ月後，想定元本100万ドル）を売却し，プレミアム100万円を受け取りました。

オプション満期となる3カ月後のドル円が108.00円以上だった場合には，プット・オプションは権利放棄となり，この企業は手持ちの円資金をドルに交換できません。一方，3カ月後のドル円が108.00円未満だった場合には，その時のドル円の水準にかかわらず，この企業は手持ちの円資金を1ドル108円でドルに交換することになります。

プロテクティブ・プット　*Protective Put*

保有する金融商品とプット・オプション購入を組み合わせた戦略。

Step 1　ある金融商品を保有する場合，それを原資産とするプット・オプションを購入し，プレミアムを支払うかわりに保有する金融商品の価格下落による損失を限定する戦略をプロテクティブ・プットといいます。保有資産を売却することなく価格下落リスクをヘッジするとともに，値上り益を享受したい場合に同戦略が活用されます。プロテクティブ・プットは金融商品とそのプット・オプション買い建ての2つの取引で構成され，オプション満期日時点に2つのケースが考えられます。まず，オプションがITMとなり権利行使した場合，保有している金融商品をオプション取引の相手方に引き渡して，プロテクティブ・プットが終了となります。一方，オプションがOTMとなり権利放棄した場合，金融商品を引き続き保有します。プロテクティブ・プットのペイオフ・ダイアグラムは下図のとおりで，原資産価格が下落した場合でも最大損失は限定され，原資産価格がプレミアム以上に値上りした場合に利益を獲得することができます。

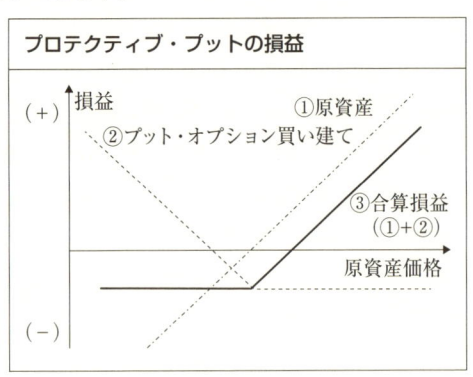

プロテクティブ・プットの損益

①原資産
②プット・オプション買い建て
③合算損益（①＋②）
損益　（＋）（－）
原資産価格

ストラップ *Strap*

同じ権利行使価格・異なる数量のコール・オプションとプット・オプションを組み合わせた戦略。

Step 1 同じ権利行使価格で同じオプション満期日のコール・オプションとプット・オプションを組み合わせたオプションの複合的取引のうち，コール・オプションがプット・オプションよりも多いものをストラップといいます。たとえば，コール・オプションを2単位購入し，プット・オプションを1単位購入するといったものです。

コールとプットの両方を購入することをストラップの買い（ロング・ストラップ）といい，原資産価格が大きく変動することを予想するものの，どちらかというと上昇の可能性が高いと予想するときに有効です。逆に，コールとプットの両方を売却することをストラップの売り（ショート・ストラップ）といい，原資産価格が停滞することを予想するものの，特に上昇する可能性が低いと予想するポジションです。

Step 2 ロング・ストラップの場合，オプション満期日に原資産価格が権利行使価格から大きく離れているときに収益が発生しますが，原資産価格が権利行使価格に近いときは損失が発生します。また，最大損失は原資産価格と権利行使価格が同一のときであり，オプション料が損失額となります（図表1）。

ショート・ストラップの場合，オプション満期日の原資産価格が権利行使価格に近ければ収益が発生しますが，原資産価格が権利行使価格から大きく離れているときには損失が発生します。このときの損失は限定されないため，リスクの大きな戦略といえます。なお，最大収益は原資産価格と行使価格が同一のときであり，オプション料が収益額となります（図表2）。

8
戦
略

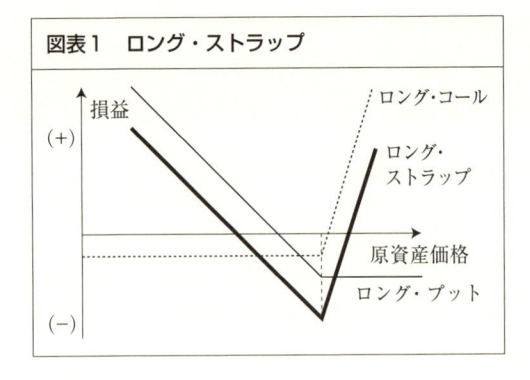

図表1　ロング・ストラップ

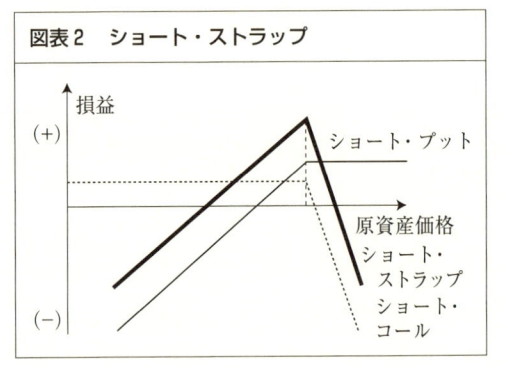

図表2　ショート・ストラップ

ストリップ *Strip*

同じ権利行使価格・異なる数量のコール・オプションとプット・オプションを組み合わせた戦略。

Step 1 同じ権利行使価格で同じオプション満期日のコール・オプションとプット・オプションを組み合わせたオプションの複合的取引のうち，コール・オプションがプット・オプションよりも少ないものをストリップといいます。たとえば，コール・オプションを1単位購入し，プット・オプションを2単位購入するといったものです。

コールとプットの両方を購入することをストリップの買い（ロング・ストリップ）といい，原資産価格が大きく変動することを予想するものの，どちらかというと下落の可能性が高いと予想するときに有効です。逆に，コールとプットの両方を売却することをストリップの売り（ショート・ストリップ）といい，原資産価格が停滞することを予想するものの，特に下落の可能性が低いと予想するときに有効です。

Step 2 ロング・ストリップの場合，オプション満期日に原資産価格が権利行使価格から大きく離れているときに収益が発生しますが，原資産価格が権利行使価格に近いときは損失が発生します。また，最大損失は原資産価格と行使価格が同一のときであり，オプション料が損失額となります（図表1）。

ショート・ストリップの場合，オプション満期日に原資産価格が権利行使価格に近ければ収益が発生しますが，原資産価格が権利行使価格から大きく離れているときには損失が発生ます。このときの損失は限定されないため，リスクの大きな戦略といえます。なお，最大収益は原資産価格と行使価格が同一のときであり，オプション料が収益額となります（図表2）。

8

戦

略

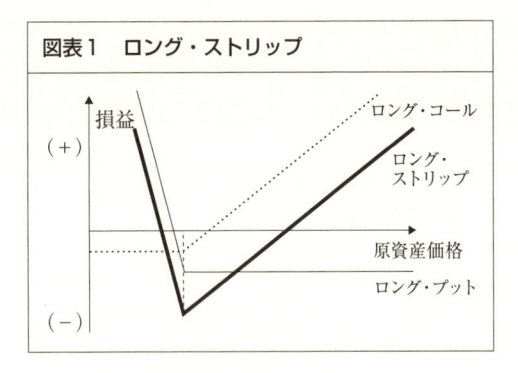

図表1　ロング・ストリップ

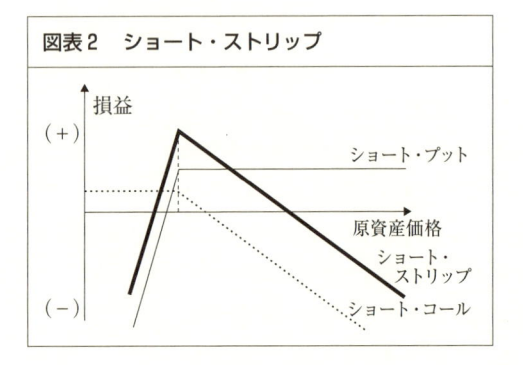

図表2　ショート・ストリップ

ストラドル　*Straddle*

同じ権利行使価格のコール・オプションとプット・オプションを組み合わせた戦略。

Step 1　同じ権利行使価格で同じ行使期日のコール・オプションとプット・オプションを同じ想定元本の額だけ組み合わせたオプションの複合的取引をストラドルといいます。コールとプットを両方買うのがロング・ストラドルで，原資産価格が大きく変動することは予想されるものの，どちらの方向に動くか見当がつかないときに有効です。逆にコールとプットを両方売るのがショート・ストラドルで，こちらは相場が行使価格付近で停滞することを予想する取引戦略です。

Step 2　ロング・ストラドルの場合，オプションの行使期日までに原資産価格がどちらかの方向に大きく動けば，大きな収益につながりますが，原資産価格が行使価格に近い場合には損失が出ます。ショート・ストラドルの場合，原資産価格と行使価格が同一であったときにオプション料分の最大収益を生みますが，価格が大きく変動したときは損失が限定されないため，リスクの大きな戦略となります。

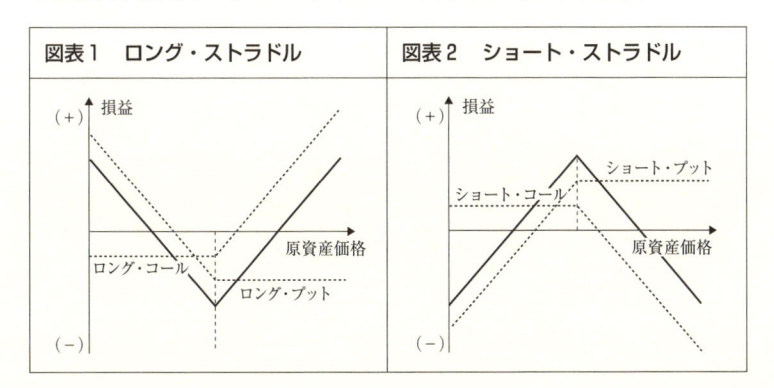

| 図表1　ロング・ストラドル | 図表2　ショート・ストラドル |

8
戦略

ストラングル *Strangle*

異なる権利行使価格のコール・オプションとプット・オプションを組み合わせた戦略。

Step 1　異なる権利行使価格で同じ行使期日のコール・オプションとプット・オプションを同じ想定元本の額だけ組み合わせたオプションの複合的取引をストラングルといいます。コールとプットを両方買うのがロング・ストラングルで，逆にコールとプットを両方売るのがショート・ストラングルです。相場の方向性ではなく変動自体を予想する点で，ストラドルと類似した戦略といえます。

Step 2　ロング・ストラングルの場合，オプションの行使期日までに原資産価格がどちらかの方向に大きく動けば，大きな収益につながりますが，原資産価格がコールとプット2つの行使価格の範囲内あるいはその近辺にとどまる場合には損失が出ます。ショート・ストラドルの場合，原資産価格がコールとプット2つの行使価格の範囲内にあるとき，オプション料分の最大収益を生みますが，価格が大きく変動したときは損失が限定されないため，リスクの大きな戦略となります。

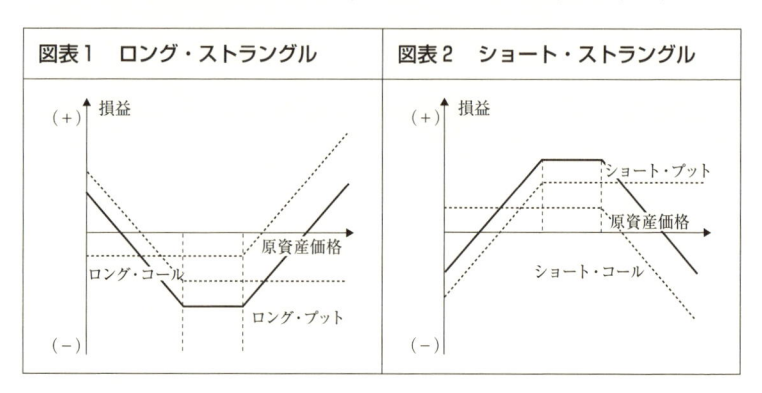

図表1　ロング・ストラングル

図表2　ショート・ストラングル

ダイアゴナル・スプレッド　*Diagonal Spread*

**オプション・タイプが同一で，権利行使価格と行使期日が異なる
2つのオプションを組み合わせた取引。**

Step 1　ダイアゴナル・スプレッドとはオプション取引の組合せ
の1つで，オプション・タイプが同一の2つのオプショ
ン取引について，異なる権利行使価格と行使期日を組み合わせた取引を指
します。たとえば，日経225オプションであれば，3月限コール・オプ
ション（行使価格：20,000円）を売却し，6月限コール・オプション（行
使価格：22,000円）を購入する取引の組合せがダイアゴナル・スプレッド
となります。オプションの権利行使価格と行使期日を図示した場合に取引
を示す点が対角線（diagonal）上に並ぶためこのように呼ばれます。この
例では，短期的には変動は小さいが，長期的には大きく動き行使価格の
22,000円を上回ると考えているときに採用する戦略です。

8

戦

略

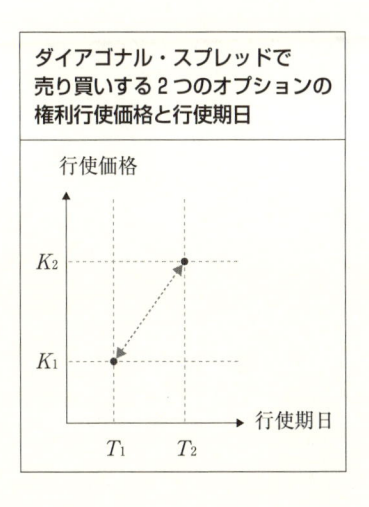

ダイアゴナル・スプレッドで
売り買いする2つのオプションの
権利行使価格と行使期日

レシオ・プット・スプレッド　*Ratio Put Spread*

原資産価格が一定の範囲内で下落する場合に有効な戦略。

Step 1　レシオ・プット・スプレッドはオプションを組み合わせた戦略であり，権利行使価格の低いプット・オプションを売り，権利行使価格の高いプット・オプションを買いますが，両オプションの取引単位を相場観とプレミアムに応じて調整します。たとえば1単位の買いに対して2単位を売るなどしてオプション取引の数量は異なるようにします。売買の比率を調整してプレミアムの授受が発生しないように取り組むことも可能です。

なお，上述の取引を特にロング・レシオ・プット・スプレッドと呼び，売り買いを反対にした戦略をショート・レシオ・プット・スプレッドと呼ぶことがあります。また，プット・オプションをコール・オプションとした戦略をレシオ・コール・スプレッドといいます。

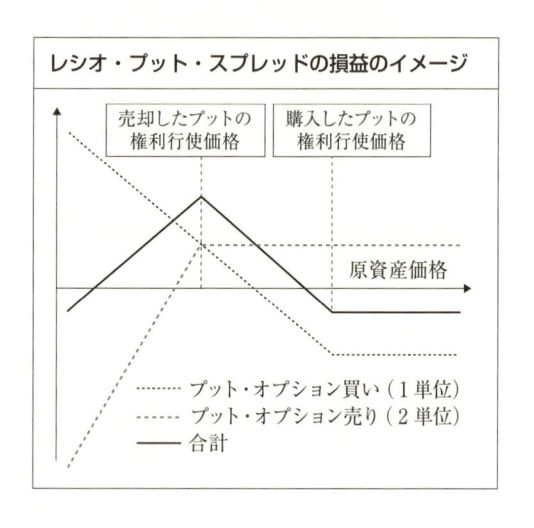

レシオ・プット・スプレッドの損益のイメージ

売却したプットの権利行使価格　購入したプットの権利行使価格

原資産価格

　・・・・・　プット・オプション買い（1単位）
　－－－－－　プット・オプション売り（2単位）
　―――――　合計

Step 2　レシオ・プット・スプレッドはバーティカル・スプレッドと類似した取引ですが，これは売買の単位が等しいため損益に上限が定まっています。一方，レシオ・プット・スプレッドでは利益は限定されますが，相場下落時は大きな損失を被る可能性がある点に注意が必要です。なお，投資の途中で権利行使価格の低いプット・オプションを買い戻すことでバーティカル・スプレッドに変形することが可能です。

バーティカル・スプレッド　*Vertical Spread*

権利行使価格が異なるオプションの組合せ取引。

Step 1　バーティカル・スプレッドとは権利行使日は同じですが，権利行使価格が異なる2つのオプションを組み合わせた取引です。行使価格の低いコールを1単位買い，高いコールを1単位売るのが「バーティカル・ブル・スプレッド」で，逆に行使価格の低いコールを1単位売り，高いコールを1単位買うのが「バーティカル・ベア・スプレッド」です。バーティカル・スプレッドは「シリンダー」または単に「ブル・スプレッド」「ベア・スプレッド」とも呼ばれます。なお，コール・オプションではなくプット・オプションでもバーティカル・スプレッドを構築できます。

また，金利キャップの売り買いの組合せを「コリドー・キャップ」，権利行使期日が異なるオプションを組み合わせた取引を「ホリゾンタル・スプレッド」または「カレンダー・スプレッド」といいます。

Step 2　「バーティカル・ブル・スプレッド」は，高いほうの権利行使価格以上に原資産価格が上昇した場合には，収益が頭打ちとなり，やや保守的な戦略といえますが，コール・オプション売りを組み合わせていることで支払うプレミアムは抑えられるメリットがあります。同様に，「バーティカル・ベア・スプレッド」は，高いほうの権利行使価格以上に原資産価格が上昇した場合でも損失が限定されるので，やや安全な戦略ですが，その分受け取れるプレミアムも少なくなります。

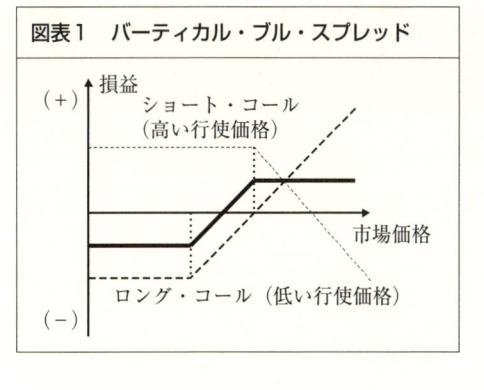

図表1　バーティカル・ブル・スプレッド

損益
(+)
ショート・コール
（高い行使価格）
市場価格
ロング・コール（低い行使価格）
(−)

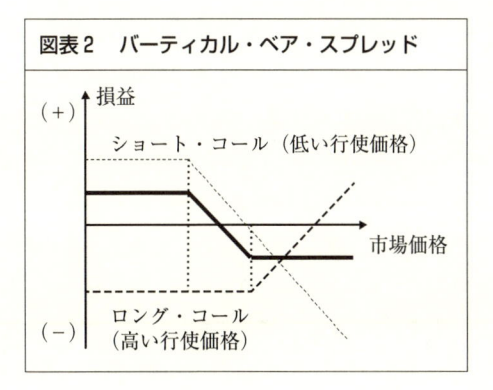

図表2　バーティカル・ベア・スプレッド

損益
(+)
ショート・コール（低い行使価格）
市場価格
ロング・コール
（高い行使価格）
(−)

8
戦

略

ウェッジ　*Wedge*

キャップとフロアーのストラドル取引とスワップションのストラドル取引の売り買いを組み合わせたスプレッド取引。

Step 1　ウェッジは，スワップションのストラドル取引の買い（売り）とキャップとフロアーのストラドル取引（CFS：Cap Floor Straddleと呼ばれます）の売り（買い）を組み合わせたスプレッド取引のことです。

Step 2　具体的な例として4年×5年のウェッジ取引をみていきます。まずスワップションの取引ですが，「4 year into 1 year（4年後に期間1年の金利スワップを受払いする権利を意味します）」のレシーバーズ・スワップションとペイヤーズ・スワップションを取り組みます。このとき，行使価格は4年先1年のフォワード・スワップ金利とするのが通例です。他方のCFS取引ですが，4年後に始まる期間1年のキャップおよびフロアー取引を取り組み，行使価格はスワップションの行使価格と同じレートに決めます。すなわち，この4年×5年のウェッジ取引では，①ペイヤーズ・スワップションの買い（売り），②レシーバーズ・スワップションの買い（売り），③キャップの売り（買い），④フロアーの売り（買い）と合計4つの取引を同時に取り組むことになります。なお，スワップションのストラドル取引とCFS取引との間でオプションのプレミアムに違いがあればプレミアムの受渡も発生します。

Step 3　ウェッジ取引を行うねらいとしては，以下のようなものがあげられます。

① 流　動　性

　スワップションと比較するとCFS，またはキャップ，フロアーはインターバンク市場での取引量は少ないです。しかしながら，仕組債などの資

金運用商品や資金調達の変動金利などにキャップ・フロアーを設定することがあり，そのようなフローを抱えるインターバンクのディーラーはキャップ・フロアーのリスクをヘッジしなければなりません。そのため，ディーラーは流動性の乏しいCFS取引のみを取り組むのではなく流動性の高いスワップション取引でヘッジすることにより自然とウェッジのポジションを抱えることになります。

② ボラティリティのゆがみ

金利インデックスが同じ場合，理論的にはキャップ・フロアーのボラティリティとスワップションのボラティリティは裁定機会が生じないように値付けされます。しかしながら①で述べたようなキャップ・フロアーの需給が大きく偏った場合には，スワップションのボラティリティに対してキャップ・フロアーのボラティリティが割高（割安）になることも想定されます。そのような状況では，投機的な市場参加者はボラティリティのゆがみを収益機会として，ウェッジ取引に取り組むことがあります。

8

戦

略

リスク・リバーサル　*Risk Reversal*

権利行使価格の異なるコールオプションとプットオプションを同時に売買する取引。

Step 1　リスク・リバーサルとは，原資産，行使期日，想定元本が同じOTM（アウト・オブ・ザ・マネー）コールの売り（または買い）とOTMプットの買い（または売り）を同時に行う取引のことをいいます。

通貨オプションで上記の取引を行うと，権利行使日に下限レートから上限レートの範囲内で為替取引を実行できることからレンジ・フォワードとも呼びます。

Step 2　コールオプションとプットオプションのデルタとボラティリティが同一の場合，ゼロコストで取引することができますが，実際の市場では同じデルタのプットやコールの間には需給格差がありボラティリティの値は異なります。

通貨オプションのインターバンク市場では25デルタや10デルタのリスク・リバーサルが取引されており，市場でコールとプットのボラティリティの差を観測することができます。単にこの数値のこともリスク・リバーサル（RR）と呼び，USDJPY 25Delta RR 1Month 1.15bid/1.35offerのようにクオートされます。なお，25Delta RRはデルタ量が25％となるコールとプットのボラティリティの差を表します。

Step 3　横軸にストライクのデルタ値，縦軸に通貨オプションのインプライド・ボラティリティをとり，曲線で結んだものがボラティリティ・カーブです（次頁の図参照）。RRは同一デルタ値のコール・プットのボラティリティの格差を意味していることがみてとれます。

　ドル円の場合，ドルコール・円プットと比較してドルプット・円コールのボラティリティのほうが高い状態であることが多く，このような状態を円コールオーバーと呼びます。これは市場参加者が円安方向へ動くときより円高方向へ動くときのほうが市場の変動性が大きいとみていると考えられます。

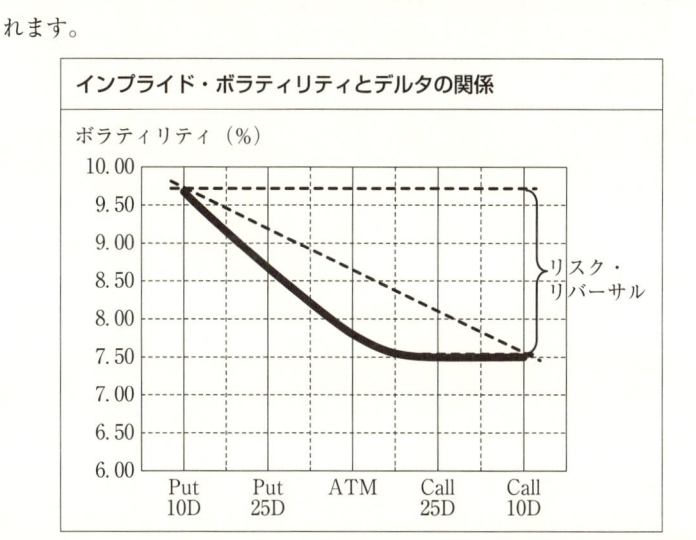

インプライド・ボラティリティとデルタの関係

ボラティリティ（％）

リスク・リバーサル

Put 10D	Put 25D	ATM
Call 25D	Call 10D	

8

戦

略

デルタ・ヘッジ　*Delta Hedge*

デルタに基づいて価格変動リスクをヘッジする方法。

Step 1　デルタは原資産価格が変化したときにオプションなどの価格がどの程度変動するか示す指標です。デルタ・ヘッジとは，ヘッジ対象の損益変動を防ぐために，ヘッジ対象のデルタに基づいて原資産を売買するヘッジ方法です。たとえば，ヘッジ対象である先物オプションのデルタが＋50枚の場合，ヘッジ手段として原資産の先物を50枚売却することによって，ヘッジ対象とヘッジ手段のデルタの合計は0枚（＝50枚－50枚）となります。そのため，原資産である先物の価格が変動しても，ヘッジ対象とヘッジ手段の合計損益はほとんど変化しません。ただし，実際にはオプションのデルタはインプライド・ボラティリティや原資産価格等によって変化するため，デルタ・ヘッジを実行しても損益が発生する可能性はあります。

Step 2　代表的な取引の1単位当りデルタは，原資産（買い）が1，コール・オプション（ATM買い）が約0.5，プッ

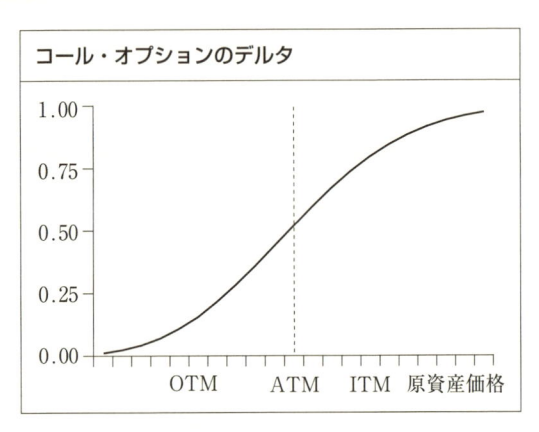

ト・オプション（ATM買い）が約−0.5となります。オプションのデルタと原資産価格の関係（前頁の図参照）は，線形ではないので，デルタ・ヘッジする際には，原資産のポジション量を原資産価格等に応じて変化させる必要があり，コストが想定以上にかかる可能性があります。

ラダー・ポートフォリオ　*Ladder Portfolio*

残存期間の異なる債券を同額ずつ保有する投資戦略。

Step 1　ラダー・ポートフォリオは，残存期間の異なる債券を同額ずつ保有することで，各年限の組入比率が同一になるようにした債券投資戦略です。

ラダー（Ladder）は「はしご」の意味で，各年限の残高が等しく，グラフ化すると「はしご」の形状に似ていることがその名の由来です。償還があれば再投資を行い，常に組入比率が一定となるように運用を行います。金利の先行き不透明感が強いときに用いられることの多い戦略です。

Step 2　代表的な債券投資戦略として，ラダー・ポートフォリオ以外に，バーベル・ポートフォリオ，ブレット・ポートフォリオと呼ばれる戦略があります。バーベル・ポートフォリオは，残存期間の短い債券と残存期間の長い債券を同額保有する投資戦略です。また，ブレット・ポートフォリオは保有債券の残存期間を一定の年限に集中させる投資戦略です。

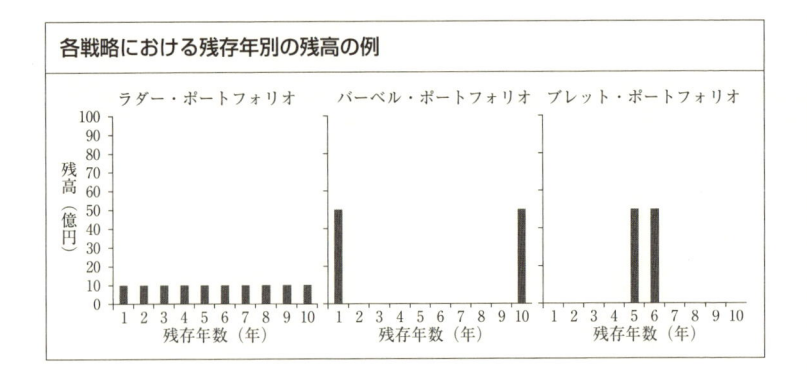

各戦略における残存年別の残高の例

Step 3 　金利がパラレルに大きく変動した場合，バーベル・ポートフォリオはデュレーションが同じブレット・ポートフォリオやラダー・ポートフォリオに比べ，パフォーマンスがよくなります。一方，金利が安定している場合，ブレット・ポートフォリオはデュレーションが同じバーベル・ポートフォリオやラダー・ポートフォリオに比べ，パフォーマンスがよくなります。

　ラダー・ポートフォリオは，バーベル・ポートフォリオとブレット・ポートフォリオの中間の特徴をもっています。すなわち，デュレーションが同じポートフォリオで比較すると，金利がパラレルに大きく変動した場合のパフォーマンスは「ブレット＜ラダー＜バーベル」となり，金利が安定している場合のパフォーマンスは「バーベル＜ラダー＜ブレット」となります。ラダー・ポートフォリオは，将来の金利変動の大小にかかわらず安定したポートフォリオを形成することが可能であるとともに，年限による金利感応度や表面利率などがほどよく分散されたポートフォリオ特性をもった債券投資戦略といえます。

8

戦

略

ポートフォリオ・インシュアランス
Portfolio Insurance

ポートフォリオの価値低下をヘッジするための戦略。

Step 1 ポートフォリオ・インシュアランス（PI）は，ポートフォリオの価値低下に対して保険（インシュアランス）をかけているかのように，ポートフォリオの価値が一定水準を下回らないようにヘッジ取引をする戦略のことです。たとえば，株式のポートフォリオであれば株価下落時にはポートフォリオの価値は低下しますが，ヘッジ取引としてプット・オプションを保有することによって，株価下落によるポートフォリオの価値低下をある程度防ぐことができます。また，保有している個別株式のプット・オプションが取引されていない場合でも，ダイナミック・ヘッジによって，株式の持ち高を調整することで理論上はプット・オプションを保有しているのと同様な経済効果を得ることができます。

Step 2 ダイナミック・ヘッジでは，ヘッジ対象となるポートフォリオの価値があらかじめ設定した水準に近づいた場合，「先物を売り建てる」または「リスク資産から安全資産に振り替える」などしてポートフォリオ全体のリスク量を減少させます。反対に，ポートフォリオの価値が高まる局面では，「先物のポジションを縮小する」または「安全資産からリスク資産へ振り替える」などしてリスク量を元の水準に近づけます。このように，ポートフォリオの価値に応じて戦略上適切なリスク量にあわせるように機動的に資産配分を調整することになります。しかし，ダイナミック・ヘッジによってポートフォリオの価値低下が完全に防げるわけではありません。たとえば，急激な相場変動時には資産配分の調整が間に合わず，当初想定したヘッジ効果が得られないこともあります。

CPPI *Constant Proportional Portfolio Insurance*

リスク資産の組入比率を動的に変化させてフロアーを確保する運用戦略。

Step 1　CPPIはポートフォリオ・インシュアランス（PI）の一種であり，フロアーとレバレッジを定めて機械的に売買を繰り返すことでフロアーを確保する戦略です。具体的には，ポートフォリオの価値がフロアーを上回る部分にレバレッジを乗じた金額をリスク資産に投資し，残りを安全資産に投資します。このようにCPPIは単純なルールに従って売買することでフロアーが確保されるという長所があります。一方，リスク資産の価格が下落して全額が安全資産となった場合，その後にリスク資産価格が上昇しても復活しない（安全資産100％運用が続く）という短所があります。

Step 2　CPPIのオペレーションについて，簡単な例で説明します。安全資産として現金，リスク資産として1銘柄の株式から構成されるファンドを考えてみます。ポートフォリオの当初資金を200万円とし，フロアーは当初元本の8割（160万円），レバレッジを2倍に設定するとします。

　当初の段階でフロアーを上回る資金（サープラス）は40万円あり，株式への投資額は40万円×2＝80万円と計算できます。したがって，運用開始時点では株式80万円，現金120万円の構成になります。運用開始後，株価が1割下落したと仮定します。このとき，保有株式の時価は72万円となり，ポートフォリオの価値は現金120万円と合わせて192万円でサープラスは32万円となります。したがって，株式の保有額が32万円×2＝64万円となるように株式を8万円分売却します。その結果，株式64万円，現金128万円の構成に調整されます。

Step 3 このようにリスク資産の時価変動に従って逐次，リスク資産への投資額の調整をすることによりフロアーは確保されます。すでに述べたように，サープラスがゼロになると，それ以降はサープラスが生じないので，現金を保有するだけの運用となります。CPPIとPIは両方とも，リスク資産の価格が上昇すればリスク資産を購入し，下落すれば売却する，という順張り運用です。1987年10月のブラック・マンデーでは，PIファンドが発した先物と当時実用化されたばかりの現物株式のプログラム注文が相場下落を加速させたといわれています。

9

リーガル

デリバティブ取引に関する法規則

デリバティブ取引を行う際に関係する各種法令・規則。

Step 1　デリバティブ取引は，主に以下の法令・規則にのっとって行われます。

① 金融商品取引法（以下，金商法）

② 金融サービスの提供及び利用環境の整備等に関する法律（旧金融商品の販売等に関する法律：以下，金サ法）

③ 消費者契約法

④ 商品先物取引法

⑤ 銀行法

⑥ 金融機関の信託業務の兼営等に関する法律（以下，兼営法）

⑦ 私的独占の禁止及び公正取引の確保に関する法律（以下，独禁法）

⑧ 日本証券業協会，金融先物取引業協会の自主規制等

「①金商法」は，金融商品取引に関する利用者保護と公正・透明な市場構築を図ることを目的として施行されました。デリバティブ取引に最もかかわりのある法律で，販売先の投資家の区分に応じた販売・勧誘ルールを定めています。たとえば，この法律によって，金融商品取引業者は一定の投資家に対し，契約内容（重要事項等）について記載した書面を交付することが義務づけられています。

「②金サ法」は，金商法成立前から施行されている法律（施行当時は金融商品の販売等に関する法律，改正時に金サ法に改称）で，投資家に対する販売業者の説明不足や断定的判断の提供によって投資家が損害を被った場合，販売業者へ損害賠償請求ができることを明示しています。

「③消費者契約法」は，消費者と販売業者の間でもっている情報の質・量や交渉力に格差があることをふまえ，消費者の利益を守るために不当な

勧誘による契約の取消しと不当な契約条項の無効等を規定した法律で，デリバティブ取引契約にも一定の範囲でこの法律が適用されます。

「④商品先物取引法」は，商品先物取引の適正な運用と投資家の保護を目的とした法律です。金融先物取引についても，かつて同様の法令が存在しましたが，現在は金商法の一部に吸収され，廃止されています。

「⑤銀行法」は，銀行の業務運営の基本ルールを定めた法律です。銀行法のなかで，銀行が一定の範囲内でデリバティブ取引に関する業務を行うことができると規定されています。

「⑥兼営法」は，金融機関が信託契約に基づくデリバティブ取引を行う際には信託業等を兼業するための認可が必要であり，その根拠法です。

「⑦独禁法」は，商取引に関して公正かつ自由な競争を妨げる行為を規制するための法律です。この法律により，優越的地位の濫用によるデリバティブ取引の成約や，カルテルによる価格の維持などが禁止されています。

「⑧自主規制等」は，法律ではありませんが，実務上，法律に準ずるものとされ，金融機関が順守しているものです。

Step 2 デリバティブ取引は，取り組む内容・目的によっては，賭博と同じものとみることもできます。旧刑法では「偶然の輸贏（ゆえい）」（確実に予見しえない事実）に関して金品を賭けることを賭博と定義しており，デリバティブが業法によって正当業務と位置づけられる以前は賭博罪への該当が懸念される状態にありました。現在では金商法等でデリバティブを業として営むことが認められていることから，金融商品取引業者によるデリバティブ取引については違法性が阻却され，賭博罪には該当しないと考えられています。

金融商品取引法
Financial Instruments and Exchange Act

幅広い金融商品取引に関して，利用者保護と公正・透明な市場構築を図ることを目的とした法律。

Step 1　「証券取引法等の一部を改正する法律」「証券取引法等の一部を改正する法律の施行に伴う関係法律の整備等に関する法律」が2006年6月に成立し，「証券取引法」は「金融商品取引法」という名前に変わりました。あわせて銀行法，保険業法，信託業法等の関連する法律の改正も行われ，「金融商品取引法制」が2007年9月30日に本格施行されています。

Step 2　金融商品取引法制は，以下の課題に対応するため，4つの柱をもって整備されています。

[課　題]

①　金融技術の進展に伴い，法律上，利用者保護の対象外となる金融商品が登場し，利用者が被害を受ける事例が生じたため，包括的・横断的な利用者保護法制を整備する必要がありました。

②　日本の家計金融資産は預貯金が中心であり，「貯蓄から投資」へ移行させるために，投資の受け皿となる「市場」の公正性・透明性を向上させる必要がありました。

③　金融・資本市場のグローバル化が進展しており，日本の市場の魅力を高める必要がありました。

[4つの柱]

①　**投資性の強い金融商品に対する横断的な利用者保護法制の構築**

・「証券取引法」から「金融商品取引法」へ

　「証券取引法」を「金融商品取引法」へ改正し，「金融先物取引法」「外国証券業者に関する法律」「有価証券に係る投資顧問業の規制等に関

する法律」「抵当証券業の規制等に関する法律」の4法律が廃止され，「金融商品取引法」に統合されました。また，「金融商品取引法」で規制の対象となる業者（証券会社，投資顧問業者等）の法律上の名称は「金融商品取引業者」，証券取引所や金融先物取引所の法律上の名称は「金融商品取引所」に変更されました。

・規制対象商品の拡大

　「金融商品取引法」では，「証券取引法」にて「有価証券」として列挙されていた国債，株式，投資信託等に加えて，信託受益権全般を「有価証券」とみなし，集団投資スキーム持分を包括的に「有価証券」とするなど，「有価証券」の範囲を拡大しました。また，「証券取引法」では有価証券に関するデリバティブのみを規制対象としていましたが，「金融商品取引法」では，通貨・金利スワップやクレジット・デリバティブ等の多様なデリバティブ取引についても規制の対象とされています。

・規制対象業務の横断化

　「証券取引法」や「金融先物取引法」「信託業法」等の各業法で規制されていた「販売・勧誘」「投資助言」「投資運用」「資産管理」業務を，登録制の「金融商品取引業」として横断的に規制しています。

・業務内容に応じた参入規制の柔軟化

　「金融商品取引業」について，流動性の高い有価証券の販売・勧誘や顧客の資産管理を行う「第一種金融商品取引業」，流動性の低い有価証券の販売・勧誘を行う「第二種金融商品取引業」「投資運用業」「投資助言・代理業」に区分し，各区分に応じた参入規制を実施することで参入規制の柔軟化を図っています。

・業者が遵守すべき行為規制の整備

　有価証券・デリバティブ取引の販売・勧誘等を行う際には，「標識の掲示義務」「広告の規制」「契約締結前の書面交付義務」「契約締結時の書面交付義務」「不招請勧誘の禁止や再勧誘の禁止等の各種禁止行為」「損失補てんの禁止」「適合性の原則」といった行為規制（販売・勧誘

9
リーガル

ルール）を遵守しなければならない旨が定められています。

・顧客の属性に応じた行為規制の柔軟化

　　金融商品取引業者の顧客は「特定投資家（プロ）」と「一般投資家（アマ）」に区分され，一部の顧客は一定の手続を経ることでアマからプロへの移行が認められます。「特定投資家（プロ）」である場合には，「契約締結前の書面交付義務」等の行為規制が適用除外されるなど，顧客属性に応じて規制が柔軟化されます。

・投資性の強い預金・保険などに関する規制の横断化

　　投資性の強い「外貨預金」「デリバティブ内包預金」「外貨建て保険・年金」「変額保険・年金」「指定金銭信託（実績配当型）」などの金融商品については，「金融商品取引法」の直接の規制対象ではないものの，「金融商品取引法」と基本的に同等の販売・勧誘ルールが適用（準用）されます。

・認定投資者保護団体制度の整備

　　行政当局が，金融商品取引業者に関する苦情の対応やあっせんを行う自主規制機関以外の民間団体を認定し，業務の信頼性を高める認定投資者保護団体制度を新たに定めています。

② 開示制度の拡充

・上場会社による開示の充実

　　財務・企業情報の開示を確保するため，上場会社に対して内部統制（財務情報の適正性を確保する体制）の有効性を評価する「内部統制報告書」の提出を義務づけ，それを公認会計士・監査法人による監査の対象と定めています。また上場会社に対して，経営者が有価証券報告書等の記載内容につき法令を遵守し適正である旨を確認した「確認書」の提出が義務づけられています。

・公開買付制度の見直し

　　取引所市場内外において急速に株式の大量買付けを行い，所有割合が３分の１を超過する場合には，公開買付規制の対象となることを明確化

しています。

・大量保有報告制度の見直し

　投資家に対して「大量保有報告書」の電子提出を義務づけ，EDI-NET（電子開示システム）を通じて閲覧できるようにしています。

③　取引所の自主規制機能の強化

　金融商品取引所の自主規制業務（上場・上場廃止に関する業務や取引参加者の法令遵守状況の調査など）の適正な運営を確保するため，(ⅰ)自主規制業務を金融商品取引所から独立した「自主規制法人」へ外部委託すること，または，(ⅱ)金融商品取引所と同一法人内に独立性の高い「自主規制委員会」を設置し自主規制業務に関する事項の決定を行うこと，を可能とする制度が整備されています。

④　不公正取引等への厳正な対応

　開示書類の虚偽記載や不公正取引などについて，罰則が強化されています。また売買が盛んであるかのように装うため架空発注を行い，約定が成立しそうになると取消しを行う「見せ玉」行為について，課徴金および罰則の適用範囲を拡大しています。

9 リーガル

銀 行 法　*Banking Act*

日本において活動する銀行の業務運営を律する法律。

Step 1　銀行法とは，日本において活動する銀行の業務運営の基本ルールを定めた法律で，銀行法（国会），銀行法施行令（閣議），銀行法施行規則（大臣），金融庁告示（大臣または長官）などから構成されています。現在の銀行法は，1981年に旧銀行法を全面改正して制定され，以降，幾度かの改正を経ています。歴史的には，明治期に制定・施行された「国立銀行条例」「銀行条例」，昭和初期に制定・施行された「旧銀行法」がありましたが，銀行業務・商品の多様化や国際化などの構造変化をふまえて，新たな環境に即したルールとして，現在の銀行法が制定されました。

Step 2　銀行法の条文は多岐にわたります。基本構成としては，目的，総則，業務範囲，業務規制，大口信用供与規制，アームズ・レングス・ルール，禁止行為，利益相反管理，金融商品取引法の準用，取締役等に対する信用供与規制，自己資本比率基準，営業時間等に関する規制，子会社業務範囲規制，銀行グループの経営管理，議決権保有制限，経理およびディスクロージャー，監督，合併等・廃業および解散，外国銀行支店，外国銀行代理業務，株主，銀行持株会社，銀行代理業，裁判外紛争解決制度，雑則，罰則という流れになっています。銀行法の目的は，銀行の業務の公共性に鑑みて，信用を維持し，預金者の保護を確保するとともに金融の円滑を図るため，銀行の「財務の健全性」と「業務の適切性」を維持し，もって国民経済の健全な発展に資することとされています。銀行の固有業務（第10条第1項）としては，「①預金等の受入れ」「②資金の貸付等」「③為替取引」が掲げられており，①と②を併せて営むこと，または③を銀行業と定義しています。銀行業は，内閣総理大臣

（実際には金融庁長官に委任）の免許を受けた者のみが営むことができ，免許を受けた者のみが「銀行」と称することができるとされています。現金の交換に応じる両替業務やデリバティブ取引などは付随業務（第10条第2項）として位置づけられ，銀行が営むことができるとされています。銀行が営むことができる業務は法律で限定的に列挙されており，その範囲を超える業務を営むこと（たとえば，製パン業を営むこと，プロ野球球団を保有すること）は禁じられています。これは，銀行法の目的である「財務の健全性」と「業務の適切性」を確保するためです。

Step 3 近年，いわゆる「Fintech」が広がってきたことにより，銀行以外の業態が銀行業に類似した業務を営む事例が増えてきています。小口決済，小口送金分野のFintechは，基本的に全国民が銀行に口座を保有できる日本では浸透しにくく，銀行口座を保有できない層がいる米国等の海外で浸透しています。こういった動向をふまえ，日本における法規制も，業態ごと（銀行は銀行法，証券会社は金融商品取引法，保険会社は保険業法など）ではなく，行為の性質に応じて規制をかけるべきといった意見が出始めています。しかしながら，具体的な議論が進んでいるわけではなく，時間をかけた議論が必要になります。したがって，銀行法は引き続き重要であり，細かな条文まで記憶せずとも，何を目的とした法律で，どのようなことが記載されているかは把握しておくことが必要だといえます。なお，銀行法に限らず，金融機関の信託業務の兼営等に関する法律，信用金庫法，中小企業等協同組合法なども，銀行法に類似，または関連する法律として重要になるので，同業態との取引や調査を行う際には確認しておくとよいでしょう。

9
リーガル

金融ADR *Financial Alternative Dispute Resolution*

金融分野における裁判外紛争解決制度。

Step 1 　金融ADR（Alternative Dispute Resolution）は2009年
6月に公布された「金融商品取引法等の一部を改正する
法律」のなかで，金融商品・サービスの利用者保護の充実を目的として創
設された制度であり，2010年10月より開始しました。金融機関と利用者と
のトラブルについて，裁判以外の方法で解決を図ります。

［法律の概要］

① 　苦情処理・紛争解決手続業務を行う機関の指定（中立・公正性確
　保）

　行政庁が紛争解決機関を指定するにあたっては，紛争解決等業務を行う
うえでの経理的な基礎（安定的かつ継続的に業務を遂行するための財務的
な基盤）や技術的な基礎（適切な規模の体制や知識・能力を備えた人材）
を有することや，紛争解決手続の公正な実施に支障を及ぼすおそれのない
役職員の構成であることなどが必要になります。

② 　金融機関の指定紛争解決機関との契約締結（実効性確保）

　金融機関には苦情処理，紛争解決手続の応諾，手続に必要な事情説明・
資料提出，提示された和解案の尊重などの内容を含む契約の締結が義務づ
けられています。

③ 　指定紛争解決機関に対する監督規定の整備（専門性確保）

［メリット］

① 　金融ADR機関に所属する金融分野に見識のある中立・公正な専門家
　が和解案を提示し解決に努めます。

② 　紛争解決までの標準的な処理期間は2～6カ月程度で，裁判に比べて
　短期間で解決することができます。

③　各金融ADR機関によって利用料が定められていますが，一部を除き無料となっており，裁判に比べて低コストで解決することができます。

金融ADRの概要

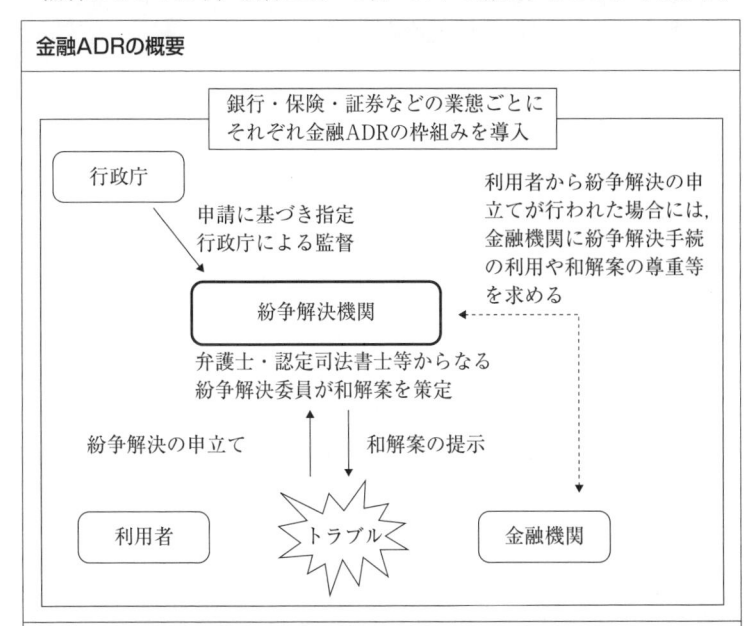

銀行・保険・証券などの業態ごとに
それぞれ金融ADRの枠組みを導入

行政庁

申請に基づき指定
行政庁による監督

利用者から紛争解決の申立てが行われた場合には，金融機関に紛争解決手続の利用や和解案の尊重等を求める

紛争解決機関

弁護士・認定司法書士等からなる
紛争解決委員が和解案を策定

紛争解決の申立て　　　和解案の提示

利用者　　　トラブル　　　金融機関

（注）　紛争解決機関が指定されない段階では，金融機関自身に苦情処理・紛争解決への取組みを求め，利用者保護の充実を図る。
（出所）　金融庁ウェブサイト

9

リーガル

ISDA
International Swaps and Derivatives Association, Inc.

OTCデリバティブ取引を効率的かつ安全に運営するために設立された業界団体。

Step 1 ISDAは，OTCデリバティブ取引業務を効率的かつ安全に運営するために1985年に設立された業界団体であり，世界の金融機関，事業法人，法律事務所など1,000社以上が加盟しています。当初は，International Swap Dealers Association, Inc.という組織名称でしたが，その後のデリバティブ市場の急拡大に伴い，各国間の調整や市場整備に向けた提言等を積極的に行うようになり，1993年に現在の組織名称に変更されました。

Step 2 ISDAでは，OTCデリバティブ取引の契約書の標準化を行っています。この契約書は，当事者間に多数の取引が行われることを想定し，各取引に共通する事項を規定した「マスター・アグリーメント（基本契約書）」と，個別取引の条件を規定する「コンファメーション（取引確認書）」から構成されます。デリバティブ取引の利用者同士はあらかじめ「マスター・アグリーメント」を締結し，取引における基本ルールについて合意しておけば，個別取引の条件を定める「コンファーメーション」の簡素化が図れ，契約書の作成に要する時間と手間を削減することができます。

また，ISDAは金融機関の取引情報の開示や政府規制のあり方などを討議するほか，取引参加者の立場から，各国の金融当局への提言や国際決済銀行（BIS）への意見書の提出などの活動も行っています。さらに，リーマン・ショック以降はG20が主導するかたちで店頭デリバティブ取引に世界的な規制が導入されてきましたが，ISDAは金融当局と各金融機関との意見調整を図るなど，重要な役割を担っています。

マスター・アグリーメント　*Master Agreement*

2当事者間の複数のデリバティブ取引に適用される基本契約書。

Step 1　デリバティブ取引の当事者は，通常，複数の取引に共通して適用されるマスター・アグリーメント（基本契約書，マスター契約）を締結します。個別の取引については，マスター契約の各条項の適用下におかれる取引確認書を締結することになります。マスター契約締結の1つのメリットとして，個別の取引確認書に記載するべき内容が，取引の経済的諸条件についての規定のみですむため，多くの取引を行う場合に，その契約書締結の負担が軽減できる点があげられます。

Step 2　マスター契約のなかでも，ISDAの公表している2002年版ISDA Master Agreementは，デリバティブ取引を行う際の世界標準となっており，取引参加者にとって大きな役割を果たしています。ISDAマスター契約の最大の特徴は，マスター契約（基本契約書）とすべてのコンファメーション（個別取引確認書）をあわせて全体で1つの契約書（単一契約書）を構成する形式をとっていることです。これにより，当事者間の全デリバティブ取引のうち，たとえ1件でも期限前解約事由が発生した場合，その他の取引に異常がなくても，すべての取引における期限前解約事由の発生とみなすことができます。これは2当事者間での複数取引の一括清算ネッティング（クローズ・アウト・ネッティング）を可能とする前提条件であると考えられています（2002年版ISDA Master Agreementの内容については，ISDA Master Agreementの原文と2002年版ISDAマスター契約ユーザーズ・ガイドを参照してください）。

9
リーガル

CSA *Credit Support Annex*

ISDAマスター契約に基づく債務を対象にした担保契約書。

Step 1　CSAは店頭デリバティブ取引を行う際に当事者間で締結する担保契約書であり，ISDAマスター契約に付随して締結します。CSAを締結し担保授受を行うことによって，デリバティブ取引の信用リスク（カウンターパーティ・リスク）を削減することができます。たとえば，金利スワップ取引を取引相手と成約した後，相場変動によって時価評価益10億円が発生した場合，その取引相手に対して10億円相当の信用リスクが発生することになります。そのリスクは，同取引相手から10億円分の担保を受け取ることによって削減することができます。CSAで定めることができる条件としては，信用極度額（Threshold），最低引渡担保額（Minimum Transfer Amount），適格担保物（Eligible Collateral）などがあります。

Step 2　2016年9月より非清算店頭デリバティブ取引の証拠金規制（いわゆるマージン規制）が段階的に適用開始されました。マージン規制では，時価評価損益を打ち消す変動証拠金（VM）と不測の損害に備える当初証拠金（IM）の授受を義務づけています。マージン規制が適用される当事者間では，変動証拠金専用のCSA（VM CSA）と当初証拠金専用のCSA（IM CSA）を締結し，同規制に基づき，必要担保額を日次で算出し，所定の基準を満たした金融資産を担保として授受します。ただし，マージン規制は国・地域によって微妙に内容が相違するため，その調和が課題とされています。

国際金融規制改革
Global Financial Regulatory Reform

金融危機の再発防止を目的とした金融規制改革の総称。

Step 1　国際金融規制は，1980年代以降，国際的に活動する銀行に対するバーゼル規制を中心に発展してきましたが，米国サブプライムローン問題に端を発した金融市場の混乱は，最終的に2008年9月にリーマン・ショックという世界的な金融危機を引き起こしました。このような金融危機の再発防止を目的として進めることになった一連の金融規制改革を総称して「国際金融規制改革」といいます。国際的な規制に加え，欧米英などの主要市場においても同趣旨にのっとった独自規制が設けられています。

Step 2　2008年11月のG20ワシントン・サミットにおいて「金融市場の改革のための共通原則」が合意されて以降，G20，バーゼル銀行監督委員会，金融安定理事会を中心に改革が進められてきました。制定された主な規制としては，①銀行の健全性規制（自己資本比率，レバレッジ比率，流動性比率），②Too-big-to-fail問題の対策（再生・破綻処理計画，G-SIBsサーチャージ，TLAC），③店頭デリバティブ市場改革（清算集中制度，非清算取引への証拠金規制），④シャドーバンキング規制（MMF改革，ステップインリスク特定），⑤銀行の高リスク業務の縮小（米国ボルカー・ルール）があげられます。

Step 3　一連の改革が進むことで銀行の健全性が向上した一方で，さまざまな影響も生まれています。資金調達コストや複雑化した規制対応コストの増加によって銀行経営の収益性が低下し，事業縮小・撤退が進んでいます。また，一部では，銀行のリスクテイク能力や金融市場機能の低下により景気悪化を助長する可能性（プロシクリカリティ）を指摘する声もあがっています。

9
リーガル

店頭デリバティブ取引報告規制
Transaction Reporting Regulation of Over-the-counter Derivatives

店頭デリバティブ取引における取引情報の取引情報蓄積機関への提供を義務づける金融規制。

Step 1　リーマン・ショック時に，店頭デリバティブ市場の透明性欠如が市場関係者の懸念を深刻化させたことへの反省をふまえ，当局が取引状況を十分に把握することを目的としてG20サミット（2009年）にて「店頭デリバティブ契約は取引情報蓄積機関に報告されるべき」旨に合意し，各国で取引情報報告制度を導入することとなりました。

　日本では金融商品取引法が改正され，2012年11月より取引情報報告制度が開始されています。その後，各種法令が改定されたことにより，2024年4月より報告事項の拡充および金融庁への直接報告からDDRJ（取引情報蓄積機関）への報告一本化が行われました。

Step 2　2024年5月現在，報告対象となっているものはLEI（Legal Entity Identifier：取引主体識別子），UTI（Unique Transaction Identifier：固有取引識別子），CDE（Critical Data Elements）等ですが，2025年4月からは，UPI（Unique Product Identifier：固有商品識別子）とデルタの情報提供が予定されており，随時，態勢構築が求められますので注視が必要です。

　なお，本邦と海外では規制適用開始時期が異なりますので，海外拠点における対応が必要な場合には留意が必要です。

ドッド・フランク法　*Dodd Frank Act*

2010年に成立した包括的な米金融規制改革法。

Step 1　米国ではOTCデリバティブ取引は規制対象外でしたが，2007年以降の金融危機の反省をふまえ，金融危機の再発防止を目的とした包括的な金融規制改革法である「ドッド・フランク・ウォール・ストリート改革および消費者保護法」，通称「ドッド・フランク法」が2010年7月に成立し，OTCデリバティブ取引はCFTCやSECなどの当局による規制の対象となり，さまざまな規制を課されることになりました。そのなかでも，市場参加者に大きな影響を与えたものは，銀行事業体による自己勘定取引を制限するボルカー・ルール，およびOTCデリバティブ取引の透明性向上を求めるOTCデリバティブ規制です。

Step 2　OTCデリバティブ規制は，OTCデリバティブ市場のリスク削減や透明性向上を目的としており，その内訳として，金融規制当局が指定するスワップ取引に係る清算機関の利用，デリバティブ取引に係る取引内容の記録および報告，清算機関で清算されないスワップ取引に対する証拠金規制（いわゆるマージン規制），スワップ執行ファシリティなど電子取引基盤を通じた清算対象取引の執行などの複数の規制があります。

ボルカー・ルール　*Volcker Rule*

2010年に成立した包括的な米金融規制改革法であるドッド・フランク法の一部。

Step 1　ボルカー・ルールは，銀行事業体による自己勘定取引を制限する規制（2015年7月21日に全面適用）であり，銀行事業体が自己勘定でリスクの高い投資を行うことで，連邦保険の対象となる預金をリスクにさらすことを防ぐねらいがあります。規制対象となる銀行事業体は，預金保険対象預金を取り扱う銀行とその関係会社等であり，米国に支店を有する米国外の銀行についても一部ボルカー・ルールの規制対象となります。例外規定として，顧客からの手数料を主たる収益源とするマーケット・メイク取引，顧客の代理として行う取引，リスク削減を目的として行われるヘッジ取引，米国外の銀行事業体による米国外取引（TOTUS：Trading Outside The United States）などについては規制対象から除外されます。

　ボルカー・ルールにおいては，自己勘定取引・ファンド投資等は厳しく制約を受けます。自己勘定取引については，上記例外規定に当てはまる許容取引以外の取引は原則禁止され，自己勘定取引に該当していない旨の各種テスト（短期売買に当てはまらない旨の目的テスト等）をクリアする必要があり，たとえ許容取引であってもヘッジ対象・手段の関係性検証等の厳しい制約を受ける場合があります。ファンド投資についても，カバード・ファンドを特定のうえで，取引可能か否かにつき厳格な要件を整備する必要があります。

　米国拠点における市場ビジネスはボルカー・ルールによって制約を受けることが想定されることから，留意が必要です。

金融商品市場指令（MiFID）
Markets in Financial Instruments Directive

EU域内の証券市場や投資サービス会社を規制する法令。

Step 1　MiFIDは，1993年に制定された投資サービス指令（ISD：Investment Service Directive）にかわるものとして2007年11月に施行された指令です。MiFIDの目的は，投資家がいっそう容易にEU域内で投資サービスが受けられるようにすること，投資サービス会社（証券会社など）がEUの域内単一免許を利用する際の障害を取り除くこと，欧州における取引所間の競争を促進し取引分野を拡大すること，欧州全域にわたり投資家の適切な保護を図ることにあります。

Step 2　MiFIDでは，投資サービス会社の顧客は，①リテール顧客，②プロ顧客に分けられており，顧客属性によって投資家保護の程度や，顧客への説明義務の範囲が異なります。

　投資サービス会社が顧客からの注文を執行する際は，顧客にとって可能な限り最良の結果が得られるよう，価格，費用，迅速性，執行・決済の確実性など注文の執行に関連するあらゆる要素を考慮し合理的な措置を講じる，最良執行義務があるものとされています。

　またMiFIDでは，私設取引システムであるMTF（Multilateral Trading Facility）や顧客注文を店頭市場で自己勘定により執行するシステマティック・インターナライザー（Systematic Internalizer）を規制市場（いわゆる証券取引所）と同じく「取引場所」として認識し，これらを平等に最良執行義務の対象とすることで，市場間競争の促進を図っています。

　規制市場とMTFは，取引前・取引後の透明性確保のため，上場銘柄の気配値と数量を通常取引時間中は継続的に公表しなければならず，約定時には約定情報をすみやかに公表しなくてはなりません。システマティッ

ク・インターナライザーも同様に，定期的に継続して自己の気配値を公表するとともに，約定情報をすみやかに公表する必要があります。規制取引所，MTF，システマティック・インターナライザーに同水準の取引前・取引後の透明性要件を課すことにより，投資サービス会社はそれぞれの取引場所を比較し，最良執行義務を履行することが可能となっています。

　なお，母国の監督当局から認可を受けた投資サービス会社は，他のEU構成国においてサービスを提供する際，進出先の国で認可を受けることなく，母国認可に基づいてサービスを提供することができるものとされています。

Step 3 　リーマン・ショックによる金融危機後の欧州で進められている構造改革の一環として，より透明で安定的な金融システムを構築するために，2018年1月にMiFIDの発展としてMiFID Ⅱが施行されています。主な変更点は以下のとおりです。

・デリバティブの透明性を強化するため，取引情報等の開示規制の適用範囲を非株式金融商品にまで拡大した。

・顧客分類を「小売顧客」「専業投資家」「対象外顧客」の分類とした。

・顧客の取引実行に関して，金融機関の最良執行義務が明確化された。

・リサーチレポートなどの市場調査サービスの費用を取引手数料に含めて顧客から徴収するソフトダラーを禁止し，調査サービスの費用は取引手数料とは分離して請求するよう義務づけられた。

・AIが自動的に取引を行うアルゴリズム取引に対する規制が導入された。

　EUでは，MiFID Ⅱにより，透明性が高く効率的な金融市場の構築を目指しつつあります。

欧州市場インフラ規制（EMIR）
European Market Infrastructure Regulation

店頭デリバティブ取引の清算集中義務や取引報告義務などを定めた欧州連合（EU）の規制。

Step 1　欧州市場インフラ規制（EMIR）とは，店頭（OTC）デリバティブ取引に関する欧州連合（EU）の規制であり，主な目的は以下の２つになります。

① 中央清算機関（CCP）を通じた決済（清算集中義務）
② 取引情報蓄積機関（TR：Trade Repository）への取引明細の報告（取引報告義務）

　清算集中義務の目的は，店頭デリバティブ取引の市場参加者がデフォルトした際に，それが金融システム全体に与える影響を少なくすることです。また，取引報告義務によって得られた取引の情報は，規制監督当局が金融システムのリスクを分析するためなどに役立てられます。

Step 2　EMIR制定の契機は，リーマン・ショック後に明らかになった店頭デリバティブ市場のリスクに対処すべく，2009年９月に開かれたG20ピッツバーグ・サミットでの以下の提言です。

　「遅くとも2012年末までに，標準化された全ての店頭（OTC）デリバティブ契約は，適当な場合には，取引所または電子取引基盤を通じて取引され，中央清算機関を通じて決済されるべきである。店頭デリバティブ契約は，取引情報蓄積機関に報告されるべきである。中央清算機関を通じて決済がされない契約は，より高い所要自己資本賦課の対象とされるべきである」この提言を受け，欧州委員会は店頭デリバティブ取引を適切に管理するため，EMIRを2012年12月に可決，2013年３月に施行しました。

9
リーガル

FSB（金融安定理事会）　*Financial Stability Board*

国際金融規制の議論・合意形成を行う組織。

Step 1　FSBは国際金融システムの安定化を目的として，当局間の協調・情報交換，国際基準の設定主体間のコーディネーション・合意形成を行う組織です。アジア通貨危機等をふまえて1999年に設立された金融安定化フォーラム（FSF：Financial Stability Forum）を強化拡大するかたちで，2009年4月にFSBは設立されました。

　FSBには，主要25カ国・地域の監督当局や，国際機関であるバーゼル銀行監督委員会（BCBS），証券監督者国際機構（IOSCO），保険監督者国際機構（IAIS），経済協力開発機構（OECD），国際金融機関である国際通貨基金（IMF），世界銀行等が参加しており，日本からは金融庁，財務省，日本銀行が参加しています。なお，FSBの事務局はスイス・バーゼルのBIS（国際決済銀行）内にあります。

Step 2　FSBの成果としては，G20への提言，調査報告書の公表，各種規制に関する市中協議文書の提示などがあげられます。具体的には，リーマン・ショック後の店頭デリバティブ規制，ステイやベイルイン等の破綻処理制度，LIBOR等の不正操作問題への対応と新たな金利指標への切替え，最近では，フィンテックや暗号資産取引の規制など，FSBは多岐にわたる活動を行っています。なお，FSBの活動に関するプレスリリースは，金融庁のウェブサイト上にも掲載されます。

バーゼルⅢ *Basel III*

銀行システムの健全性と安定性の強化をねらった国際的な取決めであるバーゼルⅡを包括的に見直した新たな金融規制の枠組み。

Step 1
バーゼルⅢは，2007年以降の金融危機に対する反省から包括的にバーゼルⅡを見直したものです。2010年12月にバーゼル銀行監督委員会は「より強靭な銀行および銀行システムのための世界的な規制の枠組み」および「流動性リスク計測，基準，モニタリングのための国際的枠組み」を発表し，2011年1月には「実質的な破綻状態において損失吸収力を確保するための最低要件」を発表しました。バーゼルⅢは，①自己資本の質・量の強化，②リスク捕捉の強化，③レバレッジ比率規制の導入，④プロシクリカリティ（景気循環増幅効果）の抑制，⑤流動性規制の導入，の5点についてまとめています。日本では2013年3月末から段階的に適用され，一部バーゼルⅢの一環であるFRTB（トレーディング勘定の抜本的見直し）等は2024年3月末より適用，資本フロアの段階適用等を経て，最終的には完全適用される予定です。

Step 2
金融危機では自己資本比率が最低基準を上回っているにもかかわらずデフォルトする金融機関がみられたことから，新たな自己資本比率規制は，銀行が業務を継続するうえで必要な損失吸収能力の引上げに焦点を当てた内容となっています。規制上の自己資本は，事業継続ベースでの損失吸収バッファーと位置づけられるTier1資本（中核的自己資本）と破綻時を想定した損失吸収バッファーと位置づけられるTier2資本から構成されます。Tier1資本は，その主要な部分である「普通株式等Tier1」と「その他Tier1」に区分されます。普通株式等Tier1は，普通株式，内部留保，その他包括利益累計額などの最も損失吸収力の高い資本から構成されます。その他Tier1は，優先株式や優先出資証券，

コンティンジェント・キャピタル等から構成されます。Tier2は劣後債や劣後ローン，一般貸倒引当金等から構成されます。

　国際的に活動する銀行（国際統一基準行）に対する新たな自己資本比率規制のもとでは，最低所要自己資本比率の基準は８％と変わりませんが，損失吸収能力の高いTier1資本の保有を促進するため，普通株式等Tier1については新たに最低所要基準4.5％が設定され，Tier1については最低所要基準が4.5％から６％に引き上げられました。自己資本比率規制については，景気後退期にはデフォルト確率（PD）およびデフォルト時損失率（LGD）の上昇を通じて最低所要自己資本が上昇し，これがリスク資産の圧縮を通じて景気をさらに悪化させるなど，景気連動性が高い枠組みとなっています。このような景気変動増幅効果を抑制するため，バーゼルⅢでは最低所要自己資本に上乗せする資本バッファーとして，「カウンターシクリカル資本バッファー」および「資本保全バッファー」の積立が提示されています。

　資本保全バッファーは，金融ストレス期に取り崩すことを想定した資本バッファーであり，普通株式等Tier1で充足することが求められています。最低所要比率は2.5％であり，この水準を満たさない場合，配当などの社外流出に一定の制限がかけられることとなります。カウンターシクリカル資本バッファーは，景気拡大期において資本保全バッファーの拡張として各国当局の裁量で０％〜2.5％の範囲で設定し，普通株式等Tier1またはその他の完全に損失吸収力のある資本で充足することが求められています。資本保全バッファー同様，社外流出制限の対象となります。

　リスク捕捉の強化では，主にカウンターパーティ・リスクに係る自己資本賦課の枠組みの見直しが行われています。バーゼルⅢでは，トレーディング勘定や複雑な証券化エクスポージャーに対する所要自己資本の強化を図るため，従来のデフォルト・リスクに加え，デリバティブ取引に起因するCVA変動リスクについても自己資本賦課の対象に加えています。また金融危機においては，市場環境の悪化に伴い信用リスク削減のために行っ

た取引の価値が拡大した際に，取引相手先の信用状態も同時に悪化しており，結果的に取引相手先に対する信用エクスポージャーが拡大し損失が発生するケースが相次いだため（誤方向リスク），カウンターパーティ・リスク計測時に内部モデル・アプローチを採用する銀行については，新たに誤方向リスクに対する資本賦課も求めています。またカウンターパーティ・リスクの見直しについては，大規模金融機関に対するリスク・ウェイトの引上げ，清算機関向けエクスポージャーの取扱いの見直し，担保管理の強化，バックテスト／ストレステスト要件の強化なども提示されています。

Step 3　上記内容はバーゼルⅡにおける「３つの柱」の見直しが中心となりますが，バーゼルⅢではさらに「３つの柱」の補完的指標として，新たにレバレッジ比率と流動性規制の導入が提示されています。

　レバレッジ比率は，レバレッジ比率＝Tier1資本／エクスポージャー額（オンバランス項目＋オフバランス項目）で計算されます。リスク・ウェイトの低い資産によりレバレッジを積み重ねた金融機関が金融危機の際，一転してレバレッジの解消を進めたことが資産価格の下落を増幅させたとの反省から，自己資本比率の補完指標としてレバレッジ比率が導入されています。レバレッジ比率は最低水準として３％が設定されており，グローバルなシステム上重要な銀行（G-SIBs）に対してはより高いレバレッジ比率が求められています。

自己資本比率　*Capital Adequacy Ratio*

会社の安定性を示す財務比率の1つ。

Step 1　会社の資本は，返済義務のない自己資本と返済義務を負う他人資本から構成され，自己資本は総資産の金額から他人資本を控除したものです。自己資本比率は，自己資本を総資産で除して計算されます。

　自己資本比率は，会社の安定性を示す財務比率と考えることができます。しかし，自己資本比率は，通常，簿価を用いて計算されるため，自己資本比率から会社の安定性を判断するには，資産の質に十分な注意を払う必要があります。

Step 2　銀行は不特定多数の資金余剰者から資金調達を行い，調達した資金を資金需要者に対して貸付を行うことから，無借金経営はありえません。こうした銀行業の特性のために，自己資本比率は一般の事業会社とは異なる方法に従って計算されます。また銀行には自己資本比率規制が課せられ，海外で業務を行う国際統一基準行はBIS（国際決済銀行）基準に，海外業務を行わない銀行は国内基準に，それぞれ従うことが求められます。

　まず，銀行の自己資本比率の分子である自己資本は，その基本的項目である「Tier1」と，補完的項目である「Tier2」により構成されます。Tier1は資本金・資本剰余金・利益剰余金など株主資本の主要項目から主に構成されます。バーゼルⅢではTier1のうち，主に普通株式や内部留保等，最も損失吸収力の高い資本を「普通株式等Tier1」と，優先株式等を「その他Tier1」と，それぞれ定義しました。Tier2は劣後債務や一般貸倒引当金など，Tier1に比べて損失吸収力が低い項目から構成されます。

　次に，自己資本比率の分母は，バランス・シート上の総資産ではなく，

信用リスク・アセット額, マーケット・リスク相当額, およびオペレーショナル・リスク相当額の合計となっています。信用リスク・アセット額は, デフォルトにより発生しうる損失の可能性を金額で示したものです。信用リスク・アセット額の算出にあたっては, リスク・ウェイトとして格付機関の格付を参照する標準的手法と銀行自身の格付区分を利用する内部格付手法の2つの計測手法があり, 銀行自身が算出方法を選択することとなります。国内の多くの金融機関が標準的手法を採用していますが, 国際統一基準行を中心に内部格付手法を採用する銀行もあります。マーケット・リスク相当額は市場価格の変動に伴い市場性資産がもたらす損失の可能性を金額で示したものといえます。オペレーショナル・リスク相当額は銀行が事務事故やシステム障害などによって損失を被るリスクを金額で表したものであり, バーゼルⅡで新たに自己資本賦課の対象とされたリスク相当額です。

9
リーガル

　バーゼルⅢでは, 国際統一基準行の最低自己資本比率を引き続き8％以上に設定しています。また, 損失吸収力の高い資本の保有を促すため, 普通株式等Tier1比率を4.5％以上, Tier1比率を6％以上に設定しています。また, 「資本バッファー」と呼ばれる, 国際統一基準行に対する最低所要自己資本に上乗せして資本のバッファーを求める仕組みもあり, その主な内訳には資本保全バッファーとG-SIBs/D-SIBsバッファーがあります。資本保全バッファーは将来のストレスに備え, 景気変動等にかかわらず2.5％の資本バッファーの構築を求めるのに対し, G-SIBs/D-SIBsバッファーはシステム上の重要度に応じて追加的になされる資本賦課となります。

　銀行業はさまざまなリスク（損失が生じる可能性）の上に成り立っており, 自己資本比率はそのようなリスクが適切に管理されているかを測る1つの指標であるといえます。

リスク・ウェイト *Risk Weight*

バーゼル規制のもとでリスク・アセットを計算する際に使用される比率。

Step 1　バーゼル規制は自己資本とリスク・アセットの比率を規制していますが，そのリスク・アセットは各リスク資産の保有金額と各リスク資産に割り当てられたリスク・ウェイトを乗じた金額の総和で計算されます。最も安全な資産（国や地方公共団体への与信）のリスク・ウェイトは0％となるなど，各資産のリスクに応じて決定されます。国際業務を行う銀行はバーゼル規制により自己資本比率が8％以上であることが求められています。

自己資本比率＝自己資本／リスク・アセット

Step 2　銀行が複数の資産を保有している場合，リスク・アセットは各保有資産のEAD（エクスポージャーアットデフォルト）にそれぞれのリスク資産のリスク・ウェイトを乗じることで求められ，各資産のリスク・アセットの合計が銀行のリスク・アセットとなります。

実際には，多くの銀行は統計的手法を用いた内部モデルをもっており，その内部モデルに基づいてリスク・アセット金額について日々計算を行うことが認められています。しかしながら，バーゼルⅢでは，内部モデルで計算したリスク・アセット金額と，各金融機関共通のモデルである標準モデルで計算したリスク・アセット金額を比較し，内部モデルで計算したリスク・アセット金額は標準モデルで計算したリスク・アセット金額の72.5％を下回ることができないという「資本フロア」と呼ばれる概念が導入されていることもあり，内部モデルの使用には注意が必要となります。

信用リスク・アセット　*Credit Risk Asset*

バーゼル規制における自己資本規制上，取引相手先の信用事由（財務状態の悪化等）による損失を被るリスクにさらされている資産。

Step 1　信用リスクとは，取引相手における信用事由の発生によってもたらされる損害発生の危険性を指します。民間向け貸出の場合，バーゼルⅠでは，債務者にかかわらず一律に「貸出残高×100％」を信用リスク・アセット額としていました。バーゼルⅡでは，債務者の信用力に応じて信用リスク・アセット額を計算する方式に変更されました。

バーゼルⅡの制定に際して，当局や先進的な銀行が中心となって科学的で実用的な方法による信用リスクの定量化方法が研究されました。その結果，バーゼルⅡでは，自己資本比率の計算で用いられる信用リスク・アセット額の計算方法だけでなく，銀行が信用リスクをどのように定量化すべきか，そのアプローチの仕方について枠組みが示されました。バーゼルⅡでは，資本規制のリスク感応度の向上や，金融機関のリスク管理高度化の促進を目的に，内部モデル手法の利用が促進され，信用リスク管理では，内部格付手法が導入されることになりました。

Step 2　しかしながら，これも万全ではありませんでした。いわゆる「リーマン・ショック」による混乱を経て，バーゼル銀行監督委員会による調査の結果，銀行が保有する資産のリスクの違いでは説明がつかない差（同一債権であっても，金融機関ごとにリスク・ウェイトの扱いが異なる等）が明らかとなりました。

これを受け，バーゼル銀行監督委員会は，このような差は，「自己資本比率規制体系の信頼低下につながる看過できない問題」として，内部モデ

9
リーガル

ルの利用に制約をかける方向で規制体系全般の見直しを行うこととしました。具体的には，信用リスク・アセット計測のばらつきの軽減に向けて，「内部モデルの利用制限」「リスク・パラメータの下限設定」「資本フロアの導入」などの施策を導入することとしました。

　このように，金融機関における信用リスク管理については，バーゼル銀行監督委員会で国際的な合意がなされ，各国の法制度に落とし込まれることとなります。日本国内の金融機関については，銀行法などの法律，銀行法施行令などの政令，銀行法施行規則などの省令およびその下位となる金融庁告示などに，具体的な信用リスク管理の方法が示されていますので，実務では，これらの法令・規則類の確認が重要になります。

SA-CCR
Standardized Approach for Counterparty Credit Risk

デリバティブ取引に係る与信相当額を算出するための手法。

Step 1　SA-CCR（サッカー）とは，バーゼルⅢの規制のもとで導入されたデリバティブ・為替取引に係る与信相当額の算出方法のことをいいます。旧来のカレント・エクスポージャー方式や標準方式におけるデリバティブの取引相手（カウンターパーティ）に対する与信相当額（EAD：Exposure At Default）の推計には多くの欠点が指摘されており，それらを解決するためにSA-CCRが開発され導入された経緯があります。

SA-CCRでは，再構築コストと将来のリスク量（ポテンシャル・フューチャー・エクスポージャー）の合算値に一定の掛け目を乗じて，EADを算出するものとなっています。ここでの再構築コストは時価（カレント・エクスポージャー）だけでなく，証拠金（担保）の有無によっても変動する計算となっています。従来の標準的手法（カレント・エクスポージャー方式）では，有担保取引と無担保取引の区別を行わずに，再構築コストを計算していましたが，SA-CCRの導入によって，担保の有無も計算のなかに織り込まれ，リスク計測が精緻化されることになります。これは，リーマン・ショック時に顕在化したカウンターパーティ・リスクの捕捉方法の高度化を企図するものです。

日本では，2024年3月末のバーゼルⅢ（最終化）適用にて，カウンターパーティ・リスク資本賦課（CCR）やCVAリスク相当額の計算過程にSA-CCRが適用されるほか，大口信用供与等規制での与信相当額でもSA-CCRが適用されています（ただし，より高度なモデルであるIMM-CCRを採用する場合はこの限りではありません）。

9

リーガル

FRTB（トレーディング勘定の抜本的見直し）
Fundamental Review of the Trading Book

トレーディング勘定および銀行勘定に対する規制強化。

Step 1
バーゼルⅢ規制の１つで，トレーディング勘定のマーケット・リスクに対する資本賦課額の適正化を図るものです。トレーディング勘定に計上すべき取引の明確化と第１の柱としての資本賦課額の計測方法の見直しが主な内容です。2008年の金融危機時に各行のトレーディング勘定において多額の損失を計上したことを受けて，計測手法を精緻化のうえ，より多くの資本賦課を求める内容になっています。

FRTBはバーゼル2.5で未解決となっていた課題への対処を中心に，①規制内容の異なるトレーディング勘定と銀行勘定（バンキング勘定）の境界の明確化，②内部モデル方式（IMA）および標準的方式（SA）の整合性向上およびSA計算の義務化による比較可能性向上，③リスク計測概念のバリュー・アット・リスク（VaR）からストレス時のテール・リスクをとらえやすい期待ショートフォール（ES）への移行，④市場流動性リスクの考慮によって構成され，日本国内では2024年３月末に適用されました。

Step 2
銀行勘定に計上することで資本賦課を低減しようとする行動（規制資本アービトラージ）を抑制するため，トレーディング勘定への計上基準として「取引の目的」および「商品」の具体的なリストが提示されました（下記参照）。「トレーディング勘定への計上が一般的に想定される商品」を銀行勘定に分類する場合は，監督当局の承認と，トレーディング目的でないことの証明および分類基準の文書化が必要になります（いわゆる「反証」）。

〈取引の目的〉

　以下のいずれかの目的で行う取引はトレーディング勘定に計上しなければなりません。

①　短期間の再売却

②　短期の価格変動による利益獲得

③　裁定利益の獲得

④　上記いずれかを目的とした取引のリスクヘッジ

〈商品〉

【トレーディング勘定への計上が一般的に想定される商品】

①　会計上のトレーディング資産・負債

②　マーケットメイク業務から生じる商品

③　ファンドへのエクイティ出資（日次で価格取得またはルックスルー可能なもの）

④　上場株式

⑤　トレーディングに関連したレポ形式の取引

⑥　オプション（区分経理後の株式・クレジットの組込みデリバティブを含む）

【トレーディング勘定に計上しなければならない商品】

①　株式またはクレジットのネット・ショート・ポジションを生じさせる商品

②　引受業務により生じる商品

③　コリレーション・トレーディング・ポートフォリオに含まれる商品

　なお，為替取引やコモディティ取引を銀行勘定にて保有する場合においても，マーケット・リスクの計測対象になる点には注意が必要です。

マーケット・リスク・アセット　*Market Risk Asset*

**バーゼル規制における自己資本規制上，市場価格の変動リスクに
さらされている資産。**

Step 1　　マーケット・リスクとは，市場価格変動に伴う損失リス
クです。バーゼルⅢでは，トレーディングや投資，顧客
取引から発生するマーケット・リスク相当額に12.5を乗じた数値をマー
ケット・リスク・アセットと定義しており，最低自己資本比率8％を考慮
すれば，規制上必要な所要資本はマーケット・リスク相当額となります。

Step 2　　バーゼルⅢでは，マーケット・リスク相当額はすべての
トレーディング勘定取引（金利リスク，クレジットスプ
レッドリスク，株式リスク，為替リスク，コモディティリスク）と銀行勘
定の一部取引（為替リスク，コモディティリスク）から計測され，計測方
法は下記2つの方法から選択することができます。

① 内部モデル・アプローチ（FRTB-IMA）

　　当局承認を受けたトレーディングデスクのみに適用される精緻なリスク
計測方法。

　　期待ショートフォール（ES）＋モデル化不能リスクファクター＋デフォ
ルトリスク資本賦課（DRC）

② 標準的手法（FRTB-SA）

　　対象は全銀行であり，当局承認のないデスク用のリスク計測方法。

　　感応度法（SBM）＋デフォルトリスク資本賦課（DRC）＋残存リスク・
アドオン（RRAO）

　　なお，規制対応のみならず，トレーディング・ビジネスの収益性を向上
させるには，マーケット・リスク・アセットに係る概念の理解は必要不可
欠となります。

流動性カバレッジ比率・安定調達比率　*LCR・NSFR*

バーゼル規制における流動性規制管理のフレームワーク。

Step 1　バーゼル規制を遵守するかたちで適切な資本水準が維持
されていたにもかかわらず，多くの金融機関で適切な流
動性管理がなされていなかったことが金融危機を悪化させたとの認識か
ら，バーゼルⅢでは銀行に十分な流動性管理を求める仕組みとして，新た
に流動性カバレッジ比率（LCR：Liquidity Coverage Ratio）と安定調達
比率（NSFR：Net Stable Funding Ratio）という2つの相互補完的な指
標を導入することを定めています。

　流動性カバレッジ比率は，銀行の流動性リスク管理における短期的な強
靭性を高めることを目的として，厳しい流動性ストレス・シナリオにおい
て，30日間の流動性ニーズをカバーできるような即時に換金可能な高品質
の流動資産（適格流動資産）を，銀行が保有することを求めるものです。
流動性カバレッジ比率は，適格流動資産／30日間のストレス期間における
ネット資金流出額で計算され，100％以上に保つことが求められています。
分子は，流動性に応じて現金や中央銀行預金などのレベル1資産と上場株
式や社債などのレベル2資産に分類され，レベル2資産には算入上限（全
体の40％）があるほか，最低15％のヘアカットが適用されます。分母は，
30日間の特定ストレス・シナリオにおける累積予想資金流出額から30日間
の累積予想資金流入額を差し引いて算出されますが，累積予想資金流入額
は累積予想資金流出額の75％という上限が設定されています。

　安定調達比率は，金融機関が保有する長期の融資等の資産は安定的な調
達でカバーされるべきという考えを反映した指標となります。安定調達比
率は，利用可能な安定調達額／所要安定調達額で計算され，流動性カバ
レッジ比率同様，100％以上となることが求められています。分子は，長

9
リーガル

期的なストレス状態が 1 年超続いた場合にも安定した調達源となることが期待されるような資本調達および負債調達に，その資金の安定性に応じた掛け目を乗じた金額の総和として算出されます。分母は，金融機関が保有する各資産の金額に，その資産の流動性に応じたヘアカットを乗じた金額の総和として算出されます。

オペレーショナル・リスク・アセット
Operational Risk Asset

バーゼル規制における自己資本規制上，内部プロセス・組織・システムの不適切な整備または運用上の失敗，もしくは外部の事象から生じる損失リスクにさらされている資産。

Step 1　オペレーショナル・リスクとは，各種ビジネスの業務不備等から生じる損失リスクです。バーゼルⅢでは，「ビジネス・インディケーター（BI）」を用いて，標準的手法に基づいて計算されます。なお，先進的手法は廃止されています。

Step 2　BIは「金利・リース・配当（ILDC）」「サービス（SC）」「金融（FC）」の合計で計算され，BIの金額に応じた限界計数α（12%〜18%）を乗じることでビジネス・インディケーター要素BICを計算し，BICに内部損失係数ILMを乗じることでオペレーショナル・リスク相当額が算出できます。このオペレーショナル・リスク相当額に12.5を乗じることでオペレーショナル・リスク・アセットとなります（資本フロア72.5%は要考慮）。

・オペレーショナル・リスク相当額＝BIC×ILM

・ビジネス・インディケーター要素BIC＝（ILDC＋SC＋FC）×限界計数α

・内部損失係数ILM＝LN（EXP（1）−1＋$(LC/BIC)^{0.8}$）

・損失要素LCは年間オペレーショナル・リスク損失額の過去10年分の平均値×15

Step 3　データ開示につき，BIが一定金額を超えるすべての銀行は，10年間各年の年間データを開示する必要があります。さらに，BIの内訳については，BI要素の計算期間である3年間の各年について開示する必要が生じる点にも注意を要します。

IRRBB（銀行勘定の金利リスク）
Interest Rate Risk in the Banking Book

銀行勘定の金利リスクに対する規制強化。

Step 1　バーゼル規制においては，銀行勘定の金利リスクを自己資本比率に直接的には算入していませんが，第2の柱として監督上の検証プロセスに含めています。IRRBBはバーゼルⅢ規制の一環として導入された規制であり，第2の柱である現行のアウトライヤー基準を見直し，内部管理の高度化，対外開示義務の強化が図られることになりました。

Step 2　内部管理の高度化としては，主要通貨における金利水準の変動によって生じる銀行勘定のポジションの①現在価値（エクイティ経済価値：△EVE＝Economic Value of Equity）と，②期間収益（純金利収入：NII＝Net Interest Income）の変動をそれぞれモニタリングします。①は現行のアウトライヤー基準と同じ考え方ですが，シナリオの増加（パラレルシフトだけでなく，期間構造をもつ変化も含めて6シナリオ），行動オプション（コア預金モデル，住宅ローンや定期預金のプリペイメント）および自動オプション（商品に組み込まれたオプションの行使可能性）の考慮といったコンセプトの高度化，国際統一基準行の場合は「6シナリオ中最大の△EVE/Tier1資本≦15％」という閾値厳格化（従来は総資本の20％）等が特徴です。②はB/S維持を前提として計測するため，契約の更改期間やタイミング，市場金利への追随率等が影響する点が特徴です。

　対外開示義務の強化としては，各シナリオにおける経済価値および期間収益の変動額の定量開示と，コア預金の平均・最長満期という定性開示が求められるようになります。これにより，銀行間の比較がしやすくなります。

CCP（中央清算機関） *Central Counterparty*

決済システムにおける中央清算機関。

Step 1　CCPとは取引所もしくは店頭で取引された金融商品について，参加者の債権・債務を集中して決済するための清算機関のことです。取引の決済を行う相手がCCPに集約されることによって，複数の相手先との同じ商品の取引についてネッティングが可能となります（マルチラテラル・ネッティング）。このようにしてカウンターパーティ・リスクをCCPへ集中させることで，市場参加者の破綻が他の参加者へ連鎖的に広がることを防ぐ機能が期待され，システミック・リスクを軽減させることができると考えられています。本邦では，国債，株式，上場先物・オプション，CDS，金利スワップの決済を行う日本証券クリアリング機構（JSCC）があります。また，海外ではLCH（英国），CME（米国），Eurex（ドイツ）などが大手のCCPとして清算業務を行っています。

　CCPは，2008年9月の米国証券会社リーマン・ブラザーズの経営破綻による連鎖倒産の発生を契機として，デリバティブのカウンターパーティ・リスク管理の強化を主たる目的とする各国・地域の規制に基づいて設立され，普及した歴史的経緯があります。

Step 2　CCPが本格的に普及してから，CCPで清算される円金利スワップなどの店頭デリバティブに関して，CCPが異なることによる価格差が観測されるようになりました。たとえば，円金利スワップは主にJSCCとLCHで清算されますが，同一条件の金利スワップであっても両者の価格は同一とは限りません。この価格差をJSCC-LCHスプレッドと呼ぶことがあります。

9
リーガル

債務不履行　*Default*

デリバティブ取引の期限前解約事由の1つ。

Step 1　　債務不履行（デフォルト）とは，取引当事者が約束の債務を実行できない状態のことをいいます。デリバティブ取引では，取引相手がデフォルトすると取引を継続することはむずかしくなるため，契約書には期限前解約条項を規定しています。これは金銭消費貸借契約における期限の利益喪失条項に相当するものです。

デリバティブ取引の相手方が支払能力を喪失したときは，取引の履行を求めることはできません。また，スワップ取引は契約期間中に相互に金銭を交換する（相互に支払う）契約ですが，変動金利によって決まる利息額は，その決定方法は特定されているものの，あらかじめ知ることはできませんので，単純に期限の利益を喪失させるだけでは請求債権額が確定しないため，解決にはなりません。したがって，取引を期限前解約して，同解約によって被る損害の賠償を請求することになります（担保権の実行，保証履行の請求，相殺等もこの損害賠償請求権に基づいて行うことになります）。

デリバティブ取引の契約書を作成する際に，取引当事者は期限前解約による損害賠償請求権について慎重に検討します。具体的には，「デリバティブ取引の期限前解約事由として規定すべき事由は何か」「差押債権者や破産管財人に対しても損害賠償請求権を主張できるようにするために，当然，期限前解約事由として定めるべき事由があるか」「損害賠償額の予定をどのように規定するか」などです。ここで期限前解約事由は，重要なポイントとなっているのです。

Step 2　　デリバティブ取引の期限前解約事由として，銀行取引約定書（雛型）の第5条第1項，第2項に定める多くの事

項が採用されています。現在は，1992年版や2002年版のISDAマスター契約の第5条の事項が盛り込まれることもあります。そのなかで，よく使用される期限前解約事由に，クロス・デフォルトがあります。これは，デリバティブ取引の各当事者が保有するデリバティブ取引以外の契約（預金契約，ローン契約等）の債務における不履行発生や期限の利益の喪失の場合にも，デリバティブ取引における期限の利益を喪失する事由とするものです。2002年版ISDAマスター契約所定のクロス・デフォルト条項では，その適用範囲を，不履行や期限の利益喪失が発生した債務の合計値が極度額（Threshold Amount）以上の場合のみに限定しています。

一方で，リーマン・ショック後の金融危機の経験を通して，システム上重要な金融機関のデリバティブ取引等の期限前解約条項の発動が，かえって金融市場の不安定化をもたらすこともわかりました。そこで，金融機関の実効的な破綻処理に関する新たな枠組みについて，国際的に議論が進められ，日本でも金融機関の秩序ある処理として，かかる事態となった場合，内閣総理大臣は一定期間（最長2日間）の現状凍結（期限前解約や担保実行の発動停止，いわゆるステイ）を行う決定ができます（預金保険法第137条）。

Step 3 デリバティブ取引はクロス・ボーダー取引の場合が多く，その場合には，適用される契約準拠法も考慮したうえで期限前解約条項を定めることが必要となり，また外資系の取引相手の場合には，期限前解約条項の効力がその海外系列企業に及ぶ場合もあります。

また，デリバティブ取引の参加者にはさまざまな法人形態（たとえば，相互会社，組合組織，信託財産など）があるため，取引相手の法人形態にあわせた期限前解約条項を検討する必要があります。

取引譲渡（アサインメント） *Assignment*

取引の解約方法の1つで，一方の当事者が第三者に入れ替わること。

Step 1　取引譲渡（アサインメント）は，取引の解約方法の1つです。たとえば，金利スワップ取引では，通常，最後の予定支払をもって終了しますが，当事者間で相互同意があれば，期限前に同取引を解約することができます。解約方法には，市場実勢に応じたコストを計算し，それを先払いすることで取引自体を終了させるバイアウト（Buy-Out），同取引を完全に相殺させる新規の金利スワップ取引を行うリバーサル（Reversal），同取引を第三者に譲渡するアサインメント（Assignment）があります。前の2つは，当事者間ネッティング（Bilateral Netting）ともいわれ，契約を更改することによって取引を終了させます。

Step 2　取引譲渡（アサインメント）は，金利スワップ取引の一方の当事者が同取引と連携している債券やローンなどとの関連から解約を望まない場合に利用するもので，解約する当事者が当該金利スワップ取引の価値に応じて第三者との間で調整分を受払いすることになります。これにより同取引を解約した側は，元の取引に対するすべての権利・義務がなくなることになりますが，他方の当事者にとっては，取引の相手がかわるのみで事後も当初のスケジュールどおりの受払いがなされていくことになります。

Step 3　第三者を活用する方法として，ノベーション（更改：Novation）もあります。ノベーションは，契約を更新して取引を第三者へ移すことで取引を終了させます。2005年9月にISDAによりルール化が図られたこと（2005 Novation Protocolの制定）により，引渡し側，引受け側および取引相手の3者間の合意を要件とします。ノベーションは，OTCの取引をCCPへ移行する際にも利用されます。

期限前解約　*Early Termination*

契約が期限前に解約される（終了する）こと。

Step 1　デリバティブ取引の解約（終了）をターミネーションといいます。なかでも期限前の解約（終了）をアーリー・ターミネーション（Early Termination）といいますが，ターミネーションだけでも期限前解約の意味で使われる場合があります。

　期限前解約となるケースには，①双方による合意解約（任意解約），②債務不履行事由（Event of Default）の発生による強制解約，③終了事由（Termination Event）の発生による強制解約があります。

　①の合意解約とは当該契約について，双方が合意した評価額の受払いをもって，取引を終了することです。②，③の期限前解約事由については，ISDAマスター契約では，以下のように規定されています。

・債務不履行事由（Event of Default）の発生による強制解約

　不払い（Failure to Pay or Deliver），契約違反（Breach of Agreement），誤表明（Misrepresentation），クロス・デフォルト（Cross-Default），破産（Bankruptcy）など当事者（Defaulting Party）に帰責事由が発生した場合，相手方は期限の利益を喪失させて取引を解約できます。

・終了事由（Termination Event）の発生による強制解約

　当局の法令の変更による取引の非合法化（Illegality），税法の変更による取引への課税（Tax Event），当事者の合併に伴う信用力の低下（Credit Event Upon Merger）など，当事者（Affected Party）に直接責任がなく期限前解約となるものです。ただし，この場合，終了事由が発生したことを相手方に通知する義務やその回避のための取引移転義務等，取引を継続する努力義務が定められています。それらの努力にもかかわらず解約がやむをえないと判断された場合にのみ，解約権が認められます。

9

リーガル

証拠金規制　*Margin Requirements*

デリバティブ市場の参加者に証拠金授受を義務づける規制。

Step 1　デリバティブに起因するシステミック・リスクの発生を防ぐため，金融危機以降，さまざまなデリバティブ規制が設けられてきました。相場変動に伴い，デリバティブの時価評価額が変動することによって発生するカウンターパーティ・リスクは，取引当事者間の証拠金（担保）の授受により大幅に削減することができるため，先進各国はこの証拠金の授受を義務づけています。2013年9月，BCBS（バーゼル銀行監督委員会）およびIOSCO（証券監督者国際機構）は「中央清算されないデリバティブ取引に係る証拠金規制に関する最終報告書」を公表し，各国の規制当局はこれに倣い法制化を行いました。

Step 2　日本では金融庁が2016年3月に内閣府令を公布し，非清算店頭デリバティブ取引の想定元本が3,000億円以上の金融機関に対して証拠金の授受を義務づけています。この証拠金の授受においては，日次の証拠金授受などの厳しい要件が定められています。また，この府令の対象とならない金融機関に対しても監督指針で証拠金授受が求められています。監督指針においては，前述の府令を参考にしつつも取引当事者の取引実態にあわせたリスク管理方法が認められています。

Step 3　2024年現在，日本では為替フォワード取引は証拠金規制の対象から除外されていますが，欧州においてはすでに一部の為替フォワード取引が証拠金規制の対象となっています。そのため，欧州系の金融機関と取引を行う際は，日本の金融機関であっても為替フォワード取引にあたって証拠金の授受を求められることがあります。なお，証拠金規制の導入スケジュールや対象商品等は変更されることがありますので，常に最新の情報を入手することが重要です。

一括清算法

デリバティブ取引等における一括清算ネッティングを有効とする法律。

Step 1 デリバティブ取引等のカウンターパーティ・リスクやリスク資産を一括清算ネッティングによって削減するには，その法的な有効性が前提となります。しかし，日本には一括清算ネッティングの概念がもともとなく，民法上の相殺規定やその関連の判例に基づく類推解釈では，その法的有効性は証明できませんでした。そのため，約10年間の官民の協議により1998年に制定された法律が一括清算法（正式名称は「金融機関等が行う特定金融取引の一括清算に関する法律」）です。

Step 2 一括清算法が法的有効性を保護するのは，取引当事者のいずれか一方が金融機関である場合における，デリバティブ等の取引同士の時価評価損益のネッティングおよび同取引の時価評価損益と担保物のネッティング（つまり担保の実行）です。すなわち，ISDAマスター契約の対象取引となるデリバティブ取引や為替取引の時価評価損益をネッティングし，算出された解約清算金とCSA（担保契約書）に基づく担保とのネッティングに一括清算法が適用され，その法的有効性が保護されるわけです。

Step 3 2020年に一括清算法が改正され，同法が適用される担保取引の法律構成に質権が追加され，CSAに基づく担保取引が消費貸借方式，消費寄託方式，質権方式のいずれでも，デリバティブ取引等の時価評価損益と担保物のネッティングが法的に有効となりました。その背景には，非清算店頭デリバティブ取引の証拠金規制（いわゆるマージン規制）の導入により，質権方式の担保取引が増加したことがあります。

ステイ規制　*Resolution Stay Regulations*

金融機関の経営破綻時における市場の混乱を回避するための規制。

Step 1　ステイ規制（Stay）とは，金融機関の経営破綻時にその国・地域の金融監督当局が職権により最大2日間の現状凍結を行うこと，つまり，破綻金融機関の取引相手による期限前解約清算や担保実行を禁止し，その間に同破綻金融機関を一時国有化するか，またはブリッジバンクに経営譲渡する等の救済措置を行い，市場の混乱を回避する法制度です。ステイ規制は，日本，米国，英国，ドイツ，フランス，イタリア，スイス，カナダ，香港，シンガポール，南アフリカ等の国・地域ですでに導入されています。ちなみに，日本では預金保険法の第126条の2〜39にステイ規制が定められています。

Step 2　ステイ規制は，その国・地域の組織（金融機関，事業会社など）に対しては，同国・地域の法律に基づき適用が可能ですが，同法律を他の国・地域の組織へと域外適用することは困難です。そこで，当該国・地域のステイ規制の内容を記載したISDA制定の追加約款を，クロスボーダー取引で締結されたISDAマスター契約に追加して，契約書上の義務として同国・地域のステイ規制を他の国・地域の組織に遵守させることが一般化しています。この追加約款をStay Protocolと呼びます。

Step 3　上記のStay Protocolは，2014年にISDA 2014 Resolution Stay Protocolが最初に制定され，翌2015年にはそれを更新するISDA 2015 Universal Resolution Stay Protocolが制定され，さらに2016年に各国・地域のステイ規制の概略を包括的に記したISDA Resolution Stay Jurisdictional Modular Protocol（以下，RSJMP）が制定されました。その後，RSJMPの追補版として，より詳細に各国・地域のステイ

規制を記した追加約款が日本，米国，英国，ドイツ，フランス，イタリア，スイス，カナダ，香港，シンガポール，南アフリカ等について制定されています。なお，上記の各種Stay ProtocolはISDAのホームページに採択書を提出して多数当事者間で採択することも，ISDAマスター契約に個別相対で追加することも可能です。

BREXITの影響

英国のEU離脱（BREXIT）によるデリバティブ取引の規制等への影響。

Step 1　2016年6月23日の国民投票によりEU離脱を決定した英国は，2020年1月31日の午後11時（GMT）にEUを離脱し，11カ月の移行期間を経て2020年12月31日の午後11時（GMT）から完全にEU域外となりました。その結果，金融規制における不都合な事態が発生しています。たとえば，EUのデリバティブ規制であるEMIR（欧州市場インフラ規則）が英国には適用されなくなり，EU域内での裁判管轄などを定めるルガーノ条約からも英国は脱退させられました。

Step 2　上記により，英国は俗にUK EMIRと呼ばれる，EMIRにかわるデリバティブ規制を制定しましたが，それと同時並行で「エジンバラ改革」と称する，EU由来の各種金融規制を英国の市場慣行にあわせて改正する作業も行いました。その結果，EUと英国のデリバティブ規制に差分が生じ，市場の分断が懸念されています。また，EUもデリバティブ取引の清算集中をEU域内のCCPで行うことをEU域内の金融機関に指導するなどして，在英国のCCPであるLCHへの清算集中を抑制する動きをみせており，BREXITを契機とする英国とEUの金融規制をめぐる冷戦が深刻化しつつあります。

Step 3　ルガーノ条約は，EU加盟国の裁判所による判決を他のEU加盟国で執行することを可能と定めています。したがって，英国がEU加盟国だった当時は，英国の裁判所による判決のドイツやフランスでの執行が容易でした。欧州諸国やその元植民地の国・地域では，国際商取引の契約準拠法が一般に英国法であるため，その訴訟を英国の裁判所で行うのが通例です。そのため，英国がEU域外となり，ル

ガーノ条約から脱退したことによって，英国の裁判所の判決をEU加盟国で執行することが困難となり，不便な状況となりました。その解決策として英国はルガーノ条約の再締結を希望しましたが，EUがそれを拒絶したため，英国は代替策としてハーグ判決条約を2024年に批准しました。ハーグ判決条約では効果が薄いとの意見もあり，今後の動きが注視されています。

コンファメーション *Confirmation*

デリバティブ取引の成約後に取り交わす取引条件の確認書。

Step 1　デリバティブ取引におけるコンファメーションには，主に3つの意味があります。具体的には，①取引成約直後にフロントのディーラー間で行う取引条件の電子コンファーム，②成約取引のバックオフィス間での資金決済を主目的とするSWIFT等による確認（セツルメント・コンファーム），③契約書としての取引確認書です。ただし，一般的には③の意味が通例です。③のコンファメーションは，取引条件の確認と記録保存，さらには資金決済や期限前解約清算の根拠となる契約書としての機能も有しています。

Step 2　上記③のコンファメーション（以下，CM）は，デリバティブ取引の基本契約書であるISDAマスター契約（以下，MA）に依拠し，その一部を構成し，MAとそれに依拠するすべてのCMは全体として単一の契約書を構成します。それがMAに基づく一括清算ネッティングを可能とする前提となっています。ISDAはデリバティブ取引の種類ごとにCM様式とその専門用語の定義集を制定しており，それが世界標準となっています。

Step 3　デリバティブ取引は諾成契約であり，契約書の作成は契約の成立要件ではないため，CMはあくまでも契約条件の確認，記録保持，資金決済や期限前解約の根拠として作成されるものです。1990年代には，CMは紙の正本（ハード・コピー）に署名や記名捺印をして郵送で取り交わしていましたが，2000年代以降，事務簡素化の観点から，ファクシミリ，Eメールに添付したPDF，SWIFT等の電子通信システム，電子プラットホーム上でのデータ照合等ですませて，CMの正本の作成を省略することが一般化しています。かかる電子媒体によるCMの

法的有効性は金融商品取引法第37条の4および金融商品取引業等に関する内閣府令第110条で認められています。また，CMの簡素化のため，同じ種類の取引に共通する契約条件を記載し，一度締結すれば，反復継続して使用できるマスター・コンファメーション（以下，MC）様式をISDAが制定しており，取引条件が複雑なNDF取引やCDS取引ではMCが頻繁に活用されています。

マージン規制に係るCSA（VM/IM）

マージン規制に基づく担保授受に必要となる専用CSA。

Step 1　マージン規制（非清算店頭デリバティブ取引の証拠金規制）は2016年9月から段階適用が開始され，今日に至っています。マージン規制では，デリバティブ取引の日次の時価評価損益をオフセットするための変動証拠金（VM：Variation Margin）と不測の損害に備える当初証拠金（IM：Initial Margin）という2種類の担保の授受が求められます。VMは従来の担保とほぼ同じものですが，IMは第三者であるカストディアンや信託銀行による分別管理が義務づけられ，従来の担保とは大きく属性が異なります。

Step 2　マージン規制の導入以前から普及していたCSA（Legacy CSA）とは別に，マージン規制専用のVM CSA，IM CSAをISDAが制定しました。VM CSAは，マージン規制に基づき無担保取引限度額が常にゼロとされる点などが異なるものの，Legacy CSAと大差のない様式です。しかし，IM CSAは，IMの分別管理が義務づけられているため，使用するカストディアンごとにその様式が異なる点，またIM CSAに関連してカストディアンや信託銀行と独自の担保管理に関する契約書を締結する必要がある点などが，Legacy CSAとは大きく異なります。

Step 3　IM CSAのさらに厄介な点は，カストディアンや信託銀行との契約が担保の差入れと受入れのサイドごとに締結されることです。そのため，同一の当事者間であっても，担保の差入サイドと受入サイドでカストディアン（信託銀行）が異なるケース，たとえカストディアン（信託銀行）が共通であっても，その担保管理に関する契約書の準拠法が担保の差入サイドと受入サイドで異なるケースが頻発しま

す。かかるケースでは，担保の差入サイドと受入サイドでIM CSAの様式が異なることとなり，ドキュメンテーションの手間が倍増します。ただし，IMについては，その金融機関グループ全体のIM必要額がマージン規制所定の上限額を超えない限り，IMの授受やIM CSAの締結がすべて免除されるため，省力化が可能な余地もあります。

SEF規制　*Swap Execution Facility*

店頭デリバティブ取引の電子取引基盤使用義務に係る米国金融規制。

Step 1　通称「SEF規制」とは，金融危機を発端として金融規制改革が進められるなかにおいて整備された「店頭デリバティブ取引は，原則，電子取引基盤を介したものに限る」というドッド・フランク法を構成する米国金融規制の1つであり，日本・EUなどもそれぞれ国内制度を整備しています。店頭デリバティブ取引の大半は当事者同士のダイレクト・ディールやボイス・ブローカー（肉声による取引）を経由しての取引ですが，これらの取引内容は不透明な面も多く，世界的な金融市場の混乱を深刻化させたといえます。その反省から，取引の透明性向上やモニタリングの適正化を図るべく，G20（2009年）では「標準化されたすべての店頭デリバティブ取引は，適当な場合には取引所または電子取引基盤を通じて取引されるべきである」旨が合意されました。

Step 2　米国では一定条件を満たす金利スワップやCDS等がSEF規制の対象となり，それらの取引は取引所あるいは商品先物取引委員会（CFTC）に登録する取引プラットフォームでの取引が義務づけられるようになりました。代表的なSEF運営事業者としては，シカゴ・マーカンタイル取引所（CME），インターコンチネンタル取引所（ICE），情報ベンダー系ではBloomberg，ブローカレッジ業務を行うICAP，BGC，タレット・プレボン（Tullett Prebon）等があげられます。

店頭デリバティブ取引はブローカー経由で行われることが一般的ですが，各ブローカーはそれぞれSEF規制に則したルールブックを作成しており，SEF規制の影響下にある米国エンティティ等と取引を行う場合には，そのルールブックに合意したうえで取引を行う必要があります。

清算集中義務　*Central Clearing Obligation*

店頭デリバティブ取引によるシステミック・リスクを削減する規制。

Step 1　金融市場において相対で取引を約定した後には，取引の相手方と決済（証券の受渡し，資金決済）を行うことになりますが，相手方の信用状況の悪化により決済が履行されないケースが想定されます。取引後の決済が滞るようでは，安心して取引を行うことができません。そのような不安定な事態を避けるために，多くの取引で清算集中制度が準備されています。中央清算機関（CCP）が担う業務として，①債務引受け，②ネッティング，③決済指図，④決済保証があります。

特に店頭デリバティブに関しては，金融商品取引法によって，次のように清算集中義務が定められています。

「金融商品取引業者等が，金融庁長官が指定する店頭デリバティブ取引を行う場合には，当該取引に基づく自己及び相手方の債務を金融商品取引清算機関等に負担させなければならない。」（金融商品取引法第156条の62）

Step 2　2008年にリーマン・ブラザーズが破綻した際，店頭デリバティブ取引での金融機関の相互依存により金融危機が連鎖的に広がったことから，翌2009年にG20はピッツバーグ・サミットにおいて店頭デリバティブの規制に乗り出すことに合意しました。そこでの合意項目の1つに，「遅くとも2012年末までに，標準化されたすべての店頭デリバティブ契約は，適当な場合には，取引所または電子取引基盤を通じて取引され，中央清算機関（CCP）を通じて決済されるべきである」とあり，本邦においては金融商品取引法が改正され，2012年11月よりディーラー間で行われる円金利スワップは日本証券クリアリング機構（JSCC）において決済することが義務づけられています。また，「中央清

算機を通じて決済がされない契約は，より高い所要自己資本賦課の対象とされるべきである」という合意もあり，相対で決済するデリバティブ契約に比べて，自己資本賦課の点において，CCPで決済を行うインセンティブを付けています。

Step 3 日本において清算集中義務が課されている金利スワップならびにCDSについては，JSCCがCCPの役割を担っています。清算参加者になるための財務上の要求水準は相応に高く，金融機関がすべて参加できるわけではありません。そのため，清算参加者にならずに，既存の清算参加者に清算を委託する制度も導入されています。受託清算参加者を含む同一の企業集団に含まれる清算委託者をアフィリエイトといい，それ以外の清算委託者をクライアントといいます。

10

財務・会計

日本会計基準（JGAAP）
Japanese Generally Accepted Accounting Principles

日本で一般に公正妥当と認められた会計原則。

Step 1　日本会計基準とは日本における財務会計のルールであり，「企業会計原則」を中心とする，一般に公正妥当と認められる「公正なる会計慣行」を規範としています。

　日本の会計制度は，この公正なる会計慣行をさまざまな法律が利用することによって形成されており，代表的な法律の例としては，会社法，金融商品取引法，法人税法などがあります。

（参考）　会社法第431条

　株式会社の会計は，<u>一般に公正妥当と認められる企業会計の慣行に従うものとする。</u>

　日本会計基準の中心となる「企業会計原則」は，1949年に，それ以前の企業会計実務の慣習から一般に公正と認められた内容を要約するかたちで，大蔵省企業会計審議会から公布されました。その後も，同審議会が経済・社会の変化にあわせてさまざまな会計基準を設定していましたが，現在は2001年に設立された企業会計基準委員会（ASBJ）が日本の会計基準の設定主体となっています。

　ASBJは基本原則である「企業会計基準」，会計基準の詳細や解釈を規定した「企業会計基準適用指針」，企業会計基準がカバーしていない領域の当面の取扱いを示す「実務対応報告」などを通じて意見を公表しています。

　資本市場のグローバル化に伴い，国際的に比較可能な会計基準を志向する機運が高まるなか，2005年よりASBJは国際会計基準審議会（IASB）と共同で，日本会計基準を国際会計基準（IFRS）に近づけるコンバージェ

ンス（収斂）作業を開始し，2008年12月には欧州委員会が日本会計基準についてIFRSと同等であることを認める旨の発表をしています。

Step 2 IFRSと比較して日本の会計基準には以下の特徴があります。

① 規則主義（細則主義）

規則主義（細則主義）とは，会計の詳細な処理や数値基準を，会計基準，解釈指針，実務指針，Q＆Aなどで広範にわたり定める考え方です。規則主義（細則主義）の長所として，細かい規則に従い会計処理を行うため，企業会計の透明性が高まる点があげられます。一方で短所として，規則に記載のない会計処理があいまいになり，悪用される可能性がある点があげられます。

② 収益費用アプローチ

収益費用アプローチとは，1会計期間に実現した収益から発生した費用を差し引き，その差額を利益として定義する考え方です。収益費用アプローチによる利益は，企業が事業活動により獲得した成果とされます。伝統的な会計手法では，収益費用アプローチに基づき，損益計算書で企業の期間損益を表すことが目的とされてきました。

③ 取得原価主義

取得原価主義とは，資産や負債を原則として取得した時点の価格（原価）で評価する考え方です。取得原価主義の長所として，客観的に検証できる価格を採用しているため，信頼性が高い点があげられます。一方で短所として，価格変動が激しい資産や負債について，取得価格と現在の資産・負債価値に乖離が発生する点があげられます。

④ のれんの償却

そのほか，IFRS，米国会計基準との大きな差異として，のれんの償却があります。IFRS，米国会計基準においては，企業買収などの際に生じたのれんは取得時に会計計上すれば，償却せず，毎年，減損テストを行いますが，日本基準においては，定額償却をするものと定められています。

米国会計基準（USGAAP）
U.S. Generally Accepted Accounting Principles

米国で一般に公正妥当と認められた会計原則。

Step 1　米国会計基準とは，米国企業の財務会計に利用されている会計規則であり，財務会計基準審議会（FASB）が作成および改正を行っています。1972年にFASBが設置される以前は，米国公認会計士協会が米国基準の設定主体でしたが，FASB設置後は，政府や会計士協会から独立した基準設定機関であるFASBが，多くの基準書等を発行し米国会計基準の基準設定主体の役割を担っています。

　資本市場のグローバル化に伴い，米国で上場している外国登録企業（FPI）については2007年より国際会計基準（IFRS）の使用が認められています。米国国内の上場企業については，原則，IFRSの使用は認められておらず，米国会計基準を使用しています。

　日本企業も米国会計基準を採用することは可能ですが，日本企業で米国会計基準を採用している企業は多くありません。米国市場（ADR市場）に上場している一部大企業が米国会計基準を採用しています。

Step 2　米国会計基準における有価証券の評価方法および損益計上は，保有目的により異なります（下表参照）。

米国会計基準における有価証券の評価方法および損益計上			
保有目的	定義	評価方法	未実現保有損益の処理
満期保有証券	満期まで保有することを目的とした債券	償却原価	―
トレーディング証券	主として早期売却目的で購入し保有する債券および持分証券	公正価額	損益計上
売却可能証券	満期保有証券，トレーディング証券以外の債券・持分証券	公正価額	資本勘定の独立科目に直接計上

国際会計基準（IFRS）
International Financial Reporting Standards

欧州を中心に採用されている国際標準の会計基準。

Step 1 1980年代から1990年代にかけて金融資本市場がグローバル化していくなかで，国際的に比較可能な会計基準を志向する機運が高まりました。そこで，すでに国際的な会計基準を策定していた国際会計基準委員会（IASC）からその機能を継承するかたちで2001年に国際会計基準審議会（IASB）が設立され，上記の目的を達成すべく国際会計基準（IFRS）の普及促進を行っています。

IFRSは，2005年に欧州連合（EU）が域内上場企業に対して採用を義務づけたことから，以後，世界各国に普及し，現在ではほぼすべての主要国がIFRSを採用または容認しています。

日本と米国はすでに巨大な金融資本市場と体系的な会計基準を有していたことから，IFRSを採用する前に自国の会計基準とIFRSを近づけるコンバージェンス（収斂）作業を行っています。また，両国はIFRS採用に向けた議論も進めています。日本においては，2013年に企業会計審議会が公表した「国際会計基準（IFRS）への対応のあり方に関する当面の方針」にて「IFRSの任意適用の積み上げを図ることが重要である」とされた一方で，IFRSの強制適用の是非については「未だその判断をすべき状況にないものと考えられる」と慎重な姿勢が示されました。2023年4月に実施された企業会計審議会総会においても，その考え方は引き続き堅持すべきとの意見が示されているなか，グローバル企業を中心に日本国内のIFRS採用企業は増加しており，日本取引所グループによれば2024年3月末におけるIFRS適用済・適用決定会社数は281社に及ぶとされています。

Step 2 現行の日本の会計基準とIFRSの差異として以下のものがあげられます。

① 原則主義

日本会計基準では，詳細で具体的な規定や数値基準を定める細則主義をとっています。一方，IFRSでは，原理原則だけを規定し詳細な規則は定めない原則主義をとっています。原則主義では判断の具体的な数値基準がないため，報告企業が判断根拠や基準を自ら定めなければなりません。

② 資産負債アプローチ

日本会計基準では，収益費用アプローチに基づき，損益計算書で企業の期間損益を表すことが目的とされています。一方，IFRSで作成される包括利益計算書では，資産負債アプローチに基づき，企業価値の増減を表すことが目的とされます。そのため，企業の純資産の増減である包括利益がIFRSでの利益概念となります。

Step 3 　従来より金融商品が複雑になるにつれて，金融商品会計も同様に複雑で難解なものになっているとの指摘がなされてきました。これに対応するため，IASBは金融商品会計の旧基準であるIAS第39号を抜本的に見直し，IFRS第9号「金融商品」へと移行しました。

IFRS第9号の適用後は，金融商品の保有目的に応じた分類は廃止され，金融資産の管理に関する企業の事業モデルおよび金融資産の契約上のキャッシュフローの特徴をもとに事後的に分類されることになりました。具体的には，金融資産は以下の3つの区分のいずれかに分類されます。

① 公正価値で測定し，変動分を純損益に計上する金融資産（FVTPL）
② 公正価値で測定し，変動分をその他の包括利益（包括利益から純利益を差し引いて計算される）に計上する金融資産（FVOCI）
③ 償却原価（Amortized Cost）で測定される金融資産

①はデリバティブや日本会計基準における売買目的有価証券などを対象とした一般的な区分，②はトレーディング目的ではない株式等を対象とした特別な区分，③は満期までの保有を目的とした有価証券などを対象とした区分になります。

時価（公正価値）　*Fair Value*

算定日において市場参加者間で秩序ある取引が行われると想定した場合の，当該取引における資産の売却によって受け取る価格または負債の移転のために支払う価格。

Step 1　国際会計基準（IFRS）と米国会計基準（USGAAP）では，両基準の間でコンバージェンス（収斂）を進める過程で，資産・負債の評価額として用いられる公正価値について同一の定義が採用されており，資産・負債の取得価格ではなく評価時点の出口価格が公正価値として認められています。

日本会計基準では，企業会計基準委員会（ASBJ）によって2019年7月に企業会計基準第30号「時価の算定に関する会計基準」が定められ，公正価値に相当する概念として「時価」が以下のとおり定義されました。

（参考）　企業会計基準第30号「時価の算定に関する会計基準」

Ⅲ．時価の算定　　1．時価の定義

5.「時価」とは，算定日において市場参加者間で秩序ある取引が行われると想定した場合の，当該取引における資産の売却によって受け取る価格または負債の移転のために支払う価格をいう。

「時価の算定に関する会計基準」は，IFRSや米国会計基準と異なり，日本会計基準において時価算定方法に関する詳細なガイダンスが未作成であったことを懸念する声をふまえて制定されたものですが，これにより日本会計基準においてもIFRS第13号等で定められた公正価値算定の方法が取り入れられ，国際的な会計基準との整合性が図られることとなりました。

10

財務・会計

Step 2　IFRS第13号では，公正価値算出に用いることができる評価モデルとして，以下の3種類をあげています。

① 同一のまたは類似の資産または負債の市場取引による価格などを利用する評価モデル（マーケット・アプローチ）

② 将来発生する利益やキャッシュフローなどを割引現在価値で示す評価モデル（インカム・アプローチ）

③ 資産の用役能力を再調達するために現在必要となる金額に基づく評価モデル（コスト・アプローチ）

また，公正価値は評価モデルへ投入するインプットの観測可能性等によって，レベル1，レベル2，レベル3に分類されます。レベル1が最も客観的な公正価値であり，レベルが下がるごとに主観的な要素が増えていきます。この分類を公正価値ヒエラルキーといいます。

公正価値のレベルは，評価モデルで利用されるインプットの客観性によって算定されます。ある資産・負債を評価する際に用いるインプットがどのレベルのインプットかを判断し，いちばんレベルの低いインプットのレベルがその資産・負債のレベルとなります。

① **レベル1インプット**

レベル1インプットとは，東京証券取引所の株価など，測定日に入手できる活発な市場における同一の資産または負債の調整前の公表価格をいいます。レベル1インプットはそのままレベル1公正価値となります。

② **レベル2インプット**

レベル2インプットとは，インプライド・ボラティリティや信用スプレッドなど，直接または間接的に観測可能なインプットのうち，レベル1に含まれる公表価格以外のインプットをいいます。評価モデルを用いてレベル2公正価値を算定します。

③ **レベル3インプット**

レベル3インプットとは，予想キャッシュフローなど，観測不能なインプットをいいます。評価モデルを用いてレベル3公正価値を算定します。

　IFRSでは，この公正価値ヒエラルキー上のレベルの分類は公正価値で測定されたすべての資産および負債に適用され，報告企業はそのレベルについて開示しなければなりません。

金融商品に関する会計基準
Accounting Standard for Financial Instruments

金融商品の会計処理に関する企業会計基準。

Step 1　日本会計基準において，金融商品の会計処理は，「金融商品に関する会計基準」に基づき処理されます。有価証券については，保有目的により評価方法が異なります（図表1参照）。また，デリバティブ取引により生じる正味の債権および債務については，時価をもって貸借対照表価額とし，評価差額は原則として当期の損益として処理されます。

　時価の定義については，国際的な会計基準との整合性を図る取組みとして2019年7月に別途定められた「時価の算定に関する会計基準」に基づき，「算定日において市場参加者間で秩序ある取引が行われると想定した場合の，当該取引における資産の売却によって受け取る価格または負債の移転のために支払う価格」という内容に変更されました。なお，時価の定義変更に伴い，"時価を把握することが極めて困難と認められる有価証券は想定されない"という考え方のもと，「時価を把握することが極めて困

図表1　日本会計基準における有価証券の分類	
有価証券の保有目的	評価方法
売買目的有価証券	時価評価，評価差額は当期の損益
満期保有目的の債券	取得原価（注）
子会社株式および関連会社株式	取得原価
その他有価証券	時価評価，評価差額は貸借対照表の純資産の部で繰延べ（全部純資産直入法の場合）

（注）　満期保有目的の債券の評価方法は，債券を額面金額より高いまたは低い価額で取得し，取得価額と額面金額の差額が金利の調整と認められる場合は，償却原価法に基づいて算出します。

難と認められる有価証券」に関する記載が削除されましたが，市場価格のない株式等に関しては，たとえなんらかの方式により価額の算定が可能としても，それを時価とはしないとする従来の考え方を踏襲し，引き続き取得原価をもって貸借対照表価額とする取扱いとされています。

そのほか，「金融商品に関する会計基準」では，ヘッジ取引に関係するヘッジ会計や，複数種類の金融資産または金融負債が組み合わさった複合金融商品に関する会計処理の基本的な考え方についても定められています（図表2参照）。

図表2　関連する企業会計基準・企業会計基準適用指針など		
企業会計基準	第10号	「金融商品に関する会計基準」
	第30号	「時価の算定に関する会計基準」
日本公認会計士協会会計制度委員会報告	第14号	「金融商品会計に関する実務指針」
企業会計基準適用指針	第12号	「その他の複合金融商品（払込資本を増加させる可能性のある部分を含まない複合金融商品）に関する会計処理」
	第17号	「払込資本を増加させる可能性のある部分を含む複合金融商品に関する会計処理」
	第19号	「金融商品の時価等の開示に関する適用指針」
	第31号	「時価の算定に関する会計基準の適用指針」

10

財務・会計

ヘッジ会計　*Hedge Accounting*

ヘッジ取引とヘッジ対象の損益を同一の会計期間に認識する会計処理方法。

Step 1　金融資産・負債に内在する価格やキャッシュフローの変動リスク（ヘッジ対象）と，そのリスクを相殺するヘッジ取引（ヘッジ手段ともいう）について，同一の会計期間に損益認識する会計処理方法をヘッジ会計といいます。債券やローンなどの取得原価で会

ヘッジ会計の用語
1．ヘッジ会計の種類
・繰延ヘッジ：ヘッジ手段の損益認識をヘッジ対象にあわせる会計処理 ・時価ヘッジ：ヘッジ対象の損益認識をヘッジ手段にあわせる会計処理
2．ヘッジ対象の種類
・保有資産・負債：既存のBS計上項目をヘッジ対象とする。 ・予定取引：将来履行予定の取引をヘッジ対象とする。
3．ヘッジ取引の種類
・相場変動のヘッジ：ヘッジ対象の価格変動リスクを相殺するようなデリバティブ取引を行う。 ・キャッシュフロー変動のヘッジ：ヘッジ対象のキャッシュフローを固定化する目的で，デリバティブ取引を行う。 ※相場変動ヘッジとキャッシュフロー変動のヘッジはお互いが対になる関係性にあり，相場変動ヘッジをするとキャッシュフローが変動するリスクが発生する。
4．ヘッジ対象とヘッジ手段の対応関係の種類
・個別ヘッジ：ヘッジ対象が単一の資産・負債である場合 ・包括ヘッジ：ヘッジ対象が複数の資産・負債であり，それらを包括してヘッジする場合
5．金利スワップの特例処理
・金利スワップを時価評価せず，金銭の受払いの純額等をヘッジ対象である資産または負債の利息に加減して処理する方法

計認識される商品のリスクについて，デリバティブ取引でリスク相殺を行った場合に，デリバティブ取引のみを時価評価することのないように，通常，ヘッジ会計が使用されます。なお，ヘッジ会計を使用するためには，社内体制および事前・事後のチェック体制が必要となります。

10

財務・会計

複合金融商品会計
Compound Financial Instruments Accounting

複数種類の金融資産や金融負債が組み合わされている金融商品の会計処理。

Step 1　「複合金融商品」とは，複数種類の金融資産または金融負債が組み合わされている金融商品のことをいいます。複合金融商品については，「払込資本を増加させる可能性のある部分を含む複合金融商品」と「その他の複合金融商品」に区別し，それぞれ以下のような考え方で会計の処理が定められています。

[払込資本を増加させる可能性のある部分を含む複合金融商品]

　新株予約権付社債のように契約の一方の当事者の払込資本を増加させる可能性のある部分を含む複合金融商品について，払込資本を増加させる可能性のある部分（新株予約権）とそれ以外の部分（社債）の価値をそれぞれ認識できる場合には，それぞれの部分を区分して処理すること（区分法）が合理的であるとされています。

　ただし，転換社債型新株予約権付社債のように社債と新株予約権がそれぞれ単独で存在しえず，当該新株予約権行使時に当該社債により出資がなされる場合には，それぞれの部分を区分して処理する必要性は乏しく，一体処理もしくは転換社債型新株予約権付社債以外の新株予約権付社債に準じて処理を行うこととされています。

[その他の複合金融商品]

　上記以外の複合金融商品のなかには，現物の資産および負債とデリバティブ取引が組み合わされたもの（組込デリバティブ）や複数のデリバティブ取引が組み合わされたものがあります。そのような複合金融商品の場合，それを構成する金融資産や金融負債はそれぞれ独立して存在しえますが，一体の複合金融商品として財務諸表に適切に反映させる観点から，

原則として，それぞれを区分せず一体として処理すること（一括法）とされています。

　ただし，通貨オプションが組み合わされた円建て借入金のように，以下の要件を満たした場合，組込対象である金融資産や金融負債と組込デリバティブを区分して時価評価し，評価差額を当期の損益として処理する必要があります（注）。

① 組込デリバティブのリスクが現物の金融資産または金融負債に及ぶ可能性があること

② 組込デリバティブと同一条件の独立したデリバティブが，デリバティブの特徴を満たすこと

③ 当該複合金融商品について，時価の変動による評価差額が当期の損益に反映されないこと

（注）　経営上，継続して組込デリバティブを区分して管理している場合，①または③を満たさない場合にも区分処理をすることができます。

　また，上記において組込デリバティブを区分して測定することができない場合にも，当該複合金融商品全体を時価評価し，評価差額を当期の損益として処理します。

Step 2　　IFRSでは，複合金融商品については，組込デリバティブやその組込対象がIFRS第9号の対象である金融資産である場合，組込デリバティブを区分せず，複合金融商品全体に対して，通常の単一の金融資産と同様の定めを適用しなければならないとされており，事業モデルおよび契約キャッシュフロー特性の2要件に照らし，償却原価測定または公正価値測定のいずれかに分類されます。ただし，IFRS第9号の対象である金融資産でない場合は，一定の要件を満たす場合に限り，組込デリバティブを区分処理します。

10

財務・会計

トレーディング勘定　*Trading Account*

トレーディング（短期売買）の意図がある取引を経理する勘定。

Step 1　株式や債券等の短期売買による利益追求を目的とした取引をトレーディング取引と呼びます。銀行のトレーディング取引およびそれを対象とするヘッジ取引を，その他の取引と区別するための勘定をトレーディング勘定と呼びます。トレーディング勘定は日本国の法律上では特定取引勘定と呼ばれ，銀行法施行規則第13条の6の3に，具体的にどのような取引が特定取引に該当するかが列挙されています。特定取引に該当する主な取引とは，短期的な市場変動，市場間の格差等を利用して利益を得るためのいわゆるトレーディング取引や，そのヘッジのための取引，店頭デリバティブ取引，短期売買の意図を持った有価証券の売買，債券の引受けなどです。

　銀行の一般的な取引を取り扱うバンキング勘定（銀行勘定）とトレーディング勘定では，取引目的，取引頻度，リスク量などが違うため，会計上，リスク管理上，異なる取扱い（VaR算出時のリスク計測期間，リスク測定方法など）となります。

Step 2　2008年の金融危機以降，トレーディング勘定の抱えるリスクに注目が集まっており，バーゼル銀行監督委員会はトレーディング勘定の抜本的改定（FRTB）を公表しました。本規制は2024年3月より導入されています。

バンキング勘定　*Banking Account*

トレーディング勘定に含まれないポジションを経理する勘定。銀行勘定ともいう。

Step 1　トレーディング（短期売買）の意図のない取引は，バンキング勘定（銀行勘定）に経理されます。たとえば，満期保有目的の債券・株式の購入，非上場株式や不動産，リテール・中小企業向け与信取引のほか，中長期的な各種投資や，上記取引を対象とするヘッジ取引などもこれに該当します。また，トレーディング勘定に分類される取引であっても，短期売買の意図がないこと，トレーディング目的でないことなどを証明できれば，バンキング勘定に分類することが可能となりますが，資本賦課算定に際し不正な行為が行われないように，トレーディング勘定とバンキング勘定の間の移し替えは厳しく制限されています。さらに，マーケット・リスク軽減の観点から，IRRBB規制（「銀行勘定の金利リスク」に対する規制）をはじめとするさまざまな規制の順守が義務づけられています。

Step 2　2023年の米国地銀の経営破綻以降，IRRBB規制のあり方が注目されるようになりました。バーゼル銀行監督委員会は2023年12月に，銀行勘定の金利リスクにおける金利ショック水準の見直しを図る市中協議文書を公表しました。その内容は，金利ショック・シナリオの生成に用いる時系列データを2000年～2015年から2000年～2022年へと拡張するとともに，新たな計測手法を提案するものです。上記見直しの結果，米ドルやユーロを含む一部通貨における金利ショック水準が引き上げられており，これらの通貨に関して計測されるIRRBBの値に影響を与えることが想定されています。

10

財務・会計

企業価値評価　*Business Valuation*

企業の価値を計測すること。

Step 1 　企業の価値を評価する場合，絶対的な評価手法があるわけではなく，さまざまな手法が用いられています。主な評価手法としては，以下の3つがあります。

① コスト・アプローチ……保有する資産・負債に注目して評価する手法

② マーケット・アプローチ……類似企業の価値に注目して評価する手法

③ インカム・アプローチ……将来の収益に注目して評価する手法

　この3つの手法は状況によって使い分け，あるいは併用することで企業価値の算出を行います。

Step 2 　③の代表的手法はDCF法です。キャッシュフローとして［税引後営業利益＋減価償却費－正味運転資本増加額－設備投資額］の式で算出されたフリー・キャッシュフローがよく用いられ，これを将来の期間において推定します。また，このキャッシュフローを現在価値に割り引くためには加重平均資本コスト（WACC：Weighted Average Cost of Capital）がよく用いられます。加重平均資本コストは，資本コスト（通常はCapital Asset Pricing Model（CAPM）で算出）と負債コスト（通常は借入金や社債の金利）の加重平均値です。

$$\text{WACC} = \frac{D}{D+E} \times r_D \times (1-T) + \frac{E}{D+E} \times r_E$$

　D：負債時価

　E：株主資本時価

　r_D：負債コスト

　r_E：資本コスト

　T：実効税率

ROA　*Return on Assets*
ROE　*Return on Equity*
RORA　*Return on Risk weighted Assets*

企業の資産効率，資本効率を測る指標。

Step 1　ROA（総資産利益率）は，企業が総資産を使ってどれだけ利益を得られたかを表す指標であり，「利益÷総資産」で求められます。また，ROE（自己資本利益率）は，企業が自己資本を使ってどれだけ利益を得られたかを表す指標であり，「利益÷自己資本」で求められます。ROA，ROEがともに高いほど，資産効率，資本効率の高い企業となります。ROAの水準は業種によって異なり，ROAだけで企業経営を判断することはできませんが，5％以上であれば優良企業と考える場合が多いようです。また，日本企業のROEは欧米企業に比べて低い水準にありますが，近年ではROEを意識した企業経営が行われるようになってきています。

Step 2　ROAとROEの違いは以下の数式のとおりです。ROAの分母は「総資産」であるのに対して，ROEの分母は「株主資本（自己資本）」です。なお，分子に用いられる利益には，純利益や経常利益，営業利益などがあります。

$$ROA = \frac{利益}{総資産} = \frac{利益}{売上高} \times \frac{売上高}{総資産}$$

$$ROE = \frac{利益}{株主資本} = \frac{利益}{売上高} \times \frac{売上高}{総資産} \times \frac{総資産}{株主資本}$$

ROEは分母が株主資本（自己資本）であることから，株式投資の際に注目される指標の1つです。日本取引所グループ，東京証券取引所，日本経済新聞社が共同で開発し，2014年1月6日に算出を開始した「JPX日経インデックス400」でも，銘柄選定基準の1つとしてROEを採用してい

ます。

　なお，税制や会計基準等の異なる企業間の収益性を比較する際に，ROEの分子の利益として，金利や税率や会計基準等の違いによる影響を極力排除したEBITDA（Earnings Before Interest, Taxes, Depreciation and Amortization）を用いることもあります。

Step 3　バーゼル規制において，銀行は自己資本比率を算出する際の分母としてリスク・アセットを用いています。このため，銀行では総資産対比ではなく，総リスク・アセット対比での利益を目標として掲げることも増えてきています。このようにROEの分母をリスク・アセットに入れ替えたものをRORA（Return on Risk weighted Assets）といいます。

$$RORA = \frac{利益}{リスク・アセット} = \frac{株主資本}{リスク・アセット} \times ROE$$

PBR — *Price Book-value Ratio*
PER — *Price Earnings Ratio*

企業の株価の妥当性を測る指標。

Step 1　PBR（株価純資産倍率）は株価が純資産の何倍かを示す指標で、「株価÷1株当り純資産」で求められます。PBRが1倍より高い場合、株価が純資産よりも大きいことを意味します。つまり、PBRが高いほど市場の期待や将来性を投資家が評価し、企業の持つ純資産よりも高い価格で株式が売買されていることになります。

一方で、PBRが1倍を下回る場合、株価が純資産よりも小さいことを意味します。これは株価が割安ということを必ず示すものではなく、資本コスト（市場が求める最低リターン）を上回る自己資本利益率（ROE）をあげておらず、企業のもつ純資産よりも低い価格で株式が売買されていることになります。

PER（株価収益率）は株価が利益水準に対して割高か割安かを判断するために用いられる指標で、「株価÷1株当り純利益」で求められます。市場が企業の将来の成長や利益に高い期待を寄せているほど株価は高くなり、PERも高くなります。一方で、PERが低い場合は、その企業の成長に対する市場の懐疑的な見方が株価に反映されている可能性があります。

株価を企業が保有している「資産価値」と比較するPBRと「事業の収益性」と比較するPERでは、業種や事業内容によって、その水準が異なります。そのため、個社の値だけをみて判断するのではなく、同業他社の水準と比較しながら、評価することが大切です。

Step 2　特にPBRが1倍を下回っている場合は、仮に企業を解散した場合の価値よりも時価総額が低いということを意味します。日本は欧米と比べてPBRの1倍割れの企業の比率が高く、2022年12月時点では、欧州が2割強、米国が5%程度に対して、日本は主要500

10
財務・会計

社のうち4割超となっています。これを受けて，東証は2023年3月に資本コストや株価を意識した経営の実現に向けた対応について上場会社に対して要請しました。また，2024年1月からは要請に基づき対応策を開示している企業の一覧表を公表し，企業の取組みをいっそう後押しする姿勢を示しています。近年，アクティビストをはじめとする投資家からの視線も厳しくなるなかで，国内外から企業の対応に注目が集まっています。

NPV法 *Net Present Value Method*

投資評価手法の1つ。

Step 1 投資額および投資が生み出すキャッシュフローの現在価値（PV）の総和（NPV）を用いて，投資を評価する手法をNPV法といいます。NPVが正であれば投資価値があり，逆に負であれば投資価値がないと判断することができます。キャッシュフローのやりとりが年1回の場合，NPVは次の式で表されます。rは割引率を表し，通常はWACC（加重平均資本コスト）などを用います。

$$NPV = -CF_0 + \frac{CF_1}{(1+r)} + \frac{CF_2}{(1+r)^2} + \cdots + \frac{CF_n}{(1+r)^n}$$

Step 2 NPV法と似た方法に，IRR法（Internal Rate of Return Method）があります。NPVがゼロとなる割引率として，内部収益率（IRR）を定義します。このIRRは投資の利回りを意味しており，IRRが投資家の要求する収益率よりも高いか低いかで投資可否を決定します。キャッシュフローのやりとりが年1回の場合，IRRは以下の方程式を解くことで求められます。

$$0 = -CF_0 + \frac{CF_1}{(1+IRR)} + \frac{CF_2}{(1+IRR)^2} + \cdots + \frac{CF_n}{(1+IRR)^n}$$

なお，投資対象の優先順位を決定する際にNPV法とIRR法で異なる順位になる可能性があります。

10

財務・会計

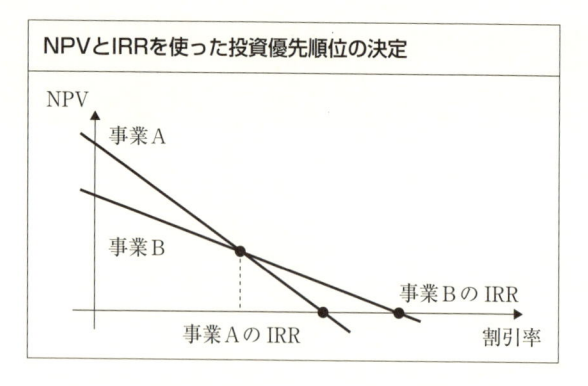

NPVとIRRを使った投資優先順位の決定

NPV

事業A

事業B

事業BのIRR

事業AのIRR

割引率

　事業Aと事業Bへ投資する際のNPVと割引率の関係を表したのが上図です。それぞれの関数が横軸と交わる点が各事業のIRRに相当します。このグラフではIRRは事業Bのほうが大きくなりますが，2つの事業のNPVが一致する割引率よりも両者の割引率が小さい場合には事業Aのほうが事業BよりもNPVが大きくなりますので，意思決定の優先順位が逆転します。このように，割引率の設定によって意思決定が逆転することがあることには留意が必要です。

Step 3　投資の評価手法として，NPV法，IRR法以外に回収期間法や割引回収期間法，リアル・オプション等があります。リアル・オプションは，金融工学で用いられるオプションの価格決定理論を事業投資やプロジェクト投資の評価に応用したものです。初期投資の段階では満期まで投資を続けるかどうかを決めず，期中に投資の継続や中止を判断できるような場合には，その選択権を考慮したうえで投資価値を評価します。

信託社債の会計　*Accounting for Trust Bonds*

信託社債に関する会計処理の考え方。

Step 1　代表的な信託商品の1つである信託社債は，会社法に基づいて発行される社債の一種で，信託財産を裏付けとする資産担保証券（ABS）として位置づけられます。通常の社債と同様に，金融商品取引法第2条第1項に定める「有価証券」に該当するため，日本会計基準においては通常の有価証券と同様に保有目的に応じた会計処理がなされます（例：その他有価証券→時価評価，評価差額は純資産の部で繰延べ等）。

　また，信託社債に通貨オプション取引，金利スワップ取引，CDS取引などのデリバティブが内包されるケースでは，複合金融会計の考え方に基づいて処理されます。なお，金融機関のように，経営上，複合金融商品を構成する個々の金融資産または金融負債を継続的に区分して管理し，投資情報としても区分して処理することが経営の実態を表すうえで有用な場合には，区分して処理することも認められています。

　なお，金融機関を中心に，信託社債形態ではなく信託ABL（Asset Backed Loan）の形態で取り組むケースもあります。この場合，信託ABLを組成した金融機関向けの貸付金と整理されることが多いですが，その場合には，「貸借対照表価額は，取得価額から貸倒見積高に基づいて算定された貸倒引当金を控除した金額とする。」と定められており，時価評価までは必ずしも求められていません。

10

財務・会計

リスク管理

リスク管理　*Risk Management*

金融機関のバランス・シートや損益等のリスクを把握し，適切な水準に調整すること。

Step 1 リスク管理とは，金融機関が抱えているさまざまなリスクを計測し適切な水準に調整することです。リスク管理を通じて金融機関の健全性を高め，経営の安定化に貢献します。リスク管理は，リスク指標に関するデータの構築，経営への報告，被る可能性のある損失の低減といった組織的な一連のプロセスによって構成されます。金融機関のリスク管理では，バーゼル規制に代表されるような国際的な規制や各国・地域の監督体制に関する取決めに基づいて，金融システムを安定的に保つようにマネジメントすることが求められます。これらの規制や取決めは金融システムの高度化に伴い，適時改良が施されていきますので，国際的なリスク管理態勢について最新の動向を把握しておく必要があります。

Step 2 リスク管理を行う際には，まずはどのリスクに関してリスク管理を行う必要があるか洗い出します。主なリスクは以下のものです。

① 　信用リスク……取引先の債務不履行により損失を被るリスク

② 　市場リスク……市場価格の変動により損失を被るリスク

③ 　オペレーショナル・リスク……事務処理のミス等で損失を被るリスク

④ 　流動性リスク……市場流動性の不足によって適正な価格で取引ができないこと等が原因で損失を被るリスク

⑤ 　リーガル・リスク……契約違反や法律違反により損失を被るリスク

　これらのリスク管理対象について，リスク指標を計算し，どの程度損失を被る可能性があるかを推定します。リスク量の数理的な算定方法につい

てはさまざまな指標がありますが，主に使用されるリスク指標の1つとしてバリュー・アット・リスク（VaR）があげられます。VaRとは，ある一定の外れ値を設けたうえで最大でどの程度の損失が生じるかを統計的に示すものです。より細かくリスクについて確認する際には，たとえば市場リスクにおけるデルタ，ガンマ，ベガ，グリッド・ポイント・センシティビティといったリスク指標の活用も考えられます。

　さらに，VaRのような統計的な手法では計測できないリスクについてもモニタリングしておく必要があります。この方法としてストレス・テストが用いられます。ストレス・テストでは，「例外的ではあるが，蓋然性の高いイベント」を仮定してリスク指標を計算します。

　これらのリスク指標の集計結果について，経営者へリスク報告が行われます。リスク管理では，これらのリスク指標が必要以上に大きな数値になっていないか評価し，必要に応じてリスク指標の数値を低減するように対策を講じる必要があります。リスク指標の基準については，自己資本比率規制や自社のリスク管理の枠組みに従って，会社単位や事業単位などでリスク指標の上限を設けるなどの方法が用いられます。これらのリスク指標の集計／報告を行った後，必要に応じて全社的にリスク・リターンの評価を行い，会社単位や事業単位などで設けられたリスクの上限量について再構成を検討します。リスク管理は，上記のようなPDCAサイクルに基づいて，組織的に行うことが求められます。

信用リスク　*Credit Risk*

取引相手における信用事由（財務状態の悪化等）により損失を被るリスク。

Step 1　一般的に信用リスクとは，取引相手先のデフォルト等により債務が履行されないことによる損失リスクを指します。金融機関においては住宅ローンや法人貸出だけではなく，デリバティブ等の市場取引によっても信用リスクが生じることから，適切な内部管理プロセスを構築することで信用リスクを管理しています。

Step 2　デリバティブに係る信用リスク管理としては，デリバティブのエクスポージャーに関して取引相手先ごとに信用限度額を設定し，その範囲内で取引をするという手法がとられます。ここでいうエクスポージャーについては管理方法が金融機関によって異なる場合もありますが，再構築コスト相当（デリバティブ時価に担保効果を加味したもの）に将来エクスポージャー変動相当分を加味した値とすることが一般的です。また，信用限度額の設定方法については格付や相手先と締結しているISDAマスター契約とCSA契約の内容，担保権等が付与された保全資産状況等を総合的に勘案して設定されます。

Step 3　信用リスク管理は各種規制への対応としても必要となります。そのうち，銀行がとりわけ注意を払う必要がある規制が銀行法上の大口信用供与等規制となります。こちらは取引先（子会社等グループ企業を含む）に対する信用供与額を自己資本の25％以下としなければならないという規制であり，銀行持株会社がグループ関連企業へ行う信用供与等にも適用されます。

エクスポージャー　*Exposure*

市場リスクや信用リスクなどのリスクにさらされている部分の量や大きさ。

Step 1　エクスポージャーは，ポートフォリオが市場リスクや信用リスクなどの各種リスクにさらされている部分の量や大きさという意味で用いられます。たとえば，金利エクスポージャーとは金利が変動した際にポートフォリオの時価が変動する部分を指し，為替エクスポージャーとは為替レートが変動した際にポートフォリオの時価が変動する部分を指します。信用リスクについても信用エクスポージャーという概念があり，取引相手が倒産などを起こしたときにポートフォリオの時価が変動する部分を指します。

Step 2　信用エクスポージャーを有する代表的な金融商品は貸出ですが，デリバティブの信用エクスポージャーを厳格に管理しなかったことが金融危機拡大につながったとの指摘があり，デリバティブの信用エクスポージャーに対する規制が国際的に強化されています。

　貸出取引の場合，貸出額からエクスポージャーを容易に把握できますが，デリバティブの場合は時価評価額が市場価格によって日々変化するため，将来のエクスポージャーの予測がむずかしくなっています。なお，デリバティブの信用エクスポージャーは取引相手が倒産したときに損害を受ける部分のため，デリバティブの時価評価額がプラスの場合のみ発生します。

　自己資本比率規制では信用リスクに対して資本を積む必要がありますが，この信用リスクを算出するためには将来のエクスポージャーを推定する必要があります。バーゼル銀行監督委員会が定めた自己資本比率規制に

おけるデリバティブに係る信用リスクの額の把握方法には、標準的手法（SA-CCR）と内部モデル方式（IMM-CCR）の2つの方式があります。

(1) 標準的手法（SA-CCR）

SA-CCRにおける与信相当額（*EAD*）は、以下の式で求められます。

$EAD = \alpha \times (RC + PFE)$

　　RC : 再構築コスト

　　PFE : ポテンシャル・エクスポージャー

　　PFE = 乗数 × アドオン

*RC*は再構築コスト、つまり取引の正の時価に相当する部分で、今現在抱えているエクスポージャーを指します。*PFE*は将来抱えうるエクスポージャーを推計した項で、取引種別・想定元本・残存期間などから所定の方法で計算されます。

この方式は、将来のマーケット環境についてモンテカルロ・シミュレーションをすることなく計算を行うことができるため、多くの銀行によって利用されています。

(2) 内部モデル方式（IMM-CCR）

当局へ申請した各金融機関の内部モデルにより、与信相当額を求める方法です。将来のエクスポージャーをモンテカルロ・シミュレーションにより求めることで算出されます。負荷の高いシミュレーションを行う必要がある一方、ネッティングの効果などをより正確に反映させることで必要資本を減らせるため、一部の先進的な金融機関において利用されています。

Step 3 デリバティブの信用エクスポージャーは担保の授受により抑えることができます。現在、デリバティブの取引においてインターバンクでは日次での担保の授受が一般化しており、デリバティブ取引の信用リスクは以前に比べ非常に小さくなっています。一方、銀行対事業会社などで取り組むデリバティブ取引については未だ担保授受を伴わない取引も多く、依然として信用エクスポージャーが発生する取引が主となっています。

グラニュラリティ調整　*Granularity Adjustment*

信用VaRの解析近似解の精度を高める方法。

Step 1　与信ポートフォリオの信用リスクは，バリュー・アット・リスクの考え方を取り入れ，損失分布のある分位点（たとえば99.9パーセンタイル）で表します。分布の分位点の推定では，モンテカルロ・シミュレーションによる数値計算で解を求める方法が一般的ですが，解析的に近似解を求める方法もあります。特に，極限損失分布およびグラニュラリティ調整を用いる方法は，簡便なうえに精度の高い近似解を得ることができます。

Step 2　債務者が多く，ポートフォリオが十分に分散化されている場合，債務者の個別の要因は互いに打ち消し合い，債務者の共通の要因のみで損失分布は決まります。極限損失分布とは，無限に細分化されたポートフォリオの損失分布のことで，全債務者に共通の要因であるシステマティック・リスクのみに依存する分布です。債務者が多く，ポートフォリオが十分に分散されていれば，実際の損失分布は極限損失分布で近似することができます。

しかし，債務者の数が少ない場合や，与信が特定の債務者に偏っている場合，債務者の個別の要因が無視できず，実際の損失分布と極限損失分布の間に大きな乖離が生じる可能性があります。そこで，より精度の高い近似解を得るために考案されたのがグラニュラリティ調整という方法です。グラニュラリティ調整は，真の損失分布の分位点を極限損失分布の分位点のまわりでテイラー展開したときの2次項までと考えるもので，各債務者の個別の要因であるアンシステマティック・リスクを反映しています。

信用集中リスク　*Credit Concentration Risk*

信用供与が特定の企業や業種に集中し，その相手先の財務状況の悪化により，大きな損失を被るリスク。

Step 1　信用集中リスクとは，金融機関の貸出やデリバティブ取引などに伴う信用供与が特定の企業や業種に集中し，当該相手先のデフォルトや財務状況の悪化により大きな損失を被るリスクのことをいいます。具体的には，銀行の貸出資産全体に対し特定の企業の占める割合が大きいときに，当該大口取引先の倒産や信用状況が悪化して損失が生じるリスクや，銀行が特定の業種への融資に傾斜したときに，当該業種の事業環境の悪化や業種内倒産の増加によって損失が生じるリスク，特定企業とのデリバティブ取引金額が大きいためにCVAポートフォリオにおける信用リスクの分散が利かず，ヘッジが困難になること等を指します。

この信用集中リスクは，営業地域が限定されている地域金融機関では，特に注意して管理する必要性がありますが，信用供与を行う金融機関は各社ともにその管理手法の高度化が重要な課題となっています。

Step 2　銀行の信用リスク管理は，主にバーゼル規制に基づいて行われています。信用集中リスクについてもバーゼル規制の第2の柱（銀行の自己管理と当局による検証）で言及されており，第1の柱の対象とならないリスク（銀行勘定の金利リスク等）の1つとして，各金融機関が自らリスクを把握し，自己資本戦略を策定することが求められています。ただし，バーゼル規制の第1の柱のように，規制上の定められた算出方法がなく，定量的にリスクを把握することが難しいことや，リスクに対するリターンの関係などの管理手法は確立しておらず，今後も高度化の余地が大きい分野です。

カウンターパーティ・リスク　*Counterparty Risk*

店頭デリバティブ取引等における信用リスク。

Step 1　カウンターパーティ・リスクとは，取引相手が破綻したときに債権を回収できなくなるリスクのことで，信用リスクとも呼びます。一般的には資金貸借取引において発生するものですが，デリバティブに関してもカウンターパーティ・リスクは発生します。デリバティブにおけるカウンターパーティ・リスクとは，取引相手が破綻した際にデリバティブの時価がプラスであった場合，その取引が継続できず将来的な利益を享受することができなくなることです。デリバティブのカウンターパーティ・リスクは資金貸借取引のカウンターパーティ・リスクとは異なり，デリバティブ価格次第でエクスポージャーが変化することから，市場リスクを内在している信用リスクといえます。

Step 2　デリバティブのカウンターパーティ・リスクは資金貸借取引の信用リスクと同様にバーゼルⅡ以降，資本規制のリスク・アセットに参入されました。加えて，前回の金融危機をふまえ，バーゼルⅢの一環として，カウンターパーティ・リスク管理強化の新たな枠組みの整備が進められました。たとえば，現在多くの金融機関ではバーゼルⅢの適用に際して，店頭デリバティブ取引を行うにあたって，カウンターパーティ・リスクの推計を，従来のカレント・エクスポージャー方式から，SA-CCR方式に変更しています。この方式は，担保の有無や誤方向リスク，資産ごとの相関，デュレーションなど，従来のカレント・エクスポージャー方式よりも多くの条件を勘案した複雑な計算となっています。

　ほかにもカウンターパーティ・リスクの時価であるCVAの資本規制への算入，中央清算機関（CCP）の利用，担保管理（CSA）の厳格化など制度的な枠組みが構築されています。

11

リスク管理

誤方向リスク *Wrong Way Risk*

取引相手の信用力低下と取引エクスポージャーの増加が構造的に同時に発生するリスク。

Step 1 取引のエクスポージャー（市場価値）に応じて信用リスクの量が変化することから，CVAは市場リスクを内在した信用リスクといえますが，取引のエクスポージャーと取引先の信用リスクとに相関関係がある場合にCVAの算出は複雑化します。この市場リスクと信用リスクの相関関係に起因して損失額が相乗的に増えていくリスクのことを誤方向リスクと呼びます。たとえば，円高になると業績悪化する懸念のある企業との為替デリバティブ取引を考えた場合，円高方向で取引エクスポージャーが大きくなるような取引は誤方向リスクを抱えた取引といえます。

また，取引相手の関連会社株式など，その価値が取引先の信用力と相関がある担保を受け入れる場合，取引相手の信用リスクが高まった際に担保価値も同時に下落することが見込まれるため誤方向リスクを抱えているといえます。

なお，誤方向リスクには「一般誤方向リスク」と「個別誤方向リスク」が存在します。前者はマクロ経済や市況によって左右されるもの（クレジットと金利の共依存等）であり，後者は個別取引やカウンターパーティ・エクスポージャーの構造的な性質によるものを指します。

Step 2 取引エクスポージャーと信用リスクとの間に相関関係があると考えられる場合，市場価格が特定方向に動いたときに当該企業の信用力が上がる（下がる）といった関係をCVAの算定モデルで考慮すべきものと考えられますが，CVAに誤方向リスクを織り込む方法について業界標準は確立されていません。また，CVAに係る個々

のリスク要因についてはヘッジ取引などを用いてリスクマネージすること
が一般的ですが，相関関係をリスクマネージする方法は確立されていませ
ん。誤方向リスクを適切に管理するためには多くの課題が残されていま
す。

11

リスク管理

クレジット・ライン　*Credit Line*

主に信用リスクの観点から，取引の相手方に設定する取引限度額。

Step 1　デリバティブ取引も，その他の金融取引と同じようにさまざまなリスクを内包しており，その１つとして信用リスクがあります。取引を行っている相手方が，たとえば，倒産などにより契約を履行できなくなった場合，その時点における金融情勢・取引相手方の債務返済能力いかんによっては多大な損害を被ることがありえます。このため金融機関では，相手方の信用リスクを判断したうえで，個別の相手方ごとに取引の限度額を定めており，この限度額のことをクレジット・ラインと呼んでいます。

Step 2　デリバティブ取引においては取引相手に対して抱えている信用リスクは取組想定元本ではありません。現時点で取引相手が倒産した場合に受ける損害は，取引の時価の部分に限られます。そのため，取引のカレント・エクスポージャーを基準にクレジット・ラインを設定することが多いですが，将来のエクスポージャー変動相当を追加で加味して設定することもあります。

　クレジット・ラインをどの程度の水準に設定するかは取引相手の信用力によりますが，クレジット・ラインの決定にはしばしば格付が用いられます。また，担保授受などがある場合にはその条件も加味してクレジット・ラインを決定します。

マーケット（市場）・リスク　*Market Risk*

金利・為替・株価等の市場変動によって損失を被るリスク。

Step 1　マーケット（市場）・リスクとは，金利・為替・株価等の市場変動により保有するポートフォリオの価値が変動して損失を被るリスクのことです。通常，ポートフォリオは複数の金融商品から構成され，複数の市場変動に連動して価値が変化するため，市場リスクを管理するためには複数のリスク・ファクター（ポートフォリオの価値を変動させるもの）からリスク量を把握する必要があります。そのため，リスク量を把握するためにさまざまな方法があります。

Step 2　金利のリスク量を把握する代表的な方法はBPV（ベーシス・ポイント・バリュー）とGPS（グリッド・ポイント・センシティビティ）です。BPVは，すべての残存年限の市場金利が一定幅（たとえば0.01％）上昇したときの現在価値の変化です。また，GPSは特定の残存年限が一定幅（例えば0.01％）上昇したときの現在価値の変化です。

　複数のリスク・ファクターを保有するポートフォリオのリスク量を把握する代表的な方法としては，シナリオ分析とVaRがあります。シナリオ分析は，金利や株価等にシナリオを想定してリスク量を把握する方法です。たとえば，「株価が10％上昇して金利が全残存年限で10bp上昇する」などのシナリオのもとでポートフォリオの価値の変化を計算します。また，VaR（バリュー・アット・リスク）は過去のリスク・ファクターの変動データに基づき，将来の一定期間にある確率で発生する最大損失を推計する方法です。たとえば，「保有期間20日，信頼区間99％のVaRは50億円」という場合，そのポートフォリオを今後20日間保有したときに発生する最大損失は99％の確率で50億円以内に収まるという推計になります。

11

リスク管理

バリュー・アット・リスク（VaR）　*Value at Risk*

市場が変動した場合に，保有するポートフォリオに発生する可能性のある最大損失額を統計的に推定した指標。

Step 1　バリュー・アット・リスク（以下，VaR）は，債券や株式など保有するポートフォリオから将来発生する可能性のある最大損失額を統計的に推定した数値であり，市場リスクを測定するための最も一般的な手法として国内外の多くの金融機関で導入されています。VaRの特徴は，複数銘柄の株式や債券等から構成されるポートフォリオを保有している場合でも，一定の前提条件を置くことで，最大損失額の推定値を1つの数値で知ることができるわかりやすさです。一方で，VaRは過去の市場変動から算出されるため，過去に経験したことのない特殊な市場環境や急激な相場変動があった場合には，損失額を過小評価する可能性があります。そのため，精緻なリスク管理をするためにはシナリオ分析やストレス・テストを併用してVaRの限界を補完する必要があります。

Step 2　VaRの計測方法としては，分散共分散法，モンテカルロ・シミュレーション法，ヒストリカル法があります。これらの方法の主な違いは，市場価格がどのように変動するかを表現する確率分布やオプションの評価方法等です。

　分散共分散法（デルタ法）とは，債券や株式等の変動が正規分布に従っており，市場価格の変動に対する各資産の価値の変化（感応度，デルタ）が一定であると考えるときに使用する方法です。オプションを含む商品のデルタは一般的に一定とならないため，オプションを含む商品には向いていません。

　モンテカルロ・シミュレーション法とは，乱数を使用して市場価格の変動をシミュレートしてポートフォリオの価値を計測する方法です。市場価

格変動の確率分布として正規分布以外も可能であり，オプションを含む商品の評価にも適しています。

　ヒストリカル法とは，過去の市場価格の変動を利用することによって，特定の確率分布を使用することなくVaRを求める方法です。

Step 3　分散共分散法によるVaRを算出してみましょう。例として，1銘柄の債券からなる単純なポートフォリオを考えてみます。額面100億円，単価は100円，過去5年間の価格変動率が年率7％（250営業日），保有期間は10営業日，信頼区間は97.75％（標準偏差の2倍）としたときのVaRを計算すると以下となります。

$$VaR = 100億円 \times 7\% \times 2 \times \sqrt{\frac{10}{250}} = 2.8億円$$

　これは，「97.75％の確率で生じる予想最大損失額が2.8億円となる」ことを意味します。つまり，「2.25％の確率で2.8億円を超える額の損失が生じる可能性がある」ことを意味します。

11

リスク管理

VaR（分散共分散法）のイメージ

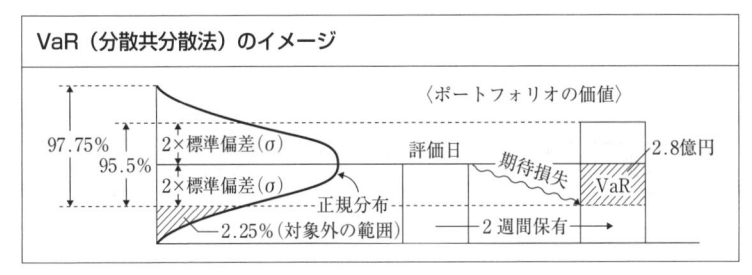

CVaR *Conditional Value at Risk*

VaRを超える損失の期待値。

Step 1 一定の確率における損失限度がバリュー・アット・リスク（VaR）であるのに対して，VaRを超えるような損失が発生した場合，どの程度の損失が予想されるのかを表したのがCVaR（Conditional Value at Risk）です。VaRでは信頼区間外の損失を表現できないという欠点がありましたが，CVaRではVaRでとらえられないこの欠点を管理することができます。CVaRの特徴としては，VaRを超える損失が出たときの損失の期待値なので，必ずVaRの水準よりもCVaRは大きくなることや，分布の裾野の形状に影響を受けやすいことなどがあります。バーゼル銀行監督委員会により，「トレーディング勘定の抜本的見直し」に関する市中協議文書のなかで推奨されているリスク指標です。なお，Tail VaRや期待ショート・フォール（ES：Expected Shortfall）とも呼ばれています。

Step 2 信用リスク管理においては，低頻度で高額の損失が発生するのでCVaRはより重要な管理指標となります。一部の優良な取引先（デフォルト率0.1%未満）に与信が集中したポートフォリオでは，そのリスクが99.9%VaRに反映されないことがありますが，CVaRではVaRを超えるリスクも計測対象に入るためこのような影響も正確に反映されます。

Step 3 一般的に，VaRは劣加法性を満たさないと指摘されることがあります。CVaRは劣加法性を満たしますので，リスク指標の満たすべき性質の観点からCVaRの優位性について説明されることがあります。

（劣加法性）　$R(X+Y) \leqq R(X) + R(Y)$　　　$R(\cdot)$はリスク量

　つまり，劣加法性とは個々のポートフォリオのリスク量の総和と比べて，ポートフォリオ全体のリスク量が小さいことを表しています。このことは，ポートフォリオの分散効果がCVaRに反映されていることを示しています。ただし，CVaRを削減する取組みを行っても，テール・リスクは排除できないなど，問題点も指摘されており，リスク指標はそれぞれの特徴を理解して活用することが望まれます。

11

リスク管理

ヒストリカル・ボラティリティ　*Histrical Volatility*

過去の市場価格から導かれる価格変動の大きさを表す指標。

Step 1　ボラティリティは価格変動の大きさを表す指標であり，過去一定期間の値動きから算出されるヒストリカル・ボラティリティと市場で取引されるオプションの価格から逆算されるインプライド・ボラティリティの２つがあります。

リーマン・ショック時のドル円スポットレートとボラティリティ推移

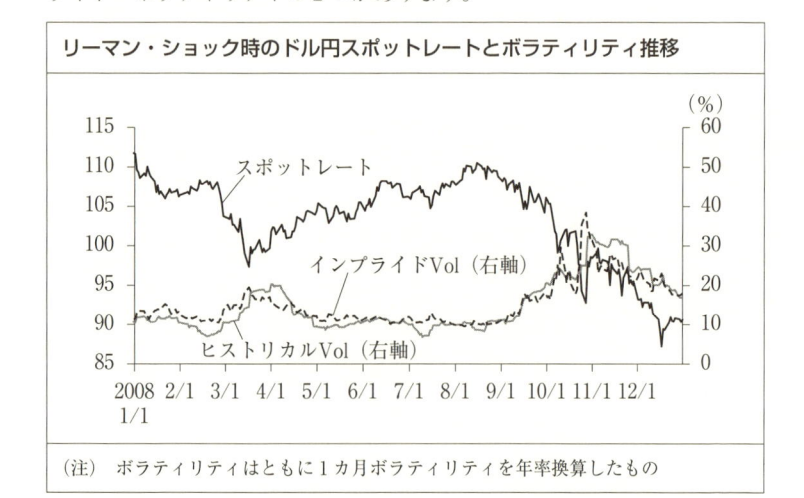

（注）　ボラティリティはともに１カ月ボラティリティを年率換算したもの

Step 2　ヒストリカル・ボラティリティはデリバティブの時価を求める際に，評価モデルに組み込むパラメータとして利用されることがあります。一般的に評価モデルに組み込むボラティリティは，インプライド・ボラティリティが用いられますが，適切なオプションの価格が取得できない場合に，代替としてヒストリカル・ボラティリティが採用されることがあります。

バックテスト　*Back Testing*

事後的に内部モデルの妥当性を検証する手法。

Step 1　　バックテストとは，作成したモデルなどが妥当であるかを過去のデータを使って検証する手法です。経済の性質や経験則などから作成した戦略や，数理統計上の仮定を置いて作成したモデルが実際の市場で機能するかどうかを調べるために，ある一定期間の過去のデータに対してそのモデルを適用することでそのモデルや戦略の有効性を調べます。

バックテストという言葉は，バーゼル規制におけるVaRの内部モデル検証やシステム・トレードにおけるロボットの検証でよく使われます。

バーゼル規制におけるバックテストの利用について一例をあげます。バーゼル規制におけるVaRは一定確率のなかで生じる最大損失額を示す指標なので，99％VaR（99％の確率で生じる損失の最大値）を超える損失が生じる確率は1％となります。VaRはいろいろな仮定を置いたモデルを用いて算出されますが，その内部モデルで求めたVaRが適切であるかどうかを，バックテストを用いて検証しています。

FRTB（内部モデル方式：IMA）では，VaRとバックテストの損益を比較し超過回数に応じて掛け目が決定されます。また，トレーディングデスク単位でもバックテストを実施し，損益がVaRを超過する回数が一定水準を超えると，そのトレーディングデスクは内部モデルによる計測手法使用が禁止され，標準的手法での計測が求められる可能性があります。

Step 2　　バックテストでは超過回数を計測するだけでなく，超過事例の要因分析も行います。たとえばベーシス・リスクが要因で超過が起こるようであれば，日常の損益に与えるベーシス・リスクの影響度を調査して，大きいようであればVaR計測にベーシス・リスク

を組み込む検討が必要です。

　また，マーケットが動いたことによる超過が連続して起こる場合もモデル欠陥の可能性があります。超過が連続して起こる要因としては，ファット・テール，ボラティリティの変化や相関関係の崩壊などが考えられます。ファット・テールとはリスク・ファクターが裾野の広い分布をしていることで，正規分布をもとにVaRを計測している場合に想定よりも超過回数が多くなります。

　また，ボラティリティを一定としてVaRを計測している場合，ボラティリティが変化することで想定よりも超過回数が多くなることがあります。このような場合，ボラティリティ算出にGARCHモデルを利用する，観測期間を長く設定するといった対応が考えられます。

　加えて，異なるリスク・カテゴリー間で相関係数を使ってVaRを削減した場合には，その相関関係が機能しなくなったときに想定以上の超過が起こることがあります。

シミュレーション・アプローチ
Simulation Approach

金利変動等をシミュレートして収益や経済価値を評価する手法。

Step 1 シミュレーション・アプローチとは，金融機関が保有する金利リスク，流動性リスク等を正確に把握したうえで，今後の金利シナリオ等を想定し，金利変動等により収益や経済価値がどの程度影響を受けるかをシミュレートする手法です。たとえば，将来の資産負債構造などに関する前提条件および金利シナリオを設定します。次に，金利に連動する資産負債や手数料などを対象とし，金利シナリオおよび資金計画などに基づくシミュレーションを実施して期間損益がどう動くかを分析します。

さまざまな金利シナリオを設定することができるのが特徴ですが，各種の前提条件（金利，資金計画シナリオ等）設定のための作業量が多く，また分析自体が主観的なものに陥るリスクを伴います。

Step 2 シミュレーション・アプローチの方法は2つあります。静態的シミュレーションでは，現時点でのオンバランスおよびオフバランス・ポジションから発生するキャッシュフローを評価します。収益エクスポージャーの評価には，1つないしは複数のイールド・カーブ変化やスプレッド変化を加えたシナリオに基づき現在価値の変化を算出し，期間損益などの推計値を計算します。

動態的シミュレーションは，シミュレーションによる将来の金利の経路やその期間の金利改定，顧客行動の想定，業務の変化等，金融機関の業務活動にかかわる変化に関するより詳細な想定を考慮し，期間損益などの推計値を計算します。

11

リスク管理

ストレス・テスト　*Stress Test*

市場急変時等のシナリオを想定して，損失を計量化する手法。

Step 1　ストレス・テストとは，過去の市場急変時や将来発生しうる市場変動等のシナリオを想定して，組織全体に発生する損失を計量化する手法です。想定するシナリオは，通常のシナリオ分析よりも大きな変動であり，リーマン・ショック時のような市場変動や大口取引先の連鎖倒産，大震災の発生などです。また，過去のイベントだけでなく将来発生するかもしれないイベントも設定します。ストレス・テストの結果を通して組織の特性を理解し，経営に活用します。

Step 2　組織全体に損失を与えるリスクには，計量化可能なリスクと計量化がむずかしいリスクがあります。さらに，計量化可能なリスクはVaRで計量化可能なリスクとそれ以外のリスクに分けることができ，それ以外のリスクはストレス・テストやシナリオ分析などによって捕捉します。

リスク管理ではVaRを用いることが多いですが，VaRは過去の観測データから推定される最大損失のため，過去の市場変動を将来においても繰り返すという前提条件があり，またVaRを超えるような大きな損失（テール・リスク）を表現できないという問題があります。そのため，ストレス・テストやシナリオ分析などで補完する必要があります。なお，計量化がむずかしいリスクは，定性的な情報により予兆を管理します。

アーニング・アット・リスク　*Earning at Risk*

期間収益の変動を確率的に把握する手法。

Step 1　アーニング・アット・リスク（EaR）とは，将来の期間収益の変動をリスク管理の基軸に据え，それを確率的に導出することにより，最悪シナリオの最大損失可能性額を測定する手法です。バリュー・アット・リスク（VaR）は，ある特定の期間に，特定の確率で発生しうる最大の「現在価値」の変化幅（最大損失可能性額）を管理する手法であり，デリバティブをはじめとするトレーディングの金利リスク管理手法として機能を果たしています。これに対し，EaRは「将来価値」の累計額を無数のシナリオで計算し，その分布状況を把握し，リスクを確率論的に把握するもので，資産・負債のロール・オーバーやベーシス変化のリスクまでを織り込むことが可能です。このリスク管理手法の目的は，いかなる市場変化が生じた場合でも，一定水準の期間収益を確保することにあります。また，将来の期間ごとの収益率をEaRにより事業ごとに把握し，資源配分を効率的に行う指標ともなりえます。

Step 2　EaRを計測するためにはさまざまな前提条件や設定が必要です。預金や貸金のロール・オーバー率や預金金利，プライム・レートなど複数の指標金利の変化をふまえたうえで，各タイムスパンでのリスクを時系列分析する必要があり，より複雑なモデルを必要とします。分析に必要な主なモデルと使用法は，以下のようなものとなります。

① 市場金利の確率変動モデル

拡散過程モデルに立脚した金利期間構造モデル（ターム・ストラクチャー・モデル）使用によるモンテカルロ・シミュレーションなど。

11

リスク管理

② **市場金利と各種指標金利間の連関分析**

　市場金利（スワップ・レートや国債利回り等）と各種預金，プライム・レートなどの指標金利間の連関シナリオ分析。

③ **期間収益シミュレーション・モデル**

　将来の期落ち分，モデル化されたロール・オーバー比率などの状況や，上記の金利前提を設定入力したうえで，期間収益のシミュレートを行う計算モデル。

　このようにして分析されるEaRは「期間収益」を対象としており，既存の資産・負債のみならず将来発生する取引の収益影響および計上の経過（パス）を検証することが可能となります。

オペレーショナル・リスク　*Operational Risk*

資金決済ミスといった通常の業務活動で損失を被るリスク。

Step 1　オペレーショナル・リスクとは，通常の業務活動で損失を被るリスクを指し，銀行などの金融機関の場合，事務リスク，システム・リスクなどがあります。また，バーゼル委員会ではオペレーショナル・リスクを「内部プロセス・人・システムが不適切であること若しくは機能しないこと，又は外生的事象に起因する損失に係わるリスク」と定義しています。2004年6月公表のバーゼルⅡでは，自己資本比率規制において，これまでの信用リスクと市場リスクに加え，オペレーショナル・リスクを加味することが定められました。

Step 2　バーゼルⅡでは，オペレーショナル・リスク相当額の算出方法として基礎的手法（BIA），粗利益配分手法（TSA），先進的計測手法（AMA）の3種類が定められました。バーゼル銀行監督委員会は2014年10月，第1次市中協議文書「オペレーショナル・リスクに係る標準的手法の見直し」を公表し，BIAとTSAを「新しい標準的手法」に一本化するとともに，金融機関ごとの取扱データや計算手法の相互比較が困難とされるAMAを廃止することを提案しました。

　旧規制（バーゼルⅡ）による標準的手法は粗利益を代替指標として用いていたため，収益減少または費用増加によってオペレーショナル・リスクも減少します。これにより，損失超過時に実態としてのオペレーショナル・リスクが雲隠れするという問題がありました。しかしバーゼルⅢベースの手法では，粗利益にかわるものとして「資金利益・リース・受取配当金」（ILDC），「役務収益等利益・その他業務純益」（SC），「銀行勘定・トレーディング勘定純損益」（FC）の3つの要素で構成されるビジネス指標（BI）をオペレーショナル・リスクの新しい代替指標とすることで，これ

らの問題への対応を可能にしました。なお，オペレーショナル・リスク相当額は各BIの合計値に規制上の限界計数αと内部損失係数（ILM）を乗じることで算出することができます。

流動性リスク　*Liquidity Risk*

取引・決済ができなくなることによって損失を被る可能性。

Step 1　流動性リスクは，市場流動性リスクと資金繰りリスクに大別されます。

「市場流動性リスク」とは，自らが市場に思うように参加できない，あるいは，市場の急変時に適正な価格で取引ができないリスクのことです。具体的には，以下の要因などを考慮する必要があります。

① **市場規模**

証券取引や資金取引で大量の取引を実行しようとした場合，市場での取引量が少ないため，もしくは，市場参加者が少ないために，「売りたい時に売りたい値段で売れない」または「買いたい時に買いたい値段で買えない」ことがあります。

② **市場の混乱**

市場の混乱等により，マーケットの参加者が一時的にいなくなったり，売り手と買い手の値段の差が極端に広がったり，通常よりも著しく不利な価格での取引を余儀なくされることがあります。

このリスクを回避するため，リスク管理において商品ごとに取引限度額を設けるなどの自衛手段を講じる必要があります。

「資金繰りリスク」とは，十分な現金流動性もしくは流動性へのアクセス手段を確保していないため，手元資金が減少し決済が困難となるリスクのことです。自己の信用力が低下すると資金調達コストが増加するだけでなく，資金の調達自体が不可能になる場合があります。

資金繰り状況を的確に把握し，あらかじめ余裕をもった資金計画を立てることが最も重要です。また，資産運用計画や日々の資金繰りにおいて換金性の高い資産を一定以上確保するなどの対策も有効です。

Step 2 金融機関が保有ポートフォリオのリスク管理を行うのにVaR（バリュー・アット・リスク）が広く利用されています。VaRの計算では，以下に示すように市場流動性リスクを考慮していない点に注意を払う必要があります。

① 取引の執行により価格が変動する可能性（マーケット・インパクト）を考慮していない。

② 保有ポジションの解消が短期間で行えないことを考慮していない。

③ 金融商品のミッド・プライスによって市場リスクを算出し，売値と買値との乖離（ビッド・アスク・スプレッド）の変動を考慮していない。

市場流動性リスクが顕在化した場合，VaRを超えて予想以上の損失を被る可能性があります。こうした問題に対応するため，流動性リスクを理論的かつ客観的に分析するさまざまな手法が考案されています。たとえば，マーケット・インパクトによるリスクをVaRに取り込むため，以下のようなアプローチ方法が考案されています。

① マーケット・インパクトの定量化

② 最適執行戦略の導出

③ 最適執行戦略に基づいた修正VaRの算定

ただし，マーケット・インパクトは多様な要因により決定されるため，これを定式化するのは容易ではなく，実用化するためには，いっそうの研究が必要です。

プリペイメント・リスク　*Prepayment Risk*

住宅ローンの繰上返済等によって損失を被る可能性。

Step 1 プリペイメント・リスクとは，固定金利の住宅ローンが繰上返済されたり，固定利率の定期預金が期限前解約されたりすることなどによって，金融機関等が損失を被るリスクのことです。たとえば，住宅ローン金利が高い時代に借り入れた住宅ローン（固定金利）を負担する個人は，住宅ローン金利が低下した際には，支払利息を少なくするためにより低利の住宅ローンに借換えする傾向にあります。この借換えによって，個人の支払利息は減少することになりますが，繰上返済された金融機関は本来受け取れたはずの利息を得られなくなります。このようなプリペイメント・リスクを管理するために，金融機関等は繰上返済等のデータ分析や将来のキャッシュフローの推計等をしています。

Step 2 住宅ローン債権を証券化しているRMBS（Residential Mortgage Backed Security）は，プリペイメント・リスクを内包する代表的な投資商品です。住宅ローンの繰上返済が行われると，RMBSにも期限前償還が起きます。そのため，市場参加者は，住宅ローンの繰上返済の速度（CPR：Conditional Prepayment Rate）を予測し，それをもとに適切な価格を算出し，RMBSを売買します。CPRの予測の精度が低いと，市場参加者は想定していた利益が実現できなかったり，思わぬ損失を被ったりする可能性があります。RMBS投資ではCPRの予測が重要なため，住宅ローン債権のプリペイメントのさまざまな研究が行われています。研究の結果，住宅ローン債権のプリペイメントには次頁の表のような特徴があると指摘されています。

　RMBS投資を行うには，住宅ローン債権の分析が必須ですが，住宅金融支援機構は各種ベンダー，証券会社を通じて，さまざまな分析ツールを提

繰上げ返済に影響を与える主な要素	
金利	金利が低下すると繰上返済が増加し，逆に金利が上昇すると繰上返済が減少する。
経年	貸出実行後，徐々に返済スピードは加速していくが，その後は，一定となる。
バーンアウト	金利動向，借換えなどに関心が強い債務者の返済スピードは速いため，時間が経過すると，金利動向，借換えなどに無関心な債務者のみが残ることになり，返済スピードが低下していく。

供しています。また，日本証券業協会は期限前償還に関する市場参加者共通の尺度として「PSJ（標準期限前償還：Prepayment Standard Japan）モデル」を公表し，RMBS投資のインフラ整備を行っています。

なお，CPRは次の式で定義されます。

$$CPR = 1 - (1 - SMM)^{12}$$

ここでSMM（Single Monthly Mortality rate）は，単月における期限前償還率を指し，CPRは年率換算した期限前償還率になります。

Step 3 顧客が期限前解約する権利を有している固定利率の定期預金には，プリペイメント・リスクが内包されています。たとえば，定期預金利率が低い時代に預け入れた定期預金を保有する個人は，定期預金利率が上昇した場合，定期預金を期限前解約し，新たに高い利率の定期預金に預け替える可能性があります。この預替えによって，個人が受け取る利子は増えますが，金融機関は低利の資金調達がなくなることになります。金融機関は，このような期限前解約の権利の価値を期間構造モデル等によって算出し，定期預金の適用利率に反映させています。

決済リスク　*Settlement Risk*

予定どおりに決済されないことによって損失を被る可能性。

Step 1　決済リスクとは，予定どおりに資金や有価証券等が決済されないことにより損失を被る可能性のことです。たとえば，ある証券会社が，ある金融機関から将来に受け取る予定の国債を投資家に販売したケースにおいて，予定日になっても金融機関からその国債が証券会社に引き渡されなかった場合，証券会社はレポ市場でその国債を調達する必要があり，国債を調達する費用や事務コストなどの損失を被ることになります。

　為替取引やデリバティブ取引などのあらゆる取引において，円貨や外貨や証券などの大量の決済が日々行われており，円滑な決済は効率的な市場取引に欠かせません。

Step 2　決済リスクは，その性質によって以下のように分類することができます。

① **信用リスク**

　信用リスクとは，相手行のデフォルトなどによって現在および将来において決済の履行が不可能となるリスクです。

② **流動性リスク**

　予期しない資金流出などにより資金を確保できなかったり，市場において通常の価格で取引ができなかったりして，決済ができないリスクです。

③ **システミック・リスク**

　1つの銀行が決済不能に陥ることで，連鎖的に他の銀行が決済不能に陥り，決済システム全体が麻痺してしまうリスクです。

④ **リーガル・リスク**

　法的不確実性が信用リスクや流動性リスクを引き起こすリスクです。

11

リスク管理

⑤　オペレーショナル・リスク

　内部プロセス・人・システムが不適切であることもしくは機能しないこと，または自然災害等の外生的事象により決済ができないリスクです。

⑥　元本リスク

　証券決済の場合，証券の受渡しが完了したものの，代金の決済が終了しない，あるいは代金の決済が終了したものの，証券の受渡しが行われないリスクです。

Step 3　決済リスクのうち，特に外為決済リスクで時差を伴うものはヘルシュタット・リスクと呼ばれています。外為決済リスクとは，外為取引において売渡通貨を支払ったにもかかわらず買入通貨を受け取ることができないリスクのことをいい，特にわが国の場合，地理的な条件から円決済が先行するためヘルシュタット・リスクへの対応は重要なものとなっています。

　1974年にヘルシュタット銀行が外為ディーリングの失敗により多大な損失を抱え，銀行業務の認可取消しおよび清算を命じられた際に，ヘルシュタット銀行からニューヨークの決済システムでドルを受け取ることができなかった銀行が多くありました。それらの銀行は，ヘルシュタット銀行にドイツの決済システムですでにマルクを支払った後であったため，多大な損失を被り，市場に大きな混乱が生じることとなりました。ヘルシュタット銀行の破綻は，このようなリスクが広く認知されるきっかけとなり，外為取引における時差を伴うリスクはヘルシュタット・リスクと呼ばれるようになりました。

　このようなリスクを回避するため現在ではCLS決済が国際的な決済の主流となっています。

ネット決済　*Net Payment*

取引相手と互いに支払金額を差し引いて差額のみを決済する方法。

Step 1　ネット決済とは，債権と債務の解消を目的として，取引相手と決済される予定の受取金額と支払金額を差し引いて，差額のみを振り込む決済方法です。たとえば，A銀行はB銀行に対して100億円の支払予定があり，B銀行はA銀行に対して30億円の支払予定があるとします。ネット決済では，A銀行とB銀行が互いの支払額を相殺して，A銀行がB銀行に対して70億円を支払うのみとなります。なお，取引相手と支払金額全額を互いに決済するグロス決済では，A銀行はB銀行に対して100億円支払い，B銀行はA銀行に対して30億円支払います。

Step 2　「決済」とは，お金や証券等の授受やネッティング等によって，債権と債務を解消することです。ネッティングには複数の方法があります。代表的なネッティング方法であるオブリゲーション・ネッティングは債権と債務を差し引いて新たな債権と債務に置き換える方法です。また，取引相手が倒産したときに，あらかじめ締結しておいた契約に基づいて債権・債務を打ち消す決済方法をクローズ・アウト・ネッティング（一括清算ネッティング）といいます。一方，ペイメント・ネッティングは，債権と債務は残したまま，債権と債務の差額の支払を行う方法です。日本銀行の時点ネット決済は，ペイメント・ネッティングの代表例でしたが，1つの銀行が決済不能に陥ることで連鎖的に他の銀行も決済不能となる"システミック・リスク"への懸念などもあり，現在はRTGS（即時グロス決済）に移行しています。当事者の数によってネッティングの呼び方が異なり，ネッティングの当事者が2名である場合をバイラテラル・ネッティング，当事者が3名以上である場合をマルチラテラル・ネッティングといいます。

グロス決済　*Gross Payment*

取引相手と支払金額全額を互いに決済する方法。

Step 1　グロス決済とは，債権・債務を解消するために，取引相手と決済される予定の受取金額と支払金額を差し引きせずに，支払金額を互いに振り込む決済方法です。たとえば，A銀行はB銀行に対して100億円の支払予定があり，B銀行はA銀行に対して30億円の支払予定があるとします。グロス決済では，A銀行はB銀行に対して100億円支払い，B銀行はA銀行に対して30億円支払います。なお，取引相手と決済される予定の受取金額と支払金額を相殺して決済するネット決済では，A銀行がB銀行に対して70億円を支払うのみとなります。

グロス決済は，支払金額を振り込んだものの，取引相手が支払金額を振り込む前に倒産するなどの事態が発生した場合，債権・債務が解消されないリスクがあります。そのため信用リスク・マネジメントの観点からは，双方同時に支払う意味をもつネット決済（ネッティング）のほうがよい場合があります。

Step 2　中央銀行における金融機関同士の口座振替の代表的な手法はRTGS（Real-Time Gross Settlement：即時グロス決済）です。RTGSは金融機関からの指図があった時点で振込みが実施されます。以前，日本銀行では時点ネット決済という方法が主に利用されていました。これは一定時点まで金融機関からの指図を蓄え，各金融機関の受払いの差額を決済する方法です。金融機関の不払いが発生した際に，時点ネット決済では不払いがどの金融機関に対するものなのかを特定することが困難ですが，RTGSの場合は必ず特定されます。そのため，現在ではRTGSが普及しています。

リーガル・リスク　*Legal Risk*

取引が違法または無効となる，あるいは契約書で意図した効果が否定されるリスク。

Step 1　リーガル・リスクとは，各種取引における契約・法律・規制において，契約違反や法令違反，その他規制・制度変更に伴って，罰則適用や損害賠償により予想外に損失を被るリスクのことです。リーガル・リスクは契約・法律・規制の適用に不確実性があるときに生じる可能性が高いリスクです。デリバティブ等の金融商品については金融商品取引法が施行されるなど，国内の法的環境はほぼ整備されましたが，投資勧誘に関する損害賠償請求訴訟などの法的なトラブルに起因する損失額は非常に大きくなるケースもあり，注目されているリスクの1つです。

　過去には法人である当事者の権利能力の問題が問われた事例があります。ロンドンのHammersmith & Fulham特別区は1987年から1989年にかけて想定元本が60億ポンドにまでふくらんだ金利スワップ取引で損失を発生させていました。1991年に裁判所がこのデリバティブ取引は自治体の権限を越えるものとして無効との判断を下しました。その結果，取引相手である金融機関に損害が発生しました。この事件はリーガル・リスクを示す事例として広く知られています。

Step 2　国境を越えて取引を行う場合は，それぞれの国で契約の解釈や法律が異なることも考えられます。銀行間のデリバティブ取引では定型化されたISDAマスター契約を取り交わすことでそのようなリーガル・リスクを低減させるだけではなく，標準的な商品については電子的に契約を承認できるような環境を整備するなどして事務効率化も図られています。

11

リスク管理

レピュテーショナル・リスク　*Reputational Risk*

企業等の悪評が社会に広まり，顧客などの信用を失うリスク。

Step 1　不祥事や企業代表者の会見における不適切発言などによって，企業等の評判を大きく失墜させ，顧客などの信頼を失うリスクをレピュテーショナル・リスクと呼びます。昨今では，インターネット上において，ブログやSNS（ソーシャル・ネットワーキング・サービス），口コミサイトなどが普及し，企業等の商品やサービスに対する悪い噂が広まりやすく，レピュテーショナル・リスクが高まりやすい環境になっています。このようなリスクを抑制するためには，オープンかつスピーディな情報開示やコンプライアンスなど企業における内部統制機能を確立し運営していくことが重要です。

Step 2　金融機関においては信用力の影響がより大きいため，そのリスク管理はより重要となります。たとえば，根も葉もない噂がきっかけであったとしても，信用不安が拡大し，いわゆる取付け騒ぎが起これば，経営状況にも多大な影響を与え経営破綻に至る可能性さえあります。また，銀行間での資金調達においても一度信用が悪化するような事態が生じると，通常の市場で取引されている金利に倒産リスクを上乗せした金利を提示され，調達コストが高まってしまいます。また倒産を懸念した相手先から取引を謝絶され，その結果，資金繰りに行き詰まる可能性も考えられます。

　バーゼル規制において，レピュテーショナル・リスクはその計量化の困難さから所要自己資本計算に影響するオペレーショナル・リスクには含まれませんが，第2の柱である監督上の検証プロセスのなかで管理していく必要があるとされています。

カントリー・リスク　*Country Risk*

国・地域の政治・社会・経済等が混乱し，損失を被る可能性。

Step 1　カントリー・リスクとは，投資対象の国・地域の政治・社会・経済環境が不安定化し，資産価格の下落や投資資金の回収不能等によって損失を被るリスクのことです。たとえば，国がデフォルトして投資資金の回収が不可能になったり，戦争や革命等によって投資物件が損害を受けたりすることです。1997年アジア通貨危機，2001年アルゼンチン公的債務一時支払停止，ギリシャの財政問題などの際にカントリー・リスクが顕在化しました。なお，地理的な条件が政治や経済等に与える影響によって経済等が不安定化するリスクである地政学リスク，国に対する信用リスクであるソブリン・リスクもカントリー・リスクの1つです。

　国ごとのカントリー・リスクの評価は，格付機関や調査機関などから発表されています。また，銀行の国際的な与信状況は「BIS国際与信統計」で確認することができ，与信先の所在地により債権を国・地域別に分類した「所在地ベース」と与信の最終的なリスクにより債権を国・地域別に分類した「最終リスクベース」があります。

Step 2　カントリー・リスクをコントロールする手段としては，CDS（クレジット・デフォルト・スワップ）や証券化等があります。CDSは企業を参照したものだけでなく，国を参照したCDSもありソブリンCDSと呼ばれています。ソブリンCDSは，ギリシャの財政問題を背景として2009年頃からCDSプレミアム拡大とともに取引量が増加しました。

11

リスク管理

システミック・リスク　*Systemic Risk*

企業の倒産やマーケットの混乱，決済システムの崩壊等が金融システム全体に悪影響を及ぼすリスク。

Step 1　システミック・リスクは，「個別の金融機関の支払不能等や，特定の市場または決済システム等の機能不全が，他の金融機関，他の市場，または金融システム全体に波及するリスク」のことです。ある金融機関の信用不安が，「ドミノ倒し」のように他の金融機関，あるいは金融システム全体に動揺・不安定化をもたらすので，このリスクを「ドミノ・リスク」ということもあります。

　システミック・リスクが顕在化した例としては，古くは1930年代の世界恐慌，最近では1990年代のロシア危機やLTCM破綻，2000年代のリーマン・ショックなどがあります。システミック・リスクは市場リスク，流動性リスク，信用リスクが複雑に作用しながら発生・伝播していくため，いまだシステミック・リスクを管理する確立された手法はありませんが，各国の監督当局や大手金融機関を中心に，システミック・リスクを把握・回避するための研究が続けられています。

Step 2　デリバティブ取引においても，以下のようなシステミック・リスクを内包していると考えられています。

・デリバティブの供給者は少数の金融機関に集中する傾向があり，その金融機関でデフォルトが発生すると，広範囲に影響が及ぶ可能性がある。

・デリバティブはグローバルな取引であり，ある市場で起こった混乱が即座に，他の複数の市場に伝播するおそれがある。

・各国においてデリバティブについての法的執行可能性が一様でなく，取引の安全な執行が確保されない可能性がある。

　上記のようなリスクを軽減するため，デリバティブをユーザーとして利

用する企業や金融機関，ディーラーとして参加する金融機関が自らのリスク管理で利用する各種のリスク数値をディスクローズすることで取引の透明性を高め，市場参加者同士が牽制することを通じてシステミック・リスクを軽減する取組みが世界的に行われています。

Step 3 　システミック・リスクを抑えるためには，市場参加者間での信用リスクを軽減することが重要です。そのため，デリバティブの市場参加者同士では，OTCデリバティブ取引の条件を確定するためにISDAなどのマスター契約を利用しています。マスター契約では，一括清算ネッティング（ある取引当事者がデフォルトした場合，デフォルトしていないカウンターパーティは，デフォルト先と行ったあらゆる取引の清算手続をすぐさま行い，取引を市場価値によりネット・アウトすることにより単一の債権または債務に置き換える）を規定し，カウンターパーティに対する信用リスク・エクスポージャーの最小化を図ろうとしています。また，ISDAマスター契約に付属するCSA（Credit Support Annex）を結び，カウンターパーティに対する信用リスクを削減するために担保付取引を活用する市場参加者が増えています。また昨今では標準的な取引に関しては清算集中を行うことで信用リスクを排除しています。

ALM
Asset Liability Management

資産・負債の総合管理。年金，生命保険，企業でも活用。

Step 1 ALMは，一般的に「金融環境の変化に伴って生じる各種のリスク（金利，為替，株）を回避しながら，資金調達コストの削減，資金運用の効率化を図り，収益を安定的に極大化するために，資産と負債を統合的に管理する考え方」と定義できます。

第一に「資産・負債の金利・通貨の種類を同一にすること」です。円資産には円負債，ドル資産にはドル負債をマッチングさせ，そのうえで変動金利運用資産には変動金利調達を，固定金利運用資産には固定金利調達をマッチングさせます。

第二は，「運用資産と調達の平均残存期間を一致させること」です。しかし，これにより金利・為替リスクは回避できるとしても，収益は縮小する可能性があります。収益を極大化するためには，なんらかのリスクをとることが必要となります。何のリスクをとることができるのか，それはど

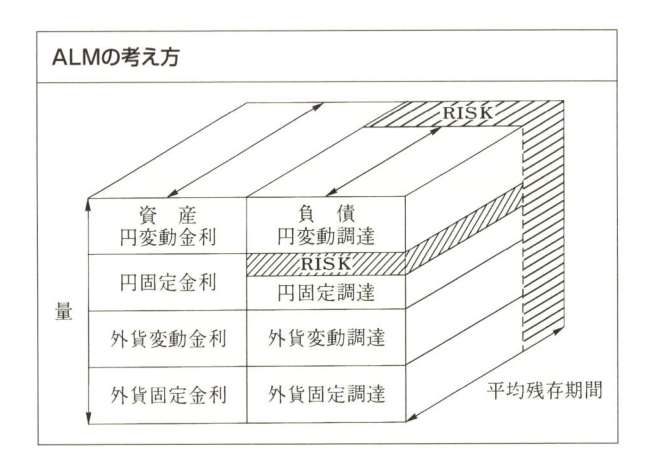

の程度の量なのかを判断することがALMの実行の過程で要求されます。金融機関にとっては，まさに経営そのものといえます。

Step 2 　ALMは，自らの貸借対照表，損益計算書の分析から始まります。保有する資産と負債の金利感応度を測定し，金利種別，一定の期間ごとに振り分け，貸借のサイドごとに集計します。貸借の差がギャップ（ミスマッチ額）となり，金利の動きにより損益が発生する源となります。このギャップに対して，組織として金利見通しを立てたうえで，どのような対応をするのかがALMの本質といえます。また，ギャップ計測のためにデュレーション法が導入され，金融技術の発展とともに同手法は高度化し，ALM実行のためのツールも，デリバティブの拡大に伴い幅広くなっています。ALMはデリバティブの巨大なユーザーとなっています。

Step 3 　ALMを実行するためには，一連の分析・戦略決定・実践・計測等が組織的に行われることが重要です。従来から，ALM委員会を経営レベルに設置していましたが，加えてALMを目的とする独立した組織を設置する金融機関も増えています。また，ALMは，自由化・低金利環境のもとで，銀行を中心とした金融機関だけでなく，生保・損保の経営や企業経営，さらに年金資産運用の分野にも利用されています。

11

リスク管理

ギャップ分析　*Gap Analysis*

資金の運用と調達の期間のズレを管理するALMの一手法。

Step 1　ALMにおけるギャップとは，通常，資金の運用と調達の期間のズレもしくは資産と負債の金利感応度の差をいいます。一般的に90日以内に金利の更改がある資産・負債のギャップを管理することが多いようです。このギャップを管理する手法をギャップ分析といいます。

Step 2　ギャップ分析は，1970年代後半から米国の大手商業銀行を中心に発展した，総合的な資産・負債の両面にわたる経営管理手法であるALMの一手法として注目されました。そもそも，規制金利時代の金利安定下においては，ほとんどの場合，長期金利の水準は常に短期金利の水準を上回っていたため，銀行は短期資金を調達し，これを長期資金として運用することだけで収益をあげることができました。しかし，金融自由化の進んだ今日，金利水準は常に不安定であり，将来の金利予測も非常にむずかしくなっているため，銀行の資産・負債構成に期間対応のズレがある以上は，金利水準の変動により思わぬ収益悪化を被るリスクが出てきています。

Step 3　こういったギャップを調整するのに，デリバティブは非常に有効です。たとえば，固定金利貸出のような金利非感応的資産も金利スワップと組み合わせることで金利感応的資産に変換することができますし，この逆も可能です。デリバティブはALMに必要不可欠のツールとなっています。

ポジション

ポジション *Position*

金融商品や市場リスクの保有状態。

Step 1

ポジションとは、金融商品や市場リスクの保有状態を表す言葉です。3つの状態があり、価格等が上昇すると収益が発生する状態を「ロング・ポジション」、価格等が下落すると収益が発生する状態を「ショート・ポジション」、価格等が変動しても収益が変化しない状態を「スクウェア」といいます。

為替取引は、USD/JPY（ドル円）やEUR/USD（ユーロドル）のように通貨ペアになっているため、文脈にある程度依存します。たとえば、日本円に対して米ドルを購入している状態を「USD/JPYロング・ポジション」といいますが、使用する文脈において片方の通貨を強調したい場合には、「USDロング・ポジション」または「JPYショート・ポジション」という場合があります。なお、「ポジション」を省略して、単に「USDロング」や「JPYショート」という言い方も一般的です。

Step 2

ポートフォリオを保有している場合には、「日本株ロング、米国債ロング、為替はUSDとEURロングでJPYショート」という言い方をすることがあります。この場合、日本株と米国債を保有し、USD/JPYとEUR/JPYを購入していることを表しています。

オプションを売買すると、デルタ、ガンマ、ベガ等のリスクを保有することになります。その場合には、「デルタ・ロング」や「ガンマ・ロング」という言い方をすることがあります。たとえば、株式のコール・オプションを購入した場合には、オプションのデルタはプラス、ガンマはプラス、ベガはプラスとなりますので、ポジションは「デルタ・ロング、ガンマ・ロング、ベガ・ロング」となります。

431

ミスマッチ・ポジション　*Mismatched Position*

運用と調達の期間もしくは金利指標が異なっている状態。

Step 1　資金運用と資金調達の期間（テナー），あるいは金利指標が異なっていることをミスマッチといい，そのようなポジションのことをミスマッチ・ポジションといいます。たとえば，3カ月TIBORで調達した資金を6カ月TIBORで運用すれば，3カ月後に残り3カ月分の資金を調達する利率は現時点では確定していないため，最終的な収益が変動するリスクがあります。

金利指標の期間と種類にミスマッチが発生している場合には，金利スワップによって，運用もしくは調達の金利をもう一方の金利の期間や種類にあわせることでミスマッチを解消できる場合があります。たとえば，今後5年間，TONAで調達して6カ月TIBORで運用するポートフォリオに対して，期間5年のベーシス・スワップ（TONA＋αを受け取り，6カ月TIBORを支払う）を取引することによって，金利の期間と種類のミスマッチを解消できます。

Step 2　長期金利が短期金利を上回っている状態（順イールド）の場合は，調達期間を運用期間よりも短期間にして，あえてミスマッチ・ポジションとすることによって，キャリーとロールダウン効果による収益をねらうことができます。しかし，そのトレード・オフとして，そのポートフォリオは流動性リスクにさらされるため，金融危機などが発生した場合に資金調達が困難となる可能性があります。

リスク・ファクター　*Risk Factor*

金融商品の価値を変動させる要素。

Step 1　リスク・ファクターとは，金融においては金融商品の価値を変動させる要素のことです。金融商品に影響を与える市場価格がリスク・ファクターとなることがほとんどです。たとえば，日経平均株価を原資産とする日経225先物は，日経平均株価が変動すると先物価格が変動しますので，日経平均株価は日経225先物のリスク・ファクターになります。

　先物取引のリスク・ファクターの数は比較的少ないですが，金利スワップやスワップション等のポートフォリオのリスク・ファクターの数は非常に多くなります。店頭市場では1年や2年などの期間の金利スワップが取引されており，ブローカーは20程度の年限の金利スワップ・レートを提示していますので，これらのレートがスワップやスワップションのリスク・ファクターの候補となります。また，スワップションでは，オプション期間（20個程度）と原資産の金利スワップの期間（20個程度）のインプライド・ボラティリティがブローカーによって提示されていますので，約400個（≒20×20）がリスク・ファクターの候補になります。

Step 2　リスク管理においては，まず管理対象の金融商品のリスク・ファクターを特定し，次にリスク・ファクターを用いて時価評価やBPV（ベーシス・ポイント・バリュー），VaR（バリュー・アット・リスク）などの計測を行い，リスク量を把握します。たとえば，金利スワップのポートフォリオのBPVを計測する場合には，リスク・ファクターである各年限の金利スワップ・レートを一律0.01％上昇させて，現在価値の変化を計測します。

金利リスク　*Interest Rate Risk*

金利が変動することで損益が変動するリスク。

Step 1　金利リスクとは，国債利回りやTIBOR等の金利が変動することによって，資産や負債の評価額や損益が変動するリスクのことです。一般事業法人は一般に変動金利や固定金利で銀行から融資を受けており，事業による収益は必ずしも金利に連動するわけではないため，金利リスクを保有している可能性があります。また，金融機関は通常業務として預金や貸出業務を行っているため，金利リスクを保有しています。安定的な財務運営のためにはこの金利リスクを正確に把握し，適切にコントロールする必要があります。

Step 2　金利リスクの把握のためには，金利リスクの発生源を知っておく必要があります。

① 金利改定リスク……資産，負債，デリバティブ商品の満期ないしは変動金利改定期のタイミングのズレから発生する金利リスクです。たとえば，長期固定金利の融資のための資金を短期の預金で調達した銀行は，その後の市場金利上昇により，将来の収益が低下するリスクがあります。

② イールド・カーブ・リスク……金利イールド・カーブのかたちおよび傾きの変化により生じるリスクです。適用金利の種類や商品は同じであっても，期間が異なるもの（例：5年金利スワップ固定受けと10年金利スワップ固定払い）でヘッジしている場合，金利の平行移動に対してはそれぞれの時価変動が相殺するため，ヘッジできますが，イールド・カーブの傾きが緩やかになると相対的に10年金利スワップ固定払いサイドの時価が大きくなるので，全体の市場価値が低下してしまいます。

③ ベーシス・リスク……類似する金利改定に関する特徴を有する金融商

品間で，支払利息と受取利息の金利の相関が不安定な場合に生じるリスクです。たとえば，短期プライム・レートに基づいて３カ月ごとに金利改定を行う１年物貸出のために，３カ月TIBORに基づいて金利改定を行う１年物預金で資金調達する場合などには，金利改定の期間が同じであっても，指標金利間のスプレッド変動リスクが生じます。

④　オプション・リスク……オプションはその性質上，買い手が利益を得て売り手が損失を被る場合に行使されるため，非対称的なペイオフ構造で適切な管理が必要となります。特に売り手は損失が当初想定以上に大きくなる場合もあり，リスクの把握には細心の注意が必要となります。

Step 3　金利リスクに対する，主な分析方法を以下に概説します。

① **マチュリティ・ラダー分析**

現在保有している資産・負債がどのようなかたちで将来満期を迎えるのかを把握する方法です。たとえば，固定貸出や長期預金の金利階層別の今後の期落ち動向を把握し，将来の金利変動の影響を算定する手法ですが，リスク状況の感覚的な把握にとどまるところが欠点です。

② **ギャップ分析**

マチュリティ・ラダー分析の延長として発展したものです。３カ月後，６カ月後，１年後，５年後といったある特定の残存期間にネットとしていくらの満期が到来するのかというマチュリティ・ギャップ，あるいは各期間を３カ月ごとのバスケットに区切ってネットの資産・負債のズレをみる平残ギャップを把握することにより，将来の収益影響を算定する試みです。

③ **現在価値・デュレーション分析**

比較的短期の期間収益の分析に焦点が当たっていた時期には，ギャップ分析までで十分でしたが，長期・短期の資産・負債が混在するポートフォリオにおいて，現在価値の把握のニーズが高まりました。たとえば，３カ月後のキャッシュフローと10年後のキャッシュフローを，市場金利から計

算されるディスカウント・ファクターを乗じることにより，現時点に引き直した価値で評価する方法です。また，その現在価値が金利変動によってどの程度変動するかを示すリスク指標がデュレーションです。デュレーションは各キャッシュフローの残存期間に，その現在価値を乗じて加重平均した平均期間であり，また金利が平行に上下動したときの現在価値の変動リスクを表すものです。

④ グリッド・ポイント・センシティビティ分析

デュレーションの考え方がイールド・カーブの平行上下シフトのリスク把握にとどまるのに対し，実際のイールド・カーブは期間によって動きが異なるため，これを把握しようとするものがグリッド・ポイント・センシティビティです。1年，2年，10年といった年限ごとのグリッドを設定し，各グリッドの金利が1bp（0.01％）変化したとき，現在価値がいくら変化するかを算出する方法です。

評価対象資産がオプション・リスクを有する場合は，別途，ガンマ，ベガ等のグリークスについて計算したものとグリッド・ポイント・センシティビティをあわせてみることによって，より精緻に金利リスクを把握することができます。

⑤ バリュー・アット・リスク

バリュー・アット・リスクは，ある特定の期間に，特定の確率（99％等）で発生しうる最大損失額を推計する手法です。分散共分散法，モンテカルロ・シミュレーション法，ヒストリカル法が代表的な手法です。

デ ル タ *Delta*

原資産価格の変動に対するオプション価格の感応度。

Step 1 デルタは「市場感応度（センシティビティ）」を示すものであり，主にオプションの取引において原資産価格の変動によってオプション価格がどの程度変化するかを示したものとなります。つまり，原資産価格でオプション価格を偏微分したものであり，オプション価格と原資産価格の間に成立する曲線の傾きを指します。この曲線はオプション取引の原資産価格と権利行使価格の関係において，イン・ザ・マネーからアウト・オブ・ザ・マネーになるにつれ，その傾きは緩やかになり，アウト・オブ・ザ・マネーからイン・ザ・マネーになるにつれ，その傾きはきつくなります。

デルタの計算式は以下のとおりです。

$$Delta(コール) = N(d), \ Delta(プット) = N(d) - 1$$

$$d = \frac{\ln(S_0/K) + (r - q + \sigma^2/2)}{\sigma\sqrt{T}}$$

T：オプション期間

σ：インプライド・ボラティリティ

S_0：現在の原資産価格

K：権利行使価格

r：無リスク金利

q：原資産を保有することで得られる配当の年率

ガンマ *Gamma*

原資産価格の変動に対するデルタの感応度。

Step 1 ガンマは，オプション取引等で原資産価格の変動によってデルタがどの程度変化するかを示したものです。ガンマの絶対値が大きければ原資産価格が変動したときのデルタの変化量は大きく，ガンマの絶対値が小さければ同デルタの変化量は小さくなります。通常，バニラ・オプションを購入するとガンマは正の値になり，また，バニラ・オプションを売却するとガンマは負の値となります。それぞれガンマ・ロング，ガンマ・ショートと呼びます。

Step 2 下図はコール・オプションを購入したときのデルタとガンマです。原資産価格が上昇するに従ってデルタが増加していくことがわかります。特にストライク（権利行使価格）付近ではデルタは大きく増加しています。ガンマはデルタの変化率，つまり，デルタ曲線の接線の傾きとなります。

ヨーロピアン・オプションのガンマを式で表すと次のようになります。

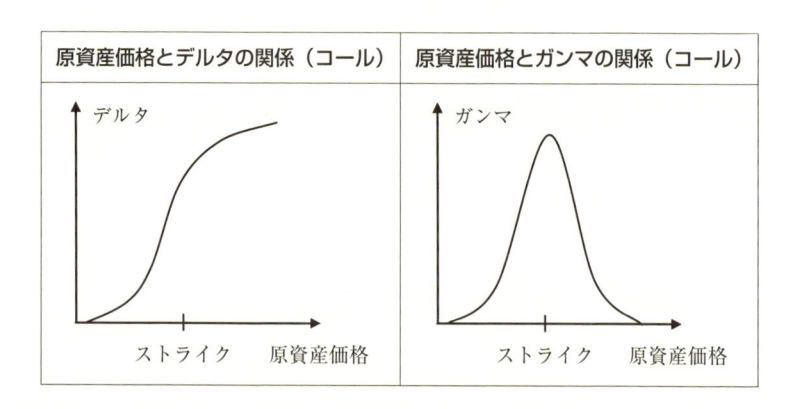

原資産価格とデルタの関係（コール）	原資産価格とガンマの関係（コール）

$$Gamma = \frac{N'(d)\,e^{-qT}}{S_0\sigma\sqrt{T}}, \quad d = \frac{\ln(S_0/K) + (r - q + \sigma^2/2)}{\sigma\sqrt{T}}$$

ただし，$N'(d) = \dfrac{1}{\sqrt{2\pi}}\,e^{-d^2/2}$

T：オプション期間

σ：インプライド・ボラティリティ

S_0：現在の原資産価格

K：権利行使価格

r：無リスク金利

q：原資産を保有することで得られる配当の年率

Step 3　　オプション・リスク管理のむずかしさの1つとしてあげられるのが，ガンマ・リスクです。オプションを売却したトレーダーはガンマ・ショートとなっていますので，相場変動に伴ってデルタが不利な方向に変化します。通貨オプションを例にあげると，米ドルコール円プット・オプションを売却しているトレーダーは，米ドルが上昇するにつれてデルタ・ショートのポジションが増加し損失が発生します。通常，米ドルの上昇によって増加したデルタ・ショートのポジションはデルタ・ヘッジで相殺します。しかし，相場が大きく動いたときにはデルタ・ヘッジが追いつかず，大きな損失が発生することになります。また，米ドルの上昇時にトレーダーはヘッジのために米ドルを買い増す方向に動くため，この行動がさらに相場を過熱させることがあります。つまり，相場が上昇→デルタ・ヘッジのために買い→さらに相場が上昇→さらに買い……と一方向に動きやすい状況になります。

このように，オプション・ポートフォリオを管理しているオプション・トレーダーは，リスク指標の分析のみならず，シナリオを想定した管理を行っており，ガンマは重要な概念となっています。

11

リスク管理

クロス・ガンマ　*Cross Gamma*

異なるリスク・ファクターの変動に対するデルタの感応度。

Step 1　クロス・ガンマは，あるリスク・ファクターのデルタが，それとは異なるリスク・ファクターの変動によって，どの程度変化するかを示したものです。たとえば，通貨オプションにおいて，為替変動に対してオプション価値がどの程度変化するかを表すものが為替デルタですが，それが異なるリスク・ファクターである金利の変動に対してどの程度変化するかを表すものがクロス・ガンマです。この場合，数式でみると，クロス・ガンマはオプション価値を為替と金利で偏微分したものとなります。

ベ　ガ　*Vega*

ボラティリティの変化に対するオプション価値の感応度。

Step 1　ベガは，インプライド・ボラティリティ（以下，ボラティリティ）の変動によってオプション価値がどの程度変化するかを示したものです。ベガが小さいとボラティリティの変化に対してオプションの価値はあまり影響を受けませんが，ベガが大きいと影響を受けます。プレーン・バニラ・オプションを購入するとベガ・ロング，売却するとベガ・ショートになります。

Step 2　下図はプレーン・バニラ・オプションを購入したときのベガ・リスクです。ベガはストライク（権利行使価格）付近で最大となることがわかります。つまり，アウト・オブ・ザ・マネーやイン・ザ・マネーのオプションよりも，アット・ザ・マネーのオプションのほうがベガ・リスクをもっているわけです。

　また，ヨーロピアン・オプションのベガを式で表すと次のようになり

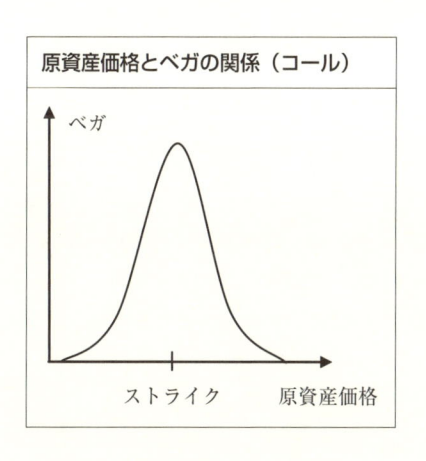

原資産価格とベガの関係（コール）

ベガ

ストライク　　　原資産価格

11
リスク管理

ます。

$$Vega = S_0\sqrt{T}N'(d)e^{-qT}, \quad d = \frac{\ln(S_0/K) + (r - q + \sigma^2/2)}{\sigma\sqrt{T}}$$

ただし, $N'(d) = \dfrac{1}{\sqrt{2\pi}}e^{-d^2/2}$

T：オプション期間

σ：インプライド・ボラティリティ

S_0：現在の原資産価格

K：権利行使価格

r：無リスク金利

q：原資産を保有することで得られる配当の年率

Step 3　一般に重要な経済指標発表や中銀会合等のイベント前, 相場急変直後にボラティリティは上昇する傾向があります。また, 相場を動かす材料が少なく安定的に推移すると市場参加者が予想するときには低下する傾向があります。この意味で, オプション市場は市場の不透明感を反映する鏡になっており, ボラティリティは相場観測のパラメータとしてしばしば注目されます。

たとえば, ドル円のアウト・オブ・ザ・マネーの米ドルプット・オプションを売却し, デルタ・ロング, ガンマ・ショート, ベガ・ショートのポジションを保有しているとします。その後, イベントによりドル円が急落しボラティリティが上昇したとします。この時に上記プット・オプションから損失が発生しますが, その要因は原資産であるドル円が下落したこと, ボラティリティが上昇したことの2つに分けることができます。前者はデルタ・ロングとガンマ・ショートによって発生した損失であり, 後者はベガ・ショートによって発生した損失です。このように, ベガはオプション取引の損益に直結するリスク指標であり, 重要視されるリスク指標の1つです。

セ ー タ *Theta*

時間経過に対するオプション価値の感応度。

Step 1　セータは，すべての市場データが不変で時間のみが経過したときにオプション価値がどの程度変化するかを示したものです。一般的にオプションを購入すると，時間経過によりオプションの価値が減少するので，セータはマイナスになります。逆にオプションを売却すると，セータはプラスになります。セータの絶対値が大きいほど時間経過による価値の増減が大きく，小さいほど価値の増減が小さくなります。

Step 2　左図はコール・オプションを購入したときのセータと原資産価格の関係をグラフで表したものです。イン・ザ・マネーからアット・ザ・マネーまではセータが徐々に減少して，アット・ザ・マネーで最小となります。オプションの価値は本源的価値と時間的価値に分解できますが，セータは時間的価値に当たります。

　右図はセータと残存期間の関係の一例をグラフで表したものです。上からアウト・オブ・ザ・マネー，イン・ザ・マネー，アット・ザ・マネーの

11

リスク管理

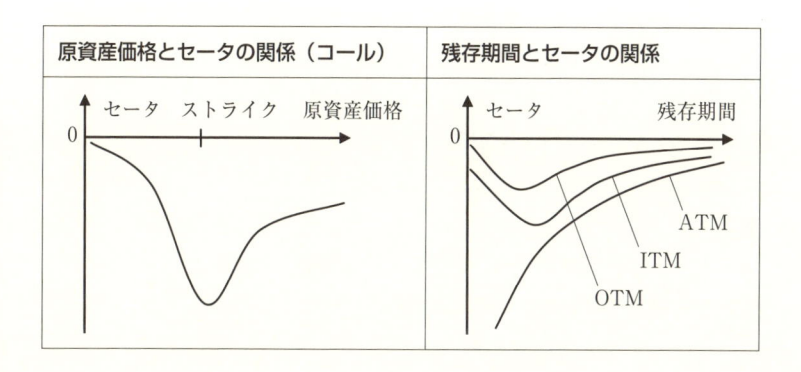

原資産価格とセータの関係（コール）	残存期間とセータの関係

曲線です。アット・ザ・マネーの状態が，時間経過の影響を常に大きく受けることがわかります。

ヨーロピアン・オプションのセータは，次式のようになります。

（コール・オプション）

$$Theta = -\frac{S_0 N'(d_1)\sigma e^{-qT}}{2\sqrt{T}} + qS_0 e^{-qT}N(d_1) - rKe^{-rT}N(d_2)$$

（プット・オプション）

$$Theta = -\frac{S_0 N'(d_1)\sigma e^{-qT}}{2\sqrt{T}} - qS_0 e^{-qT}N(-d_1) + rKe^{-rT}N(-d_2)$$

ただし，$N'(d) = \dfrac{1}{\sqrt{2\pi}} e^{-d^2/2}$

$$d_1 = \frac{\ln(S_0/K) + (r - q + \sigma^2/2)}{\sigma\sqrt{T}}, \quad d_2 = \frac{\ln(S_0/K) + (r - q - \sigma^2/2)}{\sigma\sqrt{T}}$$

T：オプション期間

σ：インプライド・ボラティリティ

S_0：現在の原資産価格

K：権利行使価格

r：無リスク金利

q：原資産を保有することで得られる配当の年率

$N(\cdot)$：標準正規分布の累積確率分布

Step 3　オプションを売却し，セータをプラスにすることで時間経過に伴う収益を得ることを考えます。アット・ザ・マネーのオプション売却はセータが最大となりますが，アット・ザ・マネーではオプション特有のリスクであるガンマとベガも最大となります。これは時間経過により多くの収益を得ることができるかわりに，原資産価格の変動やボラティリティのリスクを多くとっていることを意味しています。アウト・オブ・ザ・マネーのオプション売却は時間経過による収益は小さく，ガンマとベガも小さくなります。

バンナ *Vanna*

原資産価格の変化に対するベガの感応度，またはボラティリティの変化に対するデルタの感応度。

Step 1　バンナは，原資産価格の変動によってベガがどの程度変化するかを示したものです。数式で考えると，ベガを原資産価格で偏微分したものとなります。これは見方を変えると，以下の数式の通り，デルタをボラティリティで偏微分したものとなり，ボラティリティの変動によってデルタがどの程度変化するかを示したものでもあります。

$$Vanna = \frac{\partial Vega}{\partial S} = \frac{\partial}{\partial S}\left(\frac{\partial PV}{\partial \sigma}\right) = \frac{\partial}{\partial \sigma}\left(\frac{\partial PV}{\partial S}\right) = \frac{\partial Delta}{\partial \sigma}$$

Step 2　ヨーロピアン・オプションのバンナを式で表すと，次のようになります。

$$Vanna = -e^{-qT}N'(d_1)\frac{d_2}{\sigma}$$

ただし，

$$d_1 = \frac{\ln(S_0/K) + (r - q + \sigma^2/2)}{\sigma\sqrt{T}} , \quad d_2 = \frac{\ln(S_0/K) + (r - q - \sigma^2/2)}{\sigma\sqrt{T}} ,$$

$$N'(d) = \frac{1}{\sqrt{2\pi}}e^{-d^2/2}$$

T：オプション期間

σ：インプライド・ボラティリティ

S_0：現在の原資産価格

K：権利行使価格

r：無リスク金利

q：原資産を保有することで得られる配当の年率

Step 3 バンナのリスクをコントロールする例として，リスク・リバーサル取引があります。通貨オプションを例にすると，原資産価格がS_0のときに米ドルプット・円コール・オプションの売り（権利行使価格K_1）と米ドルコール・円プット・オプションの買い（権利行使価格K_2）を行った場合，スポットレートとベガは下図のような関係となります。

このとき原資産価格が上昇するとベガが増加，原資産価格が下落するとベガが減少するため，バンナ・ロングとなります。

原資産価格とベガの関係

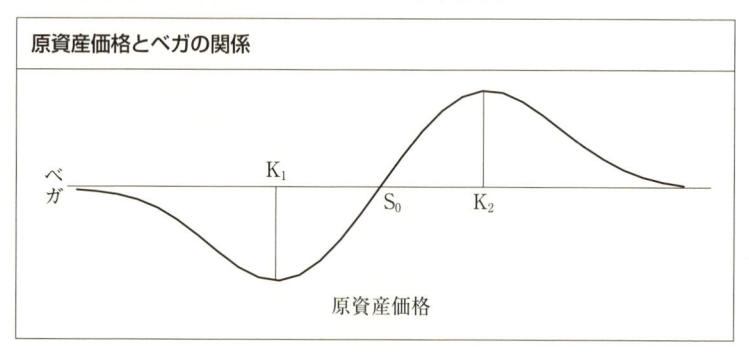

446

ボ ル ガ *Volga*

ボラティリティの変化に対するベガの感応度。

Step 1 ボルガは，ボラティリティの変動によってベガがどの程度変化するかを示したものです。ベガをボラティリティで一階偏微分したものですので，オプション価値をボラティリティで二階偏微分したものとなります。つまり，ベガのガンマとしてみることもできます。

Step 2 ヨーロピアン・オプションのボルガを式で表すと次のようになります。

$$Volga = S_0 e^{-qT} \sqrt{T} N'(d_1) \frac{d_1 d_2}{\sigma}$$

ただし，

$$d_1 = \frac{\ln(S_0/K) + (r - q + \sigma^2/2)}{\sigma\sqrt{T}} , \quad d_2 = \frac{\ln(S_0/K) + (r - q - \sigma^2/2)}{\sigma\sqrt{T}} ,$$

$$N'(d) = \frac{1}{\sqrt{2\pi}} e^{-d^2/2}$$

T：オプション期間

σ：インプライド・ボラティリティ

S_0：現在の原資産価格

K：権利行使価格

r：無リスク金利

q：原資産を保有することで得られる配当の年率

Step 3 ボルガをコントロールする例としては，バタフライ取引があります。イメージとしては，アウト・オブ・ザ・マネーのオプションを保有しているときにボラティリティが上昇すると，原

11

リスク管理

資産価格の想定変動幅が大きくなることから，それだけ同オプションがアット・ザ・マネーに到達する確率が上がります。すなわち，アット・ザ・マネーからの距離が近くなるため，ベガが増加します。つまり，ボルガ・ロングとなります。

レ　ガ　*Rega*

リスク・リバーサルにおけるボラティリティ・スプレッドの変化に対するオプション価格の感応度。

Step 1　オプション・ポートフォリオ管理において，実務上，使用される指標の1つに，レガという指標があります。これは，プットとコールのボラティリティ・スプレッドでクォートされるリスク・リバーサルが変化した場合における，任意のオプション価格（現在価値）の感応度を表します。オプション・グリークスにはベガという指標がありますが，それはオプションのボラティリティが上昇した場合の現在価値に対する感応度であり，レガと密接な関係があります。

Step 2　まず，リスク・リバーサルが変化するとボラティリティ・スマイルがどのように変化するのかを考えます（次頁の図参照）。仮に25デルタのリスク・リバーサルのみが上昇すると，アット・ザ・マネーのボラティリティは変化せず，両サイドのボラティリティ（コール・プットともに）のみが変化するため，当初のボラティリティ・スマイルの形状からゆがむかたちとなります。その場合，任意のデルタ（便宜上D1とする）におけるボラティリティ水準もスマイルの変化に応じて変化するため，「D1のボラティリティ変化幅×D1のストライクを有するオプションのベガ」がおおよそのレガに相当すると，直感的に理解することができます。

　ただし，厳密にはボラティリティ・スマイルの変化によってデルタも変化し，デルタの変化によってベガも変化するなど，オプションは多数の非線形リスクを有していることから，断面ベースで正確に感応度をとらえるのは困難である点には留意が必要です。

11

リスク管理

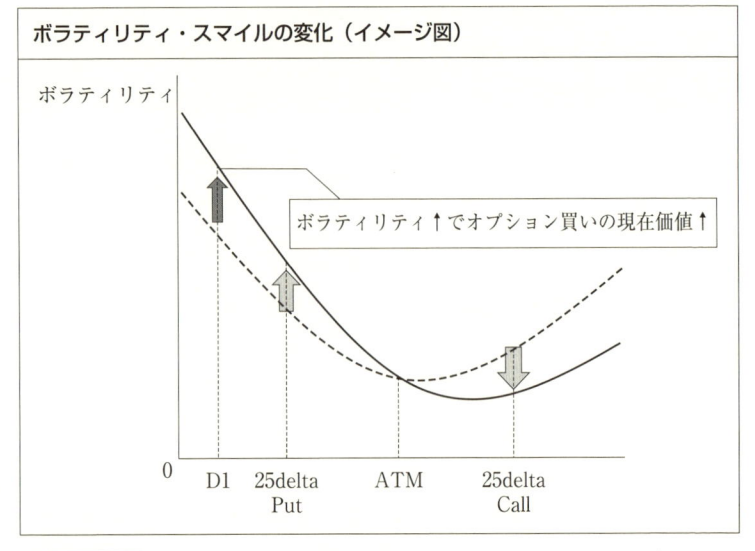

ボラティリティ・スマイルの変化（イメージ図）

ボラティリティ↑でオプション買いの現在価値↑

0　　D1　25delta　ATM　25delta
　　　　　Put　　　　　　Call

Step 3　オプション実務では，リスク・リバーサルによりレガ・ロング／レガ・ショートのポジションを構築することで，オプション・ポートフォリオを管理します。「バンナ」の項目でも解説したとおり，通貨オプションにおけるレガ・ロングはリスク・リバーサルの買い（円プット売り／円コール買い）によって構築でき，このポジションは取組時点ではバンナ・ショートとなることから，バンナ・ロングのヘッジに用いられることがあります（金利スワップションの場合，ペイヤーズ買い／レシーバーズ売りがレガ・ロング）。

　このように，リスク・リバーサルは単に原資産におけるオプション・マーケットの方向性を織り込んでいるのみならず，オプション・マーケット・メイカーのレガやバンナのポジション状況にも大きく左右される点を頭の片隅に入れておくと，マーケットの見方が広がるのではないでしょうか。

セ　ガ *Sega*

ボラティリティ・スマイルにおけるバタフライの変化に対するオプション価格の感応度。

Step 1　オプション・ポートフォリオ管理において，実務上，使用されるセガという指標を解説します（次頁の図参照）。これは，ボラティリティ・スマイル上における25デルタのプットとコールのボラティリティを結んだ線分の中点Mとアット・ザ・マネーの距離である「バタフライ」が1％変化した場合における，任意のオプション価格（現在価値）の感応度を表します。このセガもレガと同様，ベガと密接な関係があります。

　なお，オプション・マーケットで実際にクォートされているバタフライは「マーケット・バタフライ」と呼ばれ，ストラングルのプライスから逆算されたものであるため，コールとプットのボラティリティは同じです。

　一方，実務上，ボラティリティ・スマイルを描画する際には，リスク・リバーサルの存在（≠0％）を織り込むべく，コールとプットのボラティリティが異なる前提でのバタフライを使う必要があり，このバタフライは「セオリティカル・バタフライ」と呼ばれます（実務では，マーケット・バタフライをセオリティカル・バタフライに変換する必要があります）。以降，セオリティカル・バタフライを単にバタフライと表記します。

Step 2　レガと同様に，バタフライが変化するとボラティリティ・スマイルがどのように変化するのかを考えます（次頁の図参照）。仮に25デルタのバタフライのみが上昇すると，アット・ザ・マネーのボラティリティは変化せず，両サイドのボラティリティ（コール・プットともに）のみが変化するため，当初のボラティリティ・スマイルの形状と比較して両サイドのボラティリティが同じ方向に上下し

11
リスク管理

451

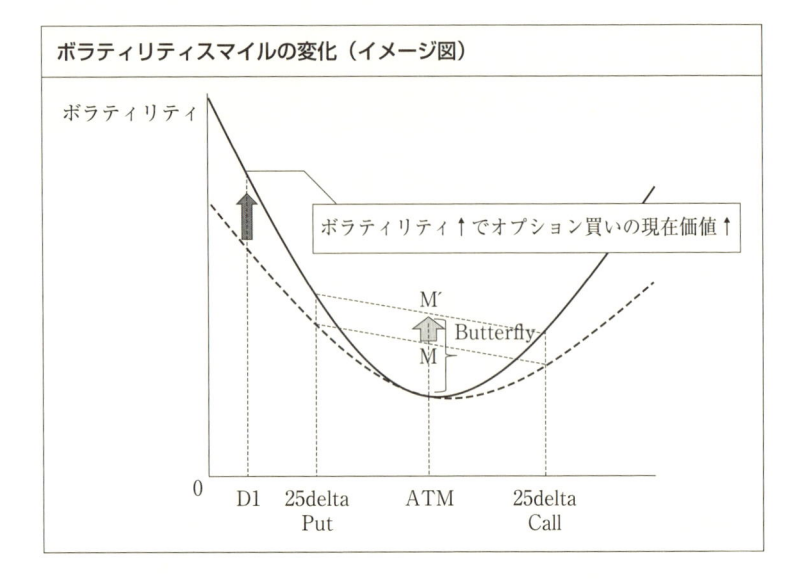

ボラティリティスマイルの変化（イメージ図）

ボラティリティ

ボラティリティ↑でオプション買いの現在価値↑

M′

Butterfly

M

0　　D1　　25delta　　ATM　　25delta
　　　　　　 Put　　　　　　　　 Call

ます。その場合，任意のデルタ（便宜上D1とする）におけるボラティリ
ティ水準もスマイルの変化に応じて変化するため，「D1のボラティリティ
変化幅×D1のストライクを有するオプションのベガ」がおおよそのセガ
に相当し，レガと同じように直感的に表現することができます。そして，
マーケットには25デルタと10デルタのバタフライがクォートされているた
め，セガも25デルタと10デルタで管理するのが一般的です（レガと同様
に，あくまでも概算イメージである点に留意）。

Step 3　　アット・ザ・マネー（ATM）以外のあらゆるオプショ
ンはセガ・リスクをもちますが，実務上，セガによるリ
スク・コントロールを求められるのは，エキゾチック・オプションから生
じるボルガ・ショートをヘッジする場合が多いようです。セガ・ロング
（バタフライ買い，通貨オプションではウイング買い／ATM売り）はボル
ガ・ロングのポジションを構築できるため，リスク管理に活用することが
できます。

デュレーション　*Duration*

金利の微小な変化に対する債券価格の感応度または債券の平均残存年数。

Step 1

デュレーションは，金利の微小な変化に対する債券価格の感応度または債券の平均残存年数を表すものです。一般に債券価格と利回り（金利）の関係を表すと，下図のように，金利が上昇すると債券価格は下落し，金利が低下すると債券価格は上昇します。このような金利変化に対して，債券価格がどの程度動くかを概算する場合にデュレーションが役立ちます。

なお，下図における接線の傾きの絶対値がデュレーションに当たり，デュレーションが長い（短い）債券ほど，金利変化による価格変動幅が大きく（小さく）なります。

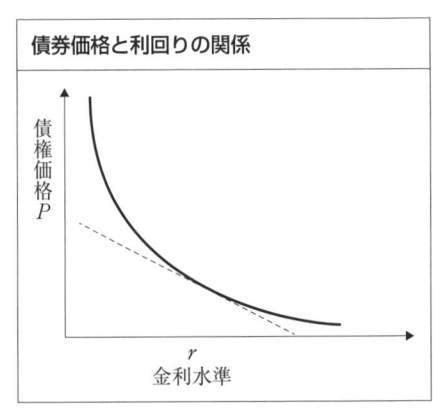

債券価格と利回りの関係

債権価格 P

r
金利水準

Step 2

デュレーションは，以下のように導きます。

N年後に満期を迎える債券の価格を金利 r の関数 $P(r)$ とします。また，クーポン額（年1回払いとする）を C とし，満期での支

11

リスク管理

453

払額をQとすると，以下の債券の価格式が成立します。

$$P(r) = \frac{C}{(1+r)} + \frac{C}{(1+r)^2} + \cdots + \frac{C}{(1+r)^N} + \frac{Q}{(1+r)^N}$$

このとき，この債券の平均残存年数D_{mac}は以下の式で計算できます。

$$D_{mac} = \frac{1}{P} \times \left\{ \sum_{i=1}^{N} \frac{t \times C}{(1+r)^t} + \frac{N \times Q}{(1+r)^N} \right\}$$

これをマコーレー・デュレーションといいます。

一方，価格の変化率は以下の式で近似することができます。

$$\frac{\Delta P}{P} \approx \frac{1}{P} \times \frac{dP}{dr} \times \Delta r = -\frac{1}{P} \times \left\{ \sum_{i=1}^{N} \frac{t \times C}{(1+r)^{t+1}} + \frac{N \times Q}{(1+r)^{N+1}} \right\} \times \Delta r = -D_{mod} \times \Delta r$$

このときのD_{mod}は金利変化に対する債券価格の感応度を表しており，修正デュレーションといいます。また，修正デュレーションはマコーレー・デュレーションを用いて以下の式で表すことができます。

$$D_{mod} = \frac{1}{P} \times \left\{ \sum_{i=1}^{N} \frac{t \times C}{(1+r)^{t+1}} + \frac{N \times Q}{(1+r)^{N+1}} \right\} = \frac{D_{mac}}{1+r}$$

このように，マコーレー・デュレーションを価格変化の計算式に適用できるように修正を加えたことから修正デュレーションといいます。

期限前償還条項などが付されており，元本償還の期日が確定しない場合は，以下の実効デュレーションを使用するのが一般的です。

$$D_{efficience} = \frac{P(r-\delta) - P(r+\delta)}{2 \times \delta \times P(r)}$$

δ：金利の微小変化量

一般に元本償還の期日が確定している債券では，修正デュレーションと実効デュレーションの値はほぼ同じになります。

ポートフォリオ・デュレーション
Portfolio Duration

ポートフォリオの金利感応度を表す指標。

Step 1　ポートフォリオ・デュレーションとは，債券などのポートフォリオの金利感応度を表す指標であり，保有する各資産のデュレーションから計算されます。投資家や金融機関は国債や社債などを数多く保有しており，ポートフォリオとして管理していますので，保有するリスク量をポートフォリオ・デュレーションで確認します。

　具体的には，ポートフォリオ・デュレーションDは，以下の式で表されます。ここでは，資産iのデュレーションをD_i，時価加重ウェイトをw_iとしています。

$$D = \sum_i w_i D_i$$

Step 2　ポートフォリオ・デュレーションが長いほど，金利変動時のポートフォリオの価値の変動度合いは大きくなります。投資家は，金利上昇局面ではポートフォリオ・デュレーションを短くし，金利低下局面ではポートフォリオ・デュレーションを長くするなど，状況に応じて調整を行います。その際，残存期間の異なる債券への入替え，債券先物の売買，金利スワップ取引の成約などを行います。一定量の債券等を保有しなければならないという制約のある投資家がポートフォリオ・デュレーションを短くする際には，債券先物の売り建てや金利スワップ取引（固定金利支払，変動金利受取り）の成約が考えられます。特に，OTC取引である金利スワップは債券の残存期間にあわせてデュレーションを調整できるため，債券先物によるヘッジに比べて，コンベクシティの違いによるリスクをより効果的に抑えることができます。

11

リスク管理

XVA *X-Valuation Adjustment*

デリバティブ取引のさまざまな価格調整の総称。

Step 1　割引金利にOIS金利を用いた理論値としてのデリバティブ価格に対して，さまざまな調整を加えて実際に取引されるデリバティブ価格を求めますが，その調整項目のことをXVAと呼びます。XVAとしては，取引相手の信用リスクを加味するCVA，自社の信用リスクを加味するDVA，OIS金利と担保の運用・調達金利の差異を加味するFVA，デリバティブ取引に課せられる規制資本のコストを加味するKVA，当初証拠金の調達コストを加味するMVA，差入担保のオプション性や非標準的な担保条項から発生するコストを加味するColVAなどがあります。

主なXVA		
略称	英語	日本語名称
CVA	Credit Valuation Adjustment	信用価値評価調整
DVA	Debt Valuation Adjustment	負債価値評価調整
FVA	Funding Valuation Adjustment	ファンディング価値評価調整
KVA	Capital Valuation Adjustment	資本価値評価調整
MVA	Margin Valuation Adjustment	当初証拠金価値評価調整
ColVA	Collateral Valuation Adjustment	担保価値評価調整

Step 2　金融機関がデリバティブ取引を行う際，従前はこれらのコストを個別管理していませんでした。現在では外資系金融機関を中心に，これらのコストを個別に把握しプライシングする方向にシフトしています。先進的な金融機関がXVAコストの高い取引を適正に評価する一方で，XVAに対応できていない金融機関がコストを安く見

積もってしまうため，XVAコストの大きな取引を集中的に引き受けてしまい，後日，大きな損失が生じるリスクが発生しています。そのため，昨今，XVAの計測に対するニーズが高まってきています。

11

リスク管理

FVA *Funding Valuation Adjustment*

デリバティブ取引等における資金調達／運用のコスト・ベネフィットを時価で調整すること。

Step 1 FVAとは，デリバティブ取引にかかる資金調達／運用のコスト・ベネフィットをデリバティブ取引の時価に反映させることをいいます。

デリバティブ取引には，証拠金授受を行う場合（有担保取引）と証拠金授受を行わない場合（無担保取引）がありますが，有担保取引の場合は，授受した証拠金を日々調達／運用するコスト・ベネフィットが発生するのに対し，無担保取引の場合は，日々の運用／調達のコスト・ベネフィットは発生しません。つまり，無担保の取引を有担保の取引によってヘッジを行うと，調達／運用のコスト・ベネフィット差が発生するため，その金額を調整する必要があります。

Step 2 FVAは，FCA（Funding Cost Adjustment）とFBA（Funding Benefit Adjustment）から構成されており（詳細は後述の計算式参照），簡易的には以下のような計算式となります。

$$FVA = MAX(FCA - FBA, 0)$$

無担保取引を有担保取引によってヘッジを行い，無担保取引で評価益が出ている場合，ヘッジ取引である有担保取引では反対に評価損が発生します。有担保取引にて評価損が発生した場合，取引相手に担保を差し入れる必要がありますが，評価益サイドである無担保取引からは担保の差入れが行われないため，ヘッジを行った主体は自身で差入担保を調達する必要があり，この調達コスト相当をFCAと呼びます。

逆に無担保取引で評価損が出ている場合，有担保取引では評価益が発生します。その際，有担保取引側では担保を受け取りますが，無担保取引側

に担保を差し入れる必要がありませんので，ヘッジを行った主体は自身で担保の運用を行うことができ，これらの運用ベネフィット相当をFBAと呼びます。

FCA，FBAの計算式は以下のとおりです。

$$\text{FCA} = \sum_{t=1}^{T} DF_{ois} \times SP_x(t_0, t_{i-1}) \times SP_y(t_0, t_{i-1}) \times S_x(t_{i-1}, t_i) \times \text{EPE}(t)$$

$$\text{FBA} = \sum_{t=1}^{T} DF_{ois} \times SP_x(t_0, t_{i-1}) \times SP_y(t_0, t_{i-1}) \times S_x(t_{i-1}, t_i) \times \text{ENE}(t)$$

ここで，DF_{ois}をディスカウント・ファクター，$SP_x(t_0, t_{i-1})$を評価時点t_0から将来時点t_{i-1}までの生存確率，S_xをファンディング・スプレッド，EPEは将来発生しうる正のエクスポージャーの各時点の期待値，ENEは将来発生しうる負のエクスポージャーの各時点の期待値とします。

11
リスク管理

KVA *Capital Valuation Adjustment*

デリバティブ取引から発生する規制資本の調達コスト相当を取引価格に反映する資本チャージ。

Step 1 KVAとは、デリバティブ取引における規制資本の資金調達コスト相当を取引の時価に反映させることをいいます。店頭デリバティブ取引やカウンターパーティ・リスクに関連する所要資本としては、主に「デフォルト・リスク資本賦課」「CVA資本賦課」「市場リスク資本賦課」の3つがあげられます。

・デフォルト・リスク資本賦課……カウンターパーティがデフォルトする可能性に対する資本の備えです。

・CVA資本賦課……財務会計上のCVAが市場変動によって変動する時価のボラティリティに対する資本の備えです。

・市場リスク資本賦課……市場リスクに対する資本の備えです。通常、市場リスクをヘッジする前提に立てば当該資本賦課は発生しえないところ、CVAに関連したヘッジは資本賦課計算上、ネットされないことがありますので、追加の資本賦課が発生する可能性があります。

Step 2 KVAの精緻な計算には取引から発生する現在時点の所要資本のみならず、将来時点での所要資本も計算しなくてはなりません。バーゼルⅢに基づく所要資本の計算方法は、信用リスクであればSA-CCRやIMM-CCR、市場リスクであればFRTB-SAやFRTB-IMAなどの計算が求められるなか、シミュレーションも考慮するとシステム的な計算負荷も大きいことから、その算出難度は高いものといえます。

また、実務でのKVAの取引価格反映については、デリバティブ・ビジネスの競争力・収益性の観点から金融業界の動向にも注視が必要となります。

コンプレッション　*Compression*

OTC取引を大量一斉解約するための方法。

Step 1

　コンプレッション（またはポートフォリオ・コンプレッション）は，金利スワップをはじめとする店頭デリバティブについて，市場参加者が保有する取引のなかから解約を希望する取引を提示しあい，市場参加者間で取引を解約する方法のことをいいます。

　店頭市場のポスト・トレードを専門領域とするサービス・プロバイダーのOSTTRA社が提供するtriReduceでは，現在，主要通貨を含む28通貨のCDS，IRS等がコンプレッションの対象になっています。さらに近年では，清算集中された取引も中央清算機関（以下，CCP）でコンプレッションが可能になってきています。

Step 2

　通常の解約では，解約清算金についてカウンターパーティと交渉・合意ができた場合に満期前の解約が可能になります。しかし，一度に大量の解約を行う場合には，解約に伴うポジションのヘッジ・コストを勘案した解約清算金を先方と交渉しなければならず，また大量の取引に対して市場の変動を瞬時に加味して解約清算金を提示する必要もあるため，通常フローでの大量解約は非常に困難となります。コンプレッションは，上記の解約プロセスを1つのサイクルとして標準化することによって，解約サイクル参加者が取引を一斉に大量解約することを可能とします。

　しかし，希望するすべての取引が必ずしも解約できるわけではなく，もしコンプレッション・サービス提供業者の提案する市場リスク（デルタ等）や解約清算金についてサイクル参加者が事前に申請している許容範囲（個別取引ごとの設定は不可，解約希望取引全体の解約清算金やグリッドごとの市場リスクは指定可能）を上回ってしまえば，解約の対象にはなり

11

リスク管理

ません。

　また，取引の元本を減額するかたちでの解約（一部解約）も存在します。

　市場参加者はコンプレッションを通じてポジションの残高，取引件数を大幅に削減することができ，エクスポージャーの削減，将来発生する利払金の受渡しに係る諸経費と事務量を軽減することができます。加えて，カウンターパーティがデフォルトした際のポジションの再構築コスト，サンク・コストを削減することができます。

Step 3　リーマン・ショックを契機に，G20各国でカウンターパーティ・リスク管理の重要性が意識され，これまで以上にOTCデリバティブ取引の厳格で適正な管理が求められるようになりました。G20でのCCP活用の義務づけや米国でのドッド・フランク法の制定を受け，市場参加者は市場の透明性，健全性への対応を，再度，見直すこととなり，そのための取組みとしてコンプレッションは，現在，さまざまな金融機関で広く活用されています。

　信用リスクがないとされる清算集中された取引についても，証拠金の削減やシステミック・リスクとしての"中央清算機関（CCP）リスク"の排除のため，CCPを中心にコンプレッション・サービスが展開されています。本邦のCCPである日本証券クリアリング機構では，金利スワップについて，下記のコンプレッション・サービスを提供しています（注）。

① 　取引ごとコンプレッション

② 　クーポン・ブレンディング

③ 　JSCC提案型コンプレッション

④ 　一括コンプレッション

⑤ 　参加者提案型コンプレッション

（注）　出所：日本証券クリアリング機構ホームページ（https://www.jpx.co.jp/jscc/seisan/irs/compression.html）

ネッティング　*Netting*

債権・債務を差引計算すること。

Step 1　ネッティングとは，他社といくつかの契約があるときに，その債権・債務を相殺すること指します。どのようなタイミングでネッティングするかによって，クローズ・アウト・ネッティング，ペイメント・ネッティング，オブリゲーション・ネッティングと区分されます。

(1)　クローズ・アウト・ネッティング（一括清算ネッティング）

クローズ・アウト・ネッティングとは，カウンターパーティが倒産した際に両者の債権・債務を相殺する方法です。クローズ・アウト・ネッティングでは，あるデリバティブのカウンターパーティに関して，1つのデリバティブ契約で期限前解約事由が発生した場合，基本契約書（マスター・アグリーメント）に基づいて全取引を一括解約し，履行期も通貨も異なる取引を含めたすべての債権・債務をネットアウト（差引計算）して一括清算を行います。

(2)　ペイメント・ネッティング（支払の差額決済）

ペイメント・ネッティングとは，取引の両当事者の間で，履行期を同じくする複数の債権・債務がある場合に，履行期が到来した際に，相互の債権・債務を差額決済することをいいます。

(3)　オブリゲーション・ネッティング（契約更改ネッティング）

オブリゲーション・ネッティングとは，取引の両当事者の間で，履行期を同じくする複数の債権・債務がある場合に，その履行期を待たずに債権・債務を時価計算したうえで差し引きし，当該履行期に履行すべき債権（または債務）を契約更改によって1本のものに置き換えることをいいます。

Step 2　クローズ・アウト・ネッティングの具体例については，次のとおりです。

　たとえば，A銀行とB社が2件の金利スワップ取引（それぞれ契約X，契約Y）を行っており，B社にデフォルトなどの期限前解約事由が発生したとします。XとYそれぞれの契約を時価評価すると，XはB社が1,000万円の含み益を抱えた契約，YはA銀行が1,600万円の含み益を抱えた契約でした。この場合には，差額の600万円をA銀行が解約清算金としてB社に請求することになります。これが，いわゆるクローズ・アウト・ネッティングです。

グリークス　*Greeks*

オプション取引のリスク指標。

Step 1 　グリークスとはオプション取引のリスク指標であり，ギリシャ文字で表すことからグリークスと呼ばれています。オプション取引は原資産価格に対する現在価値が非線形であり，価格を決定する要素が原資産価格だけでなく，ボラティリティやオプション期間など複数あるために，下表のようにさまざまな角度からリスクを計測します。

グリークス		
リスク指標	意味	数式
Delta （デルタ）	原資産価格S_0の変化に対するオプション価格Cの変化率	$\dfrac{\partial C}{\partial S_0}$
Gamma （ガンマ）	原資産価格S_0の変化に対する$Delta$の変化率	$\dfrac{\partial Delta}{\partial S_0}=\dfrac{\partial^2 C}{\partial S_0^2}$
Vega （ベガ）	ボラティリティσの変化に対するオプション価格Cの変化率	$\dfrac{\partial C}{\partial \sigma}$
Theta （セータ）	時間の経過Tに対するオプション価格Cの変化率	$\dfrac{\partial C}{\partial T}$
Rho （ロー）	金利r_1の変化に対するオプション価格Cの変化率	$\dfrac{\partial C}{\partial r_1}$
Phi （ファイ）	通貨オプションにおける第二通貨の金利r_2の変化に対するオプション価格Cの変化率	$\dfrac{\partial C}{\partial r_2}$
Vanna （バンナ）	原資産価格S_0の変化に対する$Vega$の変化率	$\dfrac{\partial Vega}{\partial S_0}=\dfrac{\partial^2 C}{\partial S_0 \partial \sigma}$
Volga（ボルガ） 別名：Vomma, Vega Convexity	ボラティリティσの変化に対する$Vega$の変化率	$\dfrac{\partial Vega}{\partial \sigma}=\dfrac{\partial^2 C}{\partial \sigma^2}$

コンベクシティ　*Convexity*

金利の微小な変化に対する債券価格の変化率の近似に際してデュレーションを補完するもの。

Step 1　コンベクシティは，金利の微小な変化に対する債券価格の変化率を近似する際に，デュレーションのみによる近似で不足する精度を補完するものです。一般に債券価格と金利の関係を表すと，下図のようになります。金利の上昇に対して債券価格は下落していますが，金利の水準が高くなるにつれて債券価格の下落幅は逓減していきます。このような現象を説明する場合にコンベクシティが役立ちます。

　コンベクシティは下図における接線の傾きの変化を示しています。また，金利と債券価格の関係を表す下図のような形状の関数は凸（Convex）関数と呼ばれています。

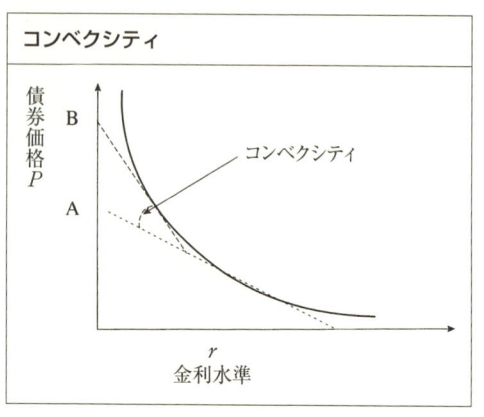

コンベクシティ

Step 2　コンベクシティは，以下のように導きます。

　債券の最終利回りをr，債券の価格を$P(r)$ とし，テイラー展開を利用すると，

$$P(r+\Delta r) \approx P(r) + \frac{dP}{dr}\,\Delta r + \frac{1}{2}\,\frac{d^2P}{dr^2}\,(\Delta r)^2$$

と近似されます。したがって，価格の変化率は以下の式で近似することが
できます。

$$\frac{\Delta P}{P} \approx \frac{1}{P} \times \frac{dP}{dr}\,\Delta r + \frac{1}{2} \times \frac{1}{P} \times \frac{d^2P}{dr^2}\,(\Delta r)^2 = -D_{mod} \times \Delta r + \frac{1}{2}\,Cv\,(\Delta r)^2$$

このときの Cv をコンベクシティといいます。

11

リスク管理

数理モデル

オプション・モデル　*Option Model*

オプションなどデリバティブ取引の理論価格を計算するための，原資産の価格推移を記述したモデル。

Step 1　デリバティブ取引の理論価格は，原資産の価格変動とその原資産価格に基づく将来時点のキャッシュフローをもとに計算されますが，その将来の原資産価格がどのように動くかを数理的なモデルにしたものをオプション・モデルと呼びます。オプション・モデルに現在のマーケットのデータを適用することでデリバティブ取引の将来のキャッシュフローを予想し，それを現在価値に割り引くことでデリバティブの理論価格を求めることができます。

Step 2　1973年にフィッシャー・ブラックとマイロン・ショールズの2人によってブラック・ショールズ・モデルと呼ばれるオプション評価理論が発表されたことでオプション・モデルの発展が始まります。ブラック・ショールズ・モデル以前にオプション価格を計算する際は，効用関数や株価の将来の予想などから理論価格を推計していましたが，ブラック・ショールズ・モデル以降，リスク中立確率（測度）における原資産価格の変動をもとにして無裁定条件からオプション価格を求める方式が一般的となり，昨今のオプションの発展と評価モデルの多様化が始まりました。

Step 3　市場の動きをより精緻にとらえるため，あるいはよりわかりやすくモデル化しようという考えのもと，さまざまなオプション・モデルが考案され，利用されています。

　たとえば，ブラック・ショールズ・モデルでは原資産のボラティリティ（σ）は期間を通じて一定でしたが，HestonモデルやDupireモデルなどはボラティリティが変化するモデルになっています。また，金利モデルにお

いては，イールド・カーブの動きをモデル化したターム・ストラク
チャー・モデル（ハル・ホワイト・モデルやLIBORマーケット・モデル
など）が使われています。

オプション・モデルの例	
原資産	モデル名
株式 為替	ブラック・ショールズ・モデル ヘストン・モデル ローカル・ボラティリティ・モデル
金利	ブラック・モデル ノーマル・モデル ハル・ホワイト・モデル LIBORマーケット・モデル
クレジット	構造型モデル 誘導型モデル

12

数理モデル

イールド・カーブ　*Yield Curve*

市場利回りと残存年数との関係を表す曲線。

Step 1　イールド・カーブとは，国債や預金等の金融商品について残存期間と利回りの関係を表す曲線であり，投資や資金調達などにあたって参考にすることがあります。たとえば，日本国債は10年債や30年債など異なる償還期限の銘柄が定期的に発行されているため，残存年数の異なる銘柄が多くあり，それらの利回りを結ぶことでイールド・カーブを描くことができます。このイールド・カーブを観察することによって，今後の金融政策に関する市場参加者のコンセンサスや国債の需給などがわかります。イールド・カーブを使用する代表的な金融商品としては，国債や社債や金利スワップなどがあります。

イールド・カーブの形状は，経済環境や需給などによって絶えず複雑に変化しています。イールド・カーブの形状が右上がりのもの（残存期間が

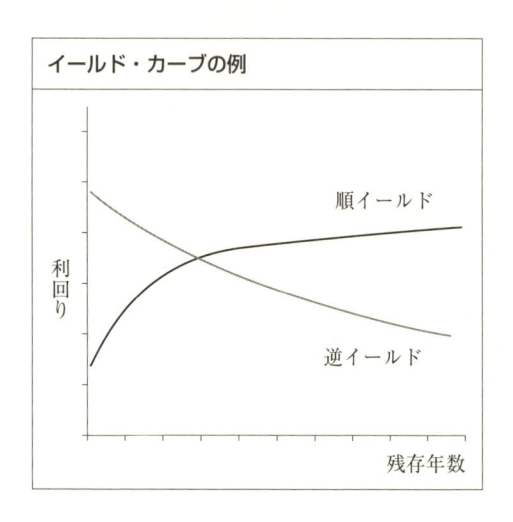

イールド・カーブの例

順イールド

利回り

逆イールド

残存年数

長くなるにつれて利回りが高くなる）を順イールド，右下がりのもの（残存期間が長くなるにつれて利回りが低くなる）を逆イールドと呼びます。歴史的には順イールドの期間が多いですが，1990年～1993年頃の円金利や2022年以降のドル金利のように逆イールドのときもあります。

Step 2 イールド・カーブの形状については，その形状を説明する以下のような理論があります。

① 純粋期待仮説……長期金利は，現在および将来の短期金利の期待値になるという仮説です。たとえば，債券をある一定期間運用しようとした場合に，運用期間に一致する残存期間の長期債を保有し続けても，運用期間中に短期債による運用を繰り返しても，どちらの運用収益率も期待値としては等しいという考え方です。この仮説に基づけば，右上がりのイールド・カーブは市場が先行き短期金利は上昇すると予想していることを示しており，逆に右下がりのイールド・カーブは市場が先行き短期金利は低下すると予想していることを示していることになります。

② 流動性プレミアム仮説……残存期間の長い債券のほうが短い債券よりも価格が大きく変動する傾向があり，金利変動リスクが大きいため，そのリスク・プレミアムの分だけ長期金利が高くなるという仮説です。

③ 市場分断仮説……投資家は，制度等に起因するさまざまな理由により，特定の満期をもつ債券を選好する傾向があり，その結果，各期間の金利はそれぞれ独立に決定されているという仮説です。

インプライド・フォワード・レート
Implied Forward Rate

現在の市場金利に織り込まれている将来の金利。

Step 1 インプライド・フォワード・レートとは，金利スワップや国債利回りなどの市場金利に織り込まれている将来の金利のことです。「インプライド」とは「含む」や「暗に意味する」という意味です。たとえば，残存期間1年の金利スワップ・レート（固定金利と6カ月TIBORを交換）と現在の6カ月TIBORは市場で観測することができますが，これらを用いれば市場では直接観測することのできない6カ月先の6カ月TIBORのインプライド・フォワード・レートを計算することができます。

インプライド・フォワード・レートはデリバティブのプライシングや時価評価などに使用します。たとえば，1年先スタートの期間5年の金利スワップ・レートの算出や過去に取引した金利スワップの評価などにインプライド・フォワード・レートを使用します。また，インプライド・フォワード・レートを計算することによって，市場参加者が金融政策についてどのように考えているかの示唆を得ることができます。

Step 2 インプライド・フォワード・レートは割引債利回り（ゼロ・レート）から算出することができます。ゼロ・レートは，ゼロ・クーポン・レート，あるいはスポット・レートと呼ばれることもあります。

いま，s年先t年物のインプライド・フォワード・レートを$F_{s,t}$とすると，$F_{s,t}$は，現時点からs年間s年物ゼロ・レートで運用し，そこからt年間$F_{s,t}$で運用した結果と，最初から$(s+t)$年間$(s+t)$年物ゼロ・レートで運用した結果が等しくなるように決まります。実際にゼロ・レートからインプライド・フォワード・レートを計算してみましょう。いま，3カ月のゼ

ロ・レートを0.3%，6カ月のゼロ・レートを0.4%，3カ月先3カ月間の
インプライド・フォワード・レートを$F_{3.3}$，計算を単純化するために1カ
月を1/12年とすると，$F_{3.3}$は以下のように求められます。

$$\{1+0.003 \times (3/12)\}\{1+F_{3.3} \times (3/12)\} = 1+0.004 \times (6/12)$$

$$F_{3.3} = 0.49963\%$$

Step 3 　　上記の計算では，ゼロ・レートからインプライド・フォ
　　　　　　ワード・レートを求めていますが，金利スワップ・レー
トや国債利回りなどの市場金利の多くは中間利払いを含んだ金融商品の相
場を示しているため，そのままでは使えません。そこで実務では，金利ス
ワップ等のイールド・カーブからいったんゼロ・レートを求め，さらにそ
こからディスカウント・ファクターを計算し，これを用いてインプライ
ド・フォワード・レートを計算する方法がとられています。上記の例で，
3カ月のディスカウント・ファクターをDF_3，6カ月のディスカウント・
ファクターをDF_6としたとき，3カ月先3カ月間のインプライド・フォ
ワード・レートは，

$$F_{3.3} = (DF_3/DF_6 - 1) \times (12/3)$$

で求めることができます。また，半年ごとに利払いのある中長期のインプ
ライド・フォワード・スワップ・レートも，ディスカウント・ファクター
を用いれば比較的簡単に求めることが可能です。

連続複利　*Continuous Compounding*

複利運用の間隔を極限まで短くした運用方法。

Step 1　　　　連続複利は複利運用する間隔を極限まで短くした運用方法であり，ブラック・ショールズ・モデルなどのデリバティブ評価時に利用されます。6カ月複利運用や3カ月複利運用は一般的に行われる複利運用ですが，この「6カ月」や「3カ月」を極限まで短くした連続複利は実際に行うことができません。つまり，連続複利やその利回りは机上のものです。しかし，この連続複利を用いると，デリバティブの評価に使用する微分や積分が簡単にできることから，このような運用方法を前提に計算します。

たとえば，6カ月複利運用の預金（預入期間 t 年，利率（年利）r，元本1百万円）は満期時に，

$$\left(1+\frac{r}{2}\right)^{2t} 百万円$$

となります。これを一般化すると，$\frac{1}{n}$ 年複利運用の預金（預入期間 t 年，利率（年利）r，元本1百万円）は満期時に，

$$\left(1+\frac{r}{n}\right)^{nt} 百万円$$

となります。ここで複利運用する間隔を極限まで短くするために，n を無限大まで大きくすると，

$$\lim_{n \to \infty}\left(1+\frac{r}{n}\right)^{nt} = \left\{\lim_{N \to \infty}\left(1+\frac{1}{N}\right)^{N}\right\}^{rt} = e^{rt} \qquad \left(ただし N=\frac{n}{r}\right)$$

となり，このような運用方法を連続複利といい，r はゼロ・クーポン・レートになります。なお，e はネイピア数であり，2.71828…を表します。

OAS *Option Adjusted Spread*

MBS等の債券に組み込まれたオプション価値を取り除いたスプレッド。

Step 1 オプションが組み込まれている債券への投資を検討する場合，オプションの仕組みを理解すると同時にそのオプション価値がどの程度債券価格（利回り）に織り込まれているか確認することが重要です。そして，オプションが組み込まれているスプレッドからこのオプション価値相当分を取り除いたスプレッドがOASであり，ほかの債券や多くの証券との比較を可能にします。たとえば，オプション性のないほかの債券と比較する場合，その債券のスプレッドとオプションが組み込まれている債券のOASを比べることで評価基準が一致し，割安・割高の判断が可能になります。オプション性がない債券のスプレッドと同様，OASは個別債券の国債に対する流動性プレミアムや信用リスクを表しているとされています。

OASはモデルから算出される理論価格を市場価格に一致させるスプレッドとして算出されます。以下ではMBSを例にあげて内容を詳しく確認していきます。

Step 2 MBSは主に住宅ローンを担保とする債券ですが，金利低下時に元本返済が起こり期限前償還（プリペイメント）が発生する（デュレーションは短期化する）オプション性を有しています。また，この期限前償還率の変動は将来の金利変動に伴い発生するため，将来金利のイールド・カーブの推定や金利ボラティリティも考慮する必要があります。

MBSの投資家はこの将来金利およびそれに伴う期限前償還率の変動リスクを負うことによりコンベクシティに対するコストの上乗せを要求する

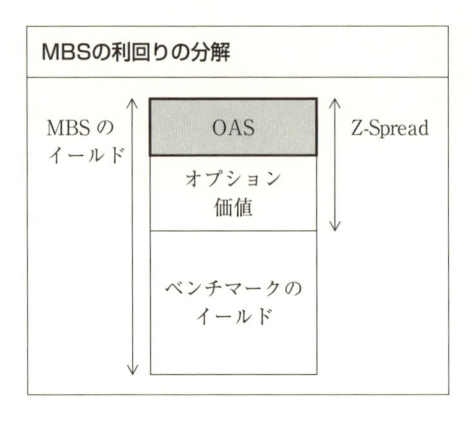

ため，国債の利回りよりMBSの利回りは高くなると考えられます。

［Z-Spread（Zero Volatility Spread）］

金利のボラティリティはゼロと仮定して，各期間のCFをスポット金利（r）＋ベンチマーク金利とのスプレッド（Z）で割り引いた合計を債券の理論価格として算出します。この理論価格を市場価格に一致させるスプレッドをZ-Spreadといいます。

$$市場価格 = \frac{CF_1}{(1+r_1+Z)} + \frac{CF_2}{(1+r_2+Z)^2} + \cdots + \frac{CF_n}{(1+r_n+Z)^n}$$

このZ-Spreadからオプション価値を取り除いたスプレッドがOASになります。OAS算出においては，まず将来金利を金利期間構造モデルにより設定してフォワード・レートを求め，その予想フォワード・レート＋スプレッドで推定期限前償還に基づいたCFを割り引いた合計の平均を債券の理論価格とし，この理論価格を市場価格に一致させるスプレッドがOASになります。

Step 3 実務的にこのOASがどのように算出されているかを説明します。

① 金利の期間構造モデルを使用して複数の将来金利のパスを設定します。

② 上記複数の金利パスに対して，各々下記の流れでMBSの理論価格（現在価値）を算出します。

・期限前償還率（プリペイメント）モデルを使用して予想期限前償還率（プリペイメント率）を計算。

・MBSのキャッシュフローを作成。

・スポット・イールド・カーブに未知数のスプレッドを上乗せしたディスカウント・ファクターを作成して理論価格を算出。

③ すべての金利パスから算出された理論価格を平均して平均理論価格を算出して，市場価格と等しくなるスプレッドを算出します。

上記①では，モンテカルロ・シミュレーションなどの数値計算法により将来金利をシミュレーションする方法が一般的に使用されます。ほかにも，ストラテジストの意見などを参考にメイン・シナリオ，リスク・シナリオなどにより将来金利を仮定する方法もあります。

次に②では，1つの金利パスから1つのMBSの現在価値$PV(s)$を次の式から求めます。

$$PV(s) = \frac{CF_1}{(1+f_1+s)} + \frac{CF_2}{(1+f_1+s)(1+f_2+s)} + \cdots$$

$$+ \frac{CF_n}{(1+f_1+s)\cdots(1+f_n+s)}$$

f_n：期間$n-1$からnのシミュレーションによるインプライド・フォワード・レート

s：OAS（未知数）

そして③では，以下のとおりOASを算出します。

市場価格＝すべての金利パスから算出された$PV(s)$の平均

上式を満たすsを算出すると市場価格が織り込むOASを算出できます。

最終利回り　*Yield to Maturity*

債券の購入日から償還日まで保有したときに得られる利回り。

Step 1　国債のように期限前償還条項がなく前もって決められた期日に利払いや元本償還がされる債券に関して，購入日から償還日まで保有したときに得られる利回りを最終利回りといいます。最終利回りは債券投資における重要な利回り指標の1つで，年利ベースで表示されるのが通例です。

　年1回利払いの固定利付債を発行日に購入した場合を例に，最終利回りの計算方法を説明します。

(1) **最終利回り（単利）**

　最終利回り（単利）は以下の式により定義されます。

$$YTM = \frac{C + (N - P) \div T}{P} \times 100$$

　　YTM：最終利回り（単利）

　　C：クーポン

　　N：償還価格

　　P：買付価格

　　T：残存年数

(2) **最終利回り（複利）**

　最終利回り（複利）は，内部収益率と同様の方法で定義されます。具体的には，以下の計算式を満たすYTMを複利の最終利回りと呼びます。

$$P = \frac{C}{(1 + YTM)} + \frac{C}{(1 + YTM)^2} + \cdots + \frac{C}{(1 + YTM)^{T-1}} + \frac{C + N}{(1 + YTM)^T}$$

　　YTM：最終利回り（複利）

　　C：クーポン

N：償還価格

P：買付価格

T：残存年数

最終利回り（複利）の場合，利払い回数が多くなると解析的に算出することが難しくなりますので，ニュートン・ラフソン法などの数値計算法を用いることになります。

最終利回りと債券の利子率（$C \div N$）の大小関係から，債券時価と償還価格の大小関係がわかります。

① 最終利回り＞利子率のとき，債券時価＜償還価格

⇒このとき，アンダーパー，またはディスカウントと呼ばれます。

② 最終利回り＝利子率のとき，債券時価＝償還価格

⇒このとき，パーと呼ばれます。

③ 最終利回り＜利子率のとき，債券時価＞償還価格

⇒このとき，オーバーパー，またはプレミアムと呼ばれます。

Step 2 コーラブル債のように期限前償還のある債券の場合は，投資検討段階で償還日が確定しませんので最終利回りを算出することはできません。そこで，任意償還利回り（Yield to Call）という別の考え方を用いて利回りを求めます。たとえば，複利ベースの任意償還利回りを求めたい場合は以下のように計算します。

$$P = \frac{C}{(1+YTC)} + \frac{C}{(1+YTC)^2} + \cdots + \frac{C}{(1+YTC)^{\tau-1}} + \frac{C+N_\tau}{(1+YTC)^\tau}$$

YTC：任意償還利回り（複利）

C：クーポン

$N\tau$：期限前償還時の償還価格

P：買付価格

τ：期限前償還が予想される時点までの年数（$\tau < T$）

フューチャー・バリュー　*Future Value*

特定の資産を任意の利回りで運用した際の将来の価値。

Step 1　フューチャー・バリュー（将来価値：FV）とは，現時点での価値を将来時点に換算した価値をいいます。たとえば，現時点での100万円を年利3％で3年間複利運用した場合の価値は，

$$100 \times (1 + 0.03) \times (1 + 0.03) \times (1 + 0.03) = 109.2727$$

となります。このとき，フューチャー・バリューは109.2727万円となります。プレゼント・バリューとフューチャー・バリューの関係は，下図のとおりです。

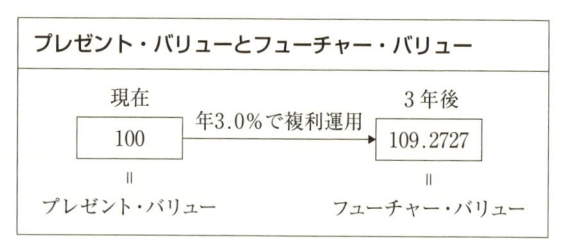

プレゼント・バリューとフューチャー・バリュー

現在　　　年3.0%で複利運用→　　3年後

100　　　　　　　　　　　　　109.2727

＝　　　　　　　　　　　　　　　＝

プレゼント・バリュー　　　　　フューチャー・バリュー

プレゼント・バリュー　*Present Value*

将来の価値を現時点に割り引いた価値。

Step 1　現時点での100万円と1年後に受け取る100万円ではどちらの価値が高いでしょうか。この両者の価値の違いを数量で認識しようとするのがプレゼント・バリュー（現在価値：PV）の考え方です。

たとえば，100万円の元本を3年間年利3％で複利運用できるとすると，3年後の受取りは，

$$100 \times (1+0.03) \times (1+0.03) \times (1+0.03) = 109.2727$$

となります。この場合の当初元本100万円が3年後の109.2727万円の現在価値です。また，3年後に100万円を受け取るとすれば，そのプレゼント・バリューは次のとおりです。

$$PV \times (1+0.03) \times (1+0.03) \times (1+0.03) = 100$$

$$PV = \frac{100}{(1+0.03)^3}$$
$$= 91.5141\cdots$$

このことは，現時点の約91.5141万円が，3年後の100万円と等価値であることを示しています。

Step 2　すべてのデリバティブに共通していえることは，そのプライシングにおいて，その商品属性に応じた公正な現在価値を求めるということです。

ディスカウント・ファクター　*Discount Factor*

将来発生するキャッシュフローを現在価値に引き直す割引率。

Step 1　ディスカウント・ファクターとは，将来のある時点における キャッシュフローを1としたとき，その現在価値を表す数値のことです。つまり，現在価値は，将来価値にディスカウント・ファクターをかけた値であり，以下の式で表されます。

現在価値＝将来価値×DF（ディスカウント・ファクター）

たとえば，現在100万円を6カ月定期預金（クーポン年率4％，利息計算期間6カ月）で運用する場合，

$$100万円＝（100万円＋100万円×4％×0.5年）×DF$$

$$DF＝\frac{1}{1＋1×4％×0.5年}$$

となり，ディスカウント・ファクターは，0.980392となります。

また，運用期間年，ゼロ・クーポン・レートで連続複利運用した場合には以下の式で表されます。

$$DF＝e^{-rt}$$

Step 2　市場で観測できるディスカウント・ファクターとしては 割引国債がありますが，残存期間は短期間のものに限られます。より長期のディスカウント・ファクターを知りたい場合には，固定利付債の市場価格とブートストラップ法を用いて計算する必要があります。また，市場で観測できない翌日物金利やTIBOR等のディスカウント・ファクターについても同様に，OISやTIBORスワップの市場レートとブートストラップ法によって計算する必要があります。

OISディスカウンティング　*OIS Discounting*

OISレートによってキャッシュフローを割り引く方法。

Step 1　OIS Discounting（ディスカウンティング）とは，デリバティブの時価評価において，OISレートから計算したディスカウント・ファクターによってキャッシュフローを割り引く方法です。たとえば，円のOIS Discountingであれば，円のOISの参照指標である「無担保コールO/N物レート」が割引金利となり，取引によって発生する資金（取引の証拠金を含む）の過不足を円のOISレートで運用調達するということを意味しています。なお，デリバティブ取引によって発生する資金の運用調達レートがLIBORになる場合には，LIBORから作成したディスカウント・ファクターによってキャッシュフローを割り引く方法が適しており，LIBOR Discountingと呼ぶこともあります。

Step 2　金融危機以前は，信用リスクが内在しないリスク・フリー・レートとして，多くの金融機関がLIBORによってキャッシュフローを割り引いていました。しかし，金融危機における金融機関の経営危機や経営破綻によって，LIBORに信用リスクが含まれていることが意識され，銀行間市場での資金取引レートが上昇して，LIBORとOISの差が拡大しました。それとともに，リスク・フリー・レートとしてLIBORを使用することが適切ではないとの認識が広がり，OIS Discountingを導入する金融機関が徐々に増えました。現在では，市場で取引される金利スワップはほとんどがOIS Discountingを前提としたものであり，情報ベンダーの画面に表示されている金利スワップ・レートも同様です。

12
数理モデル

485

無裁定理論 *No Arbitrage Pricing*

裁定取引の機会がないと仮定するデリバティブ・プライシングの基本的な考え方。

Step 1　デリバティブのプライシングでは「市場が無裁定である」ことを仮定します。「市場が無裁定である」とは，裁定取引によってリスクをとらずに収益を得ることができない，ということです。市場が無裁定の場合，株式オプションの買いと株式の売りを組み合わせることで，株価リスクをとらずに無リスク金利以上のリターンを得ることはできません。無裁定理論では，もしそのような裁定機会があれば，だれかが裁定取引を行うことでそのような収益機会（裁定機会）が消滅してしまうことを前提としています。

Step 2　簡単な二項モデルを使って無裁定理論によるデリバティブのプライシングについて説明します。時点0での株価をSとし，時点1で株価が上昇した場合は $(1+u)S$，下落した場合は $(1+d)S$になるものとします。この株に対して，時点1で株価が上昇した時のペイオフがC_u，下落したときのペイオフがC_dになるエクイティ・デリバティブCがあるとします。また，時点0での債券価格をBとし，時点1での債券価格が $(1+r)B$になるとします（株式と債券の間で無裁定であるため，$u>r>d$であることが仮定されます）。このときエクイティ・デリバティブの現在価値CをS，B，r，u，d，C_u，C_dから求めます。まず，エクイティ・デリバティブを1単位買い，株式をa単位売り，債券をb単位売ることで，時点1において株価が上がっても下がってもペイオフが0になる無リスクのポートフォリオを構築します。無裁定の前提により，時点0でそのポートフォリオの時価が0になるようにエクイティ・デリバティブ価格Cが決定されます。具体的には時点0と時点1において下記の

関係が成り立ちます。

【時点 0】

$$C - aS - bB = 0$$

【時点 1】

$$C_u - a(1+u)S - b(1+r)B = 0$$

$$C_d - a(1+d)S - b(1+r)B = 0$$

ここで，時点 0 でのエクイティ・デリバティブの現在価値 C を求めるには，時点 1 の関係式を活用して連立方程式を解くことで a と b を求めればよく，結果は以下のようになります。

$$a = \frac{C_u - C_d}{(u-d)S}, \quad b = \frac{(1+u)C_d - (1+d)C_u}{(u-d)(1+r)B}$$

$$C = \frac{1}{1+r} \cdot \left[\left(\frac{r-d}{u-d} \right) C_u + \left(\frac{u-r}{u-d} \right) C_d \right]$$

Step 3 デリバティブ価格の式において時点 1 のペイオフにかかる係数は，両者ともに正で，かつ和が 1 となります。

$$0 \leq \frac{r-d}{u-d} \leq 1 \qquad 0 \leq \frac{u-r}{u-d} \leq 1 \qquad \frac{r-d}{u-d} + \frac{u-r}{u-d} = 1$$

この性質は確率の性質と一致するため，この係数のことをリスク中立確率と呼びます。リスク中立確率は市場価格から観測される確率であり，実際に株価が上昇する確率と直接関係するものではありませんが，デリバティブ価格を求める際に非常に有用な数値となります。リスク中立確率の表記で現在価値の式を書き直すと以下のようになります。

$$C = \frac{1}{1+r} \cdot [q \times C_u + (1-q) \times C_d], \quad q = \frac{r-d}{u-d}$$

この式により，エクイティ・デリバティブの価格はリスク中立確率による時点 1 のペイオフの期待値を無リスク金利で割り引いたものとみなせることがわかります。

12

数理モデル

487

権利行使　*Exercise*

オプションの買い手がオプションを行使すること。

Step 1
オプションの買い手は，プレミアム料を支払う対価として権利行使日にオプションを行使する権利を得ます。権利行使日に行使価格が市場価格より有利な場合，オプションの買い手は権利を行使します。

たとえば，行使価格を115円とするドル・コール・オプションの買い手は権利行使日の市場価格が115円よりもドル高（仮に120円とします）であれば「権利行使」し，市場価格（120円）より安い115円でドルを購入することができます。権利行使と同時に市場でドルを売却すれば，権利行使による為替差益（5円＝120円－115円）も確定します。オプションの買い手は権利行使するか否かを選択できますので，権利行使によって利益を得られない場合には，権利行使せずに権利を放棄します。

Step 2
オプション取引は権利行使の期日によって，大きく3つに分けることができます。最も一般的なタイプは「ヨーロピアン・タイプ」と呼ばれるもので，オプション取引が終了する満期日に権利行使を行うタイプです。一方，オプション取引約定後から満期日までの間のいずれの日でも権利行使が可能なタイプを「アメリカン・タイプ」と呼びます。さらに，オプション取引約定後から満期日の間で複数回権利行使ができるタイプを「バミューダン・タイプ」と呼びます。これは，「ヨーロピアン・タイプ」と「アメリカン・タイプ」の中間的なタイプであることから，ヨーロッパ大陸と北米大陸の間にあるバミューダ諸島にちなんでこの名がつけられたといわれています。

期待収益率　*Expected Rate of Return*

資産やポートフォリオの収益率の期待値。

Step 1 期待収益率とはある資産やポートフォリオから（一般に）1年間で得られる収益率の期待値のことを指します。期待収益率はアセット・アロケーションや個別株式価格の評価だけでなく，デリバティブの評価においても用いられます。一般にリスクの高い金融商品ほど期待収益率が高いとされています。

　配当がない資産において，期待収益率をμ，当初資産価格をS_0，一定期間t年後の資産価格を$S(t)$とすると$S(t)$の期待値は一般に以下の式より求められます。

$$E[S(t)] = S_0 e^{\mu t}$$

Step 2 実務では将来の収益率を推計することは困難であるため，資産やポートフォリオのシミュレーション等においては，一定の仮定のもとで期待収益率を設定します。また，デリバティブの評価においては，リスク中立を前提としてプライシングすることが多いですが，その際には原資産のリスク特性に関係なく無リスク金利を期待収益率として用います。

12

数理モデル

489

無リスク金利　*Risk-Free Interest Rate*

信用リスクや流動性リスクなどのリスクを含まない金利。

Step 1　無リスク金利とは，発行体のデフォルト・リスクなどの信用リスクや流動性リスクなどのリスクを含まない金利のことです。従来はLIBORや国債金利が無リスク金利とされてきましたが，金融危機以降，国や銀行のデフォルト・リスクが意識されるようになりました。そのため市場ではLIBOR等にかわってOISレートを無リスク金利として扱うようになりました。

Step 2　無リスク金利はデリバティブの評価において大きな役割を果たします。たとえば，ブラック・ショールズ・モデルでは，原資産の期待収益率を無リスク金利とみなすことで，デリバティブのプライシングを簡便に行うことができます。

インプライド・ボラティリティ　*Implied Volatility*

デリバティブ価格から推計される，原資産価格のボラティリティ。

Step 1　　デリバティブ取引の市場価格に織り込まれている原資産価格のボラティリティ（時間当りの変動幅・変動率）のことをインプライド・ボラティリティと呼びます。この用語は通常，ブラック（・ショールズ）・モデル

$$dF(t)/F(t) = \sigma_B \, dW(t)$$

やノーマル・モデル

$$dF(t) = \sigma_N \, dW(t)$$

において，あるオプションの市場価格から逆算された σ（σ_Bまたはσ_N）のことを指すために用いられます。何のモデルの σ を指すかを明確にするため，それぞれブラック・ボラティリティ，ノーマル・ボラティリティと呼ぶこともあります。

　インプライド・ボラティリティに対して，実際の原資産価格の変動から計算されるボラティリティのことを区別したい場合には，後者をヒストリカル・ボラティリティと呼びます。

Step 2　　危機の発生時などには市場価格が大きく変動すると予想する市場参加者が多くなりインプライド・ボラティリティが上昇し，経過して市場が落ち着いてくるとインプライド・ボラティリティは低下する傾向にあります。ブラック・ショールズ・モデルやブラック・モデル，ノーマル・モデルなどにおいて，同一権利行使日で異なるストライクのインプライド・ボラティリティをプロットしたものをボラティリティ・スマイル（スマイル・カーブ）やボラティリティ・スキューと呼び，これを市場価格の方向性を予想する際の参考にする市場参加者もいます。

12

数理モデル

Step 3　　現実における市場価格のボラティリティの実績（実現ボラティリティと呼ぶ）に基づいてペイオフが決まるようなデリバティブ取引のことを，ボラティリティ・デリバティブと呼びます。ボラティリティ・デリバティブの例としては，ボラティリティ・スワップやバリアンス・スワップと呼ばれるものがあり，これらは日次のボラティリティもしくはバリアンス（ボラティリティの2乗）の満期までの累計によってペイオフが決定されます。たとえば，時点$t = T_0$における満期T_nのバリアンス・スワップでは，原資産価格をS_nとして，満期到来後にペイオフが次式のように決定されます。

$$\left[\frac{N}{n} \sum_{i=1}^{n} \left\{ \ln\left(\frac{S_i}{S_{i-1}} \right) \right\}^2 \right] - K^2$$

Nは年率に直すための日数で，営業日ベースの252などが利用されます。

　このようなボラティリティ・デリバティブの市場価格から，将来のボラティリティに関する（リスク中立測度における）期待値が求まります。たとえば上のバリアンス・スワップの例では，バリアンス・スワップの理論価格がゼロとなるようなKとボラティリティの期待値の間に次の関係が成り立ちます。

$$K = \sqrt{\mathbb{E}^Q \left[\frac{N}{n} \sum_{i=1}^{n} \left\{ \ln\left(\frac{S_i}{S_{i-1}} \right) \right\}^2 \right]} \simeq \sqrt{\mathbb{E}^Q \left[\frac{1}{T_n - T_0} \int_{T_0}^{T_n} \sigma_B(t)\, dt \right]}$$

なお，上式の最後では，離散的な原資産価格の変動を連続時間の

$$dF(t)/F(t) = \sigma_B(t)\, dW(t)$$

という対数正規型の変動で近似しています。

　このKもまた一種のインプライド・ボラティリティといえますが，（ブラック・ショールズ・モデルなどの）特定のモデルに依存しないことから，モデル・フリー・インプライド・ボラティリティと呼ばれることがあります。恐怖指数として知られるVIX（Volatility Index）は，モデル・フリー・インプライド・ボラティリティの考え方に基づいて，複数のストラ

イクのS&P500オプションの市場価格から算出される指数です。具体的にはDemeterfi, et al.（1999）に基づく次の算式が使われます。

$$\mathrm{VIX} = \sqrt{\frac{2}{T} \sum_i \frac{\Delta K_i}{K_i^2} e^{RT} Q(K_i) - \frac{1}{T} \left[\frac{F}{K_0} - 1 \right]^2}$$

ここでTとしては30日が使われます。K_0はフォワード価格Fのすぐ下にあるストライクであり，K_iは信頼できるオプション価格が取得できるすべてのストライクを含み，$\Delta K_i = (K_{i+1} - K_{i-1})/2$ です。$Q(K_i)$ は$K_i > K_0$ならコール・オプションの価格，$K_i < K_0$ならプット・オプションの価格です。

オプション・プレミアム　*Option Premium*

オプションの価値。本源的価値と時間価値で構成される。

Step 1　オプションとは将来時点で原資産を所定の価格で買う（売る）ことができるという契約上の権利であり，そのオプションの価値を金額で表したものをオプション・プレミアムと呼びます。オプションを売買するとき，オプションの買い手は購入したオプションの対価としてオプション・プレミアムを売り手に支払います。オプション・プレミアムは，その時点で行使した際の本源的価値と，オプション満期日までの時間価値に分けることができます。

Step 2　オプション・プレミアムを求める代表的なモデルとしてブラック・ショールズ・モデルがあり，5つの要素でオプション・プレミアムを決定します。それぞれの要素がオプション・プレミアムにどのような影響を与えるかは下表のとおりです。

オプション・プレミアムと各要素の関係			
要素		コール・オプション	プット・オプション
1．行使価格	高	↓	↑
	低	↑	↓
2．満期日までの時間	長	↑	↑
	短	↓	↓
3．対象資産の市場価格	上昇	↑	↓
	下降	↓	↑
4．価格変動率	大	↑	↑
	小	↓	↓
5．無リスク金利	高	↓	↓
	低	↑	↑

本源的価値／時間価値　*Intrinsic Value/Time Value*

本源的価値：オプションを現時点で行使した場合に得られる価値。
時間価値：オプション満期までに予想される原資産価格の変動に
対する価値。

Step 1　オプション・プレミアムは，現時点でオプションを行使
した際の価値（本源的価値）と今後の価格変動に対する
価値（時間価値）の2つに分けられます。

Step 2　本源的価値は，イン・ザ・マネー（ITM）の場合は行
使価格と市場価格との差額であり，アット・ザ・マネー
（ATM）とアウト・オブ・ザ・マネー（OTM）の場合は，オプション保
有者は権利放棄をするためにゼロとなります。

たとえば，オプション満期が1年後，ストライクが100円の株式コー
ル・オプションがあり，原資産の市場価格とオプション・プレミアムの関
係が図表1のようになっているとします。株式の市場価格が105円の場合，

図表1　ストライクが100円のコール・オプションの場合

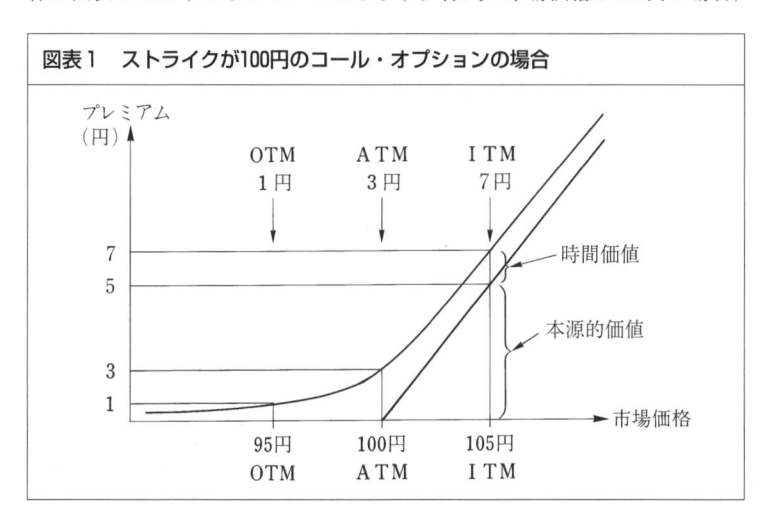

12
数理モデル

495

本源的価値は105円－100円＝5円となります。また，株式の市場価格が100円以下の場合，本源的価値はゼロとなります。

　時間価値とは，オプション満期までに，現時点で予想される原資産価格の変動に対する価値です。オプション・プレミアムより本源的価値を差し引くことで，時間価値を求めることができます。

　先ほどの例では，株式の市場価格が105円の場合，オプション・プレミアムが7円，本源的価値が5円なので，時間価値は2円となります。

　OTMのオプションは，本源的価値がゼロであるので，オプション・プレミアムは時間価値だけになります。現時点ではOTMでも，オプション満期までに原資産価格が変動して，ITMになり，本源的価値が発生する可能性があるので，OTMのオプションも価値をもちます。しかし，オプション満期が近づくと，OTMからITMになる可能性が徐々に小さくなるため，時間価値は低下することになり（図表2），オプション満期を迎えた時点では，時間価値がゼロになります。

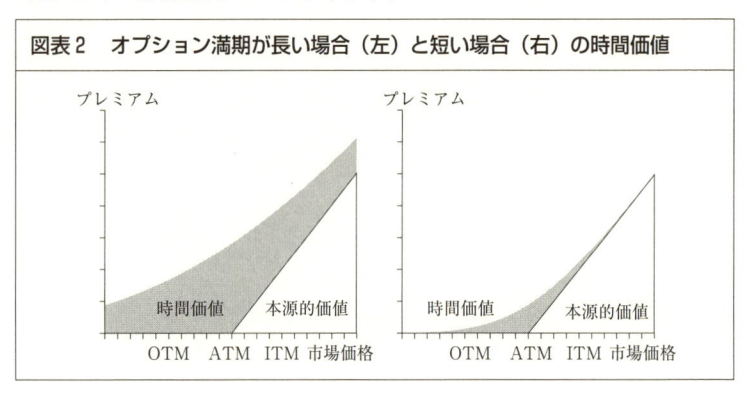

図表2　オプション満期が長い場合（左）と短い場合（右）の時間価値

ブラック・ショールズ・モデル
Black-Scholes Model

株式や為替に使われる代表的なオプション・モデル。

Step 1 ブラック・ショールズ・モデルは，フィッシャー・ブラックとマイロン・ショールズが発表したオプション・モデルです。このモデルが登場するまではオプション価格を評価する際にはさまざまなアプローチがとられていましたが，このモデルを用いるとボラティリティと株価と短期金利等から株式オプションの価格を容易に求めることができるため，実務においても広く普及しています。なお，ブラック・ショールズ・モデルが発表された1973年には，オプションが取引されるシカゴ・オプション取引所が開設されました。

このモデルの基本的な考え方は，「オプションと原資産である株式からなるリスク・フリーのポートフォリオの構築が可能としたうえで，一定の条件のもとで，微小時間のリスク・フリーのポートフォリオの収益率が無リスク金利に等しくなる」というものです。原資産である株式とオプションのポジション量を適切に組み合わせることにより，株式の損益とオプションの損益を相殺することが可能になると考えて，短期間におけるポートフォリオの価格変動をモデル化しています。

Step 2 ブラック・ショールズ・モデルでは，t時点の原資産価格S_tが次の確率微分方程式に従うと仮定します。

$$\frac{dS_t}{S_t} = \mu dt + \sigma dZ_t$$

ここで，μは原資産の期待収益率，σはボラティリティ，Z_tはウィーナー過程（ブラウン運動）を意味しています。ここでデリバティブの価格を$V = V(S_t, t)$として，原資産をデルタ（$\Delta = \partial V / \partial S_t$）単位だけ空売りした場合のポートフォリオの価格$V(S_t, t) - \Delta \cdot S_t$の変動を考えると，セルフ・

12

数理モデル

497

ファイナンシング条件という前提（「$d\Delta$」のような項が現れない）のもとで伊藤のレンマを使うことにより，

$$d[V - \Delta \cdot S_t]$$

$$= \left(\frac{\partial V}{\partial t} + \mu S_t \frac{\partial V}{\partial S_t} + \frac{1}{2} \sigma^2 S_t^2 \frac{\partial^2 V}{\partial S_t^2} - \Delta \cdot \mu S_t \right) dt + \left(\sigma S_t \frac{\partial V}{\partial S_t} - \Delta \cdot \sigma S_t \right) dZ_t$$

$$= \left(\frac{\partial V}{\partial t} + \frac{1}{2} \sigma^2 S_t^2 \frac{\partial^2 V}{\partial S_t^2} \right) dt$$

のように変形できます。最後はdZ_tが消えて$V - \Delta \cdot S_t$が無リスク資産の価格のようになっているため，無リスク金利rを用いて，

$$r \left[V(S_t, t) - S_t \frac{\partial V(S_t, t)}{\partial S_t} \right] = \frac{\partial V(S_t, t)}{\partial t} + \frac{1}{2} \sigma^2 S_t^2 \frac{\partial^2 V(S_t, t)}{\partial S_t^2}$$

という偏微分方程式（ブラック・ショールズ方程式）が求まります。この方程式には原資産の期待収益率μが出てこないので，デリバティブ価格も原資産の期待収益率と無関係になります。現在のデリバティブの価格は，適切な境界条件のもとで，この偏微分方程式を解くことにより求められます。さらに，ファインマン・カッツの公式を用いることで，リスク中立測度における確率微分方程式

$$\frac{dS_t}{S_t} = r\,dt + \sigma\,dW_t$$

のもとで原資産価格をシミュレーションし，デリバティブから生じるキャッシュフローを無リスク金利で割り引くとデリバティブの価格に等しくなることが導かれます。特にヨーロピアン・オプションの場合には解析的な価格式を求めることが可能で，

$$C = SN(d_1) - Ke^{-rT}N(d_2), \quad P = Ke^{-rT}N(-d_2) - SN(-d_1)$$

$$d_1 = \frac{\ln(S/K) + (r + \sigma^2/2)\,T}{\sigma\sqrt{T}}, \quad d_2 = \frac{\ln(S/K) + (r - \sigma^2/2)\,T}{\sigma\sqrt{T}}$$

C：ヨーロピアン・コール・オプションの価格

P：ヨーロピアン・プット・オプションの価格

S：現時点の原資産価格　　　　K：ストライク（権利行使価格）

r：無リスク金利　　　　　　　T：満期までの期間（年）

σ：原資産の変動率（ボラティリティ）

N：標準正規分布の累積分布関数

となります。ここで，$N(d_2)$ は，コール・オプションが行使される（つまり，満期時に原資産価格が K を上回る）リスク中立確率と一致します。

　実際に，株式のヨーロピアン・コール・オプションの価格がどうなるかみてみましょう。いま，株価 S が100，オプションの期間 T が1年（$T=1$），無リスク金利 r が1％（$r=0.01$），ボラティリティ σ が20％（$\sigma=0.2$）であったとします。この前提のもとで，さまざまなストライクに対するコール・オプションの価格は下図の実線のようになります。ここから，σ を倍にした場合には下図の点線へ，満期までの期間を3カ月（$T=0.25$）とした場合は下図の破線へと変化します。

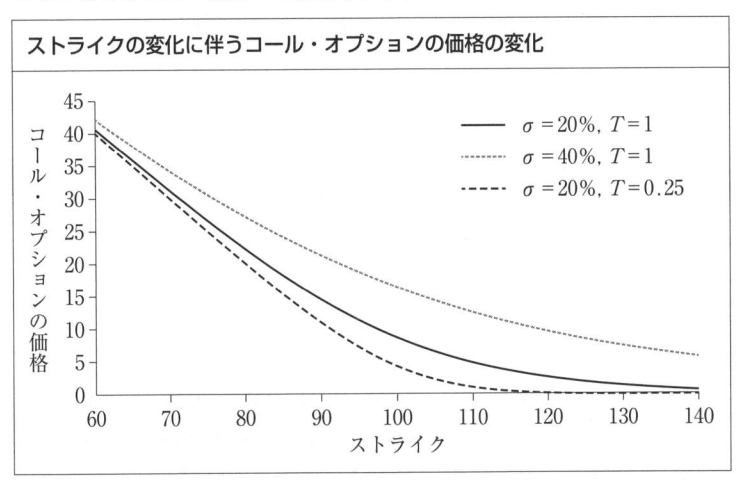

ストライクの変化に伴うコール・オプションの価格の変化

（縦軸：コール・オプションの価格　横軸：ストライク）

- $\sigma=20\%,\ T=1$
- $\sigma=40\%,\ T=1$
- $\sigma=20\%,\ T=0.25$

　なお，ブラック・ショールズ・モデルでは無リスク金利 r が一定としていました。金利が動く場合はブラック・モデルの項で別途紹介します。

12

数理モデル

プット・コール・パリティ　*Put Call Parity*

コール・オプションとプット・オプションの間に成立する裁定関係。

Step 1　プット・コール・パリティは，一定条件のもとでコール・オプションとプット・オプションのプレミアムの間に成立する裁定関係を表したものであり，以下の式で表されます。

$$C = P + S - \frac{K}{1+r}$$

ここで約定日の原資産価格をS，ストライク（権利行使価格）をK，コール・オプションのプレミアムをC，プット・オプションのプレミアムをP，借入れの利率（単利）をrとしています。また，オプションと原資産は以下の条件を満たすものです。

① 同一の原資産，同一の行使価格，同一の満期日であること

② ヨーロピアン・タイプであること

③ オプションの対象になる原資産に配当や利子収入がないこと

Step 2　プット・コール・パリティの関係を具体的な取引で考えます。借入れによって原資産を購入，同時にある権利行使価格Kのプット・オプションを購入（取引A）した場合と，同じ権利行使価格Kのコール・オプションを購入（取引B）した場合，この2つの取引は同様の経済効果が得られ，損益曲線は次頁の図のようになります。

　プット・コール・パリティの関係は，裁定取引から導出することもできますが，次のように数式で考えると応用が利きます。満期日において，原資産の価格にかかわらず約定日のAとBのキャッシュフローは一致します。

$$\mathrm{Max}(x, 0) = \mathrm{Max}(0 + x, -x + x) = \mathrm{Max}(0, -x) + x$$

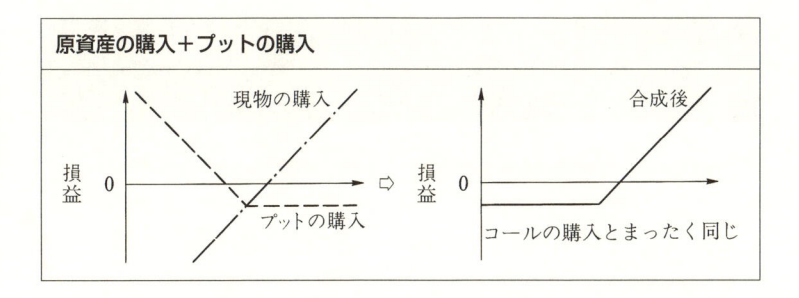

原資産の購入＋プットの購入

現物の購入

損益　0

プットの購入

⇨

合成後

損益　0

コールの購入とまったく同じ

という基礎的な数式から，満期日におけるAとBのキャッシュフローが等しいことを示す等式

$$\mathrm{Max}(S(T) - K, 0) = \mathrm{Max}(0, K - S(T)) + S(T) - K$$

が成り立ちます。両辺の期待値を時点 t の現在価値に割り引くことで，

$$C = P + S(t) - \frac{K}{1 + r}$$

が導けます。

Step 3　プット・コール・パリティの式から，線形の部分を除けば，コール・オプションを買うこととプット・オプションを買うことは基本的に同じであることがわかります。リスク・コントロールの実務において，コールもプットも等しくガンマやベガをプラスに変化させるものとして扱われます。原資産価格よりも権利行使価格が高いオプションを買う必要があるときには，通常，プレミアムや証拠金の金額が小さくてすむコール・オプションが選ばれますが，その後のヘッジ・オペレーションにおいてコールとプットを区別する必要性は薄いです。

12

数理モデル

インタレスト・レート・パリティ（金利平価）
Interest Rate Parity

為替レートが２国間の金利によって決定するという説。

Step 1　インタレスト・レート・パリティ（金利平価）は，為替レートが２国間の金利によって決定するという説であり，各通貨建て資産の期待利益率（金利）が等しく（平価に）なるように為替レートが決まるという為替レート決定モデルの１つです。金利平価には，カバーなし金利平価とカバー付金利平価の２種類がありますが，市場で成立しているのはカバー付金利平価といわれています。なお，カバーとは現時点で外国通貨を自国通貨にする為替フォワードにより為替リスクを取り除くことを指しています。

Step 2　たとえば，残存期間１年の円金利が１％，残存期間１年のドル金利が５％であり，USD/JPYのスポット・レートが100円であるとします。ここで各通貨によって100億円を運用することを考えると，①円金利で１年間運用すると101億円，②100億円で１億ドルを購入してドル金利で１年間運用すると1.05億ドル，となります。カバー付金利平価が成り立つとすると，１年後のドルと円の交換によって①と②が等しくなるはずなので，１年後の為替予約取引のレート（為替フォワード・レート）は１ドル96.19円（＝101÷1.05）となります。

　現実の市場において，金利として無リスク金利を使った場合にカバー付金利平価が示唆する為替フォワード・レートは，実際の数値と必ずしも一致しません。この理論と現実の差を一般に通貨ベーシスといいます。通貨ベーシスは，経済活動が無リスク金利での運用で完結せず，それぞれの通貨でリスクのある運用や資金調達が行われるため，将来における通貨の需要と供給が偏ることなどによって生じると考えられます。

ブラック・モデル　*Black Model*

金利デリバティブなどに使われる代表的なオプション・モデル。

Step 1　　ブラック・ショールズ・モデルは金利 r が動かない前提のモデルでした。金利デリバティブを評価するには，より一般的なかたちであるブラック・モデル（ブラック76モデルとも呼ばれます）が使われます。

　ブラック・ショールズ・モデルにおいて，時点 t における原資産価格 $S(t)$ にかえて時点 t における満期 T の先渡価格 $F(t, T) := S(t) e^{r(T-t)}$ を使うと，リスク中立測度における確率微分方程式は，

$$\frac{dS(t)}{S(t)} = r\,dt + \sigma\,dW(t) \quad \Rightarrow \quad \frac{dF(t, T)}{F(t, T)} = \sigma\,dW(t)$$

のように r を含まないかたちに書き直すことができます。このように金利 r が現れない右のかたちが，ブラック・モデルの確率微分方程式です。

　たとえば，満期 T のペイオフが，

$$[\delta\{F(T, T) - K\}]^{+}, \quad \delta = \pm 1$$

で与えられるオプション（$\delta = +1$ がコール・オプション，$\delta = -1$ がプット・オプションに対応）の価格は，満期 T で単位金額を受け取る割引債の時点 t における価格 $P(t, T)$ を使って，

$$V(t) = P(t, T)\left[\delta \cdot F(t, T) N(\delta \cdot d_1) - \delta \cdot K N(\delta \cdot d_2)\right]$$

$$d_1 := \frac{\ln\left(\dfrac{F(t, T)}{K}\right) + \dfrac{\sigma^2}{2}(T-t)}{\sigma\sqrt{T-t}}$$

$$d_2 := \frac{\ln\left(\dfrac{F(t, T)}{K}\right) - \dfrac{\sigma^2}{2}(T-t)}{\sigma\sqrt{T-t}} = d_1 - \sigma\sqrt{T-t}$$

12

数理モデル

のようになります。これがブラック・モデルのオプションの評価式です。
ここで，$[x]^+$はMax$(x, 0)$と同じものを示す記法です。

　たとえば，キャップの場合には，$F(t, T)$としてインプライド・フォワード・レートを考えることで，キャップ・ボラティリティとキャップ価格の関係が導かれます。

Step 2　　金利デリバティブのなかで最も流動性の高いオーバーナイト・インデックス・スワップションの場合を詳しくみてみます。スワップションの権利行使日をT_i，権利行使時に開始するスワップの満期日をT_jとし，権利行使時に開始するスワップの利払日（通常，1年おきです）が$T_{i+1}, T_{i+2}, \cdots, T_{j-1}, T_j$になるとします。現時点$t$におけるOISのイールド・カーブから求まる割引債価格$P(t, T)$から，インプライド・フォワード・OISレート$OIS(t, T_i, T_j)$を次のように求めることができます。

$$P(t, T_i) = OIS(t, T_i, T_j) \sum_{k=i+1}^{j} \tau_{k-1, k} P(t, T_k) + P(t, T_j)$$

$$\Rightarrow \ OIS(t, T_i, T_j) = \frac{P(t, T_i) - P(t, T_j)}{\displaystyle\sum_{k=i+1}^{j} \tau_{k-1, k} P(t, T_k)}$$

ここで$\tau_{k-1, k}$はT_{k-1}とT_kの差をデイ・カウント・フラクションで換算した係数で，OISの利払いが年1回であれば$\tau_{k-1, k}$は1に近い値になります。

　いま，ストライクがKのペイヤーズ・スワップション取引を考えます。スワップションの買い手は，権利行使日T_iに権利行使することで固定金利Kを支払うOIS取引を取り組むことになります。権利行使と同時に，その時点における市場レート$OIS(T_i, T_i, T_j)$の固定金利を受け取るOISスワップ取引を行うと，$OIS(T_i, T_i, T_j) - K$の固定金利を利払い日$T_{i+1}, T_{i+2}, \cdots, T_{j-1}, T_j$に受け取るキャッシュフローが残されます。$OIS(T_i, T_i, T_j) - K$がプラスになる場合のみ，スワップションの買い手は権利行使を行います。

これらをふまえると，ペイヤーズ・スワップションの価値は以下のように表せることがわかります。

Payers' PV

$$= P(t, T_i)\, \mathbb{E}^{T_i}\!\left[\frac{1}{P(T_i, T_i)}\left\{\sum_{k=i+1}^{j}\tau_{k-1,k}\,P(T_i, T_k)\left[OIS(T_i, T_i, T_j) - K\right]^+\right\}\right]$$

$$= \left\{\sum_{k=i+1}^{j}\tau_{k-1,k}\,P(t, T_k)\right\}\mathbb{E}^{A_{i,j}}\!\left[\frac{\left\{\sum_{k=i+1}^{j}\tau_{k-1,k}\,P(T_i, T_k)\left[OIS(T_i, T_i, T_j) - K\right]^+\right\}}{\sum_{k=i+1}^{j}\tau_{k-1,k}\,P(T_i, T_k)}\right]$$

$$= \left\{\sum_{k=i+1}^{j}\tau_{k-1,k}\,P(t, T_k)\right\}\mathbb{E}^{A_{i,j}}\!\left[\left[OIS(T_i, T_i, T_j) - K\right]^+\right]$$

ここで，１行目から２行目の式へは測度変換という技術を使っており，期待値をとる測度（$\mathbb{E}$の右肩にある記号）が変わっています。新しい測度では，

$$\frac{d\,OIS(t, T_i, T_j)}{OIS(t, T_i, T_j)} = \sigma\,dW^{A_{i,j}}(t)$$

となるようになっており，$F(t, T) = OIS(t, T, T_j)$とすれば前述のブラック・モデルのオプションの式をそのまま当てはめることができます。

結果を書くと，スワップション（$\delta = +1$がペイヤーズ・スワップション，$\delta = -1$がレシーバーズ・スワップションに対応します）の価格は，

$$V(t) = \left\{\sum_{k=i+1}^{j}\tau_{k-1,k}\,P(t, T_k)\right\}\left[\delta \cdot OIS(t, T_i, T_j)\,N(\delta \cdot d_1) - \delta \cdot K\,N(\delta \cdot d_2)\right]$$

$$d_1 = \frac{\ln\!\left(\dfrac{OIS(t, T_i, T_j)}{K}\right) + \dfrac{\sigma^2}{2}(T_i - t)}{\sigma\sqrt{T_i - t}},$$

$$d_2 = \frac{\ln\!\left(\dfrac{OIS(t, T_i, T_j)}{K}\right) - \dfrac{\sigma^2}{2}(T_i - t)}{\sigma\sqrt{T_i - t}} = d_1 - \sigma\sqrt{T_i - t}$$

12

数理モデル

となります。これがブラック・モデルでのスワップションの評価式です。実務ではこの評価式を使って，スワップションの市場価格（プレミアム）からインプライド・ボラティリティ（σ）が計算されます。

Step 3 オプション・モデルにおいて測度やマルチンゲール性が果たす役割について理解を深めるため，上で説明したスワップションの評価式導出を別の角度でみてみます。まず$A_{i,j}$（annuity factorと呼ばれます）を，

$$A_{i,j}(t) := \sum_{k=i+1}^{j} \tau_{k-1,k} P(t, T_k)$$

と定義すると，スワップションの価値を表す式は，

$$\mathrm{PV} = (...)\,\mathbb{E}\left[A_{i,j}(T_i)\left[OIS(T_i, T_i, T_j) - K\right]^+\right]$$

のように書けます。どのオプション・モデルでも，この期待値の中身が確率的に変動しますが，期待値を計算するのに適した測度やモデルを選ぶと便利です。いま，$A_{i,j}$を基準財（ニューメレール）とする測度を導入すると，市場で取引可能な商品の価格を基準財で割ったものはマルチンゲール（期待値が一定）になる（マルチンゲールの項を参照）ことから，

$$OIS(t, T_i, T_j) = \frac{P(t, T_i) - P(t, T_j)}{\displaystyle\sum_{k=i+1}^{j} \tau_{k-1,k} P(t, T_k)}$$

もまたマルチンゲールとなり，$OIS(t, T_i, T_j)$の変動を表す確率微分方程式として，ドリフト項（dt の項）がないものを選ぶことができますので，

$$\frac{d\,OIS(t, T_i, T_j)}{OIS(t, T_i, T_j)} = \sigma_B\, dW^{A_{i,j}}(t)$$

あるいは，

$$d\,OIS(t, T_i, T_j) = \sigma_N\, dW^{A_{i,j}}(t)$$

のように仮定することができます。前者がブラック・モデルで，後者が次に紹介するノーマル・モデルに該当します。このようなモデルでは，$OIS(t, T_i, T_j)$の $t = T_i$における分布が対数正規分布あるいは正規分布という

単純な分布で書けるうえに，$A_{i,j}$を基準財とした場合のPVの式，

$$PV = A_{i,j}(t)\,\mathbb{E}^{A_{i,j}}\left[\frac{A_{i,j}(T_i)\,[OIS(T_i, T_i, T_j) - K]^+}{A_{i,j}(T_i)}\right]$$

の期待値のなかでは分母と分子の$A_{i,j}(T_i)$が打ち消し合って簡単なかたちになるため，スワップションの評価式をシミュレーションに頼らない解析的な式で表すことができます。

このように，あるデリバティブの価格$V(t)$に対してキャリブレーションするオプション・モデルを考える場合には，

$$V(t) = N(t)\,\mathbb{E}^{N}\left[\frac{V(T)}{N(T)}\right]$$

の期待値の中身が容易に計算できるような基準財（ニューメレール）$N(t)$を選ぶことによって，$V(t)$の計算が容易になります。なお$V(T)$はオプション満期時のデリバティブ価格ですが，これはオプション満期におけるペイオフと一致します。

12

数理モデル

ノーマル・モデル *Normal Model*

**金利デリバティブなど負の値をとりうる商品に対応した代表的な
オプション・モデル。**

Step 1　　金融危機（2007年〜2008年）以前，低金利キャップ・フロアやスワップションのような金利デリバティブのオプション価格を評価する際には，ブラック・モデルによるインプライド・ボラティリティ（ブラック・ボラティリティ）が使われていました。金融危機後，マイナス金利政策などで金利がマイナスになることが珍しくなくなると，原資産価格が負になることを想定していないブラック・モデルにかわって，原資産価格が負になることを許容するノーマル・モデルと，それに基づいたインプライド・ボラティリティ（ノーマル・ボラティリティ）が主流になっていきました。ノーマルという言葉は，正規分布（ノーマル・ディストリビューション）に由来しています。

　ノーマル・モデルにおいては，原資産の先渡価格$F(t, T)$のリスク中立測度における確率微分方程式が以下のように与えられます。

　　ノーマル・モデル：　　　　$dF(t, T) = \sigma_N \, dW(t)$

　　ブラック・モデル（参考）：$dF(t, T) = \sigma_B \, F(t, T) \, dW(t)$

　ノーマル・モデルにおける原資産価格の動きは，ルイ・バシュリエが1900年にブラウン運動を使って株式オプションの価格を求めた際のモデルと，基本的には同じものです。そのため，オプション・モデルの先駆者であるバシュリエへの敬意を込めて，ノーマル・モデルをバシュリエ・モデルと呼ぶこともあります。一方，ノーマル・モデルはブラックらが発展させた無裁定理論に基づいて導かれたものですので，その歴史的経緯を意識してノーマル・ブラック・モデルと呼ぶ人もいます。

Step 2 ノーマル・モデルの場合のオプション価格も，ブラック・（ショールズ・）モデルと同様に解析的な評価式で表すことができます。オプションの権利行使日を T，原資産の先渡価格を $F(t, T)$，ストライク（権利行使価格）を K とすると，満期のペイオフは，

$$[\delta \{F(T, T) - K\}]^{+}, \quad \delta = \pm 1$$

で与えられます（$\delta = +1$ がコール・オプション，$\delta = -1$ がプット・オプションに対応します）。このオプションの価格は，満期 T で単位金額を受け取る割引債の時点 t における価格 $P(t, T)$ を使って，

$$V(t) = P(t, T) \sigma_N \sqrt{T - t} \left[\delta \cdot d \cdot N(\delta \cdot d) + \varphi (\delta \cdot d) \right]$$

$$d := \frac{F(t, T) - K}{\sigma_N \sqrt{T - t}}$$

となります。ここで，$N(x)$ は標準正規分布の累積分布関数，$\varphi(x)$ は標準正規分布の確率密度関数です。

Step 3 オーバーナイト・インデックス・スワップションの評価式については，ブラック・モデルと同じ記号を使って

$$V(t) = \left\{ \sum_{k=i+1}^{j} \tau_{k-1, k} P(t, T_k) \right\} \sigma_N \sqrt{T_i - t} \left[\delta \cdot d \cdot N(\delta \cdot d) + \varphi (\delta \cdot d) \right]$$

$$d = \frac{OIS(t, T_i, T_j) - K}{\sigma_N \sqrt{T_i - t}}$$

となります（$\delta = +1$ がペイヤーズ・スワップション，$\delta = -1$ がレシーバーズ・スワップションに対応します）。ブラック・モデルの説明で触れたとおり，$A_{i, j}$（annuity factor）を基準財（ニューメレール）とする測度 $A_{i, j}$ における，

$$d\, OIS(t, T_i, T_j) = \sigma_N\, dW^{A_{i, j}}(t)$$

という確率微分方程式から上の評価式が導かれます。

ターム・ストラクチャー・モデル
Term Structure Model

イールド・カーブの変動を確率過程でモデル化したもの。

Step 1　ターム・ストラクチャー・モデルとはイールド・カーブ全体の変動を表現したモデルの総称です。ブラック・モデルやノーマル・モデルが特定の満期日やストライク（権利行使レート）のキャップやスワップションの評価に用いられるのに対し，ターム・ストラクチャー・モデルは，複数のキャップやスワップションの価格から，より複雑なデリバティブの理論価格を計算するために用いられます。

Step 2　これまで多くの金利のターム・ストラクチャー・モデルが生み出されており，各モデルの特徴を表すために以下のような分類が用いられることがあります。モデルの理解を深める参考にもなるため，いくつかの有名なモデルの例とともにここに記載します。

(1) パラメータ推計方法に基づく分類

① 均衡モデル（equilibrium model）

金利スワップやスワップションなどの現在の市場価格との整合性を保つことよりも，市場価格の現実の動きを再現することを重視したモデルをこう呼ぶことがあります。均衡モデルでは，統計や経済学に基づく推計がモデルのパラメータに反映されます。市場価格との整合性が保証されないという問題点がありますが，市場価格の一時的な変動やゆがみなどにモデルの結果が大きく左右されないという利点があります。

② 無裁定モデル（no-arbitrage model）

金利スワップやスワップションなどの現在の市場価格と整合的であることを重視したモデルをこう呼ぶことがあります。均衡モデルに比べると現実の市場価格の予測には適していませんが，現在の市場価格との整合性が保証されます。モデルのパラメータが市場価格の一時的な変動やゆがみに

左右され，モデルの描くイールド・カーブの動きが現実のイールド・カーブの動きと大きく乖離するといった問題点があります。

(2) モデル化する原資産に基づく分類

① ショート・レート・モデル（short-rate model）

時点 t における連続複利の利子率 $r(t)$（ショート・レート）の動きを確率微分方程式でモデル化したモデルです。

【代表的なショート・レート・モデルの例】

A） バシチェック（Vasicek）・モデル（1977）（※別項で詳説）

$r(t)$ の確率微分方程式が，平均回帰性（mean reversion）をもつ，

$$dr(t) = k(\theta - r(t))dt + \sigma\,dW(t)$$

で与えられるモデルです。均衡モデルに分類されます。

B） CIR（Cox-Ingersoll-Ross）モデル（1985）（※別項で詳説）

$r(t)$ の確率微分方程式が次式で与えられる均衡モデルです。

$$dr(t) = k(\theta - r(t))dt + \sigma\sqrt{r(t)}\,dW(t)$$

$r(t)$ は常に正の値となります。

C） Ho-Leeモデル（1986）

ショート・レート $r(t)$ の確率微分方程式が，

$$dr(t) = \theta(t)dt + \sigma\,dW(t)$$

で与えられるモデルで，θ に期間構造をもたせ現時点のイールド・カーブを再現することを目指した無裁定モデルの先駆けです。

D） Black-Derman-Toyモデル（1990）

もともとは離散型のモデルですが，連続時間の場合は確率微分方程式，

$$d\ln(r(t)) = \left[\theta(t) + \frac{\sigma'(t)}{\sigma(t)}\ln(r(t))\right]dt + \sigma(t)\,dW(t)$$

で表されます。ボラティリティ σ にも期間構造をもたせたモデルで，$-\sigma'(t)/\sigma(t)$ は平均回帰の速度とみなすことができます。

E） ハル・ホワイト（Hull-White）・モデル（1990）（※別項で詳説）

$r(t)$ の確率微分方程式が，

$$dr(t) = k(t)\,(\theta(t) - r(t))\,dt + \sigma(t)\,dW(t)$$

で与えられるモデルです。バシチェック・モデルのパラメータ $(k \cdot \theta \cdot \sigma)$ に期間構造をもたせることでイールド・カーブを精緻に再現できるモデルで、代表的な無裁定モデルです。

F) Black-Karasinskiモデル（1991）

$r(t)$ の確率微分方程式が、

$$d\ln(r(t)) = [\theta(t) - a(t)\ln(r(t))]\,dt + \sigma(t)\,dW(t)$$

で与えられるモデルで、ハル・ホワイト・モデルに従うショート・レート $x(t)$ を用いて $r(t) = e^{x(t)}$ のように書け、$r(t)$ の分布は対数正規分布で、$r(t)$ は常に正となります。Black-Derman-Toyモデルのうち性質のよいものを、より一般的なかたちで書き直したモデルです。

G) G++モデルもしくはLinear Gaussianモデル

$r(t)$ を、正規分布（Gauss分布）をとるバシチェック・モデル型の確率微分方程式に従う $x(t)$ と、現在のイールド・カーブを再現するために導入された確率に依存しない $\varphi(t)$ の和としたモデルがG++モデルで、計算のわかりやすさが特徴です。ファクター（確率的に変動する成分）を2個にしたモデル（G2++）の確率微分方程式は、

$$r(t) = x_1(t) + x_2(t) + \varphi(t)$$

$$dx_i(t) = -k_i x_i(t)\,dt + \sigma_i(t)\,dW_i(t)\ (i = 1, 2), \quad dW_1\,dW_2 = \rho\,dt$$

となり、これは2ファクターのハル・ホワイト・モデルと等価です。

H) Quadratic Gaussianモデル

G++の $r(t)$ が $x(t)$ の1次式であったのに対して、これを2次式にしたモデルがQuadratic Gaussianモデルです。

$$r(t) = a \cdot x(t)^2 + b \cdot x(t) + \varphi(t)$$

$$dx(t) = -k\,x(t)\,dt + \sigma(t)\,dW(t)$$

パラメータが増えても、アフィン・モデルでありディスカウント・ファクターの計算が比較的容易という性質が維持されています。

I) CIR++モデル

$r(t)$をCIRモデルに従う$x(t)$と確率に依存しない$\varphi(t)$の和として表したモデルで，確率微分方程式は，

$$r(t) = x(t) + \varphi(t)$$
$$dx(t) = k(\theta - x(t))dt + \sigma\sqrt{x(t)}\,dW(t)$$

で与えられます。Longstaff-Schwartzモデル（1992）は，このモデルの確率変数を2個としたCIR2++の特殊な例に当たります。

J）　quasi-Gaussianモデル（※別項で詳説）

Jamshidian（1991）やCheyette（1991）の研究で発展したモデルで，Cheyetteモデルとも呼ばれます。後述のHJMモデルにおいて，計算に便利なマルコフ性と呼ばれる性質を維持したモデルになっています。複雑なボラティリティのモデルと組み合わせることが可能です。

② フォワード・レート・モデル

ショート・レートのかわりに瞬間的あるいは離散的なフォワード・レートをモデル化したものです。

【代表的なフォワード・レート・モデルの例】

A）　HJM（Heath-Jarrow-Morton）モデル（1992）（※別項で詳説）

イールド・カーブが無裁定条件を満たしながら複数のウィーナー過程（ブラウン運動）によって動かされると仮定したモデルです。実際にはこのモデルから派生した個々のモデルが使われますので，モデルというよりもモデルを構築する際のアプローチであるとして「HJMフレームワーク」と呼ばれることもあります。

B）　LIBORマーケット・モデル（1997）（※別項で詳説）

しばしばLMMと略されます。BGM（Brace-Gatarek-Musiela）モデルとも呼ばれます。連なったLIBORフォワード・レートが変動することでイールド・カーブが動くモデルです。

C）　ストリング・モデル

Longstaff, Santa-Clara & Schwartz（1999）などの研究で発展したモデルで，離散的なフォワード・レートが一定の相関関係のもとで変動しま

12

数理モデル

513

す。パラメータの数を制限したLMMと似た構造をしており，最小二乗モンテカルロ法が紹介された論文Longstaff & Schwartz（2001）で使われたことで有名です。

③　マルコフ汎関数（Markov-functional）モデル（※別項で詳説）

計算に便利なマルコフ性と呼ばれる性質を維持することを重視して，ショート・レート・モデルを拡張したものです。

【代表的なマルコフ汎関数モデルの例】

A）　LGM（Linear Gauss Markov）モデル（※別項で詳説）

ハル・ホワイト・モデルを実務的に扱いやすいかたちに書き直したモデルです。Linear Gaussianモデル（G＋＋モデル）のことをLGMと略している文献もあるので注意が必要です。

（注）　ターム・ストラクチャー・モデルに関してはさまざまな観点からの分類が可能で，ここで紹介したものはその一例です。

Step 3　ターム・ストラクチャー・モデルにおいては，確率的に変動するファクターの数を増やすことによって複雑なイールド・カーブの変化をモデル化できるようになります。しかし，モデルを複雑にすると，理論価格やグリークスの計算結果が不安定になったり，ヘッジ行動が非効率になったりするような副作用が生じることもあります。そのため，安易にモデルを複雑にするのではなく，モデルの用途に応じてどのように高度化すべきかを検討することが必要になります。

たとえば，現実のイールド・カーブの動きを表すファクターは3個（水準・傾き・曲率）以上必要だともいわれますが，デリバティブの理論価格を求める用途に関しては，ターム・ストラクチャー・モデルのファクターの数は1個か2個程度に抑えておき，かわりに高度なボラティリティのモデルと組み合わせてボラティリティ・スマイルの現在の形状や現実の変動を捕捉することを優先することも選択肢の1つです。

バシチェック・モデル　*Vasicek Model*

平均回帰性をもったショート・レート・モデル。

Step 1　バシチェック・モデルとは金利の平均回帰性を取り入れたショート・レート・モデルの一種であり，確率過程を利用した金利モデルの最初期のものです。

バシチェック・モデルでは，ショート・レート$r(t)$の（リスク中立測度における）確率微分方程式が下式で与えられます。

$$dr(t) = k(\theta - r(t))dt + \sigma\,dW(t)$$

$r(t)$が回帰水準θを上回っていた場合dtの項の係数がマイナスになるため，$r(t)$がθへと戻っていく力が働きます。また，$r(t)$の分布は正規分布となり，$r(t)$は負の値にもなります。パラメータの数が少なく現時点のイールド・カーブを完全には再現できないため，均衡モデルに位置づけられます。このバシチェック・モデルを拡張して無裁定モデルにしたものがハル・ホワイト・モデルです。

Step 2　バシチェック・モデルや次項で説明するCIRモデルは，時点tにおける満期Tの割引債価格$P(t, T)$が，

$$P(t, T) = A(t, T)e^{-B(t, T)r(t)}$$

のようなかたちとなり，時点tにおけるスポット・レート（$= -\ln(P(t, T))/(T-t)$）をショート・レート$r(t)$の1次関数として表すことができます。このような性質をもつモデルはアフィン・モデルと呼ばれ，その計算の簡便さから金利期間構造の研究に用いられてきました。アフィン・モデルにおける$A(t, T)$や$B(t, T)$は，$P(t, T) = \mathbb{E}\left[e^{-\int_t^T r(s)ds}\right]$を直接計算して求めることもありますが，Riccatiの常微分方程式と呼ばれる漸化式を導いてそれを数値的に解くことによって得ることも多いです。

CIRモデル　*Cox-Ingersoll-Ross Model*

**ショート・レートがマイナス値になることがない，平均回帰性を
もつショート・レート・モデル。**

Step 1　CIRモデル（コックス・インガソル・ロス・モデル）は，
ショート・レート$r(t)$の確率微分方程式が，

$$dr(t) = k(\theta - r(t))dt + \sigma\sqrt{r(t)}\,dW(t)$$

で与えられるモデルです。

　バシチェック・モデルと異なり，確率で変動する項の大きさが$\sqrt{r(t)}$に
比例しているため，$r(t)$がゼロに近づくとボラティリティが小さくなり，
その一方で平均水準（θ）へ回帰する力が働くため，$r(t)$は常に正の値と
なります。$r(t)$の分布は非心カイ二乗分布と呼ばれる分布となります。

Step 2　CIRモデルもバシチェック・モデルと同様，パラメータ
の数が少なく現時点のイールド・カーブを完全には再現
できないため，均衡モデルに位置づけられます。また，アフィン・モデル
の性質も有しています。

　CIRモデルを現時点のイールド・カーブと整合的になるように拡張した
CIＲ＋＋モデルや，さらにポワソン過程（ジャンプ）の要素を取り入れた
モデルは，クレジット・デフォルト・スワップの動きを記述するモデル
（誘導型モデル）の代表例です。

ハル・ホワイト・モデル　*Hull-White Model*

現在のイールド・カーブやスワップションの市場価格にキャリブレーションが可能なショート・レート・モデル。

Step 1　ハル・ホワイト・モデルの確率微分方程式は，バシチェック・モデルのパラメータ（$k \cdot \theta \cdot \sigma$）に期間構造をもたせた，

$$dr(t) = k(t)\,(\theta(t) - r(t))\,dt + \sigma(t)\,dW(t)$$

として表現されます。ショート・レート・モデルですが，ショート・レートと共通の $W(t)$ によってイールド・カーブ全体が変動することになるため，実際に使用するにあたって必ずしもショート・レートを意識する必要はありません。金利がマイナスになることもありますが，マイナス金利を経験した現在ではその点はむしろ望ましい性質であるとも考えられます。

Step 2　ハル・ホワイト・モデルは無裁定モデルであり，現在のイールド・カーブやスワップションの市場価格と整合的になるようにパラメータを調整（キャリブレーション）することが可能です。大まかなイメージとしては，$\sigma(t)$ の自由度は複数のスワップションの市場価格を反映するために，$\theta(t)$ の自由度は現在のイールド・カーブを再現するために，$k(t)$ の自由度は $\sigma(t)$ を決めたものとは別のスワップションあるいはバミューダン・スワップションの市場価格を反映するために使われます。

　しかし，ハル・ホワイト・モデルのオリジナルのかたちでは割引債価格の式が複雑になり，このキャリブレーションの計算がかなり煩雑になってしまいます。そのため，実務においてはハル・ホワイト・モデルと等価な別のモデル（G++モデルやLGMモデル）が使われることも多いです。

12

数理モデル

HJMモデル　*Heath-Jarrow-Morton Model*

無裁定条件を満たしながらイールド・カーブが動くモデル。

Step 1　Heath, Jarrow and Morton（1992）による，瞬間的フォワード・レートが確率的に変動するモデルです。ショート・レート・モデルではショート・レート$r(t)$の確率微分方程式から出発して割引債価格とイールド・カーブを導きましたが，このモデルでは逆に，イールド・カーブが無裁定条件を満たしながら動くところから出発します。

　オリジナルのHJMモデルは計算が複雑になるという問題があるため，実際にはこのモデルになんらかの条件を課して扱いやすくしたモデルが使われます。そのため，モデルというよりもモデルを構築する際のアプローチであるとして「HJMフレームワーク」と呼ばれることもあります。

Step 2　満期Tで単位金額を受け取る割引債の時点tにおける価格を$P(t, T)$とします。時点tで観測されるイールド・カーブから十分に滑らかな$P(t, T)$が求まれば，瞬間的フォワード・レート$f(t, T)$を，

$$P(t, T) = e^{-\int_t^T f(t,s)ds}$$

という関係式を使って定義できます。無数の$f(t, s)$が有限次元のウィーナー過程$W(t)$によって動く，

$$df(t, s) = \alpha(t, s)dt + \sigma(t, s)dW(t)$$

というかたちを仮定します。すべての割引債は瞬間的なリスク中立金利すなわちショート・レート（$r(t) = f(t, t)$）で付利されるため，

$$\frac{dP(t, T)}{P(t, T)} = r(t)dt + V(t, T)dW(t)$$

のように書けるので，伊藤のレンマから，

$$d[\ln(P(t,\ T))] = \left\{ r(t) - \frac{1}{2} V(t,\ T)\ V(t,\ T)^{\mathrm{T}} \right\} dt + V(t,\ T)\ dW(t)$$

となります。この左辺は $f(t,\ s)$ の確率微分方程式を使って,

$$d\left[-\int_t^T f(t,\ s)\ ds \right] = f(t,\ t)\ dt - \int_t^T [\alpha(t,\ s)\ dt + \sigma(t,\ s)\ dW(t)]\ ds$$

のように書けるので,両辺を比べて,

$$\frac{1}{2} V(t,\ T)\ V(t,\ T)^{\mathrm{T}} = \int_t^T \alpha(t,\ s)\ ds, \quad V(t,\ T) = -\int_t^T \sigma(t,\ s)\ ds$$

となり,ここから V を消去して,

$$\int_t^T \alpha(t,\ s)\ ds = \frac{1}{2} \left(\int_t^T \sigma(t,\ s)\ ds \right) \left(\int_t^T \sigma(t,\ s)\ ds \right)^{\mathrm{T}}$$

が得られます。そして両辺を T で微分することで,

$$\alpha(t,\ T) = \sigma(t,\ T) \left(\int_t^T \sigma(t,\ s)\ ds \right)^{\mathrm{T}}$$

という関係が成立することがわかります。これらをまとめると,

$$df(t,\ T) = \sigma(t,\ T) \left(\int_t^T \sigma(t,\ s)\ ds \right)^{\mathrm{T}} dt + \sigma(t,\ T)\ dW(t)$$

$$f(t,\ T) = f(0,\ T) + \int_0^t \left[\sigma(u,\ T)\ (\int_u^T \sigma(u,\ s)\ ds)^{\mathrm{T}} \right] du + \int_0^t \sigma(u,\ T)\ dW(u)$$

$$r(t) = f(t,\ t) = f(0,\ t) + \int_0^t \left[\sigma(u,\ t)\ (\int_u^t \sigma(u,\ s)\ ds)^{\mathrm{T}} \right] du + \int_0^t \sigma(u,\ t)\ dW(u)$$

という結果が導かれます。

Step 3 この式を見ると,時点 t から将来に向けたショート・レートの変動が,過去のボラティリティの積分に左右されることがわかります。このように,将来の変動が過去の履歴に依存することを非マルコフ性といい,モデルを利用する際に問題となります。ただし,$\sigma(u,\ t)$ が u の関数と t の関数の積で表される場合,つまり $\sigma(u,\ t) = \xi(u)\psi(t)$ と書ける場合には,マルコフ性が成り立ち,扱いやすくなります。

12

数理モデル

たとえば，

$$\sigma(u, t) = \sigma(u) e^{\int_0^u k(s)\,ds} \cdot e^{-\int_0^t k(s)\,ds}$$

とすることで，ハル・ホワイト・モデルと同じモデルが導かれます。このことは，ハル・ホワイト・モデルの確率微分方程式，

$$dr(u) = k(u)(\theta(u) - r(u))\,du + \sigma(u)\,dW(u)$$

から出発して，平均回帰項を消すテクニックを用いて書き直したかたち，

$$d\left[e^{\int_0^u k(s)\,ds} r(u)\right] = e^{\int_0^u k(s)\,ds} k(u)\theta(u)\,du + e^{\int_0^u k(s)\,ds} \sigma(u)\,dW(u)$$

を積分することにより得られる，

$$e^{\int_0^t k(s)\,ds} r(t) - r(0) = [\cdots]\,dt + \int_0^t e^{\int_0^u k(s)\,ds} \sigma(u)\,dW(u)$$

を，Step 2 最後の数式（$r(t) = \cdots$）と比較することで確認できます。

LIBORマーケット・モデル　*LIBOR Market Model*

フォワード・レートを直接変動させるターム・ストラクチャー・モデル。

Step 1　Brace, Gatarek and Musiela（1997），Jamshidian（1997），Miltersen, Sandmann and Sondermann（1997）らにより発展してきたLIBORマーケット・モデル（以下，LMM。最初の開発者3名の頭文字からBGMモデルとも呼ばれます）は，以下のような特徴をもち，盛んに研究されてきたターム・ストラクチャー・モデルです。

① LMMは市場で観測可能な（たとえば6カ月刻みの）離散的フォワード・レートをモデル化の対象とするため，直感的にわかりやすいという利点があります。これは（ショート・レート・モデルの）ショート・レートや（HJMモデルの）瞬間的フォワード・レートが直接観測できないことと対照的です。なお過去にはフォワードLIBORが主要な離散的フォワード・レートであったためモデル名にLIBORと入っていますが，リスクフリーレートに対しても利用可能です。

② フォワード・レートが対数正規（log-normal）型の変動をするLMMでは，キャップ（厳密にはキャップに含まれるキャップレット）の価格式がブラック・モデルと似たかたちで与えられます。スワップションについても，近似を用いることで同様の結果が得られます。これにより，ブラック・モデルのインプライド・ボラティリティを，そのままモデルのパラメータ推計（キャリブレーション）に使うことができます。

③ イールド・カーブやボラティリティ・スマイルの動きを表現するため，相関係数やボラティリティのモデルを組み合わせることが可能です。しかしモデルに現れる状態変数（ある時点の市場の状況を表現する変数）や推計すべきパラメータの数が多くなります。これに対処するた

12

数理モデル

め，過去データの主成分分析（PCA）などが用いられます。

④　フォワード・レートの変動が過去の状態に依存するため，たとえ確率的に変動するファクター（$W(t)$）の数が1個であったとしても，格子（ラティス）法において再結合（recombine）させることができません。そのため，複雑な金利デリバティブの評価には基本的にモンテカルロ法が用いられ，バミューダン・オプションを含む取引の評価には最小二乗モンテカルロ法等が必要となります。その結果，計算負荷が大きくなります。

このように，LMMは多くの利点を有する高度で包括的なモデルであり，マイナス金利やLIBOR廃止後も使い続けられています。

Step 2　　ここでは，フォワード・レートが対数正規型に変動するLMMの基礎的な構造を紹介します。対数正規型のためフォワード・レートは常に非負となりますが，たとえばすべての金利に2％を加えてシフトした対数正規（shifted log-normal）型とすることで，マイナス金利に対応可能です。

時点tにおいて，一定の間隔δ（たとえば3カ月）で並んだ$T_i(i=0, \cdots, N)$を考えます（$T_0 < T_1 < \cdots < T_N$，$T_{i+1} = T_i + \delta$）。期間$[T_i, T_{i+1}]$のインプライド・フォワード・レート$L(t, T_i, T_{i+1})$は，割引債価格$P(t, T)$を用いて，

$$L(t, T_i, T_{i+1}) = \frac{1}{\delta}\left(\frac{P(t, T_i)}{P(t, T_{i+1})} - 1\right)$$

と書くことができます。分母に$P(t, T_{i+1})$がくるかたちになっていることから，$P(t, T_{i+1})$が価値を測る基準財（ニューメレール）となる測度のもとで，$L(t, T_i, T_{i+1})$は期待値不変（マルチンゲール）になり，次の式に従うと仮定できます。

$$dL(t, T_i, T_{i+1}) = \sigma_i(t)L(t, T_i, T_{i+1})dW_i^{T_{i+1}}(t), \quad i = 0, 1, \cdots, N-1$$

このWの右上にあるT_{i+1}は測度を表しており，右下のiは複数個のブラウン運動が存在したときiごとに与える影響が異なる（フォワード・レー

ト間の相関が1ではない）ことを明示するためにつけています。この式は
LIBORが主流だった時代の（LIBOR廃止後の「先決め方式」と同等の）
キャプレットの評価に用いるブラック・モデルと似たかたちをしており，
オプションの満期をT_iとするとキャップレットのブラック・ボラティリ
ティは，

$$\sqrt{\frac{1}{T_i} \int_0^{T_i} \sigma_i(t)\,dt}$$

で与えられるので，キャップの市場価格から容易にモデルのパラメータσ_i
(t)を決定できます。

スワップションに対しては，時点tにおける期間$[T_n, T_N]$のフォワー
ド・スワップ・レート$SR(t, T_n, T_N)$が，

$$SR(t, T_n, T_N) = \frac{\sum_{k=n}^{N-1}\{P(t,T_k) - P(t,T_{k+1})\}}{\sum_{k=n}^{N-1}\delta P(t,T_{k+1})} = \frac{\sum_{k=n}^{N-1}\delta P(t,T_{k+1}) L(t,T_k,T_{k+1})}{\sum_{k=n}^{N-1}\delta P(t,T_{k+1})}$$

$$= \sum_{k=n}^{N-1} w_k L(t, T_k, T_{k+1}), \quad w_k(t) := \frac{\delta P(t, T_{k+1})}{\sum_{k=n}^{N-1}\delta P(t, T_{k+1})}$$

とフォワード・レートの加重平均に書けることと，イールド・カーブ変動
の第一成分は平行移動であり$w_k(t) = w_k(0)$とウェイトを初期値に固定
（freeze）してもよいと考えられることから，スワップションのブラック・
ボラティリティは，W_iとW_jの相関を$\rho_{i,j}$として（$dW_i\,dW_j \sim \rho_{i,j}\,dt$），

$$\sqrt{\frac{1}{T_n} \sum_{i,j=n}^{N-1} \frac{w_i(0) w_j(0) L(0, T_i, T_{i+1}) L(0, T_j, T_{j+1}) \rho_{i,j}}{SR(0, T_n, T_N)^2} \int_0^{T_n} \sigma_i(t)\sigma_j(t)\,dt}$$

のように近似できます（Rebonatoの近似式）。

これらを用いてキャップやスワップションの市場価格からモデルのパラ
メータを決定した後，複雑なデリバティブを評価するため複数の$L(t, T_i,$

12

数理モデル

T_{i+1}）を動かすシミュレーションを行いますが，その際は測度の違いを考慮する必要があります。たとえば隣り合う２個のフォワード・レートの動きは，

$$dL(t, T_i, T_{i+1}) = \sigma_i(t)L(t, T_i, T_{i+1})dW_i^{T_{i+1}}(t)$$
$$dL(t, T_{i-1}, T_i) = \sigma_{i-1}(t)L(t, T_{i-1}, T_i)dW_{i-1}^{T_i}(t)$$

とドリフト項（dt の項）がないかたちで記述できますが，下の式は測度 T_{i+1} では，

$$dL(t, T_{i-1}, T_i)$$
$$= \sigma_{i-1}(t)L(t, T_{i-1}, T_i)\left[-\frac{\delta\sigma_i(t)L(t, T_i, T_{i+1})}{1+\delta L(t, T_i, T_{i+1})}\rho_{i-1,i}\,dt + dW_{i-1}^{T_{i+1}}(t) \right]$$

のようになります。これは別項で紹介しているギルサノフの定理を使って導くことができます。たとえば，取扱う最も遠い時点T_Nを満期とする割引債を基準財とする測度（終端測度：terminal measure）から出発して，手前のフォワード・レートの動きは上の式を繰り返し使い，

$$dL(t, T_i, T_{i+1})$$
$$= \sigma_i(t)L(t, T_i, T_{i+1})\left[-\sum_{k=i+1}^{N}\frac{\delta\sigma_k(t)L(t, T_k, T_{k+1})}{1+\delta L(t, T_k, T_{k+1})}\rho_{k-1,k}\,dt + dW_i^{T_N}(t) \right]$$

とするか，あるいは，

$$dW_i^{T_{i+1}}(t) = -\sum_{k=i+1}^{N}\frac{\delta\sigma_k(t)L(t, T_k, T_{k+1})}{1+\delta L(t, T_k, T_{k+1})}\rho_{k-1,k}\,dt + dW_i^{T_N}(t)$$

を使ってシミュレーションする手法がよく使われます。

Step 3 フォワード・レートのかわりにフォワード・スワップ・レートをモデル化するスワップ・マーケット・モデル（SMM）もあり，この場合にはLMMと異なりスワップションへの直接的なキャリブレーションが可能になります。しかし，LMMを活用する技術が進展したことから，SMMへの関心は低下していきました。なお対数正規型の場合にはLMMをLFM（Log-normal Forward-Libor Model）と呼ぶことがあり，この場合SMMはLSM（Log-normal forward-Swap Model）

と呼びます。

LMMでは，ボラティリティ$\sigma_i(t)$を確率的に変動させることによって，SABRなどのボラティリティのモデルを自然なかたちで組み込むことが可能です。しかし，スワップションの市場価格にキャリブレーションするための数式も影響を受けるため，ボラティリティのモデルに制約を課したり，数式の精度を上げたりする工夫も必要になってきます。また，状態変数やパラメータの数が多くなりすぎるため，過去データを主成分分析した結果から相関の構造を決めるなどなんらかの前提を置く必要があります。市場が大きく変動する局面で，モデルの前提が崩れるような場合には，モデル使用時に十分な注意が必要です。

マルコフ汎関数モデル　*Markov-functional model*

マルコフ性を有する状態変数を用いたターム・ストラクチャー・モデル。

Step 1　マルコフ汎関数モデルあるいはマルコフ・ファンクショナル・モデル（Markov-functional model）は，Hunt, Kennedy and Pelsser（1999）で紹介されたターム・ストラクチャー・モデルの一種です。ショート・レート・モデルがもつ計算の容易さ（マルコフ性など）と，LMMがもつブラック・モデルやノーマル・モデルとの親和性（スワップションへのキャリブレーションなど）の両立を目指したモデルの枠組みです。ショート・レート・モデルやLMMの一部も，マルコフ汎関数モデルの特殊な場合として整理できます。HJMモデルがイールド・カーブの動きを描くモデルに関する枠組みであったのに対し，マルコフ・ファンクショナル・モデルは，スワップションなどの市場価格から複雑なデリバティブの評価を行うモデルに関する枠組みであると考えられます。

Step 2　ブラック・モデルの項で説明したとおり，デリバティブの価格 $V(t)$ を計算するには，

$$V(t) = N(t)\mathbb{E}^N\left[\frac{V(T)}{N(T)}\right]$$

の期待値の中身を計算しやすいように基準財（ニューメレール）$N(t)$ を選ぶのが便利です。より具体的には，測度 N のもとで，ある変数 $x(t)$ の動きが，

$$dx(t) = \sigma(t)x(t)\,dW^N \quad \text{or} \quad dx(t) = \sigma(t)\,dW^N$$

のような単純なかたちとなって，$V(T)$ が $x(T)$ の関数となる場合には，デリバティブの理論価格 $V(t)$ を計算しやすくなります。ここで，ブラッ

ク・モデルやノーマル・モデル，LMMやSMMではフォワード・レートが$x(T)$に該当しましたが，$x(T)$は時点tの市場の状態を表す変数（状態変数）であれば何でもよいと考えられます。

また，ショート・レート・モデルのうち特にアフィン・モデル（バシチェック・モデルの項ご参照）の場合を考えてみると，たとえば，

$$dr(t) = -k(t)(\theta(t) - r(t))dt + \sigma(t)dW(t)$$

$$P(t, T) = A(t, T)e^{-B(t, T)r(t)}$$

のように，$r(t)$がマルコフ性を有しているためシミュレーションが簡単で，また，$P(t, T)$が$r(t)$の関数になることからさまざまなデリバティブを比較的簡単に評価できる，ということがモデルの利点になっていました。ここで$r(t)$を一種の状態変数と考えると，状態変数の動きがマルコフ性を有するかたちで書けて，かつ基準財が状態変数の関数で書ける，という点がショート・レート・モデルの使いやすさの背景にあったとわかります。実はこれは，前段で分析したLMMやブラック・モデルの使いやすさの理由と同じです。

以上の分析から，次のようなモデルの枠組みを考えると，得られるモデルは有用なものになると期待できます。

① モデルが評価する対象を特定します。たとえば，ある複雑なデリバティブの理論価格を求めたい場合に，使うモデルがイールド・カーブおよびスワップション・ボラティリティと整合的であることを求めるような場合には，その複雑なデリバティブに加えて割引債とスワップションがモデルの評価対象となります。

② 状態変数$x(t)$がマルコフ性を有する（過去に依存しない）とします。

③ モデルの評価対象の価格と基準財の価格がともに$x(t)$の関数（関数の関数なので汎関数（functional）と呼びます）であるとします。つまり，評価する対象の価格Vが，

$$V(t; x(t)) = N(t; x(t))\, \mathbb{E}^N\left[\frac{V(T; x(T))}{N(T; x(T))}\right]$$

のように表せるとします。なお引数のなかのセミコロンは変数をグループ分けするため便宜的に入れたもので、それ以上の意味はありません。

④ ①で特定した対象について③の数式が計算しやすくなるよう、$x(t)$および$N(t; x)$を選びます。

　以上の①〜④のような枠組みに基づいて構築されたモデルが、マルコフ汎関数モデルです。

　マルコフ汎関数モデルは普遍的で先進的なモデルの枠組みではあるものの、ファクター数を増やすことがむずかしいなどの難点があることから、実務で使われるモデルの種類は比較的限られたものにとどまっています。

Step 3　マルコフ汎関数モデルの具体的な使用例は、パラメトリックな方法とノンパラメトリックな方法に大別されます。ここではノンパラメトリックな方法の例を簡単に紹介します。

　まず状態変数$x(t)$を単なるウィーナー過程$W(t)$とし、$x(t)$が大きいほど金利が高いとします。スワップの期間が$[T_i, T_j]$となるデジタル・スワップションの評価は、$A_{i,j}$（annuity factor）を基準財（ニューメレール）とすると、

$$PV = A_{i,j}(t; x(t)) \mathbb{E}^{A_{i,j}}[1(OIS(T_i, T_i, T_j; x(T_i)) - K)]$$

となります（ここで$1(x)$は$x>0$の時に1となり、それ以外は0となるHeavisideの階段関数です）。もし十分に滑らかなボラティリティ・スマイルが得られるなら（つまり、ストライクを微小量だけ動かしたときのスワップションの価格変化が得られるなら）、任意のKに対して$OIS(T_i, T_i, T_j; x(T_i)) > K$となる（測度$A_{i,j}$での）確率が得られることになります。もしその確率が$p(K)$であれば、$x(T_i)$が平均0、標準偏差T_iの正規分布であることから、$p(K) = \int_{x^*}^{\infty} \varphi(t/\sqrt{T_i})\,dt$（$\varphi(t)$は標準正規分布の確率密度関数）という関係式により$OIS(T_i, T_i, T_j; x^*) = K$となる$x^*$が求まります。つまり$t = T_i$における満期$T_j$のOISレートが$x(t)$の汎関数として与えられたことになります。ここから割引債の価格も（つまり、イールド・

カーブも）$A_{i,j}$ のような基準財の価格も，$x(t)$ の汎関数として導き出して
いくことができます。

　パラメトリックな方法では，状態変数 $x(t)$ の確率微分方程式にパラメー
タを入れたり，割引債の関数のかたちにパラメータを入れたりする手法が
とられます。具体的な例は，LGMモデルの項で説明します。

12

数理モデル

LGMモデル *LGM Model*

マルコフ汎関数モデルの視点から書き直されたハル・ホワイト・モデル。

Step 1　LGM（Linear Gauss Markov）モデルはマルコフ汎関数モデルの視点からハル・ホワイト・モデルを書き直したもので，Hunt, Kennedy and Pelsser（2000）やHagan（2004a, b）で紹介されました。マルコフ汎関数モデルにおけるパラメトリックな方法では，状態変数の確率微分方程式や割引債の表現をパラメータが含まれるかたちで仮定した後，スワップションなどの市場価格と整合的であるようパラメータのキャリブレーションを行いますが，LGMはその一例です。

Step 2　1ファクターLGMでは，状態変数の確率微分方程式と基準財（ニューメレール）を以下のように導入します。

$$dx(t) = \alpha(t)dW^N(t), \quad x(0) = 0,$$

$$\frac{1}{N(t; x(t))} = P(0, t)e^{-H(t)x(t) - \frac{1}{2}(H(t))^2\zeta(t)}, \quad \zeta(t) := \int_0^t \alpha(u)^2 du$$

$P(0, t)$は現時点のイールド・カーブから求まる割引債価格です。$N(0; x(0)) = 1$で，基準財の式の右肩の$-\frac{1}{2}(H(t))^2\zeta(t)$は$\mathbb{E}^N\left[\frac{1}{N(t; x(t))}\right] = P(0, t)$となるための補正項です。$x(t)$は正規分布で広がっていく確率過程であり，平均回帰性も入っていないので，$(t_1, x_1) \rightarrow (t_2, x_2)$と遷移する確率の確率密度関数が，

$$p(t_1, x_1; t_2, x_2) = \frac{1}{\sqrt{2\pi\Delta\zeta}}e^{-\frac{1}{2}(x_2-x_1)^2/\Delta\zeta}, \quad \Delta\zeta := \zeta(t_2) - \zeta(t_1)$$

と簡単なかたちに書けます。満期を時点Tに迎える割引債の時点tにおける価格$P(t, T; x(t))$を基準財価格で割った量は，

$$\frac{P(t, T; x(t))}{N(t; x(t))} = \mathbb{E}^N\left[\frac{1}{N(T; x(T))}\right] = P(0, T)\mathbb{E}^N\left[e^{-H(T)x(T) - \frac{1}{2}(H(T))^2\zeta(T)}\right]$$

となりますが，$x(T)$は期待値$x(t)$，分散$\zeta(T) - \zeta(t)$の正規分布なので，

$$\mathbb{E}^N[e^{-H(T)x(T)}] = \int_{-\infty}^{\infty} e^{-H(T)(x(t)+u)}\left[2\pi(\zeta(T) - \zeta(t))\right]^{-\frac{1}{2}} e^{-\frac{1}{2}\frac{u^2}{\zeta(T)-\zeta(t)}}\, du$$

$$= \int_{-\infty}^{\infty}\left[2\pi(\zeta(T) - \zeta(t))\right]^{-\frac{1}{2}} e^{-\frac{1}{2}\frac{(u+H(T)(\zeta(T)-\zeta(t)))^2}{\zeta(T)-\zeta(t)}} e^{-H(T)x(t) + \frac{H(T)^2(\zeta(T)-\zeta(t))}{2}}\, du$$

$$= e^{-H(T)x(t) + \frac{1}{2}H(T)^2(\zeta(T)-\zeta(t))}$$

となり，次の式が得られます。

$$\frac{P(t, T; x(t))}{N(t; x(t))} = P(0, T)e^{-H(T)x(t) - \frac{1}{2}H(T)^2\zeta(t)}$$

これにより，割引債の式はアフィン・モデルのかたちになっており，$x(t)$が大きくなるほど時点tの金利が高い状態を表していることがわかります。

これを使うと，たとえば現在（$t = 0$）のペイヤーズ・スワップション価格（オプションの権利行使が$t = T_i$，スワップの期間が$[T_i, T_j]$）は，

$$N(0; x(0))\mathbb{E}^N\left[\frac{1}{N(T_i; x(T_i))}\right.$$

$$\left.\left\{\sum_{k=i+1}^{j}\tau_{k-1,k}P(T_i, T_k; x(T_i))\left[OIS(T_i, T_i, T_j) - K\right]^+\right\}\right]$$

$$= \mathbb{E}^N\left[\frac{1}{N(T_i; x(T_i))}\left\{\left[P(T_i, T_i; x(T_i)) - P(T_i, T_j; x(T_i))\right.\right.\right.$$

$$\left.\left.\left. - K\sum_{k=i+1}^{j}\tau_{k-1,k}P(T_i, T_k; x(T_i))\right]^+\right\}\right]$$

$$= \mathbb{E}^N\left[\left[Q_{i,i}(x(T_i)) - Q_{i,j}(x(T_i)) - K\sum_{k=i+1}^{j}\tau_{k-1,k}Q_{i,k}(x(T_i))\right]^+\right]$$

となります。ここで，$Q_{i,k}(x)$は以下のような関数です。

$$Q_{i,k}(x) := P(0, T_k)e^{-H(T_k)x - \frac{1}{2}H(T_k)^2\zeta(T_i)}$$

期待値をとっている ［　］⁺のカッコの中身はペイヤーズ・スワップショ
ンの本源的価値なので，1ファクターであれば$x(t)$に対して単調増加にな
っており，x^*という権利行使境界が存在して$x^* < x(T_i)$ならスワップショ
ンが権利行使されます。x^*は ［　］⁺のカッコの中身がゼロとなるときの$x(T_i)$です。$x(T_i)$は平均ゼロで分散$\zeta(T_i)$の正規分布なので，スワップショ
ンの価格は，

$$\int_{x^*}^{\infty} \frac{e^{-\frac{u^2}{2\zeta(T_i)}}}{\sqrt{2\pi\zeta(T_i)}}\left[Q_{i,\,i}(u) - Q_{i,\,j}(u) - K\sum_{k=i+1}^{j}\tau_{k-1,\,k}\,Q_{i,\,k}(u) \right]du$$

$$= P(0,\,T_i)\int_{-\infty}^{-\frac{x^*+H(T_i)\zeta(T_i)}{\sqrt{\zeta(T_i)}}} \frac{e^{-\frac{v^2}{2}}}{\sqrt{2\pi}}\,dv - P(0,\,T_j)\int_{-\infty}^{-\frac{x^*+H(T_j)\zeta(T_i)}{\sqrt{\zeta(i)}}} \frac{e^{-\frac{v^2}{2}}}{\sqrt{2\pi}}\,dv$$

$$- K\sum_{k=i+1}^{j}\tau_{k-1,\,k}\,P(0,\,T_k)\int_{-\infty}^{-\frac{x^*+H(T_k)\zeta(T_i)}{\sqrt{\zeta(i)}}} \frac{e^{-\frac{v^2}{2}}}{\sqrt{2\pi}}\,dv$$

$$= P(0,\,T_i)N\left(-\frac{x^*+H(T_i)\zeta(T_i)}{\sqrt{\zeta(T_i)}} \right) - P(0,\,T_j)N\left(-\frac{x^*+H(T_j)\zeta(T_i)}{\sqrt{\zeta(T_i)}} \right)$$

$$- K\sum_{k=i+1}^{j}\tau_{k-1,\,k}\,P(0,\,T_k)N\left(-\frac{x^*+H(T_k)\zeta(T_i)}{\sqrt{\zeta(T_i)}} \right)$$

と解析的な式で求まるので，これを使ってスワップションの市場価格から
$H(*)$，$\zeta(*)$を決定することができます。

　モデルのパラメータが決定された後は，測度Nにおける基準財価格
$N(t;\,x(t))$と割引債価格 $P(t;\,x(t))$ が既知であり，さらに$x(t)$の動きが比
較的単純になるため，複雑なデリバティブ（価格を$V(t)$とします）の現
在の理論価格，

$$V(0) = \mathbb{E}^N \left[\frac{V(T; x(T))}{N(T; x(T))} \right]$$

をさまざまな数値計算によって求めることができます。

Step 3 　LGMモデルでは，ハル・ホワイト・モデルの場合に比べてより容易に，現時点のイールド・カーブおよびスワップションの市場価格と整合的となるようパラメータを選ぶことができます。

ハル・ホワイト・モデルとLGMモデルのパラメータの間には，

$$k(t) = -\frac{H''(t)}{H'(t)}, \quad \sigma(t) = H'(t)\sqrt{\zeta'(t)}$$

という関係があります（左辺側がハル・ホワイト・モデル）。たとえば，ハル・ホワイト・モデルで平均回帰のパラメータを k（定数）とする場合の結果は，

$$H(t) = \frac{1 - e^{-kt}}{k}$$

とすることによって求まります。

12

数理モデル

533

quasi-Gaussianモデル *quasi-Gaussian Model*

HJMモデルから発展したショート・レート・モデル。

Step 1　quasi-Gaussian モデルは Cheyette モデルとも呼ばれ，HJMモデルにマルコフ性をもたせようとした Jamshidian（1991）や Cheyette（1992）らの研究から発展したショート・レート・モデルで，ハル・ホワイト・モデルやマルコフ汎関数モデルの一部などもこれに含まれます。一時は LMM の興隆の陰に隠れていましたが，ボラティリティのモデルと組み合わせる拡張性を有しつつも計算負荷が比較的低く XVA の計算などにも適していることなどから利用が広まりました。

Step 2　quasi-Gaussian モデルでは，状態変数を θ_t とし，HJMモデルにおいて以下のかたちを仮定します。

$$\sigma(t, T; \theta(t)) = \sum_i \beta_i(t; \theta(t)) e^{-(A_i(T) - A_i(t))}$$

$W(t)$ が d 次元の列ベクトルであれば σ は d 次元の行ベクトルになりますが，その場合，上の式の積はすべてベクトル要素ごとの積（アダマール積）となります。なお引数中のセミコロンには，変数間のグループ分け以上の意味はありません。HJMモデルの項でみたとおり，このような前提では，

$$df(t, T; \theta(t)) = \sum_i \beta_i(t; \theta(t)) e^{-(A_i(T) - A_i(t))} \times$$

$$\left(\int_t^T \sum_j \beta_j(t; \theta(t)) e^{-(A_j(s) - A_j(t))} ds \right)^T dt + \sum_i \beta_i(t; \theta(t)) e^{-(A_i(T) - A_i(t))} dW(t)$$

となり，右辺は t より前の時刻の θ が何であったかに依存しない（$\theta(u)$ の経路に依存しない）ため，マルコフ性が保たれていることがわかります。

上の式を積分して，

$$f(t, T; \theta(t)) - f(0, T; \theta(0))$$

$$= \int_0^t \left[\sum_i \beta_i(u; \theta(u)) e^{-(A_i(T) - A_i(u))} \left(\int_u^T \sum_j \beta_j(u; \theta(u)) e^{-(A_j(s) - A_j(u))} ds \right)^T \right] du$$

$$+ \int_0^t \left[\sum_i \beta_i(u; \theta(u)) e^{-(A_i(T) - A_i(u))} \right] dW(u)$$

$$= \int_0^t \left[\sum_i \beta_i(u; \theta(u)) e^{-(A_i(T) - A_i(u))} \left(\int_u^t \sum_j \beta_j(u; \theta(u)) e^{-(A_j(s) - A_j(u))} ds \right)^T \right] du$$

$$+ \int_0^t \left[\sum_i \beta_i(u; \theta(u)) e^{-(A_i(T) - A_i(u))} \left(\int_t^T \sum_j \beta_j(u; \theta(u)) e^{-(A_j(s) - A_j(u))} ds \right)^T \right] du$$

$$+ \int_0^t \left[\sum_i \beta_i(u; \theta(u)) e^{-(A_i(T) - A_i(u))} \right] dW(u)$$

が得られます。現在の $f(t, T; \theta(t))$ は $\theta(u)$ の経路に依存してはいますが,

$$X_i(t) := \int_0^t \beta_i(u; \theta(u)) e^{A_i(u)} \left(\sum_j \beta_j(u; \theta(u)) e^{A_j(u)} \int_u^t e^{-A_j(s)} ds \right)^T du$$

$$+ \int_0^t \beta_i(u; \theta(u)) e^{A_i(u)} dW(u)$$

$$Y_{ij}(t) := \int_0^t \beta_i(u; \theta(u)) e^{A_i(u)} (\beta_j(u; \theta(u)) e^{A_j(u)})^T du$$

という,過去の $\theta(u)$ の経路に依存する新しい状態変数を導入することで,

$$f(t, T; \theta(t)) - f(0, T; \theta(0))$$

$$= \sum_i e^{-A_i(T)} X_i(t) + \sum_{i, j} e^{-A_i(T)} Y_{ij}(t) \left(\int_t^T e^{-A_j(s)} ds \right)^T$$

のような単純な2次式で書くことができます。このことから,イールド・カーブが $X_i(t)$ と $Y_{ij}(t)$ のみに依存し,それ以外のθの情報(現時点の $\theta(t)$ や過去の $\theta(u)$ の推移)に依存しないことがわかります。つまり,モデルにおいて考慮すべき状態変数は (X_i, Y_{ij}) のみ,ということになります。(X_i, Y_{ij}) の定義式をみると一見複雑ですが,

$$dX_i(t) = \sum_j Y_{ij}(t) (e^{-A_j(t)})^T dt + \beta_i(t; X_i(t), Y_{ij}(t)) e^{A_i(t)} dW(t), \quad X(0) = 0$$

$$dY_{ij}(t) = \beta_i(t; X_i(t), Y_{ij}(t)) e^{A_i(u)} (\beta_j(t; X_i(t), Y_{ij}(t)) e^{A_j(u)})^T \, dt, \quad Y(0) = 0$$

という比較的単純な確率微分方程式に (X_i, Y_{ij}) が従うため，実際のシミュレーションは比較的容易に実装できます。$X_i(t)$ はイールド・カーブの形状を示す状態変数で，その微分方程式には乱数（$W(t)$）が入っています。一方，$Y_{ij}(t)$ はイールド・カーブの形状の変動により自動的に現れた状態変数であり，その微分方程式には $W(t)$ が現れません。つまり，確率的に変動する乱数の数は 1 種類でも，変動する X と Y という 2 種類の状態変数により市場の状態を描写できます。これが quasi-Gaussian モデルの特徴です。

ショート・レートは $r(t) = f(t, t; X_i(t), Y_{ij}(t))$ より，

$$r(t; X_i(t), Y_{ij}(t)) = f(0, t; X_i(0), Y_{ij}(0)) + \sum_i e^{-A_i(t)} X_i(t)$$

と書けるので，ショート・レートの変動は $X_i(t)$ のみで説明できます。一方，割引債の価格は，

$$P(t, T; x, y) = \frac{P(0, T)}{P(0, t)} \exp\Big[-\sum_i \Big(\int_t^T e^{-A_i(s)} ds\Big) X_i(t)$$
$$-\frac{1}{2} \sum_{ij} \Big(\int_t^T e^{-A_i(s)} ds\Big) Y_{ij}(t) \Big(\int_t^T e^{-A_j(s)} ds\Big)^T \Big]$$

となります。ここからフォワード・スワップの動きとスワップションの価格に関する近似式が求まるため，それを用いて市場で観測されるインプライド・ボラティリティと整合的になるようにパラメータを選ぶことができます。

Step 3 簡単のため $W(t)$ の次元も $X_i(t)$ の数も 1 として quasi-Gaussian モデルの確率微分方程式を書き直すと以下のようになります。ただし，$\beta(t; X(t), Y(t)) \rightarrow \sigma(t)\beta(t; X(t), Y(t))$ と書き換えています。

$$dX(t) = Y(t) e^{-A(t)} dt + \sigma(t)\beta(t; X(t), Y(t)) e^{A(t)} dW(t), \quad X(0) = 0$$
$$dY(t) = \sigma(t)^2 \beta(t; X(t), Y(t))^2 e^{2A(t)} dt, \quad Y(0) = 0$$

$$r(t) = f(0, t) + e^{-A(t)} X(t)$$

ここで，新しい乱数（ウィーナー過程）$Z(t)$を入れ，たとえば，

$$d\sigma(t) = \kappa(\sigma_0 - \sigma(t)) dt + v dZ(t), \quad \sigma(0) = \sigma_0, \quad dZ(t) dW(t) \sim 0$$

のように$\sigma(t)$を動かすことで，ボラティリティが確率的に変動するモデル（ストキャスティック・ボラティリティ・モデル）が自然に導入でき，スワップションのインプライド・ボラティリティの形状（スマイル，スキュー）をより正確に再現することができます。上の例では，vを大きくすることでスマイルがより深い（中央が低く両端が高い）形状になります。

　複雑なデリバティブ取引の価格を$V(t; X(t), Y(t), \sigma(t))$とすると，quasi-Gaussianモデルを使った理論価格は，たとえば，

$$V(t; X(t), Y(t), \sigma(t)) = \mathbb{E}\left[e^{-\int_t^T r(u) du} V(T; X(T), Y(T), \sigma(T)) \right]$$

の右辺を確率微分方程式に基づいてシミュレーションすることにより計算することができます。また，ファインマン・カッツの公式を使うことで，以下の偏微分方程式を導出することができます。

$$\frac{\partial V(t; X(t), Y(t), \sigma(t))}{\partial t} + Y(t) e^{-A(t)} \frac{\partial V(t; X(t), Y(t), \sigma(t))}{\partial X}$$

$$+ \frac{1}{2} \sigma(t)^2 \beta(t; X(t), Y(t))^2 \frac{\partial^2 V(t; X(t), Y(t), \sigma(t))}{\partial X^2}$$

$$+ \sigma(t)^2 \beta(t; X(t), Y(t))^2 e^{2A(t)} \frac{\partial V(t; X(t), Y(t), \sigma(t))}{\partial Y}$$

$$+ \kappa(\sigma_0 - \sigma(t)) \frac{\partial V(t; X(t), Y(t), \sigma(t))}{\partial \sigma} + \frac{1}{2} v^2 \frac{\partial V(t; X(t), Y(t), \sigma(t))}{\partial \sigma^2}$$

$$= r(t) V(t; X(t), Y(t), \sigma(t))$$

　ファクターの数が限られている場合，この偏微分方程式を有限差分法などの手法で解くことにより，モンテカルロ・シミュレーションに頼らずに理論価格を計算できます。特に早期償還のあるデリバティブ取引について

は，アメリカン・モンテカルロ・シミュレーションを用いる必要がなくなります。これがquasi-Gaussianモデルの利点の1つです。しかしファクターの数が増えた場合，このような偏微分方程式の解を安定して導くことはむずかしくなってしまいます（次元の呪い）。

ネルソン・シーゲル・モデル　*Nelson-Siegel Model*

イールド・カーブを比較的少数のパラメータで表現するモデル。

Step 1　　ネルソン・シーゲル・モデルはNelson and Siegel（1987）で紹介された，比較的少数のパラメータを使って金利の期間構造（イールド・カーブ）を記述するモデルです。現実のイールド・カーブの動きを表現するのに便利なモデルとして，経済学や投資の分野において広く使われています。

Step 2　　ネルソン・シーゲル・モデルは一般に以下のような数式で表されます。τは年限（残存期間）を表します。

フォワード・レート：

$$f(\tau) = \beta_1 + \beta_2\, e^{-\lambda\tau} + \beta_3\, \lambda\tau e^{-\lambda\tau}$$

ゼロ・レート：

$$R(\tau) = \beta_1 + \beta_2\left(\frac{1-e^{-\lambda\tau}}{\lambda\tau}\right) + \beta_3\left(\frac{1-e^{-\lambda\tau}}{\lambda\tau} - e^{-\lambda\tau}\right)$$

より長いイールド・カーブに適用できるようSvenssonによって拡張されたNelson-Siegel-Svenssonモデル，

$$R(\tau) = \beta_1 + \beta_2\left(\frac{1-e^{-\lambda_1\tau}}{\lambda_1\tau}\right) + \beta_3\left(\frac{1-e^{-\lambda_1\tau}}{\lambda_1\tau} - e^{-\lambda_1\tau}\right) + \beta_4\left(\frac{1-e^{-\lambda_2\tau}}{\lambda_2\tau} - e^{-\lambda_2\tau}\right)$$

も広く使われています。

Step 3　　イールド・カーブを水準・傾き・曲率という3個の要素で表す機構は汎用性が高く，βを確率的に動く状態変数とみなして動的（ダイナミック）に動かすダイナミック・ネルソン・シーゲル・モデルも提唱されており，時系列データに（準）最尤推定法やEM法（期待値最大化法）を用いてモデルのパラメータ推計を行います。

　ネルソン・シーゲル・モデルのイールド・カーブの式は基本的に無裁定

12

数理モデル

条件を満たさない，ということが知られています。たとえば，ダイナミック・ネルソン・シーゲル・モデルにおいて，β を（現実の世界でなく）リスク中立な世界において確率的な変動により時間発展すると仮定した場合，ネルソン・シーゲル・モデルのイールド・カーブを再現することができません。これは，確率的に変動するボラティリティに起因する補正項が生じるためです（同様の性質をもった補正項の例として，LGMモデルの $\zeta(t)$ の項や，quasi-Gaussianモデルの $Y_{ij}(t)$ の項があります）。しかし補正項を許容することで，無裁定なネルソン・シーゲル・モデルを考えることが可能です。Christensen, Lopez and Rudebusch（2014）では，そのような無裁定ネルソン・シーゲル・モデルの枠組みで，ストキャスティック・ボラティリティを含めたモデルも紹介されています。

構造型モデル *Structural Model*

企業の財務情報に基づく信用リスク・モデル。

Step 1　企業について株式や負債などの財務情報を用いた確率モデルを構築することで、信用リスクを評価するモデルを構造型モデルといいます。構造型モデルはコーポレート・ファイナンスのメカニズムによって企業のデフォルトが発生すると仮定したモデルです。

Step 2　構造型モデルの代表であるマートン・モデルでは、企業価値V（資産）が以下の幾何ブラウン運動に従うと仮定します。

$$\frac{dV(t)}{V(t)} = \mu dt + \sigma dW$$

ここで、μは期待リターン、σはボラティリティ、Wはウィーナー過程（ブラウン運動）です。このとき、企業価値過程がある価値（負債など）を下回ったときにデフォルトが発生すると定義して、分析対象の企業がデフォルトする確率について分析を行うことができます。

Step 3　構造型モデルでは信用リスクの評価だけでなく、①株式と負債を用いた相対価値によるトレーディング、②株価とバランス・シートの情報に基づくデフォルト・リスク評価、③資本構成の最適化検討なども行えます。しかし、構造型モデルはパラメータの推定がむずかしく、モデル・リスクが大きくなります。また、構造型モデルにおいては短期間にデフォルトする確率がきわめて低くなることが多いため、期間の短いCDSスプレッドを再現することに困難が伴います。これらの問題のため、クレジット・デリバティブ等の時価評価を行う場合、構造型モデルではなく誘導型モデルを用いるのが一般的です。

12

数理モデル

誘導型モデル　*Reduced Form Model*

デフォルトが確率的に発生する信用リスク・モデル。

> **Step 1**

誘導型モデルは，微小区間内でのデフォルト確率である
デフォルト強度を，市場で取引されている社債やCDS
から推定するモデルです。市場データから容易にモデルを求めることがで
きるという利点がありますが，構造型モデルと異なり財務情報に基づいて
いないという欠点があります。

　信用リスクを評価するモデルには，実際のデフォルト・データを利用し
た統計モデルと，市場データを利用した確率過程モデルがあり，誘導型モ
デルと構造型モデルはいずれも確率過程モデルに分類されます。

> **Step 2**

デフォルト強度 λ を連続的な推移でモデル化する場合，
回帰性をもち，かつ常に強度が正となるよう現時点の
CDSカーブと整合的なCIRモデル（CIR＋＋モデル）を用いることが一般
的です。

$$d\lambda(t) = (\alpha - \beta\lambda(t))dt + \sigma\sqrt{\lambda(t)}\,dW(t)$$

ここで α, β は定数，W はウィーナー過程を示します。

　デフォルト強度が与えられると，デフォルトが起こるかを離散的なポワ
ソン過程（離散型・ジャンプ型の確率過程）でシミュレーションすること
ができます。このようにジャンプ確率が確率変動するポワソン過程のこと
を，特にコックス（Cox）過程とも呼びます。

　また，CDSスプレッドの高いボラティリティを再現するため，デフォ
ルト強度のCIR＋＋モデルにもポワソン過程を加える場合があります
（JCIR＋＋モデル）。JCIR＋＋モデルのポワソン過程でジャンプが発生す
るとCDSスプレッドは急拡大します。ただし，コックス過程の場合と異
なり，ジャンプ発生がデフォルトを意味するわけではありません。

ISDA CDS標準モデル　*ISDA CDS Standard Model*

ISDAにより採用されたCDSの評価モデル。

Step 1　ISDA CDS標準モデルは，相対取引であるCDS（クレジット・デフォルト・スワップ）の標準化や市場の流動性と透明性向上を目的として，2009年にISDAが採用した評価モデルです。CDSスプレッドからCDSの価格（フィー）を求めるには，イールド・カーブ，回収率，倒産確率が必要ですが，CDSスプレッドのみから回収率と倒産確率の両方を同時に推計することは困難です。そのため，ISDA CDS標準モデルでは，CDSの価格計算に必要となる回収率の前提や算出方法を定めています。なお，ISDA CDS標準モデルのソースコードは下記ホームページで公開されています。

ISDA CDS Standard Model：http://www.cdsmodel.com/cdsmodel/

Step 2　ISDAの標準モデルではイールド・カーブ，倒産確率，回収率は以下のように設定します。

① イールド・カーブ……定められたグリッドと補間手法によって導かれるイールド・カーブ（主要な地域においてはOISカーブ）を利用します。
② 倒産確率……ハザード・レート（年率換算した倒産確率）が一定であると仮定します。
③ 回収率……回収率については表のような固定値を利用します。

主な回収率		
地域	回収率（優先）	回収率（劣後）
北米・西欧・豪NZ・アジア（除く日本）	40%	20%
日本	35%	15%
その他のエマージング地域	25%	25%

12

数理モデル

ボラティリティ・スマイル　*Volatility Smile*

権利行使価格によってインプライド・ボラティリティが異なることを示した形状。

Step 1　オプションの市場価格をブラック（・ショールズ）・モデルやノーマル・モデルにおけるボラティリティへ換算したものがインプライド・ボラティリティです。ある時点において権利行使価格（ストライク）Kを横軸にとり，K以外の条件（満期や原資産など）が同一のオプションにおけるインプライド・ボラティリティ $\sigma(K)$ をグラフに描いたものがボラティリティ・スマイルです。ATMが底になるU字の形状が多いことからスマイルと呼ばれますが，特に図表1の右側のように一方向に傾いている場合などは，スキュー（skew）と呼ばれることも多いです。「スマイル」と「スキュー」の語に厳密な区別はありませんので，言い換えも可能です。

　スマイルの横軸にはKのほかに，S（原資産価格）とKの差や比率（$K-S$, K/S）を使う場合や，ブラック・ショールズ・モデルにおけるデルタ，

図表1　典型的なスマイル（スキュー）のイメージ

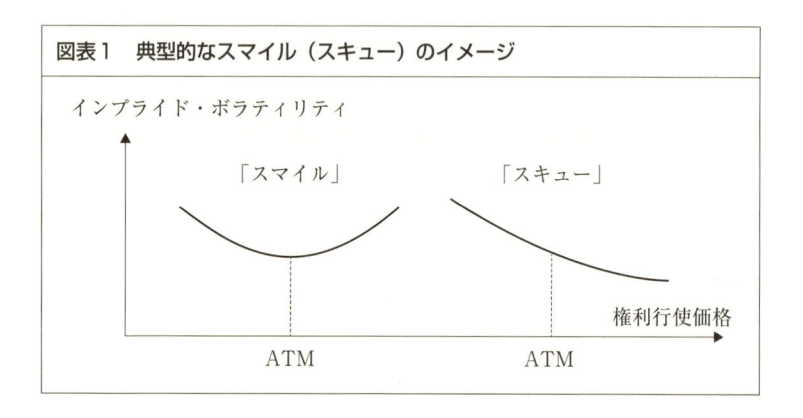

$$N(d_1) = N\left(\frac{-\ln(K/S) + (r + \sigma^2/2)\,T}{\sigma\sqrt{T}}\right)$$

あるいはこのカッコのなかにある $\ln(K/S)/\sigma\sqrt{T}$, $\ln(K/S)$ などを横軸に使う場合もあります。このような差や比率を使う手法では，原資産価格 S，オプション満期までの期間 T，インプライド・ボラティリティの水準 σ が異なるケース間でも，スマイルの形状がある程度類似したものになると期待できます。特に通貨オプションにおいては10デルタや25デルタといった表示方法がよく使われているほか，ATMの定義も複雑なコンベンション（慣習）があり，通貨オプションを扱う際には注意が必要です。

Step 2 原資産価格が動いたときスマイルがどのように動くかを正確に予測することはできません。それが実務にどのような影響をもたらすか，ブラック・ショールズ・モデルにおけるコール・オプションの価格式 $C(S, K, \sigma)$ を使い，以下①②の例でみてみます。

① 原資産価格が変わっても，スマイルは元のままとなる場合

このような前提はsticky smileもしくはsticky strikeと呼ばれます。図表2の例では原資産価格が $S_0 \rightarrow S_1$ に変化するとコール・オプションの価格は $C(S_0,\ K_0,\ \sigma_0)$ から $C(S_1,\ K_0,\ \sigma_0)$ に変わります。S_1 が S_0 に近ければデル

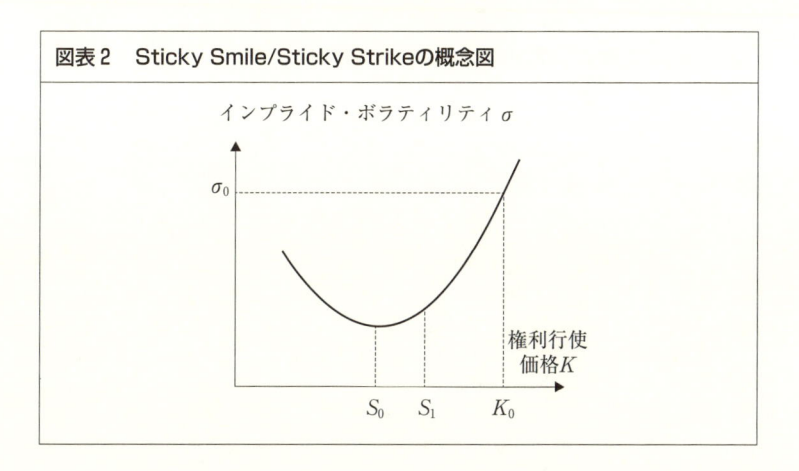

図表2　Sticky Smile/Sticky Strikeの概念図

インプライド・ボラティリティ σ

σ_0

権利行使
価格 K

S_0　S_1　K_0

12
数理モデル

タは，

$$\frac{C(S_1, K_0, \sigma_0) - C(S_0, K_0, \sigma_0)}{S_1 - S_0} \simeq \frac{\partial C(S_0, K_0, \sigma_0)}{\partial S} = N(d_1)$$

で，ブラック・ショールズ・モデルのデルタ $N(d_1)$ がそのまま使えます。

② **原資産価格が変わると，それにつれてスマイルが移動する場合**

このような前提はfloating smileと呼ばれます。図表3の左側の例では，コール・オプション価格が $C(S_0, K_0, \sigma_0)$ から $C(S_1, K_0, \sigma_1)$ に変わり，デルタは，

$$\frac{C(S_1, K_0, \sigma_1) - C(S_0, K_0, \sigma_0)}{S_1 - S_0} \simeq \frac{\partial C(S_0, K_0, \sigma_0)}{\partial S} + \frac{\sigma_1 - \sigma_0}{S_1 - S_0}$$

$$\simeq N(d_1) + \frac{\partial C(S_0, K_0, \sigma_0)}{\partial \sigma} \frac{\partial \sigma}{\partial S}$$

のようになり，ブラック・ショールズ・モデルのデルタ $N(d_1)$ をそのまま使うことはできなくなります。なお，floating smileにおいては，図表3の右側のように，デルタが同じであればインプライド・ボラティリティが（ほぼ）変わらないという前提を置くことがあり，そのような場合には特にsticky deltaであるといいます。

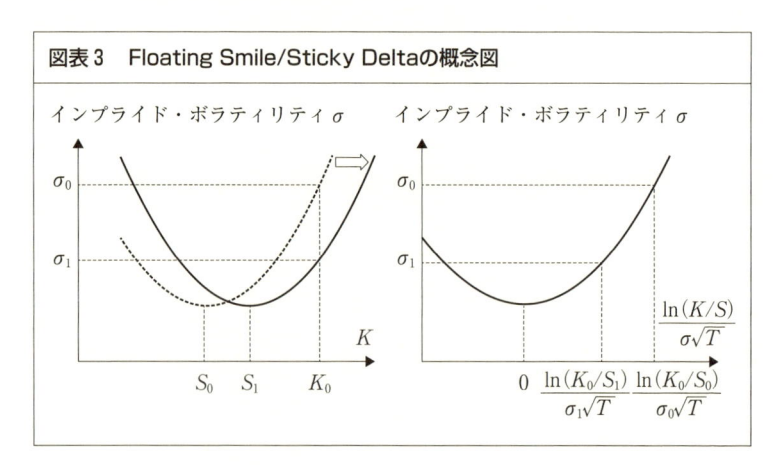

図表3　Floating Smile/Sticky Deltaの概念図

このようにスマイルが存在する場合，ヘッジ・オペレーションを行う際のグリークスはスマイルがどう動くかの前提によって変化します。

Step 3 しばしばスマイルが存在する理由として，市場が予測する将来の原資産価格の確率分布がブラック・ショールズ・モデルの前提（対数正規分布）から外れたファット・テールな分布になっているから，という説明がなされることがあります。しかしオプション価格から導出される確率分布はリスク中立測度における確率分布であり，市場参加者の予測と一致するとは限りません。スマイルはオプションの需給によって生じるという説明のほうがより適切です。

プット・コール・パリティの項で述べたように，ある権利行使価格Kにおけるベガやガンマが必要とされる場合には，コールかプットかを問わず，その権利行使価格のオプションの需要が高まりますので，Kにおけるインプライド・ボラティリティが上昇します。Kにおけるベガとは，Kにおけるインプライド・ボラティリティ上昇に対する価格の感応度（センシティビティ）であり，Kにおけるガンマとは原資産価格がKに接近したときの原資産価格上昇に対するデルタの感応度，つまり価格の原資産価格上昇に対する二階微分となります。Kにおけるベガがロングであれば，原資産価格が変わらなくてもKにおけるインプライド・ボラティリティの上昇時に利益を得ることができます。一方でKにおけるガンマがロングであれば，原資産価格がKに接近した際にガンマが正であることによる恩恵を受けることができます（ガンマの項参照）。スマイルの形状変化を予測し，適切なポジション構築を行うためには，このベガとガンマの違いについて理解することが重要です。

なお，複数の権利行使日のスマイルを連ねて2次元上の関数としたものをインプライド・ボラティリティ・サーフェスと呼ぶことがあります。さらにスワップションの場合には原資産となるスワップのテナー（長さ）の次元を加えて3次元上の関数とし，これをインプライド・ボラティリティ・キューブと呼ぶこともあります。

12

数理モデル

ローカル・ボラティリティ・モデル
Local Volatility Model

ボラティリティ・スマイルに適合するようブラック・ショールズ・モデルを拡張したモデル。

Step 1 ブラック・ショールズ・モデルでは，原資産価格 S_t の確率微分方程式が，無リスク金利を r_t，資産の配当利回りを q_t とすると，

$$\frac{dS_t}{S_t} = (r_t - q_t)\,dt + \sigma dW_t$$

のように与えられていました。ローカル・ボラティリティ・モデル（以下，LVモデル）ではこれを拡張し，瞬間的ボラティリティの関数 $\sigma(t, S_t)$ を導入して，次のようなかたちの確率微分方程式を仮定します。

$$\frac{dS_t}{S_t} = (r_t - q_t)\,dt + \sigma(t, S_t)\,dW_t$$

　S_t は確率論的に変動しますが，$\sigma(t, S_t)$ は t と S_t が与えられると決定論的（deterministic）に決まります。$\sigma(t, S_t)$ の存在により，ボラティリティ・スマイルの形状をモデルに反映することが可能となります。通常，$\sigma(t, S_t)$ の関数形については仮定を置きません（ノンパラメトリック）が，少数のパラメータにより決定される関数形を仮定する場合もあり，そのような場合（パラメトリック）についてはCEVモデルの項で解説します。

　ローカル・ボラティリティ $\sigma(t, S_t)$ は，ある瞬間のボラティリティ・スマイルにあうよう，その時点時点において再計算されます。$\sigma(t, S_t)$ はモデルを比較的単純な確率微分方程式で表すにあたって導入されたパラメータにすぎず，原資産価格やインプライド・ボラティリティの現実における将来の挙動を記述するために導入されたものではない点に注意が必要です。

　ローカル・ボラティリティ $\sigma(t, S_t)$ は各時点における瞬間的なボラティリティであり，ボラティリティ・スマイルに現れるインプライド・ボラティリティ $\sigma_{\mathrm{imp}}(T, K)$ とは一致しません。LVモデルにおいて (t, S_t) はさまざまな経路をたどりますが，そのなかで (T, K) に到達する経路上にある $\sigma(t, S_t)$ が $\sigma_{\mathrm{imp}}(t, K)$ に反映されることになります。

Step 2　ノンパラメトリックなローカル・ボラティリティ関数を求める方法としては，1994年にDupireによって提案された手法が有名です。マーケットで取引されている満期期間 T，権利行使価格 K のヨーロピアン・コール・オプション価格 $C(K, T)$ が，十分に滑らかな T と K の関数として得られたとすると，Dupireのローカル・ボラティリティは，

$$\sigma_{\mathrm{Dup}}(T, K)^2 = \frac{\dfrac{\partial C}{\partial T} + \dfrac{\partial C}{\partial K} K(r_T - q_T) + q_T C}{\dfrac{1}{2} K^2 \dfrac{\partial^2 C}{\partial K^2}}$$

で与えられます。実際にはマーケットですべての (T, K) に対するオプション価格を観測することはできないため，ボラティリティ・スマイルの補間や補外を行う必要があります。

　なお，より一般的に，金利が確率的に変動する場合には，上の式は，

$$\sigma_{\mathrm{Dup}}(T, K)^2 = \frac{\dfrac{\partial C}{\partial T} - \mathbb{E}^Q\left[e^{-\int_0^T r_s ds} (Kr_T - S_T q_T) 1_{S_T - K > 0}\right]}{\dfrac{1}{2} K^2 \dfrac{\partial^2 C}{\partial K^2}}$$

となります（Deelstra and Rayée, 2010）。

Step 3　LVモデルは，原資産価格が動いたときにインプライド・ボラティリティがどう動くかを記述することを目指したモデルではないため，経路依存型のエキゾチック・デリバティブを評価する際には，インプライド・ボラティリティの確率的な変動（ダイナミ

クス）を織り込んだストキャスティック・ボラティリティ・モデル（SV
モデル）がよく使われます。このモデルを現時点のボラティリティ・スマ
イルにあわせるためローカル・ボラティリティ・モデルと組み合わせたモ
デルが，ローカル・ストキャスティック・ボラティリティ・モデル（LSV
モデル）です。これらは別項で説明します。

CEVモデル *CEV Model*

ボラティリティ・スマイルを表現するためのモデルの一種。

Step 1 CEV（Constant Elasticity of Variance）モデルとは，ボラティリティ・スマイル（スキュー）を表現するための，パラメトリックなローカル・ボラティリティ・モデルの一種です。本来のかたちのCEVモデルがそのまま実務で用いられることはあまりありませんが，CEVモデルはより複雑なモデルを組み立てる際の要素として重要な役割を果たします。たとえば，CEVモデルにストキャスティック・ボラティリティを組み合わせたものがSABRモデルです。また，CEVモデルを効率的に模倣したモデルがdisplaced diffusionモデルで，これは他のモデルや確率過程と組み合わせても用いられます。

Step 2 CEVモデルにおいて，原資産の先渡価格 F_t（配当のある株価の場合，前項の記号で $F_t = e^{(r-q)t} S_t$）の変動は，

$$dF_t = \sigma F^\beta dW_t$$

の確率微分方程式で表されます。ここで σ はボラティリティ，β は通常 0 から 1 の値をとるパラメータで，$\beta = 0$ の場合はノーマル・モデルのような正規型の，$\beta = 1$ の場合はブラック・モデルのような対数正規型のモデルとなります。CEVモデルは，株式のオプション市場でよく観測される，（ブラック・ショールズ・モデルによるインプライド・ボラティリティにおける）右肩下がりのボラティリティ・スマイル（スキュー）を再現できます。

CEVモデルには価格がゼロへ回帰するなどの問題点があったため，代替としてdisplaced diffusionモデルが提唱されました。これは，

$$dF_t = \sigma_1 (\beta F_t + (1-\beta) F_0) dW_t, \quad \text{or} \quad d(F_t + a) = \sigma_2 (F_t + a) dW_t$$

のような確率微分方程式で与えられます。

12

数理モデル

ストキャスティック・ボラティリティ・モデル
Stochastic Volatility Model

ボラティリティが確率的に変化することを前提にしたモデル。

Step 1 ブラック・ショールズ・モデルのようなモデルのなかのボラティリティを表すパラメータ σ を確率的（stochastic）に動かすモデルがストキャスティック・ボラティリティ・モデル（以下，SVモデル）です。実際の市場においては，大きい市場変動が連続して起こりやすいという特徴が観測されていますが，この特徴のことをボラティリティ・クラスタリング（volatility clustering）と呼びます。ストキャスティック・ボラティリティ・モデルはこの特徴を再現することができるため，満期までの原資産価格の途中経過（経路）に大きく依存するようなデリバティブを評価するのに適しています。

Step 2 現実の時系列データを分析・予測することに重点を置く金融経済学や計量経済学といった分野においては，ボラティリティの動きを説明するモデルとしてEWMA（Exponential Weighted Moving Average）やGARCH（Generalized Autoregressive Conditional Heteroskedasticity）などが広く用いられています。これらのモデルは，原資産価格の過去の動きという統計的データに基づき，最尤法などを用いてパラメータを推計するもので，確率的な変動という要素を明示的には含まないものの，SVモデルの一種と整理されることもあります。

　一方，デリバティブの実務に使われる金融工学の分野においては，インプライド・ボラティリティの変動による損益の発生をいかにコントロールするかが重要であるため，その目的に適したSVモデルが使われます。別の項で解説しているHestonモデルやSABRモデルは，このような目的のため使われるSVモデルの代表例です。これらのモデルのパラメータは，通常，原資産価格とインプライド・ボラティリティの挙動や現時点のボラ

ティリティ・スマイルとモデルとが整合的になるように決定されます。

Step 3　金融工学で使われるSVモデルにおいては，ボラティリティがブラウン運動（ウィーナー過程）のような拡散過程で変動するモデルが一般的ですが，そのようなモデルではボラティリティが一時的に急上昇するような事象を十分に考慮できないという欠点があります。それを解消するため，ジャンプや非整数ブラウン運動（fractional Brown motion）を導入する場合もあります。

　また，VIXはS&P500指数先物のオプション市場から導かれるインプライド・ボラティリティの一種ですが，そのVIXを原資産とするVIX先物オプションのようなデリバティブが登場したため，それらのデリバティブの評価を扱うのに適したSVモデルが求められるようになりました。そのようなモデルの例としてBergomiモデルがあります。ターム・ストラクチャー・モデルがショート・レートなどを変動させ金利の期間構造を再現していたように，Bergomiモデルは瞬間的ボラティリティを変動させることでボラティリティやバリアンス（variance：分散）の期間構造を扱います。

　VIX先物オプションのようにボラティリティを原資産とするデリバティブを扱う場合は，通常の株・為替・金利を原資産とするデリバティブの場合よりも，上で言及したジャンプや非整数ブラウン運動を導入する重要性が大きくなります。例として，短期的な市場データで観測されるラフ・ボラティリティ（rough volatility）をBergomiモデルと組み合わせたrough Bergomiモデルなどが研究されています。

12

数理モデル

ヘストン・モデル　*Heston Model*

ストキャスティック・ボラティリティ・モデルの代表的な例の1つ。

Step 1　Heston（1993）で提案されたヘストン・モデルは，ストキャスティック・ボラティリティ・モデル（以下，SVモデル）の一種です。ヘストン・モデルは，ヨーロピアン・オプションの価格式がブラック・ショールズ・モデル同様に解析的な式（closed form）となり，また，変動を表す式が時点tに依存しないかたちで書ける（斉時性）など，便利な性質をもっていることから広く使われています。

Step 2　原資産の先渡価格F_t（配当のある株価の場合$F_t = e^{(r-q)t}S_t$）の変動が，

$$dF_t = \sqrt{V_t}\,F_t\,dW_t$$

のように動くとします。この分散（バリアンス）を表す変数V_tがW_tとはまた別のブラウン運動Z_tによってCIRモデルと同様の確率微分方程式

$$dV_t = \lambda(\theta - V_t)dt + v\sqrt{V_t}\,dZ_t$$

で動くモデルがヘストン・モデルです。なお，W_tとZ_tの間には相関係数ρの相関関係が成立しているとします（$dW_t dZ_t \sim \rho dt$）。式中のvはボラティリティの時間変動を表すパラメータであり，このようなパラメータはボラティリティ・オブ・ボラティリティ（またはvol of vol）と呼ばれます。

Step 3　V_tは瞬間的なボラティリティを示す状態変数であり，その数値を市場価格から観測したり，その変動を別の商品でヘッジしたりすることは基本的に不可能です。このような要素が存在することから，基本的に，ヘストン・モデルのようなSVモデルはローカル・ボラティリティ・モデルと異なり不完全市場のモデルとなることが多

いです。

　ヘストン・モデルから V_t を逆数にした（$V_t \rightarrow 1/V_t$）モデルである，

$$dV_t = \lambda(V_t - \theta V_t^2)\,dt + \nu V_t^{3/2}\,dZ_t$$

は，3/2モデルと呼ばれています。この V_t の確率微分方程式は，VIXやヒストリカル・ボラティリティのようなボラティリティに関連した数値の現実における変動を記述した確率微分方程式に近いものとなっており，それが3/2モデルの理論的に優れていると考えられる点です。一方で3/2モデルには，計算する際に解析的な式が使える場面もあるものの，オプションの価格が（局所的にしかマルチンゲールでないため）ペイオフの期待値と一致しない，という大きな難点があります。3/2モデルと比較してみると，ヘストン・モデルはSVモデルのなかでも特に実務上扱いやすい性質をもつモデルであることがわかります。

12

数理モデル

SABRモデル *Stochastic Alpha Beta Rho Model*

ボラティリティ・スマイルの表現にも広く用いられる，ストキャスティック・ボラティリティ・モデルの代表的な例の1つ。

Step 1 SABRモデルは，Hagan, Kumar, Lesniewski and Woodward（2002）で提案された，ストキャスティック・ボラティリティ・モデルの一種です。SABRはセイバーと発音します。インプライド・ボラティリティの解析的な近似式が存在してパラメータの推計が容易なため，単にボラティリティ・スマイルを補間する用途としても便利なモデルです。金利デリバティブにおいては，スワップションのスマイルを表現したり，LMMと組み合わせたりする目的で広く使われています。

Step 2 SABRモデルでは，原資産の先渡価格 F（金利の場合，フォワード・スワップ・レートなど）と瞬間的ボラティリティ α_t の変動が以下の確率微分方程式に従います。

$$dF_t = \alpha_t F_t^{\beta} \, dW_t, \quad d\alpha_t = v \, \alpha_t \, dZ_t, \quad dW_t \, dZ_t \sim \rho dt$$

原資産価格の変動は，$\beta = 1$ なら対数正規型の，$\beta = 0$ なら正規型のものになります。ボラティリティ・オブ・ボラティリティ（vol of vol）を示す v はスマイルの深さに，原資産とボラティリティの相関係数 ρ はスマイルの傾きに影響します。さらに α_0 もモデルのパラメータになります。

よくある使われ方では，β をあらかじめ固定し，v と ρ を変化させボラティリティ・スマイルにフィットさせます。その際，α_0 は他のパラメータとATMのインプライド・ボラティリティから自動的に決定します。

SABRモデルにおけるヨーロピアン・オプションの価格をブラック・（ショールズ・）モデルのインプライド・ボラティリティ $\sigma_B(F, K)$ に換算する場合，特異摂動法から以下のHaganの近似式が求まります。

$$\sigma_B(F, K) = \frac{\alpha}{(FK)^{(1-\beta)/2}\left\{1+\frac{(1-\beta)^2}{24}\log\left(\frac{F}{K}\right)^2 + \frac{(1-\beta)^4}{1920}\log\left(\frac{F}{K}\right)^4 + \cdots\right\}} \cdot \left(\frac{z}{\chi(z)}\right)$$

$$\cdot \left\{1+\left[\frac{(1-\beta)^2}{24}\frac{\alpha^2}{(FK)^{1-\beta}} + \frac{1}{4}\frac{\rho\beta\nu\alpha}{(FK)^{(1-\beta)/2}} + \frac{2-3\rho^2}{24}\nu^2\right]T + \cdots\right\}$$

ここでTはオプション満期までの期間，zとその関数$\chi(z)$は，

$$z = \frac{\nu}{\alpha}(FK)^{\frac{1-\beta}{2}}\log\left(\frac{F}{K}\right), \quad \chi(z) = \log\left\{\frac{\sqrt{1-2\rho z + z^2} + z - \rho}{1-\rho}\right\}$$

で与えられます。なお，この式でATMの$\sigma_B(F, F)$を求めると分母と分子にゼロが現れるので，プログラミングの際には別の式を使うほうが無難です。また，$\beta=0$のSABRモデル（Normal SABR）を扱う場合，上の近似式で$\beta\to0$としたものは誤差が大きく使えないことに注意が必要です。

Step 3 SABRモデルの拡張として，現実のCMS価格にあわせることを目指したZABR，低ストライク領域で無裁定条件が破れるというHaganの近似式の問題点を回避したNo-Arbitrage SABR，低金利・マイナス金利へ対応するため原資産価格をシフトさせたShifted SABR，原資産価格の下限をなくしたFree-Boundary SABRなどがあります。また，マイナス金利に対応可能で計算が容易な2つのSABR（Normal SABRと，相関ρがゼロのFree-Boundary SABR）を組み合わせたMixture SABRも提唱されています。

Normal SABRなど一部のSABRモデルについては幾何学を用いた厳密解が知られており，低金利・マイナス金利の到来で元のHaganの近似式が使いづらくなると，そのような厳密解がよく用いられるようになりました。しかし，厳密解に関する初期の書籍・論文に掲載されている数式や積分の評価手法には，速度や精度に問題がある場合もあり注意が必要です。SABRモデルのもともとの長所は手軽にスマイルを表現できることでしたので，実務において十分な速度・精度が得られないような場合には，SABRを利用すべきか否か，モデル選択に総合的な判断が求められます。

12

数理モデル

ローカル・ストキャスティック・ボラティリティ・モデル
Local- Stochastic Volatility Model

ローカル・ボラティリティ・モデルにストキャスティック・ボラティリティを組み込んだモデル。

Step 1　ローカル・ボラティリティ・モデル（以下，LVモデル）は幅広い権利行使日・権利行使価格のインプライド・ボラティリティ（インプライド・ボラティリティ・サーフェス）に対して整合性をとることができるモデルです。これにストキャスティック・ボラティリティ・モデル（以下，SVモデル）を組み合わせ，経路に依存する複雑なデリバティブも評価できるようにしたモデルがローカル・ストキャスティック・ボラティリティ・モデル（以下，LSVモデル）です。ストキャスティック・ローカル・ボラティリティ・モデルとも呼ばれます。

Step 2　LSVモデルを使う動機には以下の①～③などがあり，モデルの選択や運営方法も状況に応じて異なります。

① デリバティブ（バニラやエキゾチック）価格の市場実勢がSVモデルの結果とLVモデルの結果の間に位置しているため，モデルにSVとLVの間の数値を出力させたい。

② 使いたいSVモデルのボラティリティ・スマイルが市場実勢と乖離してしまうので，LVモデルを利用してその間を埋めたい。

③ LVモデルを拡張し，将来のインプライド・ボラティリティやスマイル，スキューのかたちをコントロールするため，SVモデルを入れたい。

また，パラメータ推計（キャリブレーション）は複雑なプロセスとなり，幅広いバリエーションが存在します。

パラメータ推計について，もう少し具体的に触れます。SABRモデル，

$$dF_t = \alpha_t F_t^\beta \, dW_t, \quad d\alpha_t = v\alpha_t \, dZ_t, \quad dW_t \, dZ_t \sim \rho dt$$

にローカル・ボラティリティ関数 $\sigma(t, F_t)$ を導入して，

$$dF_t = \sigma(t, F_t)\, \alpha_t F_t^\beta\, dW_t, \quad d\alpha_t = v\alpha_t\, dZ_t, \quad dW_t\, dZ_t \sim \rho dt$$

というLSVモデルを考えます。通常初めにSABRのパラメータを決定します。その後，Dupireのローカル・ボラティリティ$\sigma_{\mathrm{Dup}}(T, K)^2$について，

$$\sigma_{\mathrm{Dup}}(T, K)^2 = \sigma(t, F_t)^2\, \mathbb{E}^P[(\alpha_T)^2 \mid F_T = K]$$

という関係が成り立つので，これを使ってLSVのパラメータ$\sigma(t, F_t)^2$を定めると，LVのときと同様にインプライド・ボラティリティ・サーフェスと整合的なLSVモデルが得られます。問題は，$\mathbb{E}^P[(\alpha_T)^2 \mid F_T = K]$を評価する際に複雑な数値計算手法が必要となる点にあります。具体的な例としては，偏微分方程式から確率密度関数を数値的に求める手法，モンテカルロ・シミュレーションによる積分評価を用いる手法，カオス伝播を用いた粒子法による手法などがあります。

Step 3 LSVモデルはLVモデルと同じく各時点のボラティリティ・サーフェスにあわせてモデルのパラメータを更新するモデルであり，モデルの描く原資産価格やボラティリティの挙動が正しいとしてグリークスを算定したりヘッジ戦略を策定したりする際には注意が必要です。モデルが現時点におけるバニラ・オプションのボラティリティ・サーフェスと整合的だということは，将来のボラティリティに依存する経路依存のデリバティブの評価が正しいことを保証しません。

よく使われるLSVモデルの例として，Hestonモデルに基づいた，

$$dF_t = \sigma(t, F_t)\sqrt{V_t}\, F_t\, dW_t, \quad dV_t = \lambda(\theta - V_t)\, dt + \eta v \sqrt{V_t}\, dZ_t$$

や，$\beta=1$のSABRに似るものの瞬間的ボラティリティα_tが平均回帰する，

$$dF_t = \sigma(t, F_t)\alpha_t F_t\, dW_t, \quad d\alpha_t = \lambda(\theta - \alpha_t)\, dt + \eta v\, \alpha_t\, dZ_t$$

などがあります。ここでパラメータηは，LVモデル（$\eta=0$）とSVモデル（$\eta=1$）を明示的につなげるため導入されています。ボラティリティ・デリバティブを扱う場合には，BergomiのLSVモデルの1ファクター版，

$$dF_t = \sigma(t, F_t)\sqrt{\xi_t^t}\, F_t\, dW_t, \quad d\xi_t^u = \omega e^{-k(u-t)}\, \xi_t^u\, dZ_t$$

のように瞬間的ボラティリティの期間構造を扱えるモデルが適切です。

バンナ・ボルガ・モデル　*Vanna-Volga Model*

ベガ，バンナ，ボルガを相殺するための構築コストを加味してボラティリティ・スマイルを表現するモデル。

Step 1　オプション市場では行使価格によってボラティリティが異なるため（ボラティリティ・スマイル），ボラティリティが一定と仮定するブラック・ショールズ・モデルに基づいてボラティリティのリスクをヘッジしたとしても完全にヘッジすることはできません。バンナ・ボルガ・モデルはブラック・ショールズではヘッジできないコストがバンナ（スポットの変化によるベガの感応度）とボルガ（ボラティリティの変化によるベガの感応度）といったボラティリティの2次微分によって生じたと仮定します。すなわち，任意の行使価格Kのヨーロピアン・オプションについて，ブラック・ショールズ・モデルで算出されたヨーロピアン・オプション価格$C^{BS}(K)$に，マーケットで取引されている同じオプション満期をもち，行使価格が異なる3つのオプション$C(K_i)$（$i=1, 2, 3$）を用いてベガ，バンナ，ボルガといったボラティリティに関するリスクを相殺するようなヘッジ・ポートフォリオを構築するコスト（構築コスト）を加味することで，ボラティリティ・スマイルを表現します。

Step 2　通貨オプションのマーケットでは，ATM（デルタ・ニュートラル・ストラドル），25デルタ，10デルタのリスク・リバーサル（RR），バタフライ（BF）が取引されており，実務ではこのATM，RR，BFをバンナ・ボルガ・モデルで用いることが一般的です。期間T，任意の行使価格KのオプションのベガK_{Vega}，バンナK_{Vanna}，ボルガK_{Volga}を，同じオプション満期のATM，RR，BFを用いて複製することを考えます。

$$\begin{pmatrix} ATM_{Vega} & RR_{Vega} & BF_{Vega} \\ ATM_{Vanna} & RR_{Vanna} & BF_{Vanna} \\ ATM_{Volga} & RR_{Volga} & BF_{Volga} \end{pmatrix} \begin{pmatrix} w_{ATM} \\ w_{RR} \\ w_{BF} \end{pmatrix} = \begin{pmatrix} K_{Vega} \\ K_{Vanna} \\ K_{Volga} \end{pmatrix}$$

w_{ATM}, w_{RR}, w_{BF} はATM, RR, BFのそれぞれのウェイトを表します。行使価格Kのオプション価格$C(K)$は以下のように算出されます。

$$C(K) = C^{BS}(K) + w_{RR}(RR^{MKT} - RR^{BS}) + w_{BF}(BF^{MKT} - BF^{BS})$$

ここで, RR^{MKT}やBF^{MKT}は市場で観測されるRRやBF, $C^{BS}(\cdot)$やRR^{BS}, BF^{BS}はATMのインプライド・ボラティリティで算出されたオプション価格, RR, BFをそれぞれ表します。このオプション価格$C(K)$から, ブラック・ショールズ式を用いて, ボラティリティ・スマイルを算出することとなります。なお, 求めたいオプションのデルタが25デルタより大きい場合は25デルタのRR, BFを用いてw_{ATM}, w_{RR}, w_{BF}を算出し, 25デルタより小さい場合は25デルタと10デルタの構築コストを按分してw_{ATM}, w_{RR}, w_{BF}を算出するなどの方法も用いられます。

バンナ・ボルガ・モデルは, SABRモデルやヘストン・モデルとは異なりノンパラメトリックなモデルのため, 比較的容易にキャリブレーションできることが特徴です。一方で, 任意の3点のオプション価格が必要となるため, それらが市場で観測できない場合や, 観測された行使価格よりも外側の行使価格を補外によって算出する場合は, 注意が必要です。

Step 3 バンナ・ボルガ・モデルはその簡便さから, バリア・オプション等のボラティリティ・スマイルによって大きく価格が変化するようなエキゾチック・オプションを算出する場合にも用いられます。エキゾチック・オプションの価格は以下のように算出されます。

$$C(K) = C^{BS}(K) + \rho\{w_{RR}(RR^{MKT} - RR^{BS}) + w_{BF}(BF^{MKT} - BF^{BS})\}$$

ここで, ρはオプションの生存確率を表します。バリア・オプションはオプション期間中にノックアウトする場合があるため, ヨーロピアン・オプションと同じ方法を用いた場合, 構築コストを過大に計算してしまいます。したがって, 構築コストをρで調整します。

コンビニエンス・イールド　*Convenience Yield*

商品先物取引価格に現れる商品現物保有のメリット。

Step 1　コンビニエンス・イールドとは，商品現物価格と保管コスト等から求められる先物取引の理論価格よりも実際に取引される先物価格が割安になっている際，この差額を割引額に直したときの利回りのことです。この現物と先物の価格の乖離は，現物を保有している人は商品を期中に消費できるというメリットから生まれていると考えられるため，コンビニエンス・イールドと呼ばれています。

Step 2　現物と先物の裁定関係とコンビニエンス・イールドについて確認します。

投資家が投資目的で保有している金・銀等の商品には，保管コストがかかります。これはマイナスの期間収入のある証券とみなすことで先物価格を求めることができます。各変数を次のように定義します。

F：現時点（t）での先物価格

S：現時点（t）での現物資産価格

U：先物期間中に発生する保管コストの現在価値

T：先物取引の満期（年）

t：現時点（年）

r：現時点（t）の連続複利で満期Tまでの利子率（年）

　（運用も借入れも同じ利子率rとします）

現物と先物の裁定関係により以下の式が成り立ちます。

$$F = (S + U)e^{r(T-t)}$$

仮にマーケットの先物価格が割高，つまり$F > (S + U)e^{r(T-t)}$という関係にあったとすると，次のような裁定取引が可能になります。

① 利子率rで$S + U$の借入れをしてその商品を購入し，保管コストを支

払う。

② 割高な先物を売却する。

これで満期時Tに$F-(S+U)e^{r(T-t)}$の利益が実現します。

一方，マーケットの先物価格が割安で，$F<(S+U)e^{r(T-t)}$の場合には，

① 保有している商品を売却し，保管コストを節減する。同時に売却資金を利子率rで運用する。

② 割安な先物を購入する。

これにより，満期時Tに$(S+U)e^{r(T-t)}-F$の利益が実現します。一般に貴金属の先物は期中で現物の消費をすることが想定されていないため，コンビニエンス・イールドは現れません。

しかし，この裁定関係は投資目的で保有される商品以外については必ずしも成り立ちません。商品を消費目的で保有する場合には，期中に消費によって得られる価値があるはずであり，わざわざ消費できる現物を売って，消費できない先物を買うという戦略には消極的なバイアスがかかります。これは商品を消費する目的がある者にとって，先物ではなく現物を保有することによって得る有益性（たとえば一時的な品不足により利益を得るなど）があるためです。この先物保有と比較した現物保有の有益性をコンビニエンス・イールドと呼びます。コンビニエンス・イールドをyとし，これを織り込んだかたちで先物価格を表すと，

$$Fe^{y(T-t)}=(S+U)e^{r(T-t)}$$

となります。

12

数理モデル

数学・数値計算

ブートストラップ法　*Bootstrap Method*

利付債や金利スワップ等からディスカウント・ファクターを算出する方法。

Step 1　金融商品の時価は，その商品から発生する将来のキャッシュフローの現在価値の合計として求められます。現在価値計算のためには，キャッシュフローが発生する将来時点のディスカウント・ファクター（または割引債の価格），あるいはゼロ・クーポン・レートが必要となります。しかし，現在価値計算に必要なディスカウント・ファクター（または割引債の価格）が常に市場で観測できるわけではないため，実務では市場流動性の高い利付債や金利スワップ等の市場価格からディスカウント・ファクターを推定する方法がとられます。その代表的な方法がブートストラップ法です。ブートは長靴，ストラップは靴紐のことで，ちょうど靴紐を編み上げるように，短期割引債から長期割引債に向けて逐次理論価格を計算します。

Step 2　実際にブートストラップ法を用いて利付債の価格から割引債の理論価格を求めてみましょう。現在，下表のような価格で割引債と利付債が取引されているとします。ただし，債券の発行体はすべて同じとします。

まず，この表から期間半年の割引債の価格は99円とわかっています。

市場価格（例）

債券元本（円）	満期（年）	クーポン（半年ごと利払い）	債券価格（円）
100	0.5	0	99.0
100	1.0	2	100.4
100	1.5	4	103.0

　次に期間1年の利付債について，この債券のキャッシュフローは，半年後に1円，1年後に1＋100＝101円入ってくることになりますが，これは期間半年の割引債を額面1円分，期間1年の割引債を額面101円分買うことでキャッシュフローを複製することができます。期間半年の割引債，額面1円分の価格は1×99/100＝0.99円となります。これに期間1年の割引債，額面101円分の価格を加えたものが，現在100.4円なので，期間1年の割引債，額面101円分の価格は100.4－0.99＝99.41円となります。ただし，これは額面101円分の価格なので，額面100円分の価格に直すと，99.41×100/101＝98.43円となり，期間1年，額面100円の割引債の価格が求められました。

　同様に期間1年半の利付債について，この債券のキャッシュフローは，半年後に2円，1年後に2円，1年半後に2＋100＝102円入ってくることになりますが，これは期間半年の割引債を額面2円分，期間1年の割引債を額面2円分，期間1年半の割引債を額面102円分買うことでキャッシュフローを複製することができます。期間半年の割引債，額面2円分の価格は，2×99/100＝1.98円となります。期間1年割引債，額面2円分の価格は，先ほど求めた1年物の割引債の理論価格を用いて，2×98.43/100＝1.97円となります。これに期間1年半の割引債，額面102円分の価格を加えたものが，現在103円なので，期間1年半の割引債，額面102円分の価格は，103－1.98－1.97＝99.05円となります。ただし，これは額面102円分の価格なので，額面100円分の価格に直すと，99.05×100/102＝97.11円となり，求めたかった期間1年半，額面100円の割引債の価格が求められました。

　ここでは期間1年半までの割引債の価格を求めましたが，期間2年，2年半，3年，……の利付債のキャッシュフローがわかれば，同様に期間2年，2年半，3年，……の割引債の価格を求めることができます。

数値計算法 *Numerical Calculation Method*

解析解でないデリバティブの評価額等の計算手段。

Step 1　ブラック・ショールズ・モデルでは，プレーンなオプションの価格が解析解（closed form）で与えられましたが，複雑な境界条件をもつエキゾチック・オプションについては必ずしも解析解が得られるとは限りません。そのような場合にデリバティブの価格を求めるためには，有限差分法，二項格子あるいは三項格子などの格子法（ツリー法），モンテカルロ・シミュレーション法などの数値計算法を用いる必要があります。

Step 2　原資産価格 $S(t)$ が，ドリフト係数，ボラティリティを一定とする次のような確率微分方程式に従うと仮定します。

$$dS(t) = \mu S(t) dt + \sigma S(t) dW^P \qquad 【式1】$$

ここで dW^P は確率測度 P のもとでの標準ブラウン運動

このとき，無裁定価格理論のもとでは $S(t)$ を原資産とする派生商品の価格 $C(S(t), t)$ が次式の偏微分方程式の解となることが示されます。

$$\frac{\partial C}{\partial t} + rS\frac{\partial C}{\partial S} + \frac{1}{2}\sigma^2 S^2 \frac{\partial^2 C}{\partial S^2} - rC = 0, \quad 0 \leq t \leq T \qquad 【式2】$$

境界条件：$C(S(T), T) = h(S(T))$

ここで r は無リスク金利，T は派生商品の満期，$h(S(t))$ は原資産価格に依存する派生商品のペイオフ

この偏微分方程式の境界値問題の解が解析的に与えられない場合には，以下のような方法により数値的に派生商品価格 $C(S(t), t)$ を求めます。

方法1：【式2】の偏微分方程式を離散（差分）近似し，境界値問題を数値的に解く（有限差分法）。

方法2：ファインマン・カッツ（Feynman-Kac）の公式により偏微分方程式【式2】の解は次式で与えられる。

$$C(S(t), t) = \mathbb{E}^Q\left[h(S(T))\exp\left(-\int_t^T r(\tau)\,d\tau\right)\Big|\mathfrak{F}_t\right], \quad 0 \le t \le T \qquad \text{【式3】}$$

ここで$\mathfrak{F}_t$は時点tまでの（確率測度Qのもとでの）標準ブラウン運動$W^Q(t)$のフィルトレーションとする。

このように，偏微分方程式の解がリスク中立確率測度Qに関するペイオフ関数$h(S(T))$の期待値として与えられることを利用し，確率微分方程式に従う原資産価格$\{S(t), 0 \le t \le T\}$あるいはその対数値$\{X(t), 0 \le t \le T\}$を離散近似することによって，【式3】の期待値を評価する（格子法（ツリー法），モンテカルロ・シミュレーション法）。

Step 3

[偏微分方程式の数値解法：方法1]

代表的な偏微分方程式の数値解法に有限差分法があります。有限差分法では偏微分方程式の各微分項を差分近似することによって偏微分方程式の評価を行います。有限差分法には，近似に用いる差分の方法の違いにより，陽的有限差分法，陰的有限差分法，クランク・ニコルソン（Crank-Nicolson）法，ADE（交互方向陽解法）等の種類があります。

[確率微分方程式の離散近似：方法2]

原資産価格が従う確率微分方程式（【式1】）を離散近似し，【式3】の期待値を評価する方法には，格子法（ツリー法）やモンテカルロ・シミュレーション法があります。格子法は比較的計算負荷が軽い方法ですが，

① 原資産価格が依存する状態変数（ファクター）の数が多い場合に（高次元の）格子・ツリーを構築することがむずかしい

② オプションのペイオフが原資産価格の履歴に依存する経路依存型オプションの評価ができない

③ ツリーが再結合しない場合に計算負荷が著しく増加してしまう

といった欠点が存在します。一方，モンテカルロ・シミュレーション法は，格子法（ツリー法）が不得手とする上記のような状況において派生商

品価格の評価を行う場合に適した方法です。単純なモンテカルロ法では期限前行使の可能性のあるアメリカン・タイプ（バミューダン・タイプを含む）のオプションの価格評価を行うことに困難が伴いますが，Longstaff and Schwartz（2001）によって開発された最小二乗モンテカルロ法により，この問題点は解決されています。

キャリブレーション *Calibration*

モデルによるデリバティブ等の理論価格と市場価格が近似するようにモデルのパラメータを推定すること。

Step 1　債券やデリバティブを価格付けするモデルには，さまざまなパラメータが含まれています。価格付けする商品や採用するモデルによっては市場で直接観測できないパラメータが必要になることがあります。たとえば，取引所で取引されていない条件の株式オプションの評価をブラック・ショールズ・モデルで行う場合，この株式オプションの評価に必要なボラティリティは市場で直接観測することはできません。そこで市場で観測される株式オプション価格を用いて，ボラティリティを推定する方法が考えられます。このように市場で取引されているデリバティブの価格をモデルのインプットとして，パラメータを推定することをキャリブレーションと呼びます。

Step 2　市場で取引されているデリバティブなどの市場価格をQ_i^{MKT}とします。iは取引されている商品の数を表し，$i=1, 2, \cdots, N$とします。一方，モデルを用いてそれらの商品を評価した場合の理論価格を，モデルのパラメータΘの関数として$Q_i^{MODEL}(\Theta)$で表します。キャリブレーションとは，理論価格と市場価格の近さを表す評価関数$V(\Theta)$を最小にするようパラメータΘを求める作業になります。たとえば，一般的に用いられる評価関数$V(\Theta)$として二乗誤差和を採用した場合では，

$$V(\Theta) = \sum_{i=1}^{N} [Q_i^{MKT} - Q_i^{MODEL}(\Theta)]^2$$

となり，$V(\Theta)$を最小化するようパラメータΘを求めることになります。評価関数$V(\Theta)$には二乗誤差和だけでなく，情報量を採用する方法や，価格水準の影響を避けるために価格比をとる場合もあります。

13

数学・数値計算

Step 3 キャリブレーションによってモデルのパラメータを推定する場合には，キャリブレーション誤差に注意する必要があります。キャリブレーションを行った後でも$V(\Theta)$の値が大きければ，モデル価格の市場価格への適合度は低く，市場を適切に表現できているとは言いがたいでしょう。また評価モデルが複雑な場合や，パラメータが多い場合には評価関数$V(\Theta)$の最小化が適切になされていない（局所的最適解を求めてしまう）可能性もあり，あわせて注意したほうがよいでしょう。

キャリブレーションを行う際には，評価対象の商品と近しい年限を選ぶなど，モデルのインプットの選択が重要です。

有限差分法 *Finite Difference Method*

偏微分方程式に基づく数値計算法。

Step 1 解析解が得られない複雑な金融派生商品の価格を算定する際には，偏微分方程式に基づいた有限差分法（FDM）と呼ばれる手法がよく用いられます。

Step 2 原資産価格 $S(t)$ の対数変換値を $X(t)(\equiv \ln S(t))$ として，「数値計算法」の項【式2】の偏微分方程式を書き直すと次式のようになります。

$$\frac{\partial C}{\partial t} + \left(r - \frac{\sigma^2}{2}\right)\frac{\partial C}{\partial X} + \frac{\sigma^2}{2}\frac{\partial^2 C}{\partial X^2} - rC = 0$$

この偏微分方程式を離散的に表現するために時間間隔 $[t, T]$ を M 等分し，

$$t_i = t + i\Delta t, i = 0, \cdots, M; \Delta t = (T - t)/M$$

と表し，$X(t)$ が有限区間 $[X_{\min}, X_{\max}]$ 内と仮定してこの区間を N 等分し，

$$X_j = X_{\min} + j\Delta X, j = 0, \cdots, N; \Delta X = (X_{\max} - X_{\min})/N$$

と表します。さらに $t = t_i$，$X = X_j$ のときの派生商品の価格をグリッド（i, j）上の値として $C_{i,j}$ と表します。

有限差分法では，偏微分項をグリッド上の値を用いて差分近似し，数値微分を行います。関数 $F(X, t)$ の t に関する一階の偏微分差分 $\partial F(X, t)/\partial t$ の差分近似の方法には図表1のような前進差分，中心差分，後退差分があります。

図表1 差分近似の方法

前進差分	中心差分	後退差分
$\dfrac{F(X, t+\Delta t) - F(X, t)}{\Delta t}$	$\dfrac{F(X, t+\Delta t) - F(X, t-\Delta t)}{2\Delta t}$	$\dfrac{F(X, t) - F(X, t-\Delta t)}{\Delta t}$

13

数学・数値計算

Step 3 有限差分法では，用いる差分近似の種類の違いにより陽
的有限差分法，陰的有限差分法，クランク・ニコルソン
法，ADE（交互方向陽解法）等の方法があり，以下のような特徴があり
ます。

① **陽的有限差分法（explicit finite difference method）**

陽的有限差分法では，$\partial C/\partial X$ と $\partial^2 C/\partial X^2$ については中心差分，$\partial C/\partial t$
については後退差分を用いて，満期時点から時間をさかのぼる方向に数値
を求めていきます。安定性・収束性を保証するために $\Delta X \geq \sigma\sqrt{3\Delta t}$ となる
よう離散化する必要があります。

② **陰的有限差分法（implicit finite difference method）**

陰的有限差分法では，$\partial C/\partial X$ と $\partial^2 C/\partial X^2$ については陽的有限差分法と
同じく中心差分を用いますが，$\partial C/\partial t$ については前進差分を用います。満
期時点から時間をさかのぼる方向に数値を求めようとすると順に連立方程
式を解くことになるため，逆行列を計算するなどの手順が増え，計算が煩
雑になります。陰的有限差分法による数値計算は ΔX，Δt の設定に依存せ
ず，無条件で安定的であり，かつ収束が保証されるという特徴がありま
す。

③ **クランク・ニコルソン法（Crank-Nicolson method）**

クランク・ニコルソン法では，$\partial C/\partial X$ と $\partial^2 C/\partial X^2$ についてはグリッド
(i, j) と $(i+1, j)$ における中心差分の平均値を用い，$\partial C/\partial t$ については前
進差分を用います。この方法は陰的有限差分法と同様に，ΔX，Δt の設定
に依存せず無条件で安定的かつ収束することが保証され，さらに陽的有限
差分法，陰的有限差分法よりも収束が速いという点で優れています。

④ **ADE（Alternating Direction Explicit method：交互方向陽解法）**

ADEは，学術的な文献で取り上げられることはあまりないものの実務
では有用な手法で，陽的な手法のように扱いやすく，陰的な手法のように
安定し，並列計算にも適している手法です。具体例として，前述の陽的有
限差分法，

図表2　有限差分法における偏微分の近似方法

偏微分	陽的有限差分法	陰的有限差分法	クランク・ニコルソン法
$\dfrac{\partial C}{\partial X}$	$\dfrac{C_{i,j+1}-C_{i,j-1}}{2\Delta X}$	$\dfrac{C_{i,j+1}-C_{i,j-1}}{2\Delta X}$	$\dfrac{1}{2}\left\{\dfrac{C_{i,j+1}-C_{i,j-1}}{2\Delta X}+\dfrac{C_{i+1,j+1}-C_{i+1,j-1}}{2\Delta X}\right\}$
$\dfrac{\partial^2 C}{\partial X^2}$	$\dfrac{C_{i,j+1}-2C_{i,j}+C_{i,j-1}}{(\Delta X)^2}$	$\dfrac{C_{i,j+1}-2C_{i,j}+C_{i,j-1}}{(\Delta X)^2}$	$\dfrac{1}{2}\left\{\dfrac{C_{i,j+1}-2C_{i,j}+C_{i,j-1}}{(\Delta X)^2}+\dfrac{C_{i+1,j+1}-2C_{i+1,j}+C_{i+1,j-1}}{(\Delta X)^2}\right\}$
$\dfrac{\partial C}{\partial t}$	$\dfrac{C_{i,j}-C_{i-1,j}}{\Delta t}$	$\dfrac{C_{i+1,j}-C_{i,j}}{\Delta t}$	$\dfrac{C_{i+1,j}-C_{i,j}}{\Delta t}$

$$\frac{C_{i,j}-C_{i-1,j}}{\Delta t}+\left(r-\frac{\sigma^2}{2}\right)\frac{C_{i,j+1}-C_{i,j-1}}{2\Delta X}+\frac{\sigma^2}{2}\frac{C_{i,j+1}-2C_{i,j}+C_{i,j-1}}{(\Delta X)^2}-rC_{i,j}=0$$

の場合を例にとると，別途 $U,\ V$ という変数を導入し，それぞれ別の漸化式，

$$\frac{U_{i,j}-U_{i-1,j}}{\Delta t}+\left(r-\frac{\sigma^2}{2}\right)\frac{U_{i-1,j+1}-U_{i-1,j}+U_{i,j}-U_{i,j-1}}{2\Delta X}$$

$$+\frac{\sigma^2}{2}\frac{U_{i-1,j+1}-U_{i-1,j}-U_{i,j}+U_{i,j-1}}{(\Delta X)^2}-rU_{i,j}=0$$

$$\frac{V_{i,j}-V_{i-1,j}}{\Delta t}+\left(r-\frac{\sigma^2}{2}\right)\frac{V_{i,j+1}-V_{i,j}+V_{i-1,j}-V_{i-1,j-1}}{2\Delta X}$$

$$+\frac{\sigma^2}{2}\frac{V_{i,j+1}-V_{i,j}-V_{i-1,j}+V_{i-1,j-1}}{(\Delta X)^2}-rV_{i,j}=0$$

に従うとします。すると，$(i,\ j)$ 平面上において U は右上から，V は右下から，いずれも陽的有限差分法と同様の容易さで求めていくことができるので，これらを平均して，

$$C_{i,j}=\frac{U_{i,j}+V_{i,j}}{2}$$

とするのがADEの適用手法の基本的なものになります。

　なお，ADI（Alternating Direction Implicit method：交互方向陰解法）と呼ばれる手法があり，こちらはヘストン・モデルでの利用などが有名ですが，ADIは次元分割（dimensional splitting）という手法に属するのに対してADEは演算子分割（operator splitting）という手法に属しており，名称は似ていても内容や利用法はかなり異なります。

補 間 法 *Interpolation Method*

市場で観測できる数値から観測できない数値を推測する方法。

Step 1 デリバティブの評価やリスク管理においては，市場で観測できない金利や市場価格等が必要になることがあり，その際に市場で観測できる金利や市場価格等からそれらを推測する方法としてさまざまな補間法があります。たとえば，期間4年の金利スワップ・レートと期間5年の金利スワップ・レートは市場流動性があり情報ベンダーの画面に表示されていますが，期間4.5年などの金利スワップ・レートは市場で観測することができないために通常は補間法を用いて推測します。なお，データとデータの間のデータを推測することを内挿または補間，データの外側のデータを推測することを外挿または補外といいます。

Step 2 代表的な補間法として，線形補間，ラグランジェ補間，エルミート補間，スプライン補間があります。それぞれ一定の仮定を置くことで各点を通る方程式を求めます。

(1) 線形補間

隣り合った各点を直線で結ぶ最も簡易的な方法です。2点 (x_i, y_i) と (x_{i+1}, y_{i+1}) を直線で結び，その間のデータを求めます。データの対数 $(x_i, \ln y_i)$ と $(x_{i+1}, \ln y_{i+1})$ に対して線形補間を適用することもあります。また，インプライド・ボラティリティの時間方向の補間では無裁定条件を保つため $(T_i, \sigma_i^2 T_i)$ と $(T_{i+1}, \sigma_{i+1}^2 T_{i+1})$ を線形補間することが多いです。

(2) ラグランジェ補間

取得可能な $n+1$ 個の点 $(x_1, y_1), \cdots, (x_{n+1}, y_{n+1})$ に対して m 次多項式（$m \geq n$）で補間する方法で，以下の式で表現されます。

$$f(x) = a_0 + a_1 x + a_2 x^2 + \cdots + a_m x^m$$

この式はすべての点を通るので，$n+1$ 個の点を代入することでパラ

メータ $a_1, a_2, \cdots, a_m$ を求めます。

$$f(x_1) = y_1 = a_0 + a_1 x_1 + a_2 x_1^2 + \cdots + a_m x_1^m$$

$$\vdots$$

$$f(x_{n+1}) = y_{n+1} = a_0 + a_1 x_{n+1} + a_2 x_{n+1}^2 + \cdots + a_m x_{n+1}^m$$

$m = n$ のとき，補間する多項式は一意に決まります。

(3) エルミート補間

ラグランジェ補間には「"滑らかに"各点が結べているかどうかわからない」ため，各点の周辺の値が大きく変わってしまうおそれがあります。この欠点を解決させたのがエルミート補間になります。エルミート補間ではラグランジェ補間の条件に加えて，各点の導関数に適度な条件を設定することで，各点周辺の値を安定させます。具体的には取得可能な $n+1$ 個の点 $(x_1, y_1), \cdots, (x_{n+1}, y_{n+1})$ とその導関数 $(x_1, y_1'), \cdots, (x_{n+1}, y_{n+1}')$ がわかっているときに $2n+1$ 次多項式で補間します。

$$f(x) = a_0 + a_1 x + a_2 x^2 + \cdots + a_{2n+1} x^{2n+1}$$

上式に関して，すべての点を通ることと導関数が与えられていることを利用して連立方程式を解くことになります。たとえば，i 番目の点について以下の 2 式で表現されます。

$$f(x_i) = y_i = a_0 + a_1 x_i + a_2 x_i^2 + \cdots + a_{2n+1} x_i^{2n+1}$$

$$\frac{df(x_i)}{dx} = f'(x_i) = y_i' = a_1 + 2a_2 x_i + \cdots + (2n+1) a_{2n+1} x_i^{2n}$$

エルミート補間では各点の導関数を推測する必要があります。導関数の推測の仕方としては，i 番目の点の導関数を $i-1$ 番目の点と $i+1$ 番目の点で作られる直線の傾きを利用するといった方法が考えられます。

(4) スプライン補間

ラグランジェ補間とエルミート補間では多項式を求める際に使用するデータ数によって多項式の次数が決定することになります。一般に多項式の次数が大きくなるとラグランジェ補間やエルミート補間では適切な曲線にならなくなることがあります（次頁の図を参照）。そこで次数の小さな

多項式で「個々の2点の間のみを補間」し，かつ「隣り合う多項式を滑らかにつなげていく」解決方法が考えられます。この条件に最もあうのが3次式で，一般に3次スプライン補間と呼ばれています。具体的には i 番目の3次関数について，次の仮定を置くことでそれぞれのパラメータを求めます。

$$f_i(x) = a_0^i + a_1^i x + a_2^i x^2 + a_3^i x^3$$

【条件1】$f_i(x)$ が2点 (x_i, y_i) と (x_{i+1}, y_{i+1}) を通る

$$f_i(x_i) = y_i = a_0^i + a_1^i x_i + a_2^i x_i^2 + a_3^i x_i^3$$

$$f_i(x_{i+1}) = y_{i+1} = a_0^i + a_1^i x_{i+1} + a_2^i x_{i+1}^2 + a_3^i x_{i+1}^3$$

【条件2】隣り合う2つの関数 $f_i(x)$ と $f_{i+1}(x)$ が滑らかにつながる

$$f_i'(x_{i+1}) = f_{i+1}'(x_{i+1})$$

$$\Leftrightarrow a_1^i + 2a_2^i x_{i+1} + 3a_3^i x_{i+1}^2 = a_1^{i+1} + 2a_2^{i+1} x_{i+1} + 3a_3^{i+1} x_{i+1}^2$$

　全体の両端に関する導関数は自由境界条件（$y_1' = 0$ かつ $y_{n+1}' = 0$）を仮定することが多いです。3次スプライン補間はラグランジェ補間とエルミート補間の欠点をうまく克服した安定的な方法であり，かつ解析的に曲

13
数学・数値計算

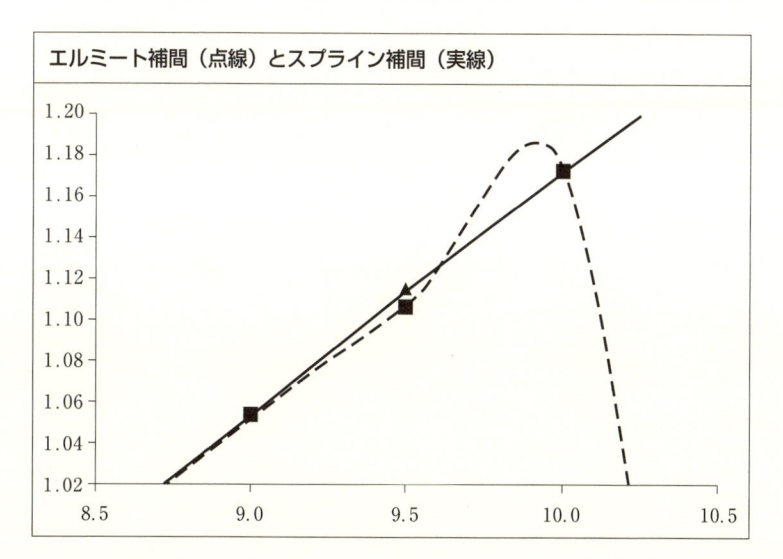

エルミート補間（点線）とスプライン補間（実線）

線の方程式を求めることができるため，実務的にも使い勝手のよい補間法
です。

Step 3　補間法にはさまざまな手法があり，それぞれに長所短所
があります。金利のブートストラップやセンシティビ
ティ計測においては，補間に使う手法の選択が重要になり，実務上の目的
に応じて複数の手法を組み合わせることもあります。

長所短所の例としては次のようなものがあります。期間2年の金利ス
ワップ・レートに対するセンシティビティを計算する際，期間2年のレー
トを動かして価格の変化をみますが，期間2年のレートを動かした後に期
間1年や期間3年のレートが動かないような性質（局所性）を重視すると
フォワード・レートが不安定になりがちです。逆に，3次スプライン補間
などを用いてフォワード・レートの滑らかさを重視すると局所性が損なわ
れます。局所性を確保しながら，ある程度の安定性・滑らかさを求める場
合には，Hagan-West（2006）によるmonotone convexと呼ばれる手法が
よく使用されます。これはHyman（1983）の手法を発展させ，フォワー
ド・レートに対し適用したものです。

ニュートン・ラフソン法　*Newton-Raphson Method*

線形近似を利用して反復計算により方程式の解を求める方法。

Step 1　ニュートン・ラフソン法とは線形近似を利用して方程式の解を求める方法です。金融工学プログラミングでは，インプライド・ボラティリティの推計，内部収益率の計算など，解析的に解が得られない問題を解く際にニュートン・ラフソン法がよく使用されます。ニュートン・ラフソン法は，単調かつ1階微分可能な任意の関数$f(x)$について，以下のアルゴリズムにより，$f(x) = 0$を満たすxの近似解を計算します。

① 　xに初期値x_0を設定。

② 　$f'(x_0)$を計算。

③ 　$x_1 = x_0 - \dfrac{f(x_0)}{f'(x_0)}$ よりx_1を計算。

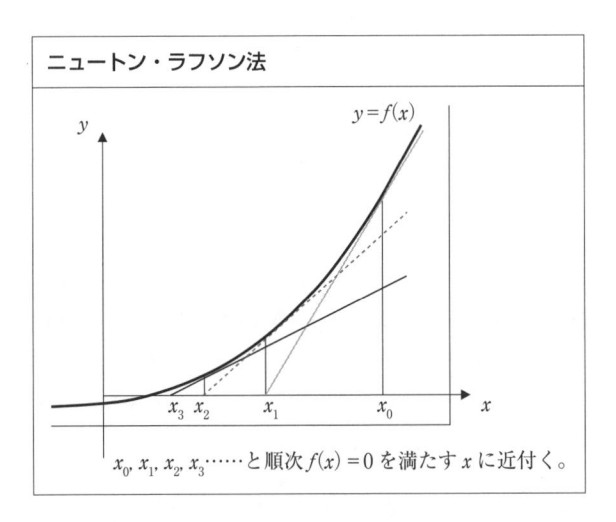

ニュートン・ラフソン法

$x_0, x_1, x_2, x_3\cdots\cdots$と順次$f(x) = 0$を満たす$x$に近付く。

13

数学・数値計算

④　②③を繰り返し，$x_2,\ x_3,\ $……を求め，　$|x_n-x_{n-1}|<\varepsilon$（$\varepsilon$は近似精度であり0に近い微小値を設定）となるまで継続。これにより，$f(x)=0$の近似解としてx_nが得られる。

前頁の図で表現されているように，③では各点において関数を接線で線形近似し，関数の曲線のかわりに接線とx軸の交点を計算しています。接線とx軸の交点を求めることは1次方程式を解くことであり，③のように具体的に計算ができます。

Step 2　ニュートン・ラフソン法による株式オプションのインプライド・ボラティリティの推計について説明します。株式オプションの理論価格計算式は，ブラック・ショールズ・モデルにより株価，行使価格，期待収益率，オプション期間，ボラティリティの関数として表されます。ここで，株価，行使価格，期待収益率は市場から得られる定数，オプション期間は評価基準日より決定される定数であることから，株式オプションの理論価格計算式は，ボラティリティσを変数とする1変数関数$C(\sigma)$として表すことができます。

マーケットから得られる株式オプションの価格（定数）C_mを用いて，

$$f(\sigma)=C(\sigma)-C_m$$

と置き，$f(\sigma)=0$となるσを推計します。ここで得られるσが株式オプションのインプライド・ボラティリティです。

$f(\sigma)$をσで微分すると，

$$f'(\sigma)=\frac{dC(\sigma)}{d\sigma}$$

となり，株式オプションのベガが得られます。オプションのロング・ポジションのベガは常に正であり，$f(\sigma)$は単調増加関数です。つまり，$f(\sigma)$は微分可能な単調連続関数です。したがって，Step1で示したニュートン・ラフソン法のアルゴリズムが適用でき，適当な初期値σ_0からスタートして$\sigma_1,\ \sigma_2,\ \sigma_3,\ $……, σ_nと順次計算することで，インプライド・ボラティリティが求められます。

格子（ラティス）法　*Lattice Approach*

時間や価格の変化を離散的に表現する数値計算法。

Step 1　格子（ラティス）法，あるいは格子モデルとは，時間の経過を離散的であると仮定し，一時点における金利や価格の状態が，次の時点へ遷移する場合に，どの程度の確率で，どういった状態に変化しているのかを，各ノード（格子状に交差している点）上で表現する方法のことをいいます。この一つひとつのノードが，時間の経過に伴い拡張していくようすが，ちょうど幹から枝分かれしていく「木」の姿に似ている場合には特に，ツリー法と呼ばれることもあります。

図表1は，ある時点から1単位の時間の経過に伴う状態の変化を，上方・下方の2方向に限定して表現しようとする，「二項モデル（バイノミアル・モデル：Binomial Model）」と，3方向で表現する「三項モデル

13

数学・数値計算

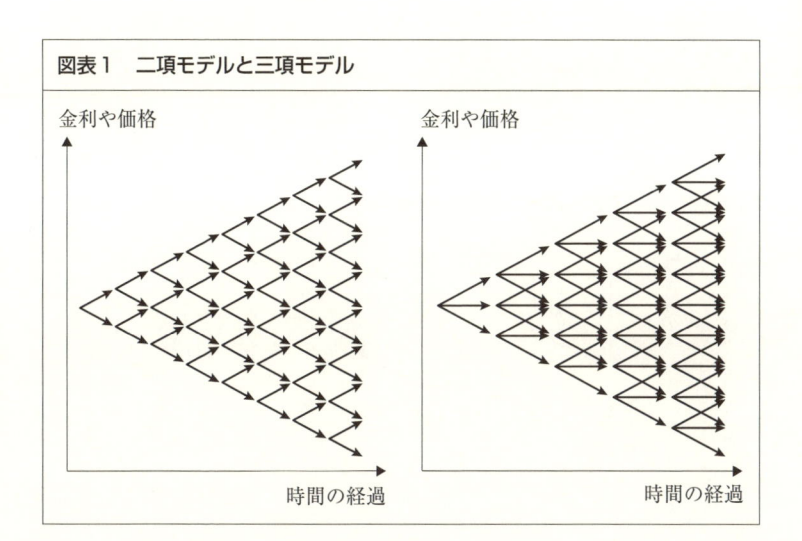

図表1　二項モデルと三項モデル

金利や価格

金利や価格

時間の経過

時間の経過

（トリノミアル・モデル：Trinomial Model)」の例を示したものです。

Step 2 二項モデルでツリーが構築されていくイメージを詳しくみてみます。リスク中立測度のもとで，ある時点における資産価格 S が，時間 1 単位（1 タイム・ステップ）の経過により p の確率で uS となり，$1-p$ の確率で dS になると仮定します。この条件下で 2 単位時間の価格変動を図で表現すると，図表 2 のようになります。

現時点の価格 S は，リスク中立測度における時間 1 単位後の価格の期待値を金利で割り引いたものと一致するので，

$$S = 割引率 \times [p \cdot uS + (1-p) \cdot dS]$$

となります。図表 2 のように変動過程を拡張していくことにより，残存期間に対応する金利や債券価格の拡散過程を表すツリーが完成することになります。

Step 3 格子法は，ターム・ストラクチャー・モデルやストキャスティック・ボラティリティ・モデルのように複雑な確率微分方程式に従うモデルにおけるオプションを評価する場合や，アメリカン・オプションやバミューダン・オプションのように満期前に権利行使が行われるエキゾチック・デリバティブを評価する場合に用いられ，モンテカルロ・シミュレーションの場合よりも比較的容易に安定した結果を得

図表 2　二項モデルにおけるツリー構築の例

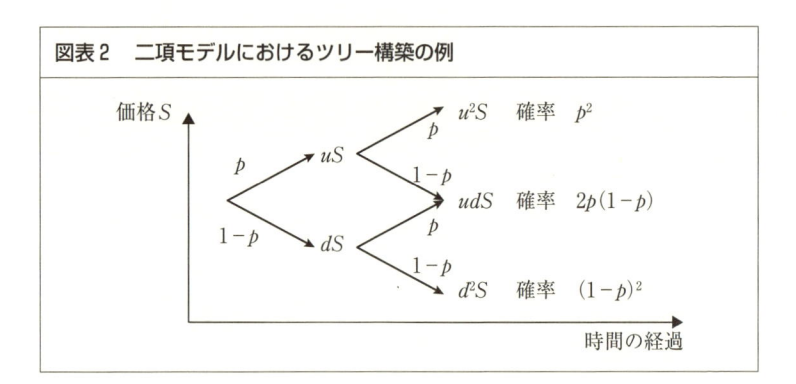

ることができます。ただし，有限差分法と同様に，確率的に変動するファクターや状態変数の数が増えるに従って「次元の呪い（curse of dimensionality）」により計算が困難になるため，モンテカルロ・シミュレーションが選好されるようになります。

　ちなみに，複雑な確率微分方程式を離散化して計算する手法としては，二項モデルや三項モデルのようなツリーを使う手法以外にもさまざまなバリエーションが存在します。図表3はそのような手法の実用例で，ある時点における格子上の1点から，1単位時間後の格子上のあらゆる点に遷移する可能性が考慮されます。また，ここでは価格方向の格子の間隔が，時間に従って広がるよう設定されています。このような手法は狭義の「格子モデル」には該当しませんが，確率微分方程式を用いた数値計算手法として汎用性の高いものになります。

13

数学・数値計算

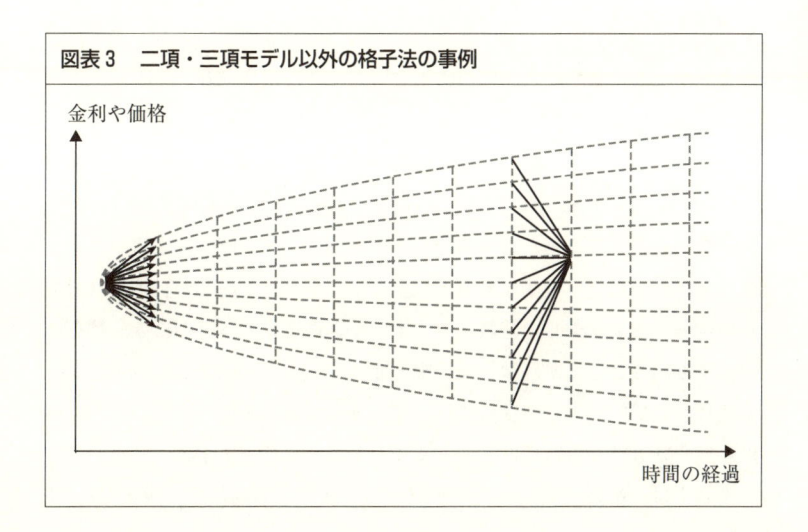

図表3　二項・三項モデル以外の格子法の事例

金利や価格

時間の経過

モンテカルロ・シミュレーション
Monte Carlo Simulation

乱数を利用して数値計算する方法。

Step 1　モンテカルロ・シミュレーション（MC：Monte Carlo Simulation）は乱数を利用したシミュレーションです。ヨーロピアン・オプションなどの単純なデリバティブは解析的に評価することができますが，複雑な条件がついたエキゾチック・デリバティブは，解析的に評価することがむずかしく，「数値計算的」方法を用いて近似的に評価するのが通例です。このような場合にMCが利用されます。

　MCでは原資産価格の確率過程について乱数を用いてシミュレーションを行い，発生させた原資産価格に基づいたデリバティブのペイオフを計算することを繰り返し，そのペイオフの平均をとり期待ペイオフを求めます。

Step 2　MCの計算時間はシミュレーション回数や乱数の発生方法によって変わり，しばしば計算時間の長さが問題になることがあるため，計算時間を短くできるような乱数や乱数発生方法が研究されています。

　金融の分野でよく使用される乱数発生方法にメルセンヌ・ツイスタ（Mersenne Twister）やPCGがあります。これらは高速に周期が長い擬似乱数を発生させることができるため，デリバティブの価格付業務やリスク管理業務のような，複雑な計算を大量にかつ早く行うことが要求される業務のニーズとマッチした特徴をもっているといえます。ほかにも計算を高速化する試みとして準乱数（超一様分布列：Low Discrepancy Sequence）も注目されています。準乱数では一様に分布する数値列を用いることで擬似乱数よりも計算負荷が抑えられることが知られています。

　図表1は，乱数（メルセンヌ・ツイスタ法）と準乱数を2次元で1,000

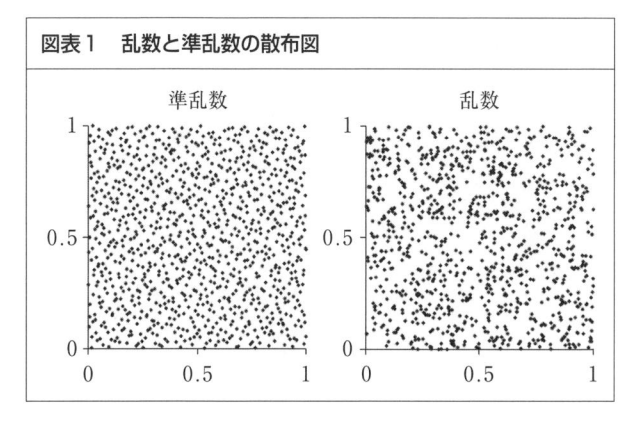

図表1　乱数と準乱数の散布図

準乱数　　　　　　　　　　　乱数

回サンプリングした結果になっています。これをみるとわかるように，準乱数は通常の乱数に比べて，均一に分布していることがわかります。この準乱数を用いるMCをQMC（Quasi Monte Carlo）といい，通常のモンテカルロ・シミュレーションよりもシミュレーション回数を減らすことが可能になります。

Step 3　最も単純なMCの例は，次のとおりです。MCにより円周率πの近似値を求めることができます。-1から$+1$の範囲で一様な乱数を1回に2個発生させ，それぞれの値をX，Yとして，$X^2 + Y^2 < 1$になった回数を数えて，これをF回とします。乱数を発生させた回数（試行回数）をA回としたとき，$4 \times \dfrac{F}{A}$は試行回数を増やすごとにπに近づいていきます。図表2に円周率の推定結果と試行回数Aの関係を記しました。Aの回数が多いほど，数値の精度は上がっていくことがわかります。また，準乱数を用いた場合，通常の乱数よりも早く収束していることから，準乱数の場合シミュレーション回数が少なくてすむことがわかります。

　モンテカルロ・シミュレーションのメリットは，どんなに複雑なエキゾチック・デリバティブであっても，その商品の振る舞いを示す簡単な数式

13

数学・数値計算

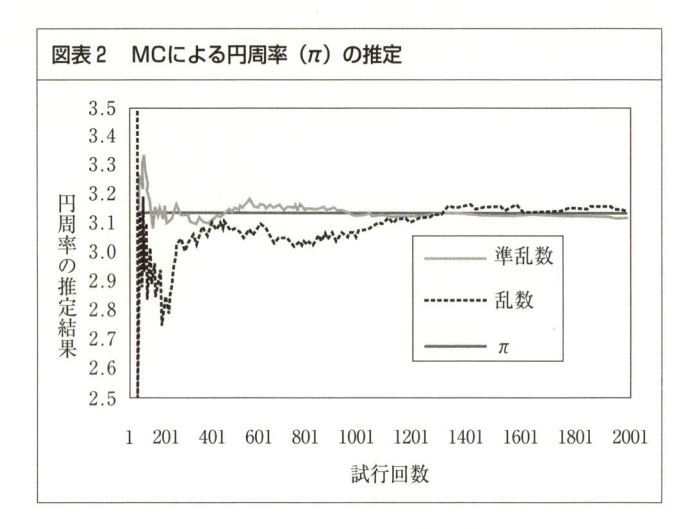

図表2　MCによる円周率（π）の推定

縦軸：円周率の推定結果
横軸：試行回数

凡例：準乱数、乱数、π

で解を求めることができます。一方，原資産の振る舞いが複雑になるほ
ど，シミュレーションの回数を増やす必要があり，計算負荷が増大しま
す。また，準乱数を使用する場合も，原資産の数などを増やすほど乱数の
性質が失われるというデメリットがあります。

コレスキー分解　*Cholesky Decomposition*

対称行列を三角行列の積に分解する方法。

Step 1　コレスキー分解とは，行列を積の形に分解する方法の1つです。コレスキー分解では，上三角行列と下三角行列の積に分解でき，下三角行列が上三角行列の転置行列となります。

$$A = CC^T$$

Aは対称行列，Cは下三角行列，C^TはCの転置行列で上三角行列になります。このとき，各要素は以下のように表されます。

$$A = \begin{bmatrix} a_{11} & a_{12} & \cdots & a_{1n} \\ a_{21} & a_{22} & \cdots & \vdots \\ \vdots & \vdots & \ddots & \vdots \\ a_{n1} & a_{n2} & \cdots & a_{nn} \end{bmatrix}$$

$a_{i,j} = a_{j,i},\ 1 \leq i,\ j \leq n$　のとき，

$$C = \begin{bmatrix} c_{11} & 0 & \cdots & 0 \\ c_{21} & c_{22} & \cdots & 0 \\ \vdots & \vdots & \ddots & \vdots \\ c_{n1} & c_{n2} & \cdots & c_{nn} \end{bmatrix}$$

$$c_{i1} = \frac{a_{i1}}{\sqrt{a_{11}}},\ i = 2, \cdots, n$$

$$c_{jj} = \sqrt{a_{jj} - \sum_{k=1}^{j-1} c_{jk}^2},\quad j = 2, \cdots, n$$

$$c_{ij} = \frac{1}{c_{jj}} \left(a_{ij} - \sum_{k=1}^{j-1} c_{ik} c_{jk} \right),\ j < i,\ i = 2, \cdots, n$$

Step 2　モンテカルロ・シミュレーションを用いてデリバティブの価格付け等を行う際に相関のある乱数が必要になることがあり，コレスキー分解を利用して分散共分散行列や相関行列を分解することができます。

13

数学・数値計算

　相関行列Pを持つ乱数ベクトルYを生成したい場合は，独立な乱数ベクトルXを用いて以下の計算を行います。

　　$P = CC^T$

　　$Y = CX$

たとえば，2次元の独立な乱数ベクトル$X = (\varepsilon_1, \varepsilon_2)$から相関$\rho$をもつ正規乱数ベクトル$Y = (\varepsilon_1', \varepsilon_2')$を生成させたい場合，$P = \begin{pmatrix} 1 & \rho \\ \rho & 1 \end{pmatrix}$をコレスキー分解すると$C = \begin{pmatrix} 1 & 0 \\ \rho & \sqrt{1-\rho^2} \end{pmatrix}$となるので，以下の計算式で求まります。

$$\begin{pmatrix} \varepsilon_1' \\ \varepsilon_2' \end{pmatrix} = \begin{pmatrix} 1 & 0 \\ \rho & \sqrt{1-\rho^2} \end{pmatrix} \begin{pmatrix} \varepsilon_1 \\ \varepsilon_2 \end{pmatrix} \Leftrightarrow \begin{pmatrix} \varepsilon_1' \\ \varepsilon_2' \end{pmatrix} = \begin{pmatrix} \varepsilon_1 \\ \rho\varepsilon_1 + \sqrt{1-\rho^2}\,\varepsilon_2 \end{pmatrix}$$

最小二乗モンテカルロ法
Least-Squares Monte Carlo Method

モンテカルロ・シミュレーションで，バミューダン・オプション等の行使判定を高速に計算する方法。

Step 1 バミューダン・オプションやアメリカン・オプションは主にデリバティブや仕組債等に組み込まれていますが，それらの時価評価はモンテカルロ・シミュレーションによって行われることが多く，その計算に時間がかかることが問題でした。2001年にLongstaffとSchwartzによって提案された最小二乗モンテカルロ法は，オプションの権利行使判定部分のモンテカルロ・シミュレーションを推計式によって行うことで，計算を高速化するものです。

Step 2 株式のバミューダン・コール・オプションを保有している投資家を例として，最小二乗モンテカルロ法をどのように使用するかみてみましょう。このオプションのストライクは現在（$t = 0$）の株価と同じ100，権利行使できるのは$t = 1$のときと満期である$t = 2$のときだけとします。また，ディスカウント・ファクターは考慮しないとします。

まず，モンテカルロ・シミュレーションによって株価の推移を計算し，図表1のように10通りの株価の推移が得られたとします。$t = 1$のとき，パス2，3，6，7，8，10の場合は，このコール・オプションがイン・ザ・マネーとなるため，投資家は$t = 1$時点で権利行使をするか，あるいは権利行使をせずに$t = 2$まで継続してオプションを保有し続けるかの選択を迫られます。このときの継続価値を最小二乗法などによって推計します。

いま，これらのパスにおいて，$t = 1$で権利行使をせずに保有し続けた場合，$t = 2$時点で受け取るキャッシュフローは図表1からパス2，3，

13

数学・数値計算

図表1	株価の推移		
パス	$t=0$	$t=1$	$t=2$
1	100	88	98
2	100	103	106
3	100	112	115
4	100	95	101
5	100	92	105
6	100	108	109
7	100	101	105
8	100	108	110
9	100	96	90
10	100	102	97

図表2　株価と継続価値の関係

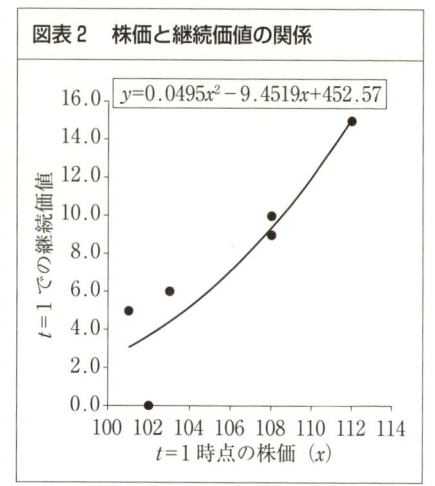

6，7，8，10のそれぞれについて6，15，9，5，10，0とわかります。最小二乗法を用いて，これらの継続価値（y）を$t=1$時点での株価（x）から2次関数で推定すると，$y=0.0495x^2-9.4519x+452.57$となります（図表2参照）。この推計式を用いることで，オプションの権利行使判定に必要な継続価値についてモンテカルロ・シミュレーションを行わずにすみます。

　上述の例では推計式として2次関数を仮定していますが，評価対象に応じた関数を選択する必要があります。この場合，関数をなんらかの基底関数（basis function）と呼ばれる関数の線形和として表現することが多いです。このように価値関数を基底関数の線形和で近似することは，デリバティブ関連の数値計算を効率的に行ううえで，応用性の高い重要な技術です。この近似を効率的に行うため，ディープ・ラーニング，テンソル・ネットワーク，再生核ヒルベルト空間，確率的サンプリングなどの技術を用いたさまざまな手法が提唱されています。

高性能計算（HPC） *High Performance Computing*

高性能なサーバーと高度な並列処理による高速計算技術。

Step 1 エキゾチック・デリバティブを含むポートフォリオに対しXVAを含む評価額やそのセンシティビティを計測するためには，計算負荷の高いモンテカルロ・シミュレーションの計算が必要になります。これには，HPC（High Performance Computing）と呼ばれる，高性能のサーバーと並列処理技術の採用が効果的です。

Step 2 2024年現在，HPCにはGPU（Graphic Processing Unit）が広く活用されています。通常の演算装置であるCPU（Central Processing Unit）に対して，グラフィック関連の処理を行うため設計されたGPUは並列計算を得意とします。このGPUをグラフィック以外の汎用的な計算に使うことをGPGPU（General Purpose computing on GPU）と呼び，ソフトウェア開発環境（GPUを製造するNVIDIA社のCUDAなど）が揃い始めた2000年代後半以降，科学技術計算や金融において広く利用されるようになりました。その後，AI・機械学習分野での利用が盛んになるとともに，ソフトウェア開発やクラウド上でのGPU利用に関する環境が整備されたことから，現在では個人でも気軽にGPUを用いた数値計算を行えるようになっています。

13

数学・数値計算

テイラー級数展開　*Taylor Series*

導関数を用いて関数を近似する方法。

Step 1　微分可能な関数は多項式によって近似できることが知られており，関数$f(x)$を次の式で表すことを，x_0を中心とするテイラー級数展開と呼びます。

$$f(x) = f(x_0) + f'(x_0)(x - x_0) + \frac{f''(x_0)}{2!}(x - x_0)^2 + \frac{f'''(x_0)}{3!}(x - x_0)^3 + \cdots$$

関数$f(x)$が無限に微分可能な場合，上記の式も無限に項が増えていきますが，$x - x_0$が十分に小さい場合には高次の項の影響は小さくなっていきます。そのため，ある関数のテイラー級数展開の低次数の項の和は，元の関数の近似として扱うことができます。

たとえば，2次の項までで近似した場合は，次の式のようになります。

$$f(x) \approx f(x_0) + f'(x_0)(x - x_0) + \frac{f''(x_0)}{2!}(x - x_0)^2$$

実際に近似式を描画してみます。$f(x) = e^x$について0を中心としたテイラー級数展開をすると，次の式のようになります。

$$e^x = 1 + x + \frac{x^2}{2!} + \frac{x^3}{3!} + \cdots$$

3次項までの近似は次頁の図のようになり，より高次項での近似のほうが関数により近いことがわかります。

Step 2　テイラー級数展開は，ある変数の微少な変化に対して，関数の解がどのような変化をするかを表現するのによく使われます。たとえば，債券の最終利回りをy，債券の価格を$P(y)$としたとき，金利の変化に対する債券価格の変化は，次の式のように近似されます。

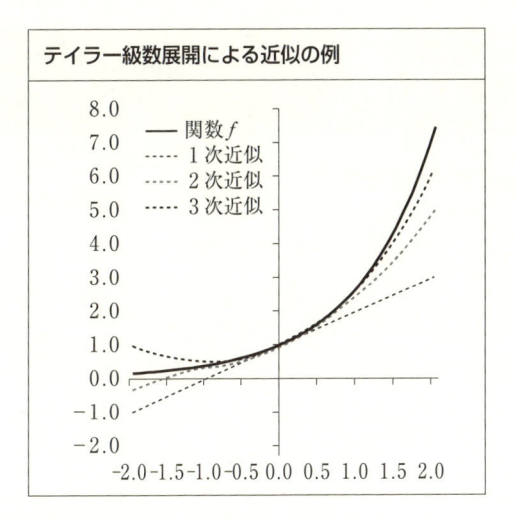

テイラー級数展開による近似の例

関数 f
1 次近似
2 次近似
3 次近似

$$P(y+\Delta y) \approx P(y) + P'(y)\Delta y + \frac{1}{2}P''(y)(\Delta y)^2$$

ここで，$P'(y) = \dfrac{dP}{dy}$，$P''(y) = \dfrac{d^2P}{dy^2}$とします。

また，次の式のように近似することもできます。

$$\frac{\Delta P}{P(y)} \approx \frac{P'(y)}{P(y)}\Delta y + \frac{1}{2}\frac{P''(y)}{P(y)}(\Delta y)^2$$

なお，$\left|\dfrac{P'(y)}{P(y)}\right|$をデュレーション，$\dfrac{P''(y)}{P(y)}$をコンベクシティと呼びます。

オプションの価値$\Pi(S,\ t)$を，Δtの次数が 1 次まで，ΔSの次数が 2 次までの場合を考えると，次の式のようになります。

$$\Delta\Pi \approx \frac{\partial\Pi}{\partial S}\Delta S + \frac{\partial\Pi}{\partial t}\Delta t + \frac{1}{2}\frac{\partial^2\Pi}{\partial S^2}\Delta S^2$$

$\dfrac{\partial\Pi}{\partial S}$はデルタ・リスクを，$\dfrac{\partial\Pi}{\partial t}$はセータ・リスクを，$\dfrac{\partial^2\Pi}{\partial S^2}$はガンマ・リスクを示しています。

13

数学・数値計算

確率分布　*Probability Distribution*

ある事象の起こりやすさを示したもの。

Step 1　確率分布は，想定する事象に対して，その起こりやすさを表す数値（確率）を示したものです。コイン投げの例では，「表が出る」と「裏が出る」という事象に対して，「表の出る確率が50%，裏の出る確率が50%」が確率分布となり，事象の確率を表す関数である確率分布関数 $P(\cdot)$ を使って「$P(表)=0.5$」のように表されます。

Step 2　デリバティブにおいては連続的な確率変数を扱うことが多く，ある確率変数（たとえば明日の気温）T が X 以下となる確率を累積分布関数として

$$F(X):=P(T \leq X)$$

のように定義します。また，$F(X)$ を微分したものを確率密度関数と呼びます。確率密度関数を $f(X)$ とすると次の式が成り立ちます。

$$P(a \leq T \leq b) = \int_a^b f(x)\,dx = F(b) - F(a)$$

Step 3　2つの確率密度関数 $f(X)$ と $g(X)$ が与えられたとき，これらの間の乖離度合を表すのに，カルバック・ライブラー・ダイバージェンス（Kullback-Leibler divergence）や相対エントロピー（relative entropy）と呼ばれる以下の量がよく使われます。

$$D_{KL}(f, g):=\int f(x)\log\left(\frac{f(x)}{g(x)}\right)dx$$

また，ある分布を別の分布に変形させる際に各点が移動する距離を考察する最適輸送（optimal transport）の文脈で使われるワッサースタイン距離（Wasserstein distance）も，確率の間の乖離を表す別の有名な指標です。

カルマン・フィルター　*Kalman Filter*

観測誤差がある場合に真の値の動きを推定する技術の１つ。

Step 1　カルマン・フィルターとは，真の値が確率的に変動しており，真の値の観測データに観測誤差が含まれる場合に，真の値を推定するための技術で，アポロ計画への応用が有名です。金融においても金利モデルのパラメータ推計などさまざまな用途で使われています。

時系列データの分析においては，直接観測できない状態変数が存在して，それが時間とともに変動し，状態変数によって左右される観測データがあるようなモデル（状態空間モデル）を考える場合があります。カルマン・フィルターは，状態空間モデルが線形であるか，もしくは擬似的に線形であるとみなせるような場合に，状態の推定に使われます。

Step 2　最も簡単な状態空間モデルとカルマン・フィルターの例をみるため，時点tにおける状態x_tと観測値y_tが，

$$x_{t+1} = x_t + w_t, \ y_t = x_t + e_t$$

に従うモデルを考えます。w_tは状態の変動，e_tは観測誤差で，いずれも過去の値に依存しない，正規分布をとる独立な変数です。$x_{t+1} = x_t + w_t$は確率微分方程式の離散版とも考えられます。w_tとe_tの標準偏差（ボラティリティ）をそれぞれσ_w，σ_eとします。

ある時点tにおいて，x_tの推定値が$\hat{x}_t$で，その推定の誤差が標準偏差でS_t程度であると推定されていたものとします。次の時点の状態x_{t+1}の期待値は$\hat{x}_t$となり，よって観測値y_{t+1}の期待値も$\hat{x}_t$となります。その後の観測で実際のy_{t+1}が得られた場合，期待値との差$y_{t+1} - \hat{x}_t$をイノベーション（innovation）と呼びます。この差の発生原因としては，前時点の推定誤差がw_tによって悪化した期待値推定の誤差（分散$S_t^2 + \sigma_w^2$）か，e_{t+1}に

よる観測誤差（分散 σ_e^2）の両方が考えられますが，前者が小さいほども
ともとの期待値 $\hat{x}_t$ のほうが x_{t+1} の推定値として信頼できるものとなり，
後者が小さいほど最新の観測値 y_{t+1} こそが x_{t+1} の信頼できる推定値とな
ることをふまえ，x_{t+1} の推定値とその推定誤差を次の式で決定します。

$$\hat{x}_{t+1} = \frac{S_t^2 + \sigma_w^2}{S_t^2 + \sigma_w^2 + \sigma_e^2} y_{t+1} + \frac{\sigma_e^2}{S_t^2 + \sigma_w^2 + \sigma_e^2} \hat{x}_t = \hat{x}_t + \frac{S_t^2 + \sigma_w^2}{S_t^2 + \sigma_w^2 + \sigma_e^2}(y_{t+1} - \hat{x}_t)$$

いちばん右の $(y_{t+1} - \hat{x}_t)$ を含む項はカルマン・ゲインと呼ばれます。推定
誤差は，

$$S_{t+1} = \sqrt{\frac{\sigma_e^2(S_t^2 + \sigma_w^2)}{S_t^2 + \sigma_w^2 + \sigma_e^2}}$$

に変化します。これがカルマン・フィルターによる更新です。

Step 3 経済学でよく用いられるHP（Hodrick-Prescott）フィル
ターは，GDPなどの時系列データを $y_t = b_t + e_t$ のように
トレンド b_t とそれ以外の要素 e_t に分解するものですが，

$$\begin{pmatrix} b_{t+1} \\ b_t \end{pmatrix} = \begin{pmatrix} 2 & -1 \\ 1 & 0 \end{pmatrix}\begin{pmatrix} b_t \\ b_{t-1} \end{pmatrix} + \begin{pmatrix} w_t \\ 0 \end{pmatrix}, \quad y_t = \begin{pmatrix} 1 & 0 \end{pmatrix}\begin{pmatrix} b_t \\ b_{t-1} \end{pmatrix} + \begin{pmatrix} e_t \\ 0 \end{pmatrix}$$

のように，ある種のカルマン・フィルターのかたちで定式化することがで
きます。HPフィルターでは $\sum_t e_t^2 + \lambda \sum_t w_t^2$ を最小化しますが，これはカ
ルマン・フィルターにおいて $\sigma_w^2 = \lambda\sigma_e^2$ と設定することに相当します。

本来のHPフィルターは将来時点も参照して推定を行いますが，このよ
うなフィルターは一般にスムーザー（smoother），経済学の言葉では両側
フィルターと呼ばれます（HPフィルターはWhittaker-Henderson smooth-
erと呼ばれる手法の一種です）。一方，金融の実務では過去データのみを
参照するフィルター（経済学の言葉では片側フィルター）のほうが適切な
ことが多いです。過去データのみを参照することを測度論では，フィルト
レーション（filtration，つまりある時点における情報）に対して適合する
（adapted）といい，適合する確率過程のことを適合過程と呼びます。

正規分布　*Normal Distribution*

オプション価格式等に用いられる確率分布。

Step 1　正規分布（ガウス分布）は，身長や体重の分布など自然界でしばしば観測される分布であり，図表1に示されるようなつり鐘型の分布をしています。正規分布と似た分布は，金融商品の価格変動にも表れるため，正規分布はデリバティブ評価においても非常に重要な分布です。たとえば，1998年から2017年までのUSD/JPYの日次価格変化幅の発生頻度は図表2のようになり，正規分布と似ていることがわかります。

Step 2　正規分布に従う確率変数をX，Xの期待値をμ，標準偏差をσとするとき，正規分布の確率密度関数は，以下のように定義されます。

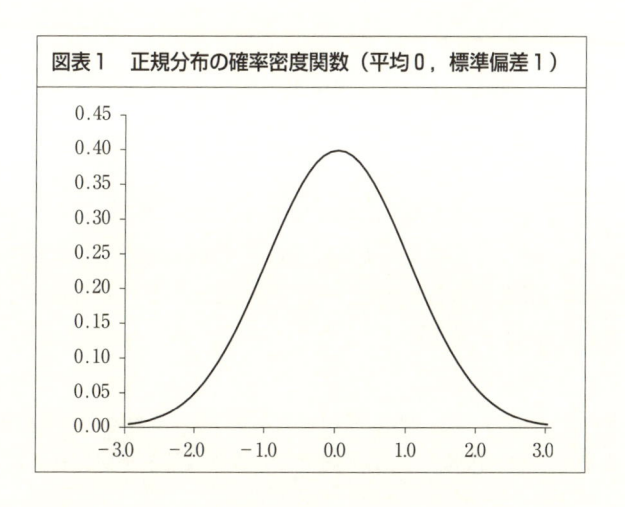

図表1　正規分布の確率密度関数（平均0，標準偏差1）

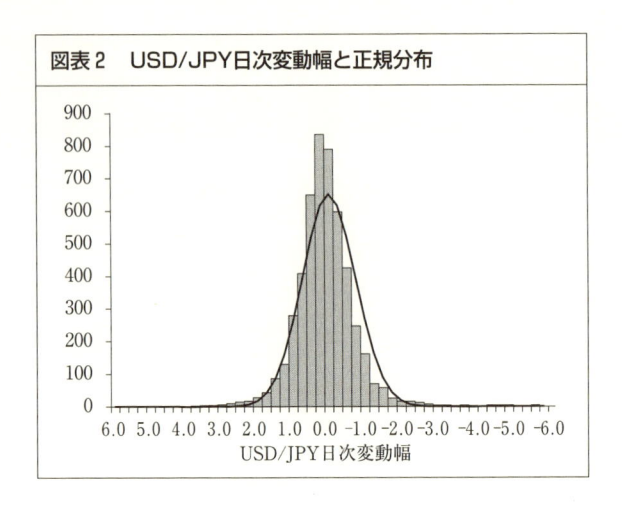

図表2　USD/JPY日次変動幅と正規分布

USD/JPY日次変動幅

$$f(x) = \frac{1}{\sqrt{2\pi\sigma^2}} \exp\left(-\frac{(x-\mu)^2}{2\sigma^2}\right)$$

また，XがC以下である確率は以下のとおりです。

$$P(X \leq C) = \frac{1}{\sqrt{2\pi\sigma^2}} \int_{-\infty}^{C} \exp\left(-\frac{(x-\mu)^2}{2\sigma^2}\right)dx$$

特に平均が0，標準偏差が1の場合を標準正規分布（Standard Normal Distribution）と呼び，確率密度関数は次のようになります。

$$f(x) = \frac{1}{\sqrt{2\pi}} \exp\left(-\frac{x^2}{2}\right)$$

Step 3　金融商品などの市場リスク指標であるバリュー・アット・リスク（VaR）は，一定期間内に一定の確率で被る可能性のある損失額のことです。分散共分散法によるVaRでは，一定期間後の商品価格の対数変化率が正規分布に従うという前提で計算することが一般的です。

VaRの計算において，正規分布がどのように使用されるかを簡単な例でみてみましょう。株式を1株100円で1万株購入し1年間保有するとき，

99％の確率の範囲内で発生する最大損失（VaR）はいくらでしょうか。1年後の株価が正規分布（平均100円，標準偏差20円）に従うと仮定すると，1年後の株価は図表3のような正規分布になります。関数と横軸に囲まれた面積の合計が100％となりますので，株価が低いほうから合計した面積が1％となる株価までの下落幅を求めます。これは正規分布の特性を利用して「2.33×20円」（信頼水準×標準偏差）で簡単に求めることができ，46.6円となります。VaRは46.6円×1万株＝46.6万円となります。

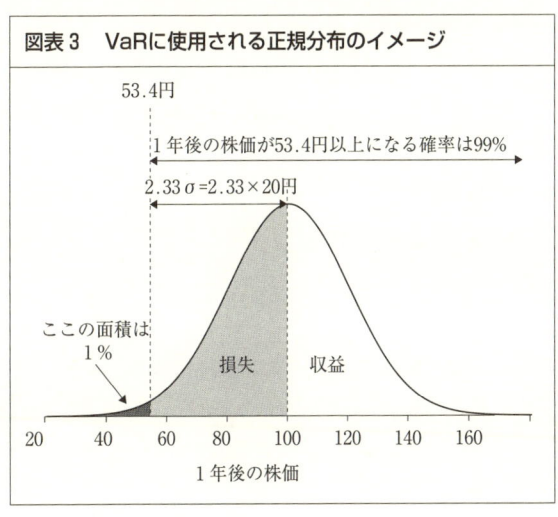

図表3　VaRに使用される正規分布のイメージ

対数正規分布　*Lognormal Distribution*

確率変数の対数が正規分布に従うような確率変数の確率分布。

Step 1　ある確率変数Yが正規分布に従うとすると，$Y=\ln X$を満たす確率変数Xは，対数正規分布に従うといいます（図表1）。株価などの金融商品の価格変動をモデル化する際に，変化率（収益率）が正規分布に従うと仮定すると，その金融商品の価格水準が対数正規分布に従います。そのため，対数正規分布はデリバティブ評価においては重要な確率分布の1つです。特徴としては，上述のようにモデル化すると，価格が負の値にならないということです。なお，対数正規分布を正規分布と比較すると，図表2のようになります。

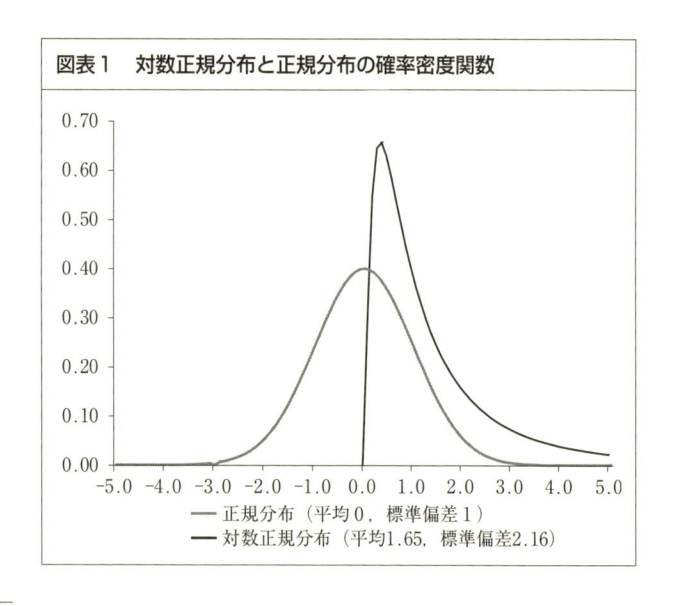

図表1　対数正規分布と正規分布の確率密度関数

―― 正規分布（平均0，標準偏差1）
―― 対数正規分布（平均1.65，標準偏差2.16）

図表2　正規分布と対数正規分布の比較

比較項目	正規分布 （確率変数 Y）	対数正規分布 （確率変数 $X = e^Y$）
確率変数の定義域	$-\infty < Y < \infty$	$0 < X < \infty$
確率密度関数	$\dfrac{1}{\sqrt{2\pi\sigma^2}} \exp\left(-\dfrac{(y-\mu)^2}{2\sigma^2}\right)$	$\dfrac{1}{\sqrt{2\pi\sigma^2}x^2} \exp\left(-\dfrac{(\ln x-\mu)^2}{2\sigma^2}\right)$
平均	μ	$\exp\left(\mu+\dfrac{\sigma^2}{2}\right)$
分散	σ^2	$\exp(2\mu+\sigma^2)(\exp(\sigma^2)-1)$

13

数学・数値計算

歪度（わいど）　*Skewness*

確率分布の左右非対称性（ゆがみ）を表現する値。

Step 1　ある確率変数Xの確率密度関数を$f(x)$，期待値をμ，標準偏差をσとすると，歪度は以下の式で定義され，確率分布の左右非対称性を表します。

$$\frac{\int_{-\infty}^{\infty}(x-\mu)^3 f(x)\,dx}{\sigma^3}$$

確率分布が右に裾が長い分布は歪度が正，左に裾が長い場合は歪度が負，左右対称の場合は歪度が0となります。正規分布は左右対称ですので歪度は0，対数正規分布は右に裾が長いので歪度は正となります。

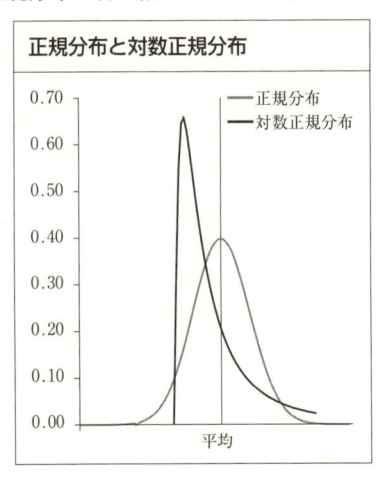

正規分布と対数正規分布

0.70 / 0.60 / 0.50 / 0.40 / 0.30 / 0.20 / 0.10 / 0.00

正規分布
対数正規分布

平均

なお，この式の分子を一般化すると以下の式となり，確率変数Xのk次モーメントといいます。

$$\alpha_k = \int_{-\infty}^{\infty} (x - \mu)^k f(x)\,dx$$

Step 2 確率変数の自然対数が平均0で分散1の正規分布に従う場合の対数正規分布を例に歪度を求めてみます。このとき，2次モーメント（分散）が4.67程度，3次モーメントが62.4程度になります。σは4.67の平方根で2.16になりますので，歪度は$62.4 \div 4.67^{\frac{3}{2}} = 6.18\cdots$で6程度であることがわかります。

尖度（せんど） *Kurtosis*

確率分布の鋭さ（とがり）を表現する値。

Step 1　ある確率変数Xの確率密度関数を$f(x)$，期待値をμ，標準偏差をσとすると，尖度は以下の式で定義されます。

$$\frac{\int_{-\infty}^{\infty}(x-\mu)^4 f(x)\,dx}{\sigma^4}$$

　尖度は確率分布のピークの鋭さや裾の厚さを表します。正規分布の尖度を計算すると3になります。正規分布よりも裾の厚い確率分布は尖度が3よりも大きくなり，正規分布よりも裾の薄い確率分布は3よりも小さくなり，正規分布と同程度であれば3になります。

　なお，正規分布の尖度を基準として，

$$\frac{\int_{-\infty}^{\infty}(x-\mu)^4 f(x)\,dx}{\sigma^4}-3$$

を尖度と定義することもあります。

Step 2　株価や為替などのデータには，ブラック・マンデーに代表されるような市場のクラッシュから生じるジャンプが含まれます。このため，リスク資産の変化率に関する現実の確率分布は，正規分布よりも裾の厚い確率分布（ファット・テール）になるのが一般的です。

　ブラック・ショールズ・モデルなど金融資産で扱われるモデルの多くでは，資産の収益率が正規分布に従うことが仮定されています。そういったモデルでは市場がクラッシュした際のモデル化が不十分であるという問題点が指摘されており，正規分布よりも裾の厚い確率分布を前提としたモデ

ルについて研究がなされてきています。

Step 3　自由度 6 の t 分布の尖度を求めてみます。このとき 2 次モーメントが1.5程度，4 次モーメントが13.5程度になります。よって尖度は$13.5 \div 1.5^2 = 6$ となり，正規分布よりもピークが鋭く，裾が厚い確率分布となっています。

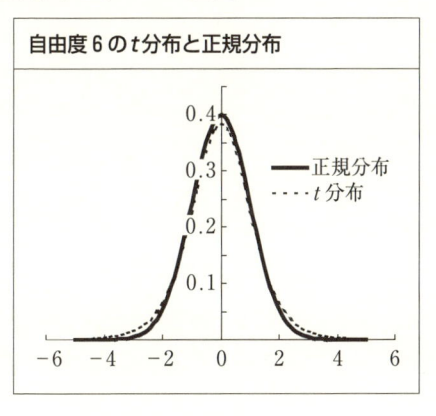

自由度 6 の t 分布と正規分布

正規分布
‐‐‐‐ t 分布

安定分布 *Stable Distribution*

正規分布よりも裾が厚い（ファット・テールな）分布の一例。

Step 1 金融において，安定分布という言葉は，正規分布よりも裾が厚いいくつかの分布を指し示す際に使われることが多いです。特に安定分布のうちパレート・レヴィ（Pareto-Levy）分布と呼ばれる分布が実際の株価のリターンをよく再現しているという主張がE. Fama（1965）などの研究で裏付けられています。株価のリターンを安定分布とすると，株価自体の分布は対数安定分布と呼ばれるものになります。

裾が厚い分布としては t 分布などが有名ですが，そのような分布では中心極限定理により長期的なリターンが正規分布に収束してしまう問題があります。パレート・レヴィ分布は分散が無限大であるため，中心極限定理によって正規分布に収束しないことが利点です。一方，実務的な計算では分散が無限大であると困るため，両端を切り落とす（truncate）ことで分散や歪度・尖度を計算できるようにする場合もあります。

Step 2 安定分布の学術的な定義は，安定分布をとる確率変数を複数個合計したものが，元の変数と類似したかたちの分布をとる，というものです。正規分布も安定分布の一種です。

安定分布の裾の厚さを表すパラメータ α（小さいほど裾が厚い）を用いると，$1 < \alpha < 2$ の場合がパレート・レヴィ分布，$\alpha = 2$ が正規分布，$\alpha = 1$ がコーシー（Cauchy）分布となります。$\alpha \leq 1$ では期待値を定義できません。$0 < \alpha \leq 2$ の場合をまとめてレヴィ安定分布，$\alpha = 0.5$ の場合を特にレヴィ分布と呼びます。金融の実務において $\alpha \leq 1$ とすることはまれです。

極値理論　*Extreme Value Theory*

過去に生じた極端な事象の実績に基づき，将来に極端な事象が発生するリスクを定量化するための理論。

Step 1　たとえばブラック・スワンと呼ばれるような，想定から大きく外れた事態が発生するリスクについて考える必要がある場合には，確率分布の中央付近よりも裾の部分に関する情報が重要になります。極値理論はそのような確率分布の裾の部分を過去に生じた極端な事象の記録から推測するための理論で，ある閾値を超えた経済的なショックや市場の変動が冪乗則（power law）と呼ばれる統計モデルに従う，という考えに基づき，極端な事象が発生する確率を予測します。

Step 2　累積分布関数 $F(x)$ は，変数が x 以下となる確率を表す関数で，確率密度関数の積分です。極値理論によると，x が十分大きい領域においては，累積分布関数が一般化パレート分布（Generalized Pareto Distribution）のかたちをとるとされます。

いま，確率変数 X（たとえば損失額）が閾値 u を超えれば極端な事象であるとみなされるとします。もし u が十分大きければ，その極端な事象が発生した場合の $X-u$ の条件付累積分布関数が，

$$F_u(x) := P(X-u \leq x \mid X > u) = \begin{cases} 1 - \left(1 - \dfrac{\xi x}{\beta}\right)^{-\frac{1}{\xi}}, & \xi \neq 0 \\ 1 - e^{-\frac{x}{\beta}}, & \xi = 0 \end{cases}$$

のかたちになるというのが極値理論の結果です。ここで，ξ, β は分布を決定するパラメータです。目的と状況に応じて適切な u を設定し，過去の統計からパラメータ ξ, β を推計することで，閾値 u を超えて極端な事象が生じる場合の損失額の確率分布を推計することができます。

相関係数 *Correlation Coefficient*

データ間の相関関係を計量化したもの。

Step 1　データ間の線形な相関関係の強弱を計量化したものが相関係数です。2組のデータ $\{(x_i, y_i)\}$ $(i = 1, 2, \cdots, n)$ が与えられたとき，相関係数 r は以下の式で計算されます。

$$r = \frac{S_{xy}}{S_x S_y} = \frac{\displaystyle\sum_{i=1}^{n}(x_i - \bar{x})(y_i - \bar{y})}{\sqrt{\displaystyle\sum_{i=1}^{n}(x_i - \bar{x})^2}\sqrt{\displaystyle\sum_{i=1}^{n}(y_i - \bar{y})^2}}$$

S_x：xの標本標準偏差　S_y：yの標本標準偏差　S_{xy}：x, yの標本共分散
$\bar{x}$：xの標本平均　　　　$\bar{y}$：yの標本平均

相関係数は -1 から $+1$ の範囲の値をとり，負の値であれば逆相関，正の値であれば順相関，0であれば無相関といいます。単回帰分析において回帰モデルの説明力を表す決定係数 r^2（アール・スクエアー）は，相関係数を2乗したものと等しく，仮に r^2 を0.987とすると，単回帰分析により y

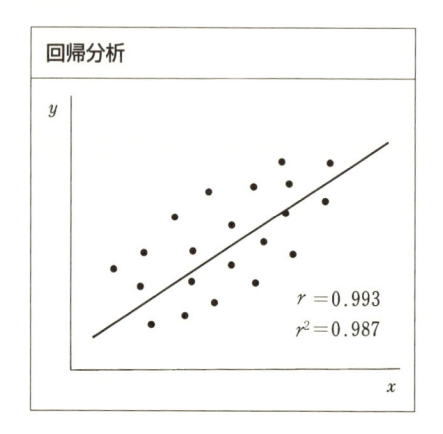

回帰分析

$r = 0.993$
$r^2 = 0.987$

の変動値の98.7％をxによって説明できることを意味します。

Step 2　　相関はデリバティブの世界ではきわめて重要な考え方です。複数の資産を参照するデリバティブでは，資産間の相関を加味したうえで，リスク管理やプライシングが行われます。たとえば，イールド・カーブ・スプレッド・オプションでは2つの異なる年限の金利の相関を加味する必要があります。

コピュラ *Copula*

確率変数間の関係を表すために用いられる多変量関数。

Step 1　コピュラとはある種の多変量関数のことで，複数の確率変数の間の関係を表現するため用いられます。特に2000年代頃からガウシアン・コピュラ（正規コピュラ）と呼ばれる手法が債務担保証券（CDO）の信用リスク管理などに広く用いられており，このことが金融危機で問題となり批判されました。信用リスクのモデルとしては，先に紹介した構造型モデルや誘導型モデルが確率微分方程式を用いた動的（dynamic）な手法であるのに対し，コピュラは基本的に確率変数間の関係を静的（static）な分布で表現するモデルです。

Step 2　ガウシアン・コピュラの具体的な使われ方を，企業A（デフォルト確率p_A）と企業B（デフォルト確率p_B）が存在する場合を例にとり説明します。いま，Y, Z_A, Z_Bは互いに独立な標準正規分布をとる乱数で，$N(\cdot)$は標準正規分布の累積分布関数とします。相関係数$\rho（0 \leq \rho \leq 1）$を導入して新しい乱数X_A, X_Bを次のように定義します。

$$X_A = \sqrt{\rho}\, Y + \sqrt{1-\rho}\, Z_A, \quad X_B = \sqrt{\rho}\, Y + \sqrt{1-\rho}\, Z_B$$

この新しい乱数はそれぞれ標準正規分布となるので，

$$X_A < N^{-1}(p_A)$$

となったときに企業Aがデフォルトすると想定できます（Bも同様）。すると，Yが事前に与えられたときには，

$$Z_A < \frac{N^{-1}(p_A) - \sqrt{\rho}\, Y}{\sqrt{1-\rho}}$$

の条件下でAがデフォルトするので，Aの条件付デフォルト確率は，

$$N\left(\frac{N^{-1}(p_A)-\sqrt{\rho}\,Y}{\sqrt{1-\rho}}\right)$$

となります。Y は両方の企業に影響する要素（景況など）を，Z_A は企業 A 特有の要素（財務状況など）を表現する乱数であると解釈できます。ρ はCDOの市場価格から推計することができ，これをインプライド・コリレーション（implied correlation）と呼びます。

N 変量の同時分布関数を F，周辺分布関数を $F_1, F_2, \cdots, F_N$ とするとき，

$$F(x_1, x_2, \cdots, x_N) = C(F_1(x_1), F_2(x_2), \cdots, F_n(x_n))$$

で表される関数 C をコピュラと呼びます。先の例では2変量正規分布の累積分布関数 $N_2(x, y;\rho)$ を用いて，A と B のデフォルトに関する同時分布関数が，

$$C(p_A, p_B) = N_2(N^{-1}(p_A), N^{-1}(p_B); \rho)$$

となり，この関数 $C(\cdot,\cdot)$ がコピュラということになります。

Step 3 上の例において，片方の企業がデフォルトするようなまれな（つまり，確率分布の裾すなわちテールに該当する）状況下で，もう片方の企業の条件付デフォルト確率が通常時から変化するような場合には，テール依存性（tail dependence）が存在する，といいます。テール依存性はテール・リスク（まれにしか起こらない事象のリスク）をモデル化する際に好ましい性質とされます。テール依存性を評価する指標の1つに，

$$\lambda = \lim_{p \searrow 0} P(X_A < N^{-1}(p)\,|\,X_B < N^{-1}(p)) = \lim_{p \searrow 0} \frac{C(p, p)}{p}$$

がありますが，ガウシアン・コピュラでは（$|\rho|<1$ の場合）$\lambda = 0$（つまり，この指標の観点からはテール依存性なし）となり，ガウシアン・コピュラを用いる際に留意すべきポイントの1つとされます。

文献によく現れる基本的なコピュラには，ガウシアン・コピュラ以外にも，t コピュラ，クレイトン・コピュラ，ガンベル・コピュラ，フランク・コピュラなどがあります。また，Marshall-Olkinコピュラ

$$C(p_A, p_B) = p_A p_B \min(p_A^{-\alpha}, p_B^{-\beta})$$

は，複数企業に同時に影響するようなショックを想定するcommon shock modelと呼ばれるモデルで利用される場合があり，クレジット・デリバティブのCVAの評価手法にも応用されています。

自己相関　*Autocorrelation*

ある時系列データとそれを一定間隔ずらしたデータがもつ相関。

Step 1　　ある時系列データとそれを一定間隔ずらしたデータの間の相関を自己相関といいます。図表1は1948年からの米国の実質GDP（季節調整済）の上昇率（前年比）の推移です。これをみると，景気の拡大・後退は永続的には続かず，両者は周期性を伴って交互に起きているようにみえます。周期性をもつということは，一定の間隔をずらした過去のデータとの相関が強いということを示しています。

その自己相関の強さを測る指標として自己相関係数があります。ある時系列データ $X_1, X_2, \cdots X_n$ について $(X_1, X_{1+k}), (X_2, X_{2+k}) \cdots (X_{n-k}, X_n)$ と k

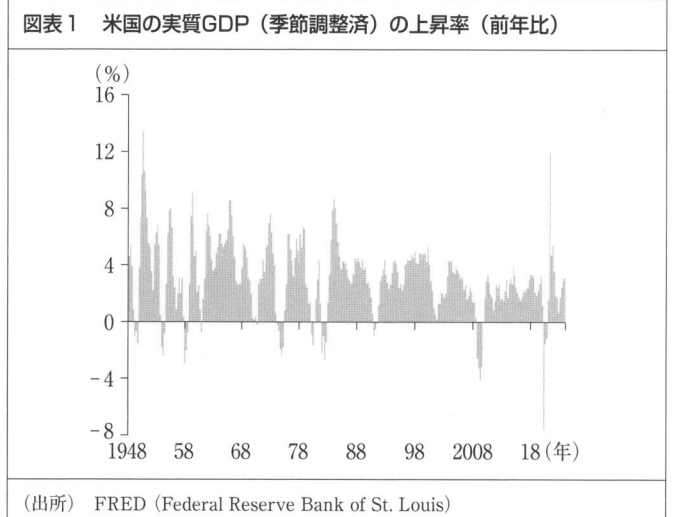

図表1　米国の実質GDP（季節調整済）の上昇率（前年比）

（出所）　FRED（Federal Reserve Bank of St. Louis）
https://fred.stlouisfed.org/series/A191RO1Q156NBEA

期間ずつずらした組合せをつくります。このときのkをラグといい，k期間離れたデータ同士の相関を測る指標がk次自己相関係数$R(k)$です。$R(k)$は以下の式で与えられます（ただし，μはこの時系列データの平均です）。

$$R(k) = \frac{\sum_{i=1}^{n-k} (X_i - \mu)(X_{i+k} - \mu)}{\sum_{i=1}^{n} (X_i - \mu)^2}$$

この値が高ければ，k期間離れた過去のデータと相関が強いということになります。

Step 2 Step 1で例にあげた米国のGDPについて，k次の自己相関係数を表したものが図表2です。このようにラグと自己相関係数の関係を表したグラフをコレログラムといいます。

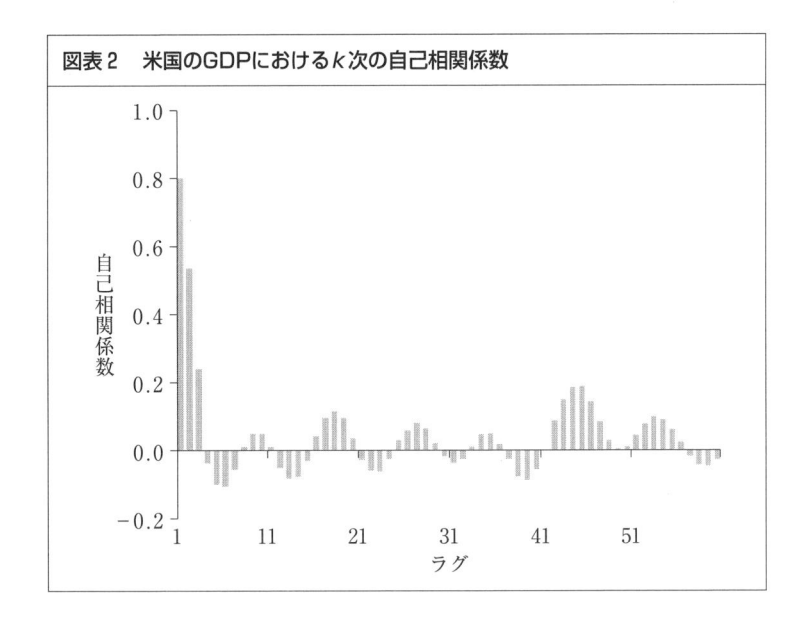

図表2 米国のGDPにおけるk次の自己相関係数

ARMAモデル　*Autoregressive Moving Average Model*

自己回帰移動平均モデル。時系列分析で用いられるモデルの１つ。

Step 1　ARMA（Autoregressive Moving Average）モデルは時系列分析で用いられるモデルの１つで，AR（Autoregressive：自己回帰）モデルとMA（Moving Average：移動平均）モデルの特徴をあわせたものです。ARモデルはデータの法則性を自らの過去データで説明する時系列モデル，MAモデルは過去と現在のホワイト・ノイズを用いて説明する時系列モデルです。なお，ホワイト・ノイズは「平均がゼロ」「分散が一定」「自己共分散がゼロ」という性質をもつ誤差項です。

Step 2　ある時点tでの時系列データの値をS_tとしたとき，AR(p)モデルは次のように表されます。

$$S_t = b + a_1 S_{t-1} + a_2 S_{t-2} + \cdots + a_p S_{t-p} + w_t$$

a_i，bは定数，w_iはホワイト・ノイズ，pはラグの数で次数といいます。また，MA(q)モデルは次のように表されます。

$$S_t = b' + w_t + a'_1 w_{t-1} + a'_2 w_{t-2} + \cdots + a'_q w_{t-q}$$

a'_i，b'は定数，w_iはホワイト・ノイズ，qはラグの数で次数といいます。

上記のARモデルとMAモデルの特徴をあわせたARMA(p, q)モデルは次の式で表されます。

$$S_t = b + a_1 S_{t-1} + a_2 S_{t-2} + \cdots + a_p S_{t-p} + w_t + a'_1 w_{t-1} + a'_2 w_{t-2} + \cdots + a'_q w_{t-q}$$

Step 3　金融商品のボラティリティは大きくなるとしばらくその状態が続き，小さくなるとしばらくその状態が続くことが知られています。このボラティリティの特徴は時系列モデルを用いて表すことができ，主なモデルとしてはARCH（Autoregressive Conditional Heteroskedasticity）モデル，GARCH（Generalized ARCH）モデル，

13

数学・数値計算

EWMA（Exponentially Weighted Moving Average）モデルなどがあります。このうちARMAモデルと関連があるGARCHモデルについて紹介します。

ARモデルなどでは誤差項がホワイト・ノイズであることを前提としていましたが，この誤差項を$u_t = \sigma_t \varepsilon_t$と置き換えます。$\sigma_t$はボラティリティ，$\varepsilon_t$は分散1のホワイト・ノイズです。このとき，GARCH(p, q)モデルではこのボラティリティを以下の式で表します。

$$\sigma_t^2 = b + a_1 \sigma_{t-1}^2 + \cdots + a_p \sigma_{t-p}^2 + a_1' u_{t-1}^2 + \cdots + a_q' u_{t-q}^2$$

ここで$w_t = u_t^2 - \sigma_t^2$とすると，上記の式は以下のように変形することができます。なお，$s = \max(p, q)$です。

$$u_t^2 = b + (a_1 + a_1') u_{t-1}^2 + \cdots + (a_s + a_s') u_{t-s}^2 + w_t - a_1 w_{t-1} - \cdots - a_p w_{t-p}$$

この式はu_t^2をARMA(s, p)モデルで表したものとなります。

ブラウン運動　*Brownian Motion*

時間の経過とともに正規分布に従い変化する確率変数のモデル化に用いられる過程。

Step 1 水面の上においた花粉の粒子が飛び跳ねるように動く現象をブラウン運動といいます。19世紀に生物学者ロバート・ブラウンが発見した現象です（ブラウンは，有名な花粉の粒子以外にも，無機物でも同様な現象が生じることを確かめていました）が，この不可解な不連続運動は当時の物理学では説明できませんでした。

「花粉の粒子の周りにある水の分子が花粉の粒子と衝突して引き起こされる現象」という物理的な説明を初めて示した（1905年）のは，アルバート・アインシュタインですが，数学的な基礎を確立し一般的な定式化に成功したのはノーマン・ウィーナーです。ブラウン運動のことをしばしばウィーナー過程と呼ぶことがあるのはそうした理由からです。

Step 2 標準ブラウン運動W_tは以下の3つの性質を満たすものとして定義されます。

① $t > 0$ のとき，時間の変化による増分$W_{s+t} - W_s$は正規分布$N(0, t)$に従います。

② $t_1 < t_2 < t_3 < t_4$のとき，時間の変化による増分$W_{t_2} - W_{t_1}$と$W_{t_4} - W_{t_3}$は独立です。

③ W_tは連続で，$W_0 = 0$です。

通常のブラウン運動$X(t)$は，標準ブラウン運動を用いて次のように定義されます。なお，μをドリフト係数，σをボラティリティといいます。

$X(t) = \mu t + \sigma W_t$

また微分形式で表現した場合は，次のようになります。

$dX_t = \mu dt + \sigma dW_t$

13

数学・数値計算

　上述のブラウン運動によって，$X(t)$がどのように推移するかみてみましょう。ここでは$\mu = 0.1$，$\sigma = 0.3$とします。まず，ドリフト項と呼ばれるμtについてだけみると，時間経過とともに右肩上がりとなります（下図参照）。次に，σW_tは確率的に変化するため乱数を発生させて，$X(t) = \mu t + \sigma W_t$について5つのパスを計算しました。これらのサンプル・パスはドリフト項から極端に離れることなく推移していることがわかります。

Step 3 　下図のような推移は，金融商品の価格変動と似ていると考えられるため，デリバティブの評価にはブラウン運動が応用されることがあります。金融商品の価格変動をモデル化する際には，変化幅をモデル化する場合と変化率をモデル化する場合があります。変化幅をモデル化するときにはブラウン運動を利用しますが，変化率をモデル化するときには幾何ブラウン運動を利用します。たとえば，金融資産の価格過程をS_tとしたとき，幾何ブラウン運動で期待利回りμとボラティリティσをモデル化すると次の式のようになります。

$$\frac{dS_t}{S_t} = \mu dt + \sigma dW_t$$

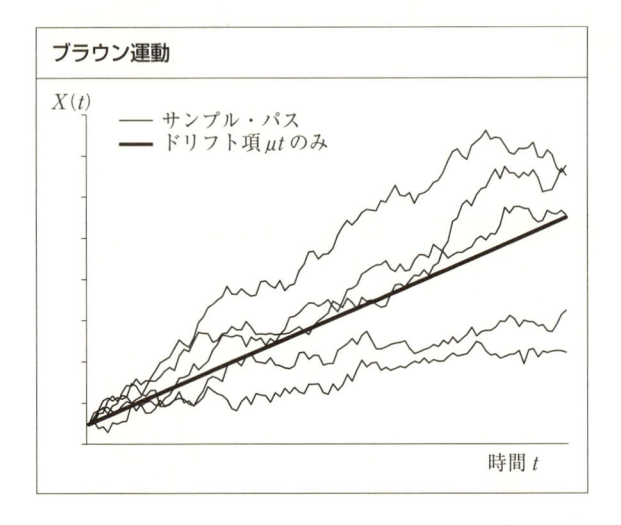

ブラウン運動

$X(t)$
—— サンプル・パス
—— ドリフト項 μt のみ

時間 t

ポワソン過程　*Poisson Process*

独立した増分をもち，その増分がポワソン分布に従う計数過程。

Step 1　ある事象が時点 t までに生起した回数を表す確率過程 $\{N(t),\ t \geq 0\}$（このような非負の整数値をとる確率過程は計数過程と呼ばれる）が以下の条件を満たすとき，この計数過程 $N(t)$ は強度 $\lambda(t)$ のポワソン過程（Poisson Process）と呼ばれます。

① $N(0) = 0$

② 期間 (s, t) の間に起こる事象の数 $(N(t) - N(s))$ は，時点 s までの履歴と関係がない（独立増分）。

③ 増分 $(N(t) - N(s))$ が平均 $\int_s^t \lambda(\tau)\,d\tau$ のポワソン分布に従う。つまり $(N(t) - N(s)) = k$ である確率が次式で表される。

$$P[(N(t) - N(s)) = k] = \frac{\left(\int_s^t \lambda(u)\,du \right)^k}{k!} \exp\left\{ -\int_s^t \lambda(u)\,du \right\} \qquad 【式1】$$

ここで特に強度が時間に依存せず一定（$= \bar{\lambda}$）であるとき，$N(t)$ は斉時的ポワソン過程（Time Homogeneous Poisson Process）と呼ばれます。斉時的ポワソン過程 $N(t)$ において，最初の事象が発生するまでの時間 τ の分布関数 $P(\tau \leq t)$ は次式のように表現することができます。

$$P(\tau \leq t) = 1 - P(\tau > t) \qquad 【式2】$$

ここで $P(\tau > t)$ は時点 t まで事象が発生していない確率であり，これは【式1】で $k = 0$，$s = 0$ と置くことによって計算することができ，結局【式2】は，次式のような平均 $(1/\bar{\lambda})$ の指数分布で表されることがわかります。

$$P(\tau \leq t) = 1 - P(\tau > t) = 1 - \exp(-\bar{\lambda}t) \qquad 【式2'】$$

Step 2　デリバティブの評価やリスク管理に用いられる金融資産の価格モデルでは，確率過程としてブラウン運動（ウィーナー過程）を仮定して定式化することがありますが，多くの実証分析で，実際の価格変動は正規分布よりも裾が厚く（ファット・テール），ゆがんだ分布に従っていることが報告されています。このような実際の分布の正規分布からの乖離は，価格変動に離散的なジャンプを加味することによって説明することができます。ポワソン過程（Poisson Process）は，そのような価格のジャンプの表現に適しており，ボラティリティ・スマイルに対応したオプション・モデル等への応用が試みられています。また，信用リスクのモデル化にも利用されており，その場合，企業がデフォルトする時点は，ポワソン過程に従う事象が最初に生じる時間として表現されます。

Step 3　金融資産の価格モデルに用いられるウィーナー過程や斉時的ポワソン過程等の確率過程を一般化した，より広いクラスの確率過程にレヴィ過程（Levy Process）と呼ばれるものがあります。レヴィ過程はその柔軟さから，ファット・テールで左右非対称な分布をもつ確率過程を表現することが可能であり，金融資産の価格モデルへの応用が試みられています。

偏微分方程式 *Partial Differential Equation*

多変量関数の偏微分を含む方程式。

Step 1 デリバティブの価格を $f(S_t, t)$ のように価格 S_t と t の関数で書いた場合，S_t を固定して t で微分したもの（導関数）を $f_t(S_t, t)$ または $\partial f(S_t, t)/\partial t$ のように書き，逆に t を固定して S_t で微分したものを $f_S(S_t, t)$ または $\partial f(S_t, t)/\partial S_t$ のように書きます。これらを偏微分と呼びます。一般に微分が現れる方程式を微分方程式と呼びますが，$f(t)$ のように変数が1個（単変量）の関数の微分のみを扱う場合は常微分方程式（または英語の頭文字からODE）と呼び，$f(S_t, t)$ のように変数が複数（多変量）の関数の偏微分を扱う場合は偏微分方程式（PDE）と呼んで区別します。

　デリバティブにおいて最も有名な偏微分方程式は，おそらくブラック・ショールズ方程式，

$$r\left[f(S_t, t) - S_t\, \frac{\partial f(S_t, t)}{\partial S_t}\right] = \frac{\partial f(S_t, t)}{\partial t} + \frac{1}{2}\, \sigma^2 S_t^2\, \frac{\partial^2 f(S_t, t)}{\partial S_t^2}$$

です。ブラック・ショールズ方程式では，確率の要素が現れず，デリバティブもオプションに限定されません。この偏微分方程式に境界条件を課すことでデリバティブの価格が求まります。たとえばヨーロピアン・コール・オプションの場合，満期時点のペイオフ $f(S, T) = \max(S - T, 0)$ などの境界条件を課した偏微分方程式から，オプションの価格が導かれます。

Step 2 偏微分方程式であるブラック・ショールズ方程式の左辺は，デルタ（Delta）をヘッジした後の資産に対する利息です。同じ方程式の右辺は，セータ（Theta）とガンマ（Gamma）の和になります。金利をゼロと置くと，

$$-\frac{\partial f(S_t, t)}{\partial t} = \frac{1}{2}\,\sigma^2 S^2\,\frac{\partial^2 f(S_t, t)}{\partial S_t^2}$$

となり，インプライド・ボラティリティとガンマが大きいほどセータがマイナスになるという，デリバティブのトレーダーにとってなじみのある関係を表す式になります。このように，偏微分方程式はトレーダーのヘッジ・オペレーションを数式化したものと理解することができます。

　ブラック・ショールズ・モデル以降の金融工学はヘッジ・オペレーションに基づく無裁定理論が出発点ですから，それを数式化した偏微分方程式こそが主であり，次に紹介する確率微分方程式が副であることは重要なポイントです。リスク中立測度における確率微分方程式は，偏微分方程式を解くためのツールにすぎません。また，現実の世界における原資産の価格変動を完璧に示す確率微分方程式が得られたとしても，デリバティブのリスク・プレミアムがわからない以上，デリバティブの市場価格を得ることはできません。

Step 3　ブラック・ショールズ・モデルは，インプライド・ボラティリティの変動について考慮しないモデルです。ブラック・ショールズ・モデルの前提が成り立たない場合（たとえばスマイルが存在する場合）には，ガンマだけでなくボルガ（Volga）もセータに寄与します。S_t と σ_t の間に相関があれば，バンナ（Vanna）もセータに寄与します。たとえば，金利ゼロとしてSABRモデルに似たストキャスティック・ボラティリティ・モデル，

$$dS_t = \alpha_t S_t^\beta\, dW_t, \quad d\alpha_t = \theta_t\, dt + \nu\,\alpha_t\, dZ_t, \quad dW_t dZ_t \sim \rho dt$$

のもとでのデリバティブ価格 $f = f(S_t, \alpha_t, t)$ を考えると，

$$df(S_t, \alpha_t, t)$$

$$= \left\{\frac{\partial f}{\partial t} + \theta_t\frac{\partial f}{\partial \alpha_t} + \frac{1}{2}\,\alpha_t^2 S_t^{2\beta}\frac{\partial^2 f}{\partial S_t^2} + \frac{1}{2}\,\nu^2\alpha_t^2\frac{\partial^2 f}{\partial \alpha_t^2} + \rho\nu\alpha_t^2 S_t^\beta\frac{\partial^2 f}{\partial S_t\partial \alpha_t}\right\}dt$$

$$+ \{...\}dW_t + \{...\}dZ_t$$

の右辺第1項が無裁定条件のもとではデルタ・ヘッジ後に消えること

から，

$$-\frac{\partial f}{\partial t} = \theta_t \frac{\partial f}{\partial \alpha_t} + \frac{1}{2} \alpha_t^2 S_t^{2\beta} \frac{\partial^2 f}{\partial S_t^2} + \frac{1}{2} v^2 \alpha_t^2 \frac{\partial^2 f}{\partial \alpha_t^2} + \rho v \alpha_t^2 S_t^\beta \frac{\partial^2 f}{\partial S_t \partial \alpha_t}$$

という偏微分方程式が得られます。これは，スマイルが存在する場合，セータがベガ（Vega），ガンマ，バンナ，ボルガに由来する項の合計によって表現されることを表しています。

13

数学・数値計算

確率微分方程式　*Stochastic Differential Equation*

確率過程（stochastic process）を含んだ微分方程式。

Step 1　ウィーナー過程（ブラウン運動）やポワソン過程のように，ある変数が時間の進行とともに確率的に変動するようすを記述したものを確率過程と呼びます。確率過程を含む微分方程式のことを確率微分方程式（または，英語の頭文字をとってSDE）と呼びます。

　微分方程式は物理学などで瞬間的な変動を表現するために用いられますが，統計力学で扱う分子の運動のように確定的・決定論的（deterministic）に扱うことが不可能な場合，確率微分方程式が用いられます。

　デリバティブにおいて最も有名な確率微分方程式は，おそらくブラック・ショールズ・モデルの，

$$dS_t/S_t = rdt + \sigma dW_t^Q$$

です。偏微分方程式であるブラック・ショールズ方程式には確率の要素が現れませんでしたが，この確率微分方程式には正規分布をとる確率変数 W_t が現れます。原資産価格 S_t がこの確率微分方程式に従うとして将来のキャッシュフローの期待値を計算することにより，デリバティブの価格を求めることができます。なお，リスク中立測度 Q 以外の測度（測度論の項を参照）では，この確率微分方程式は成り立ちません。たとえば，現実の測度 P における期待リターンを μ として，

$$dS_t/S_t = \mu dt + \sigma dW_t^P$$

という前提が，金融工学の入門書にはよく現れます。

Step 2　オプション・モデルにおいては，資産価格の変動をリスク中立測度上の確率過程で記述することが多いです。たとえば，資産価格を X_t として，

$$X_t = \mu t + \sigma W_t + (N_t - \lambda t)$$

と書けるとします。ここで，μ は期待成長率，W_t はウィーナー過程（ブラウン運動）で σ はそれに伴うボラティリティ，N_t はポワソン過程で λt は $N_t - \lambda t$ の期待値がゼロとなるような補正項（compensator）です。この場合，確率微分方程式は，

$$dX_t = \mu dt + \sigma dW_t + (dN_t - \lambda dt)$$

となり，右辺中の μdt をドリフト（drift）項，σdW_t を拡散（diffusion）項，dN_t あるいは $dN_t - \lambda dt$ をジャンプ（jump）項のように呼びます。

これらの式を用いて資産価格の変動をシミュレーション（格子法やモンテカルロ・シミュレーション）することにより，デリバティブの評価を行うことが可能です。また，ファインマン・カッツの公式から，同等な偏微分方程式が得られる場合には，その偏微分方程式を解く場合もあります。

Step 3 デリバティブの実務において確率過程や確率微分方程式を扱う際には，数値計算を使えばよい場合が多いため，微分方程式に関する深い知識は特に必要ではありません。ただ，常微分方程式の基礎的なテクニックとして，

$$dx + \alpha x dt = e^{-\alpha t} d[e^{\alpha t} x]$$

となることを覚えておくと，平均回帰が現れるモデル（ハル・ホワイト・モデルなど）の式変形の際に役に立ちます。

一般に，金融のモデルで確率過程を扱う場合には，ウィーナー過程とポワソン過程に限定することで，時間を右方向にとった場合に「右連続左極限」が成り立つ，という前提を置きます。「右連続左極限」は，英語の頭文字をとってRCLL，フランス語の頭文字をとってcàdlàg（カドラグ）と略されます。

熱伝導方程式　*Heat Equation*

ブラック・ショールズ・モデル導出に用いられた偏微分方程式の一種。

Step 1 　熱伝導方程式（拡散方程式ともいう）は，熱の伝わり方に関する方程式で，19世紀にフランス人の数学者フーリエによって解法が提示されたものです。一般的には，以下のような定式化がされています。

$$\frac{\partial u}{\partial t} = k \frac{\partial u^2}{\partial x^2}$$

　　x：針金の点の座標

　　$u = u(x, t)$：時刻tにおける点xでの温度

　　k：針金の熱伝導係数と単位長さ当りの比熱から定まる係数

Fischer BlackとMyron Scholesが1973年に発表した「The Pricing of Options and Corporate Liabilities」では，ブラック・ショールズ・モデル導出の最終段階において，熱伝導方程式の解法が使用されています。

Step 2 　熱伝導方程式は，偏微分方程式の一種であり，初期条件と境界条件の組合せによりさまざまなパターンがあります。特に有名なものは，無限に長い棒での伝わり方に関する問題です。

　　初期条件：$u(x, 0) = f(x)$

　　境界条件：$u(x, 0) \rightarrow$ 有界$(|x| \rightarrow \infty)$

　　　　　　　$(|x| \rightarrow \infty$で温度が一定になる$)$

　上記の条件のもとでは，時刻tにおける点xでの温度$u(x, t)$は以下のようになります。

$$u(x, t) = \frac{1}{2\sqrt{\pi k t}} \int_{-\infty}^{\infty} \exp\left(\frac{-(x-y)^2}{4kt}\right) f(y)\, dy$$

後退確率微分方程式（BSDE）
Backward Stochastic Differential Equation

XVA計算などへの応用が期待される，終端条件を課した確率微分方程式。

Step 1　CVAは将来のデリバティブの評価額から求まりますが，その評価額もまたCVAを含むという再帰的な関係にあります。このような状況で理論的に正確なCVA計算を行う手法の1つが，後退確率微分方程式（BSDE：Backward Stochastic Differential Equation）と呼ばれる，確率微分方程式（SDE）の一種です。

BSDEはさまざまな問題を解くための技術として長く研究の対象となってきましたが，最小二乗モンテカルロ法など計算負荷の高い数値計算が必要になるため金融の実務における利用は限定的でした。しかし近年，ディープ・ラーニングなどにより最小二乗モンテカルロ法の高速化技術が進化し，BSDEが実務で本格的に利用される期待が高まっています。

Step 2　オプション・モデルのSDEは原資産価格が現時点から将来に向け確率的に変動していく姿を記述します。それに対してデリバティブの評価額のBSDEは，終端条件（たとえば，満期到来時点においてCVAがゼロになる，など）から出発して現時点の評価額に影響を及ぼすという関係を記述します。SDEの時間の向きを逆転するだけではBSDEになりません。なぜなら，情報が増加するのは常に過去から未来の方向であり，確率的な時間は過去から未来にしか進まないためです。

なお，時間の前進方向（Forward）に進む通常のSDEとBSDEが影響しあう場合，FBSDE（Forward Backward Stochastic Differential Equation）と呼ばれます。原資産価格（のSDE）はデリバティブ価格（のBSDE）の影響を受けないため，通常のデリバティブ評価では（FBSDEでない）単なるBSDEで対応可能です。

伊藤のレンマ　*Ito's Lemma*

デリバティブの確率過程に関する計算で有用なレンマ（補題）。

Step 1　デリバティブのモデルではウィーナー過程（ブラウン運動）に関する計算がよく現れますが，そこできわめて有用な公式が伊藤のレンマ（補題）です。ブラック・ショールズ・モデルのような金融工学だけではなく，数理ファイナンスで確率過程を扱う場合にも，避けては通れないといってよいほどに重要な公式です。

Step 2　ある証券価格 X_t の変動が，ウィーナー過程 W_t を含む次の確率微分方程式で表されるとします。

$$dX_t = u(t, X_t)\,dt + \sigma(t, X_t)\,dW_t$$

このとき，この証券を原資産とするデリバティブの価格を $Y_t = g(t, X_t)$ とすると，テイラー級数展開して次のかたちとなります。

$$dY_t = \frac{\partial g}{\partial t}\,dt + \frac{\partial g}{\partial X_t}\,dxt + \frac{1}{2}\frac{\partial^2 g}{\partial X_t^2}(dx_t)^2 + \cdots$$

ここで dX_t を含む項は微分連鎖律（Chain Rule）に従って計算できますが，さらに，

$$dt \cdot dt = dt \cdot dB_t = dB_t \cdot dt = 0, \qquad dB_t \cdot dB_t = dt$$

というルールを用いて展開すると，下の式が導かれます。

$$dY_t = \left(\frac{\partial g}{\partial t} + \frac{\partial g}{\partial X_t}u(t, X_t) + \frac{1}{2}\frac{\partial^2 g}{\partial X_t^2}\sigma^2(t, X_t)\right)dt + \frac{\partial g}{\partial X_t}\sigma(t, X_t)\,dB_t$$

このような式展開，あるいは途中で用いたルールのことを指して，「伊藤のレンマ」や「伊藤の公式」と呼びます。

測 度 論 *Measure Theory*

確率のような「大きさ」を測ることについて扱う理論。

Step 1　デリバティブを扱う場合において，測度（measure）とは，ある事象に対してある確率を割り当てる「物差し（メジャー）」のことをいいます。普通の物差しが，あるリンゴに対して10cmという「大きさ」を割り当てるのと同じように，確率における測度は，ある事象に対して40％や50％という「大きさ」を割り当てる機能をもちます。

　一般的に，デリバティブを評価する際には，リスク中立測度や同値マルチンゲール測度と呼ばれる測度を使います。これらの測度は，過去の統計などから導かれる現実世界の測度とは異なるものです。

　例として，表と裏が同じ確率で出るコインを投げ，表が出た場合に100円が手に入り，裏が出ると何ももらえないゲームを考えます。現実世界の測度では表が50％で出るため，ゲームの報酬の期待値は50円となります。このゲームの参加権を市場で取引する場合，市場参加者がリスク回避的であるとすれば，市場価格は必ず50円より低い金額になります。この市場価格を仮に40円であったとすると，リスク中立測度における期待値が市場価格と一致するという要請から，コインの表が出る確率はリスク中立測度において40％，ということになります。現実世界の期待値（50円）とリスク中立世界の期待値（40円）の差は，賭けのリスクと，市場参加者のリスク回避姿勢とを反映した，リスク・プレミアムと呼ばれる量になります。

Step 2　現実世界の測度を実測度（real measure）や物理的測度（physical measure）と呼び，よくPという記号が充てられます。一方でリスク中立測度（risk-neutral measure）は同値マルチンゲール測度（equivalent martingale measure）ともいい，Qという記

号が充てられることが多いです。

　統計データのみを問題とする場合や，単一通貨における株式オプションを考える場合には，測度について留意する必要性は低いですが，金利デリバティブや，複数通貨の金利を考える通貨デリバティブでは，複数の同値マルチンゲール測度を扱うことが多くなるため（マルチンゲールの項参照），測度を変更する際の「測度変換」と呼ばれる技術が重要になります。

Step 3　測度を研究する測度論は，実解析学（real analysis）と呼ばれる数学の分野を基礎としています。確率は，世界において発生する可能性のあるあらゆる事象に対して 0 ％から100％の数字を割り当てるという野心的な対応ですので，これを数学的に矛盾がないよう定式化するため，確率をとる対象を数学的に扱いやすい「σ-加法族」と呼ばれるものに制限することが有効です。このようにして矛盾なく定義された積分をルベーグ（Lebesgue）積分と呼び，この積分を用いて確率を厳密に議論できるようになります。また，確率過程を考える場合には，このσ-加法族が時間とともに拡大していきますので，それをフィルトレーション（filtration）と呼び，ある時点以前の事象から得られた情報と同一視します。

　金融工学のような比較的実務寄りの分野においてさえ，古典的・正統的な実解析学に基づいた確率論では制約が厳しいと考えられるような状況が存在します。そのような状況で有用な手段として，マリアヴァン解析（Malliavin calculus），ラフパス理論（rough path theory），多項式カオス（polynomial chaos）またはカオス展開（chaos expansion）などが研究されています。また，実解析学にかわる枠組みとして，非標準的な解析学（nonstandard analysis）に基づいた確率論も提唱されています。

ギルサノフの定理　*Girsanov theorem*

測度変換の際に確率過程がどう変化するかを示す定理。

Step 1

測度論の項で説明したとおり，現実の測度とリスク中立測度のような異なる測度から，同一の物事について考える場合があります。ギルサノフの定理は，測度を変える場合（測度変換）において，確率過程の式がどのように変化するかを示したものです。

Step 2

デリバティブにおけるギルサノフの定理の適用例として，ある確率変数 X_t が測度 P において，以下のようなウィーナー過程 W_t を含む確率微分方程式を満たす場合を考えます。

$$dX_t/X_t = \mu dt + \sigma dW_t^P$$

なお，測度 P におけるウィーナー過程であることを明確に示すため W_t の右肩に P と記しています。微小量 dx に対して X_t が $x \le X_t \le x + dx$ となる測度 P 下の確率を dP のように書くと，測度 P 下での $f(X_t)$ の積分は，

$$\int f(x)\, dP$$

のように書き表すことができます。ここで測度の比率であるラドン＝ニコディム微分（Radon-Nikodym derivative）dQ/dP を使うと，

$$\int f(x)\, dQ = \int f(x) \frac{dQ}{dP}\, dP$$

の関係が成り立ち，積分で使う測度を P から Q へと変更できます。

このような設定のもとで，ギルサノフの定理の主張は，

$$\frac{dQ}{dP} = \exp\left\{ -\lambda W_t^P - \frac{\lambda^2}{2} t \right\}$$

とした場合，新しい測度 Q においては元の確率微分方程式から dt の項をシフトさせた，

13

数学・数値計算

$$dX_t/X_t = (\mu - \lambda\sigma)\,dt + \sigma dW_t^Q$$

という確率微分方程式が成り立つ，というものです。このことは，逆に確率微分方程式から出発した場合に，満期時点 T における X_T の分布が，

測度 Q において　$X_T \sim X_0 \exp\{(\mu - \lambda\sigma)\,T + \sigma W_T^Q\}$

測度 P において　$X_T \sim X_0 \exp\{\mu T + \sigma W_T^P\}$

と書けて，W_T の確率密度関数が平均ゼロ・標準偏差 $\sqrt{T}$ の正規分布となることを使って，

$$\int f(X_T)\,dQ = \int f(X_0 \exp\{(\mu - \lambda\sigma)\,T + \sigma u\})\,\frac{e^{-u^2/2T}}{\sqrt{2\pi T}}\,du$$

$$= \int f(X_0 \exp\{(\mu T + \sigma u)\})\,\frac{e^{-(u + \lambda T)^2/2T}}{\sqrt{2\pi T}}\,du \qquad (\text{変数変換 } u \to u + \lambda T)$$

$$= \int f(X_0 \exp\{(\mu T + \sigma u)\})\,e^{-\lambda u - \frac{\lambda^2}{2}T}\,\frac{e^{-u^2/2T}}{\sqrt{2\pi T}}\,du = \int f(X_T)\,e^{-\lambda W_T^P - \frac{\lambda^2}{2}T}\,dP$$

が成り立つことからも確かめることができます。

　特にリスク中立金利が r のとき，

$$\lambda = \frac{\mu - r}{\sigma}$$

とすると，リスク中立測度 Q における確率微分方程式，

$$dX_t/X_t = rdt + \sigma dW_t^Q$$

が得られます。これはブラック・ショールズ・モデルと測度に関する説明で，よく現れるかたちです。λ はリスクの市場価格（market price of risk）と呼ばれます。

ファインマン・カッツの公式
Feynman-Kac Formula

偏微分方程式の解を，確率微分方程式を用いて表現した公式。

Step 1　ファインマン・カッツの公式とは，ある種の偏微分方程式の解を，確率微分方程式を用いて表現する公式です。ブラック・ショールズ方程式（確率の現れない偏微分方程式）を解くにあたって，リスク中立測度における確率を導入し，原資産価格が確率的に変動すると仮定して期待値を計算することにより解くことができるのは，ファインマン・カッツの公式から導かれる結果の1つです。偏微分方程式がファインマン・カッツの公式が当てはまらないような複雑なかたちをとる場合には，別の項で紹介しているBSDEが必要になることがあります。

Step 2　デリバティブでよく現れるファインマン・カッツの公式の基本的なかたちは，偏微分方程式と境界条件，

$$\left(\frac{\partial}{\partial t} + \mathcal{A}_x\right) u(t, x) = r_t u(t, x) - g(t, x)$$

$$u(T, x) = \varphi(x)$$

の（一定程度以上）滑らかな解が，確率過程 X_t を使ったリスク中立測度における期待値，

$$u(t, x) = \mathbb{E}^Q\left[e^{-\int_t^T r_s ds} \varphi(X_T) + \int_t^T g(\tau, X_\tau) e^{-\int_t^\tau r_s ds} d\tau \,\middle|\, X_t = x\right]$$

で表現される，というものです。デリバティブの評価の場合には，期待値のなかの第1項は満期時点のペイオフを現在価値に割り引いたもの，第2項は満期までに受け取る配当の現在価値の合計とみなすことができます。ここで，$\mathcal{A}_x$ はgeneratorと呼ばれる演算子であり，基本的には $du(t, X_t)$ に伊藤のレンマを使った場合に現れる dt の係数のうち $\frac{\partial u}{\partial t}$ 以外の項と一

致します。たとえば,

$$dX_t = \mu(t, X_t)dt + \sigma(t, X_t)dW_t^Q$$

であれば,伊藤のレンマから,

$$du(t, X_t) = \left\{ \frac{\partial u(t, X_t)}{\partial t} + \mu(t, X_t)\frac{\partial u(t, X_t)}{\partial X_t} + \frac{1}{2}\sigma(t, X_t)^2\frac{\partial^2 u(t, X_t)}{\partial X_t^2} \right\}dt$$

$$+ \sigma(t, X_t)\frac{\partial u(t, X_t)}{\partial X_t}dW_t^Q$$

となりますが,この｛　｝内に現れる$\frac{\partial u}{\partial t}$以外の項が$\mathcal{A}_x u(t, x)$です。つまり,

$$\mathcal{A}_x u(t, x) = \mu(t, x)\frac{\partial u(t, x)}{\partial x} + \frac{1}{2}\sigma(t, x)^2\frac{\partial^2 u(t, x)}{\partial x^2}$$

となります。ブラック・ショールズ・モデル,

$$dX_t = rX_t dt + \sigma X_t dW_t^Q$$

の場合には,

$$\mathcal{A}_x u(t, x) = rx\frac{\partial u(t, x)}{\partial x} + \frac{1}{2}\sigma^2 x^2\frac{\partial^2 u(t, x)}{\partial x^2}$$

となります。

Step 3 デリバティブの評価モデルにおいては,偏微分方程式と確率微分方程式は基本的に対応する関係にあります。問題が複雑になる場合,たとえば担保利息やXVAが導入されたり,ヘッジ・オペレーションに関する前提やセルフ・ファイナンシング条件(ブラック・ショールズ・モデルの項でも軽く触れた,原資産と無リスク資産を組み合わせたヘッジ・ポートフォリオを合計の価格が変わらないように組み替えられるという条件)が複雑なかたちになったりする場合には,偏微分方程式と確率微分方程式の両方に関して考察することが必要になることがあります。ファインマン・カッツの公式はそのような場合に,偏微分方程式と確率微分方程式をつなぐ重要なツールです。

マルチンゲール　*Martingale*

ある確率過程についての，期待値が変わらないという性質。

Step 1　ある確率過程について，その期待値が時間によって変わらないとき，マルチンゲールであるといいます。

確率微分方程式を用いてデリバティブを評価する場合には，原資産価格やデリバティブの評価額を基準財（ニューメレール：numeraire）で割った量がマルチンゲールであるように測度を選びます。そうすることで，現時点のデリバティブの評価額を，将来のデリバティブの評価額（たとえば，満期時点のペイオフの額など）の期待値として求めることができます。このとき選ばれた測度のことを同値マルチンゲール測度と呼びます。

Step 2　原資産価格 X_t を基準財で割ったものがマルチンゲールであるとき，通常，デリバティブの評価額 $f(t, X_t)$ もまたマルチンゲールとなります。これは，瞬間的にデルタ Δ 単位の原資産を保有することで複製できる（別の表現を使うと，セルフ・ファイナンシング条件 $d\{f(t, X_t) - \Delta \cdot X_t\} = r\{f(t, X_t) - \Delta \cdot X_t\}$ が成り立つ）デリバティブのみを考えるためです。仮に $f(t, X_t) = X_t^2$ のようなデリバティブを考えると，X_t の期待値が変化しなくても X_t^2 の期待値は時間的に増大していきマルチンゲールになりませんが，そのようなデリバティブは無裁定条件を破るため，（原資産価格がデリバティブに影響を受けないという前提では）存在できません。

たとえば，X_t が対数正規型の，

$$\frac{dX_t}{X_t} = rdt + \sigma dW_t^Q$$

に従うとき，$r = 0$ で σ が有限であれば X_t はマルチンゲールとなります。$r \neq 0$ であっても，基準財として無リスク金利で付利される口座の残高 e^{rt}

を選べば，原資産価格を基準財で割った量 X_t/e^{rt} は，

$$d\left(\frac{X_t}{e^{rt}}\right) = e^{-rt}dX_t - re^{-rt}X_t = e^{-rt}\sigma dW_t^Q$$

となるためマルチンゲールとなります。そして，$f(t, X_t)/e^{rt}$ もマルチンゲールとなるため，現時点 $t=0$ におけるデリバティブの評価額 $f(0, X_0)$ は，

$$\frac{f(0, X_0)}{e^{r\cdot0}(=1)} = \mathbb{E}^Q\left[\frac{f(T, X_T)}{e^{rT}}\right]$$

のように満期時点 T の評価額を基準財で割った量の期待値となります。ストライク（権利行使価格）K のヨーロピアン・コール・オプションであれば，$f(T, X_T) = \max(X_T - K, 0)$ を上の式に入れて $f(0, X_0)$ が求まります。

Step 3 基準財を $A(t)$，$B(t)$ としたときの同値マルチンゲール測度をそれぞれ A，B と書くと，

$$f(0, X_0) = A(0)\mathbb{E}^A\left[\frac{f(T, X_T)}{A(T)}\right] = B(0)\mathbb{E}^B\left[\frac{f(T, X_T)}{B(T)}\right]$$

が成り立ちます。これは実務的に有用な測度変換の関係式です。

　ブラック・モデルの項で紹介しているように，金利デリバティブの場合には，基準財として割引債価格 $P(t, T)$ や年金（annuity factor）$A_{i,j}(t, T)$ などを使います。この場合，金利デリバティブの測度変換の式は，

$$f(0, X_0) = \mathbb{E}^Q[e^{-rt}f(T, X_T)] = P(0, \mathrm{T})\mathbb{E}^T\left[\frac{f(T, X_T)}{P(T, T)(=1)}\right]$$

$$= A_{i,j}(0, T)\mathbb{E}^A\left[\frac{f(T, X_T)}{A_{i,j}(T, T)}\right]$$

となります。ここで Q は口座の残高 e^{rt} を基準財とする測度，T は満期 T の割引債を基準財とする測度（terminal measureと呼ばれます），A は時点 T から支払を開始するannuity factorを基準財とする測度（swap measureと呼ばれます）となります。

　この金利デリバティブの例のように，目的に応じて基準財と測度を選び，マルチンゲールという性質を使うのが確率微分方程式を用いたデリバティブの評価の基本です。ただし，ヘストン・モデルの項で紹介した3/2モデルのように，マルチンゲールを用いた手法が使えない場合もあります。

13

数学・数値計算

マリアヴァン解析 *Malliavin Calculus*

確率変数に対する微分も可能とする，確率過程に関する拡張された理論。

Step 1　マリアヴァン（Malliavin）解析は，元はある種の確率微分方程式に関する問題を解くための計算技術（calculus）でしたが，確率過程に関して古典的な確率論よりも拡張された枠組みを提供できることから，多様な問題への応用が研究されています。

　デリバティブに関しては，マリアヴァン解析により，モンテカルロ・シミュレーションでグリークス（センシティビティ）を効率的に計算する手法を得られることが有名です。ただし，高度な数学が必要で，他の代替となる手法も存在するため，実務上の普及は限定的なものにとどまっています。

Step 2　ここではデリバティブにおけるマリアヴァン解析の応用事例を示すため，ペイオフが満期時点の資産価格にのみ依存するデリバティブのデルタをモンテカルロ・シミュレーションで計算する場合についての例を紹介します。原資産価格 S_t が確率微分方程式 $dS_t/S_t = rdt + \sigma dW_t^Q$ に従うものとし，満期時にペイオフ $\varphi(S_T)$ が得られるデリバティブを考え，その評価額が $f(t, S_t)$ で表されるとします。現時点の株価を $S_0 = a$ とすると，デルタは微小量 Δa を使って，

$$\text{Delta} = \frac{f(0, a + \Delta a) - f(0, a)}{\Delta a}$$

から計算されます。問題は，この計算を行う際に，

$$f(0, a) = \mathbb{E}^Q[e^{-rT} f(T, S_T) | S_0 = a] = \mathbb{E}^Q[e^{-rT} \varphi(S_T) | S_0 = a]$$

$$f(0, a + \Delta a) = \mathbb{E}^Q[e^{-rT} f(T, S_T) | S_0 = a + \Delta a]$$

$$= \mathbb{E}^Q[e^{-rT} \varphi(S_T) | S_0 = a + \Delta a]$$

という2個のモンテカルロ・シミュレーションの結果が必要になることです。このような計算は不安定になりがちで，特にデジタル・オプションのように $\varphi(S_T)$ が滑らかでない場合にはきわめて厄介な問題となります。

ここで，新しい測度 $Q^{\Delta a}$ を導入して，

$$f(0, a + \Delta a) = \mathbb{E}^{Q^{\Delta a}}[e^{-rT} \varphi(S_T) | S_0 = a]$$

となるようにします。つまり，測度を少しだけ変えることにより，株価が $a + \Delta a$ から出発して測度 Q のもとで確率的に変動した場合と，株価が a から出発して測度 $Q^{\Delta a}$ のもとで確率的に変動した場合とで，満期時点の S_T の分布が同じものになるようにします。上式の右辺はギルサノフの定理の項で触れたラドン・ニコディム微分 $\dfrac{dQ^{\Delta a}}{dQ}$ を使い，

$$\mathbb{E}^{Q^{\Delta a}}[e^{-rT} \varphi(S_T) | S_0 = a] = \mathbb{E}^{Q}\left[\frac{dQ^{\Delta a}}{dQ} e^{-rT} \varphi(S_T) | S_0 = a\right]$$

と書けます。ギルサノフの定理から，パラメータ λ を使って，

$$\frac{dQ^{\Delta a}}{dQ} = e^{\lambda W_t^Q - \frac{\lambda^2}{2}t}$$

と置くと，各測度の微分方程式は，

$$dS_t / S_t = r dt + \sigma dW_t^Q, \quad dS_t / S_t = (r + \lambda \sigma) dt + \sigma dW_t^{Q^{\Delta a}}$$

となり，S_T の分布を同じにするという当初の目的から，

$$S_T = (a + \Delta a) \cdot e^{\left(r - \frac{\sigma^2}{2}\right)T + \sigma W_T} = a \cdot e^{\left(r + \lambda \sigma - \frac{\sigma^2}{2}\right)T + \sigma W_T}$$

という関係を満たせばよいことになります。右側の等号から，

$$\lambda = \frac{1}{\sigma T} \log\left(\frac{a + \Delta a}{a}\right) \xrightarrow[\Delta a \to 0]{} \frac{\Delta a}{a \sigma T}$$

となるので，

$$\frac{\left(\dfrac{dQ^{\Delta a}}{dQ} - 1\right)}{\Delta a} = \frac{e^{\lambda W_T - \frac{\lambda^2}{2}T} - 1}{\Delta a} \xrightarrow[\Delta a \to 0]{} \frac{\Delta a}{a \sigma T} \cdot \frac{W_T}{\Delta a} = \frac{W_T}{a \sigma T}$$

13

数学・数値計算

となります。以上の結果を用いてデルタは,

$$\mathrm{Delta} = \frac{f(a+\Delta a,\,0) - f(a,\,0)}{\Delta a}$$

$$= \frac{\left\{ \mathbb{E}^Q\!\left[\dfrac{dQ^{\Delta a}}{dQ}\, e^{-rT} \varphi(S_T)\,|\,S_0=a \right] - \mathbb{E}^Q\!\left[e^{-rT}\varphi(S_T)\,|\,S_0=a \right] \right\}}{\Delta a}$$

$$= \mathbb{E}^Q\!\left[\frac{\left(\dfrac{dQ^{\Delta a}}{dQ} - 1 \right)}{\Delta a} e^{-rT}\varphi(S_T)\,|\,S_0=a \right] \xrightarrow[\Delta a \to 0]{} \mathbb{E}^Q\!\left[\frac{W_T^Q}{a\sigma T} \cdot e^{-rT}\varphi(S_T)\,|\,S_0=a \right]$$

となり,測度 Q のもとでのモンテカルロ・シミュレーション 1 回でデルタ
が求まり,$\varphi(S_T)$ が滑らかでない場合にも比較的安定したデルタが得られ
ます。このように期待値のなかの「デリバティブの評価額の微分」は「確
率過程の微分」に変換することができます。

　上のような式変形は,デリバティブやモデルが複雑になると導出が困難
になりますが,マリアヴァン解析における特殊な「部分積分」を使って,

$$\mathbb{E}^Q[\varphi'(S_T)] = \mathbb{E}^Q\!\left[\varphi(S_T)\delta'\!\left(\frac{S_T}{S_0\displaystyle\int_0^T D_u S_T\,du} \right) \right] = \mathbb{E}^Q[\varphi(S_T)\,(weight)]$$

として定式化することができます。ここで確率過程に対する微分 D_u をマ
リアヴァン微分(Malliavin derivative),

$$(weight) := \delta'\!\left(\frac{S_T}{S_0\displaystyle\int_0^T D_u S_T\,du} \right)$$

を Malliavin weight と呼びます。

Step 3　先に述べた結果は,確率微分方程式にこだわらず偏微分
方程式から出発して遷移密度(transition density)また
はグリーン関数(Green function)$g(a,\,S_T)$ を用いることにより,

$$\text{Delta} = \mathbb{E}^{Q}\left[\left\{\frac{d}{da}\log\big(g(a, S_T)\big)\right\}e^{-rT}\varphi(S_T)\,|\,S_0 = a\right]$$

のようにしても求めることができます。Chen and Glasserman（2007）でも紹介されたこの手法を，尤度比法（likelihood ratio method）と呼びます。

いずれにせよ，これらの手法はある種の「補間した結果」を与えるものでしかない点には注意が必要です。たとえば，ストライクが1ドル150円のところにあるデジタル・オプションをヘッジするにあたって，トレーダーが150円に到達する確率についてなんらかの見解をもっているのであれば，それを織り込んだヘッジを行うことが合理的です。マリアヴァン解析や尤度比法が与える数値は，トレーダーの見解と関係なく，なんらかの数学的な基準で性質のよい答えを与えるものです。

このような事情もあってデリバティブ（金融工学）の実務における活用の広がりはいまだ限定的なものにとどまっていますが，金融工学や数理ファイナンスの理論方面においてマリアヴァン解析は活発に研究されています。マリアヴァン解析と同じ方向の研究分野としては，ホワイト・ノイズ分析（white noise analysis）や，それに基づくカオス展開（chaos expansion），ラフパス理論（rough path theory）などがあります。また，ブラック・ショールズ方程式のような偏微分方程式が外部要因で確率的に変動するような場合には，確率的偏微分方程式（SPDE：Stochastic Partial Differential Equation）と呼ばれるものになります。その代表であるKPZ方程式（Kardar-Parisi-Zhang equation）は結晶の成長を記述するために導入されたものです。このような方程式は，スケール変換（繰り込み群）の手法で，マクロ的挙動とミクロ的挙動が異なるような現象も記述できるため，金融市場への応用も期待されており，カオス展開やラフパス理論はこのSPDEの性質を調べる手法としても利用されています。

13

数学・数値計算

非整数ブラウン運動　*Fractional Brownian Motion*

現実の市場変動をより正しく再現すると考えられる確率過程。

Step 1　デリバティブの評価モデルにおいては，資産価格の変動を表現するのにブラウン運動を用いることが多いですが，実際の価格変動の性質は，非整数ブラウン運動と呼ばれる確率過程に整合的であるという研究結果があります。通常のブラウン運動と異なり，非整数ブラウン運動は効率的市場仮説（efficient-market hypothesis）を明確に破り，無裁定理論が使えないという問題があるため，デリバティブの評価モデルとして用いられることはほとんどありませんが，実際の市場価格変動に関する特性を説明する道具としてよく使われます。

Step 2　非整数ブラウン運動は，基本的にブラウン運動と同じですが，ハースト指数（Hurst index）H を使って，

$$\mathbb{E}\left[(B_t^H - B_0^H)^2\right] \sim |t|^2 H$$

という特性をもちます。つまり，ブラウン運動では標準偏差が $\sqrt{t}$ となるのに対して，非整数ブラウン運動では標準偏差が t^H となります。

(1)　**$H > 0.5$ の場合**

長期記憶が支配的で過去と未来の相関が正になり，モメンタムが現れて順張り（trend following）の投資戦略が優勢となります。週次・月次のように間隔の長い時系列データは，この特徴を示すことが多いです。

(2)　**$H = 0.5$ の場合**

通常のブラウン運動で，いわゆるランダム・ウォークになります。

(3)　**$H < 0.5$ の場合**

短期記憶が支配的で過去と未来の相関は負となり，逆張り戦略（contrarian）が有効になります。rough volatilityという激しい変動を示し，高頻度データ（high frequency data）に現れることが多いです。

自動微分　*Automatic Differentiation*

値と同時に，その値のセンシティビティを計算する技術。

Step 1　自動微分，あるいはAD（Automatic Differentiationまたは Algorithmic Differentiation）とは，プログラミングの技術の一種で，ある値を計算すると同時に，その値の偏微分を同時に計算する手法のことを指します。これは，XVAやエキゾチック・デリバティブの評価額のようなシミュレーションで計算する値について，多数のグリークスを高速に導出するために有用な手法です。

自動微分は近年，ニューラル・ネットワークの学習（ディープ・ラーニング）の手法である誤差逆伝播法（バック・プロパゲーション）に用いられることもあって，広く普及するようになりました。

デリバティブやディープ・ラーニングでは自動微分のうち随伴微分（adjoint differentiation）を用いた随伴モード（adjoint mode）と呼ばれる手法が有用であり，随伴モードの自動微分であることを示すためAAD（Algorithmic Adjoint Differentiation）と呼ぶこともあります。

Step 2　たとえば，XVAのグリークス（センシティビティ）を計算する場合，XVAをシミュレーションで計算した後に入力変数（たとえば株価）を動かして再度XVAをシミュレーションし，その差をとるという手法が考えられます。このような手法は，精度を高めて安定した結果を得るために計算負荷が高くなる傾向にあり，入力変数が多くなると計算時間が膨大になります。自動微分を使い，シミュレーションの中間過程で偏微分を記録しておき，偏微分の連鎖律（chain rule）を用いることでXVAと同時にXVAのセンシティビティを計算できます。

随伴モードは，最終的な出力結果（XVAなど）からさかのぼって中間変数に対する偏微分を計算していく手法ですが，メモリ使用量が多くなる

傾向にあります。特にモンテカルロ・シミュレーションを使う場合には，多数のパス（シナリオ）ごとに状態変数や偏微分を保存するためメモリの消費が著しく，効率的に計算できるような枠組みを整える必要がある点に注意が必要です。

主成分分析 *Principal Component Analysis*

多数の項目を要約するデータ解析手法の一種。

Step 1 主成分分析（PCA：Principal Component Analysis）は，観測された多数の項目（GDP成長率，消費者物価指数，失業率などのデータ）を個々に分析するのではなく，「それらの項目全体が織りなす意味合い」を解釈するための分析です。主成分分析を用いることで，より低い次元の合成変数（主成分）で数理的に表現できます。

Step 2 主成分分析は行列の固有値問題を解くことで結果が得られます。具体的に金利スワップのイールド・カーブについて主成分分析を行ってみましょう。

円金利スワップの主要なグリッド（2年，5年，7年，10年，12年，15年，20年，30年）の時系列データをもとに分散共分散行列を求めます。

$$Y = \begin{bmatrix} \sigma_{2Y,2Y}^2 & \sigma_{2Y,5Y}^2 & \cdots & \sigma_{2Y,30Y}^2 \\ \sigma_{5Y,2Y}^2 & \sigma_{5Y,5Y}^2 & \cdots & \sigma_{5Y,30Y}^2 \\ \vdots & \vdots & \ddots & \vdots \\ \sigma_{30Y,2Y}^2 & \sigma_{30Y,5Y}^2 & \cdots & \sigma_{30Y,30Y}^2 \end{bmatrix}$$

分散共分散行列は対称行列なので，対角化が可能です。すなわち次式を満たす非負の固有値 $\{\lambda_n\}$ と固有ベクトル $\{x_n\}$ を求めることができます。

$$Yx_n = \lambda_n x_n, \qquad \lambda_1 \geq \lambda_2 \geq \cdots \geq \lambda_8$$

最大の固有値に対応する固有ベクトルを第1主成分といい，その後は固有値の大きさにあわせて第2主成分，第3主成分，…と呼びます。

説明力の強さを表す指標を寄与率といい，第 j 主成分までの累積寄与率は以下のように算出します。

$$\frac{\lambda_1^2 + \lambda_2^2 + \cdots + \lambda_j^2}{\lambda_1^2 + \lambda_2^2 + \cdots + \lambda_8^2}$$

　実際に2004年のデータを利用して得られた上位3主成分と累積寄与率は下図のようになります。主成分に現れる数値の符号と絶対値はポジションの向きと大きさを表しますので，主成分はそれぞれイールド・カーブの「水準」，「傾き」，そして「コンベクシティ」であると解釈できます。また，累積寄与率は第3主成分までで100%に近い値になっていますので，イールド・カーブを理解するには「水準」，「傾き」，そして「コンベクシティ」に注目すればよいことになります。もし，各年限の金利が完全に独立に動くのであれば，上記の例の場合には8つのデータを追い求める必要がありますが，主成分分析によればこれら3つの主成分に注目することでおおむねの変化をとらえられることになります。

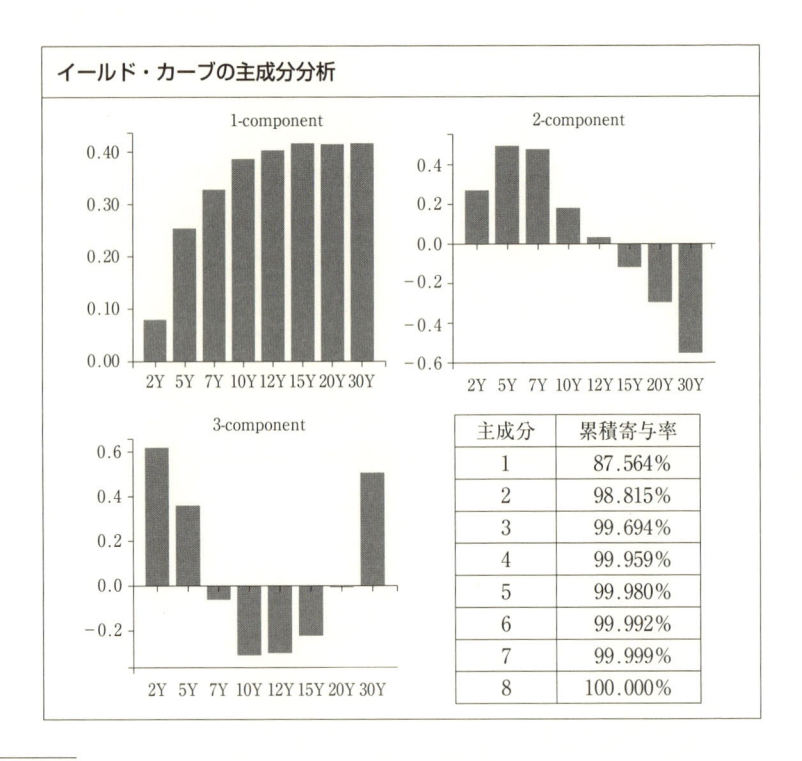

イールド・カーブの主成分分析

主成分	累積寄与率
1	87.564%
2	98.815%
3	99.694%
4	99.959%
5	99.980%
6	99.992%
7	99.999%
8	100.000%

最 尤 法　*Maximum Likelihood Method*

確率分布のパラメータを求める方法の１つ。

Step 1　時系列データのような標本がある確率分布に従っていると思われるときに，その確率分布を求める方法の１つに最尤法があります。最尤法では，ある試行$x_1, x_2, \cdots, x_n$が実現したときに以下の尤度関数を考えます。

$$L(\theta) = P(X_1 = x_1) \times P(X_2 = x_2) \times \cdots \times P(X_n = x_n)$$
$$= f(x_1;\theta) \times f(x_2;\theta) \times \cdots \times f(x_n;\theta)$$

ここで，θは確率分布の母数（パラメータ）を表します。最尤法では，観測された結果が最も高い確率で生じたと仮定して尤度関数を最大にする母数θを求めます。具体的には尤度関数の微分がゼロとなるような母数θを求めます。このようにして求められる母数のことを最尤統計量といいます。

$$\frac{\partial L(\theta)}{\partial \theta_i} = 0$$

尤度関数は確率分布の積のかたちであるため扱いにくいことがあります。その場合は，尤度関数の対数をとった関数（対数尤度関数）で考えると関数の和で表現でき，微分計算が容易になります。

$$\ln L(\theta) = \ln\left[f(x_1;\theta) \times f(x_2;\theta) \times \cdots \times f(x_n;\theta)\right]$$
$$= \ln f(x_1;\theta) + \ln f(x_2;\theta) + \cdots + \ln f(x_n;\theta)$$

Step 2　たとえば，独立かつ同一の正規分布に従っていると考えられる統計データがあった場合に，母数（平均，分散）を最尤法で求めてみましょう。

ある試行$x_1, x_2, \cdots, x_n$が実現したときに，尤度関数は以下のようになります。

$$L(\theta) = f(x_1;\theta) \times f(x_2;\theta) \times \cdots \times f(x_n;\theta)$$

$$= \left(\frac{1}{\sqrt{2\pi\sigma^2}}\right)^n \exp\left[-\frac{(x_1-\mu)^2}{2\sigma^2}\right] \times \exp\left[-\frac{(x_2-\mu)^2}{2\sigma^2}\right] \times \cdots$$

$$\times \exp\left[-\frac{(x_n-\mu)^2}{2\sigma^2}\right]$$

このままでは扱いにくいので対数尤度関数に変換します。

$$\ln L(\theta) = -\frac{n}{2}\ln 2\pi\sigma^2 - \frac{(x_1-\mu)^2}{2\sigma^2} - \frac{(x_2-\mu)^2}{2\sigma^2} - \cdots - \frac{(x_n-\mu)^2}{2\sigma^2}$$

対数尤度関数を最大化する母数 $\theta = (\mu, \sigma^2)$ を求めます。

$$\frac{\partial \ln L(\theta)}{\partial \mu} = \frac{2(x_1-\mu)}{2\sigma^2} + \frac{2(x_2-\mu)}{2\sigma^2} + \cdots + \frac{2(x_n-\mu)}{2\sigma^2} = 0$$

$$\Leftrightarrow \mu = \frac{x_1 + x_2 + \cdots + x_n}{n}$$

$$\frac{\partial \ln L(\theta)}{\partial \sigma^2} = -\frac{n}{2} \times \frac{1}{\sigma^2} + \frac{(x_1-\mu)^2}{2(\sigma^2)^2} + \frac{(x_2-\mu)^2}{2(\sigma^2)^2} + \cdots + \frac{(x_n-\mu)^2}{2(\sigma^2)^2} = 0$$

$$\Leftrightarrow \sigma^2 = \frac{(x_1-\mu)^2 + (x_2-\mu)^2 + \cdots + (x_n-\mu)^2}{n}$$

Step 3　最尤法は，統計データの確率分布がわかっている際には威力を発揮します。たとえば，経済時系列分析では統計データが正規分布に従うことを仮定しますので，最尤法を用いて母数を求めることができます。そのほかでも，デフォルト確率を財務諸表から推定する場合に使用されるロジット・モデルやプロビット・モデルもそれぞれロジスティック分布，標準正規分布を仮定しますので最尤法を用いて推定することができます。一方で，最尤法を使用するのが適切でない場合もあり，そのときは一般化モーメント法やマルコフ連鎖モンテカルロ法などの方法を用いることになります。

一般化モーメント法
Generalized Method of Moments

未知のモデル・パラメータを標本から推定する方法の一種。

Step 1　金利期間構造や資産価格の挙動などに限らず，明示的なパラメータを含んだモデルで定式化を行った場合，一般的には過去の動き（標本）からモデル・パラメータを推定します。一般化モーメント法（GMM：Generalized Method of Moments）は，モデルのモーメントと標本分布ができるだけ近くなるようにモデル・パラメータを推定する手法です。なお，モーメントとは確率分布の特徴を表す量のことです。たとえば，$E[X]$ は期待値ですが，原点まわりの1次モーメントとも呼ばれます。また，$E[(X-\mu)^2]$ は分散ですが，期待値まわりの2次モーメントとも呼ばれます。このようなモーメントを観測データから算出して，パラメータの推計を行います。

Step 2　時点 t で観測できる h 次元の確率変数ベクトルを y_t，未知のパラメータ a 次元ベクトルを θ とします。$r(\geqq a)$ 個のモーメントに関する r 次元のベクトル値関数 $h(\theta, y_t)$ を，真のパラメータ θ_0 について，

$$E[h(\theta_0, y_t)] = 0$$

を満たすように定義します（直交条件）。また，時点 $t = 1, 2, \cdots, T$ までの標本値が与えられたとき，$h(\theta, y_t)$ の標本平均を表すベクトル値関数を $g_T(\theta)$ とします。

$$g_T(\theta) = \frac{1}{T} \sum_{t=1}^{T} h(\theta, y_t)$$

一般化モーメント法とはGMM推定量，

$$Q(\theta) = g_T(\theta)' W_T g_T(\theta)$$

を最小にするようにモデル・パラメータ $\theta = \hat{\theta}$ を求める方法です。ここで

W_Tは各モーメントに対して最適なウェイトを与える$r \times r$正定値行列を，´
は転置をそれぞれ表しています。

Step 3　　　真のパラメータθ_0に関する$h(\theta, y_t)$の2次形式

$$S_T(\theta) = \frac{1}{T} \sum_{t=1}^{T} h(\theta_0, y_t) h(\theta_0, y_t)'$$

を用いて，

$$W_T = S_T(\theta_0)^{-1}$$

という表式が与えられると知られていますが，通常，真のパラメータθ_0は
わからないので，次のような繰り返し計算によってパラメータを求めるこ
とになります。

① 　W_Tに対して初期値行列を設定します。

② 　①で与えた初期値行列をもとに，$Q(\theta)$を最小とするモデル・パラ
　　メータ$\hat{\theta}^{(1)}$を求めます。

③ 　$\hat{\theta}^{(1)}$をもとに$S_t(\hat{\theta}^{(1)})$，および新しいW_Tを算出します。

④ 　②③の手順をモデル・パラメータが収束するまで繰り返すことで，θ
　　$= \hat{\theta}$を推定することができます。

　最小二乗法（OLS推定量）や二段階最小二乗法（2 SLS推定量）が
GMM法の特殊なかたちとしてとらえることができる一般的な方法である
こと，また確率モデルの密度関数（尤度関数）を利用せずにモデル・パラ
メータを推定することができることから，広く一般的に利用されていま
す。

マルコフ連鎖モンテカルロ法
Markov Chain Monte Carlo method

ベイズの定理を用いたモデル・パラメータの推定手法。

Step 1 マルコフ連鎖モンテカルロ法（MCMC）は，ベイズの定理を用いて，サンプリングによりモデル・パラメータの分布を推定する手法で，多次元に強いという特徴があります。サンプリングを乱数シミュレーション（モンテカルロ法）により行い，さらにそれをマルコフ連鎖でモデル化していることがその名の由来です。モデル・パラメータ推定は従来，最小二乗法や最尤法が主流でした。近年の計算機器の性能向上により，計算負荷の大きな手法も可能になったことから，MCMCなどのベイズ統計学に基づいたパラメータ推定方法が注目されています。

Step 2 ベイズの定理から以下の関係が導かれます。

$$P(\Theta \mid Y) \propto P(Y \mid \Theta)P(\Theta)$$

ここでYは市場の情報（観測状態），Θはモデル・パラメータを表しており，$P(\Theta)$は事前分布（Prior Distribution），$P(\Theta \mid Y)$は事後分布（Posterior Distribution），$P(Y \mid \Theta)$は尤度（Likelihood）を意味します。MCMCの

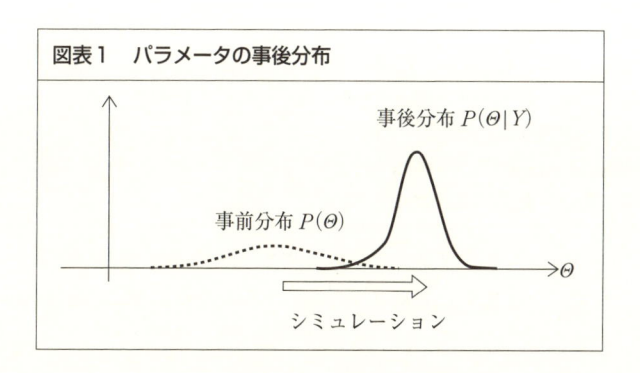

図表1　パラメータの事後分布

事後分布 $P(\Theta \mid Y)$

事前分布 $P(\Theta)$

Θ

シミュレーション

アルゴリズムでは$P(\Theta|Y)$をシミュレーションにより求めていきます。

　事前分布は，データをとる前の情報に基づいたモデル・パラメータの分布を表しています。一方，事後分布はデータを得て，更新された情報に基づいたモデル・パラメータの分布を表していることから，ベイズの定理は市場データによるモデル・パラメータ情報の更新を表現していると解釈できます。図表1のように，シミュレーションを繰り返し，事後分布を作成することでパラメータを推定します。一般的に事前分布は，無情報事前分布といわれる分散が極度に大きい分布が用いられます。このMCMCには複数のアルゴリズムが存在し，最も制約のないものにメトロポリス・ヘイスティング法（M-H法：Metropolis Hasting Algorithm）があります。メトロポリス・ヘイスティング法は収束（事後分布が定常的になること）が遅いため，ここでは最も主流なギブズ・サンプラー法（Gibbs Sampler Algorithm）を紹介します。

　ギブズ・サンプラー法はM-H法に強い制約を与えたMCMCです。ギブズ・サンプラー法では直接事後分布をサンプリングするアルゴリズムになっています。M-H法よりも収束が速い一方，乱数の発生が容易である必要があります。図表2にギブズ・サンプラー法のアルゴリズムを表記します。

図表2　アルゴリズム（ギブズ・サンプラー法）

手順1　　初期値$\Theta^1 = \{\theta_1^1, \theta_2^1, \theta_3^1\}$ を与えます。

手順2　　$\theta_1^{g+1} \sim P(\theta_1|\theta_2^g, \theta_3^g, Y)$をサンプリングします。

手順3　　$\theta_2^{g+1} \sim P(\theta_2|\theta_1^{g+1}, \theta_3^g, Y)$をサンプリングします。

手順4　　$\theta_3^{g+1} \sim P(\theta_3|\theta_1^{g+1}, \theta_2^{g+1}, Y)$をサンプリングします。

手順5　　$g = g+1$として手順2へ

手順2から5を$g = G$まで繰り返す。

このようにしてサンプリングされた$\Theta^g = \{\theta_1^g, \theta_2^g, \theta_3^g\}$ は事後分布から発生した乱数になります。アルゴリズム1からわかるように，条件付分布P

$(\theta_1 | \theta_2^g, \theta_3^g, Y)$ からサンプリングする必要があり,条件付分布から乱数を発生させられない場合はギブズ・サンプラー法を用いることができません。一般的に,ギブズ・サンプラー法ではシンプルな条件付分布を用いることで,直接推定できない複雑な事後分布を再現できます。

Step 3 最尤法と比較して,MCMCは計算負荷が大きいという欠点があります。これは,事後分布が収束するまでサンプリングを繰り返さなければならないためです。また,モデル・パラメータが増えるほど収束も遅くなります。一方,MCMCの場合,①複雑なモデルのパラメータ推定ができ,②局所最適解に陥りにくいという利点があります。ギブズ・サンプラー法の場合,モデル内の複数のパラメータに対してのシンプルな条件付分布を用いることで,直接推定がむずかしい複雑なモデルのキャリブレーションが行えます。また,ひたすら尤度の高い山頂を目指す最尤法では,初期値によっては間違った結果(局所的最適解)に陥ってしまうという欠点があるのに対して,MCMCは事後分布を直接推定することから大域的最適解にたどり着きやすくなります。近年ではMCMCの拡張版ともいえる,逐次的にトラッキングを行えるParticle Filterなども提案されています。

ベイズの定理 *Bayes' Theorem*

条件付確率を用いた定理。

Step 1 条件付確率とは，ある事象Aが生じたときにある事象Bが生じる確率のことをいい，$P(B|A)$と表記し，以下のように定義されます。ただし，$P(A) \neq 0$とします。

$$P(B|A) = \frac{P(A \cap B)}{P(A)}$$

ベイズの定理は，この条件付確率の考え方を用いたもので，以下の式で表されます。

$$P(A|B) = \frac{P(B|A)P(A)}{P(B)} = \frac{P(B|A)P(A)}{P(B|A)P(A) + P(B|A^c)P(A^c)}$$

Step 2 「前年度決算が増益」という事象をA，「当期の株価が上昇」という事象をBとして$P(A) = 0.5$，$P(B) = 0.5$，$P(A \cap B) = 0.4$とすると，当期の株価が上昇したときに前年度が増益である確率$P(A|B)$は以下のようにして計算できます。

$$P(B|A) = \frac{P(A \cap B)}{P(A)} = \frac{0.4}{0.5} = 0.8$$

$$P(B|A^c) = \frac{P(B \cap A^c)}{P(A^c)} = \frac{P(B) - P(B \cap A)}{1 - P(A)} = \frac{0.5 - 0.4}{1 - 0.5} = 0.2$$

$$P(A|B) = \frac{P(B|A)P(A)}{P(B|A)P(A) + P(B|A^c)P(A^c)} = \frac{0.8 \times 0.5}{0.8 \times 0.5 + 0.2 \times 0.5}$$
$$= 0.8$$

Step 3 ベイズの定理は，迷惑メールの判別やマーケティングにも活用されています。たとえば，迷惑メールの場合は「迷惑メールである（事象A）」と「ある単語が入っている（事象B）」を考え

ることで、「ある単語が入っているときに迷惑メールである確率$P(A|B)$」を求めて確率がある一定の値以上であれば迷惑メールと判断するようなプログラムを作成すればよいことになります。この問題は「迷惑メールのなかにある単語が入っている確率$P(B|A)$」「通常のメールのなかにある単語が入っている確率$P(B|A^c)$」「通常のメールと迷惑メールの比率$P(A^c)/P(A)$」がわかれば計算できます。

$$P(A|B) = \frac{P(B|A)P(A)}{P(B|A)P(A) + P(B|A^c)P(A^c)}$$

$$= \frac{P(B|A)}{P(B|A) + P(B|A^c)P(A^c)/P(A)}$$

受信メールが増えれば増えるほど、これらの確率の正確性は増していくことになります。つまり、迷惑メール判別プログラムの質の向上も期待できます。

ディープ・ラーニング　*Deep Learning*

深層学習とも呼ばれる，ニューラル・ネットワークなどを用いる機械学習の一種。

Step 1　ディープ・ラーニングはニューラル・ネットワークなどを用いた機械学習の一種です。ニューラル・ネットワークは，生物の神経を模した，入力値から出力値を導く一種の関数です。ディープ・ラーニングとはこの関数を学習させること，言い換えると，入力値と出力値の関係を近似する関数を求めることに関する分野です。したがって，何かの関数による近似を使う局面では基本的に，ディープ・ラーニングを応用することが可能である，といえます。

たとえば，最小二乗モンテカルロ法の項では継続価値（出力値）を株価（入力値）の2次関数で近似しましたが，この2次関数にかえてニューラル・ネットワークを使うことが可能です。

また，近年，ディープ・ヘッジングと呼ばれる手法がよく論じられています。これは，無裁定理論を用いるのではなく，ディープ・ラーニングと強化学習を組み合わせた深層強化学習を活用して，最適ヘッジ戦略に基づいたデリバティブの価格付けを行うというものです。現在，複雑なデリバティブにおいては，無裁定理論を基礎とするモデルを用いて計算した評価額に，将来のヘッジに係る取引コストなどを加味して実際の取引額を決定します。つまり，複雑なデリバティブに使われるモデルは，ヘッジ・オペレーションの指針とはなるものの，モデルによる評価額と実際の取引額の間には乖離があるということになります。ディープ・ヘッジングはこの問題を解決するものとして注目が集まっています。

Step 2　ディープ・ラーニングは，大規模言語モデルや画像生成のような生成AI（Generative AI）と呼ばれる技術に使

われており，実務で活用されるようになってきています。生成AIは，学習データから新しいコンテンツ（テキストや画像）を生成可能なAIのことを指しますが，多くの場合，ディープ・ラーニングと生成モデルの組合せ（深層生成モデル）が基礎となっています。

　生成モデルとは，ある分類に属する新しいデータを生成できるモデルです。逆に，数値を予測する回帰（regression）や，どのカテゴリーに属するかの分類（classification）を行うモデルは識別モデルと呼ばれます。生成モデルに含まれるモデルは多く，金融の実務で使われるモデルだけでも，カルマン・フィルターのような状態空間モデルや，GARCHなど自己回帰（auto-regression）の入ったモデル，因果推論に使われるベイジアン・ネットワークやボルツマン・マシンなどが生成モデルに属します。

　深層生成モデルの枠組みの例として，拡散モデルやGAN（敵対的生成ネットワーク：Generative Adversarial Network）があります。GANは，あるデータがあるカテゴリーに属しているかどうかを判定する識別器（discriminator）と，カテゴリーAに属していると識別器に認識させるような新しいデータを出力する生成器（generator）を同時に学習させる手法です。デリバティブにおいては，拡散モデルあるいはGANやその変形を用いて将来の市場変動に関するシナリオを生成し，前述のディープ・ヘッジングに関する計算を行うためのシナリオへ応用することなどが考えられます。

13

数学・数値計算

強化学習 *Reinforcement Learning*

長期的な報酬を最大化する戦略を導くための，機械学習の手法。

Step 1 強化学習とは，機械学習の一種で，長期的な報酬の累計を最大化するためにどのような選択をすべきか，その戦略を導くための手法です。強化学習にはさまざまな手法があり，ニューラル・ネットワークを用いた強化学習を深層強化学習と呼びます。

強化学習はディープ・ラーニング以前から，金融において，ヘッジ・オペレーションやポートフォリオ運営，投資戦略立案に関する応用がなされてきました。ディープ・ラーニングの項で説明したディープ・ヘッジングにも，（深層）強化学習が用いられています。

Step 2 強化学習においては，意思決定を行う「エージェント（agent）」が「状態（state）」を変える「行動（action）」を起こし，それに応じて「環境（environment）」から「報酬（reward）」と次の「状態（state）」が与えられる状況のもとで，エージェントが将来の報酬の累計を最大化することを目的にします。この背景には，短期的な報酬を最大化する行動が長期的な報酬累計を最大化するとは限らない，という問題意識があります。

強化学習には，主に①〜③のような方法があります。

① 動的計画法（dynamic programming）

これは，ある時点の状態と行動によって次の時点の状態と報酬についての確率分布が決定される（つまり，不確実性はあるが分布が把握できている）ような，マルコフ決定過程と呼ばれる場合を扱います。離散時間ではベルマン方程式，連続時間ではハミルトン・ヤコビ・ベルマン方程式（HJB方程式）によって将来の報酬の累計Vを定式化します。扱う問題がマルコフ決定過程とならない場合には，他の手法が必要です。

② 方策ベースの方法

状態sから行動aを決定するルールを「方策（policy）」といいます。パラメータθを用いて方策を$\pi_\theta(a|s)$と表し，機械学習の手法でθを求めるのが，方策ベースの方法です。方策勾配定理と呼ばれる定理を使うと報酬の現在価値の累計$V(s)$のθに対する微分が得られるため，これを用いた最適化によりθを決定できます。この手法は方策勾配法と呼ばれます。方策勾配法が厳密に適用可能な場合は少ないため，近似を用いたREINFORCE法や，勾配に依存しない擬似アニーリング法，クロスエントロピー法，進化的計算（遺伝的アルゴリズムなど）なども使われます。

③ 価値ベースの方法

状態sである場合の将来の報酬の累計$V(s)$を状態価値，状態sから行動aを起こした直後の将来の報酬の累計$Q(s, a)$を行動価値と呼びます。もし$V(s)$や$Q(s, a)$がわかれば，常に$V(s)$や$Q(s, a)$を最大化するような行動をとればよいため，方策を明示的に与える必要はなくなります。これが価値ベースの方法です。

やってみなければ実際の報酬がどうなるか容易にはわからない，という状況のもとで，短期的な報酬を受け取る「活用（exploitation）」と，新しく情報を取得するための「探索（exploration）」という，トレードオフの関係にある2種類の行動をとりつつ，$V(s)$や$Q(s, a)$についての情報を更新していく手法をTD学習（Temporal Difference learning）といいます。TD学習にはSARSA（探索のみでQを更新）やQ学習（選択されない方策でもQを更新）というアルゴリズムのほかに，TD学習を基本にしつつ方策の最適化も同時に行うactor-criticと呼ばれる手法があります。このTD学習は，現実の生物の学習のかたちに近いものと考えられており，深層強化学習は多くの場合，TD学習を基礎としています。ディープ・ヘッジングに関しては，当初の論文Buehler et al.（2019）においてヘッジ戦略のパラメータθに対する勾配を使うという方策勾配法に類似した手法がとられましたが，actor-criticの利用も有望と考えられます。

テンソル・ネットワーク　*Tensor Network*

データを低次元のデータで近似し，計算を高速化する手法。

Step 1　テンソル・ネットワークは，量子力学に関係する数値計算で使われる技術で，高次元の（変数が多い）データを，より次元の低い（変数の少ない）データによるネットワークとして近似し，効率的にデータを保存・処理できる形式へと分解するものです。

これまで機械学習やモンテカルロ・シミュレーションなどへの応用が研究されており，デリバティブにおいては特に，XVAやエキゾチック・デリバティブのような入力変数や状態変数が多いモンテカルロ・シミュレーションを計算するにあたって有用であると期待されています。

Step 2　デリバティブにおいてディープ・ラーニングを用いる場合，基本的にニューラル・ネットワークを一種の関数として近似を行います。つまり，真の関数が不明であったり厳密な計算が困難であったりする場合に，真の関数をニューラル・ネットワークで代用します。

テンソル・ネットワークでも同様のことが可能です。変数が1個の場合，関数による近似は，関数を基底関数（basis function）の線形和で近似することで効率的に行えます。変数が多い場合，基底関数でつくられる線形空間上のテンソルを考え，テンソル・ネットワークの技術で分解することによって，複雑な多変量の関数をより計算しやすい関数の組合せで近似し，さまざまな計算を高速化できます。

近年では，量子コンピュータのアルゴリズムに関する研究の延長線上で，テンソル・ネットワークを使い古典コンピュータ上で動く「量子インスパイアード」なアルゴリズムが研究されており，量子コンピュータ開発の文脈でもテンソル・ネットワークが注目を集めています。

参考文献一覧

[1 　市場]

IBOR関連

・一般社団法人全銀協TIBOR運営機関（2024年）「ユーロ円TIBORの恒久的な公表停止（2024年12月末）の決定について」

・全銀協（2021年）「LIBORの恒久的な公表停止に備えた対応について」

[3 　オプション]

ウィンドウ・バリア・オプション関連

・G. F. Armstrong（2001）"Valuation formulae for Window Barrier Options", *Applied Mathematical Finance*, vol. 8, P. 197-208

[4 　スワップ]

コンスタント・マチュリティ・スワップ（CMS）関連

・John C. Hull（2021）"Options, Futures, and Other Derivatives（the 11th edition）", Springer

[6 　債券・証券化商品]

CVA関連

・安達哲也（2015年）「金融危機後のOTCデリバティブ価値評価〜公正価値測定にかかる諸問題を中心に〜」日本銀行金融研究所ディスカッション・ペーパー・シリーズ

[7 　その他デリバティブ]

長寿スワップ関連

・R.D. Lee and L.R. Carter（1992）"Modeling and Forecasting U.S. Mortality", *Journal of the American Statistical Association* 87

[9 　リーガル]

・金子康則（2023年）『2023年からのバーゼルⅢQ&A（改訂版）』中央経済社

・金融庁総合施策局総務課国際室（2020年）「電子取引基盤の使用義務に

関する日米間の相互依拠枠組み　店頭デリバティブ市場の分断回避に向けて」週刊金融財政事情2020年6月22日号

・金融庁（2021年）「店頭デリバティブ取引規制関連」

・金融庁（2022年）「「店頭デリバティブ取引等の規制に関する内閣府令第4条第1項で定める作成・保存・報告事項ガイドライン（案）」に対するパブリックコメントの結果等について」

・金融庁（2024年）「自己資本比率規制等（バーゼル規制）について」

・富安弘毅（2023年）『カウンターパーティーリスクマネジメント【第3版】』金融財政事情研究会

・大和総研（2020年）「EU店頭デリバティブ取引の清算集中義務」

[11　リスク管理]

・金子康則（2023年）『2023年からのバーゼルⅢQ&A（改訂版）』中央経済社

・斎藤祐一（2016年）「金融規制の複合的影響を考慮したXVA」日本銀行金融研究所ディスカッション・ペーパー・シリーズ

・土屋修（2022年）『XVAモデルの理論と実務【第2版】』金融財政事情研究会

・三菱UFJ銀行市場企画部編著（2022年）『デリバティブ取引のすべて【第2版】』金融財政事情研究会

[12　数理モデル, 13　数学・数値計算]

金利モデル関連

・Andersen and Piterbarg（2010）"Interest Rate Modeling", Atlantic Financial Press

・Brigo and Mercurio（2006）"Interest Rate Models―Theory and Practice", Springer

・Christensen, Lopez and Rudebusch（2014）"Can Spanned Term Structure Factors Drive Stochastic Yield Volatility", Federal Reserve Bank of San Francisco Working Paper Series

- Hagan（2004）"Evaluating and Hedging Exotic Swap Instruments via LGM"
- Hagan（2004）"Methodology for callable swaps and Bermudan exercise into swaptions"
- Hunt, Kennedy and Pelsser（1999, 2000）"Markov-Functional Interest Rate Models"

ボラティリティ・スマイル，バンナ・ボルガモデル関連

- Bossens, Rayée, Skantzos and Deelstra（2010）"Vanna-Volga methods applied to FX derivatives: from theory to market practice", *International Journal of Theoretical and Applied Finance* 13
- Deelstra and Rayée（2010）"Local Volatility Pricing Models for Long-dated FX Derivatives"
- Hagan, Kumar, Lesniewski and Woodward（2002）"Managing Smile Risk", *Wilmott Magazine* 1
- Rebonato（2004）"Volatility and Correlation: The Perfect Hedger and the Fox (2nd edition)", Wiley

ストキャスティック・ボラティリティ関連

- Bergomi（2016）"Stochastic Volatility Modeling", Chapman and Hall
- Guyon（2020）"The VIX Future in Bergomi Models"
- Tian, Zhu, Lee, Klebaner and Hamza（2014）"Calibrating and Pricing with a Stochastic-Local Volatility Model", *Journal of Derivatives* 22(3)

SABR関連

- Antonov, Konikov and Spector（2015）"Mixing SABR Models for Negative Rates"
- Choi and Seo（2020）"Option pricing under the normal SABR model with Gaussian quadratures"

クレジット・デリバティブ，リスク管理モデル関連

- Bensalah（2000）"Steps in Applying Extreme Value Theory to Finance: A Review", Working Paper 2000-20, Bank of Canada

・Bluhm, Overbeck and Wagner (2010) "Introduction to Credit Risk Modeling (2nd edition)", Chapman and Hall

・Brigo, Morini and Pallavicini (2013) "Counterparty Credit Risk, Collateral and Funding", Wiley

・McNeil, Frey and Embrechts (2005) "Quantitative Risk Management: Concepts, Techniques and Tools", Princeton University Press

数値計算法，その他金融工学全般関連

・Duffy and Germani (2013) "C#for Financial Markets", Wiley

・John C. Hull (2011) "Options, Futures and Other Derivatives (the 8th edition)", Pearson

・Longstaff and Schwartz (2001) "Valuing American Options by Simulation: A Simple Least-Squares Approach", *Review of Financial Studies* 14

・Savine (2018) "Modern Computational Finance: AAD and Parallel Simulations", Wiley

・木島正明，田中敬一 (2007年)『資産の価格付けと測度変換』朝倉書店

時系列データ分析関連

・Cardamone (2006) "From Kalman to Hodrick-Prescott filter", available at: https://home.ubalt.edu/ntsbarsh/stat-data/cardamone.pdf

・Fama (1965) "The Behavior of Stock-Market Prices", *The Journal of Business*, 38(1)

・Xiong and Idzorek (2011) "The Impact of Skewness and Fat Tails on the Asset Allocation Decision", *Financial Analysts Journal* 67(2)

確率・統計，確率解析関連

・Chen and Glasserman (2007) "Malliavin Greeks without Malliavin calculus", *Stochastic Processes and their Applications* 117

・Crepey (2013) "Financial Modeling: A Backward Stochastic Differential Equations Perspective", Springer

· Fournié, et al.（1999）"Applications of Malliavin Calculus to Monte-Carlo Methods in Finance", *Finance and Stochastics* 3

· Fournié, et al.（2001）"Applications of Malliavin Calculus to Monte-Carlo Methods in Finance II", *Finance and Stochastics* 5

· Øksendal（1996）"An Introduction to Malliavin Calculus with Applications to Economics"

AI・機械学習，テンソル・ネットワーク関連

· Antonov and Piterbarg（2021）"Alternatives to Deep Neural Networks in Finance"

· Buehler, Gonon, Teichmann and Wood（2019）"Deep hedging", *Quantitative Finance* 19(8)

事項索引

*ゴシック表示は，本文中の見出し
項目とそのページを表します。

【T】

デリバティブキーワード 390

2025年2月26日　第1刷発行

(1995年7月18日　『デリバティブキーワード250』初版発行)
2000年5月29日　『デリバティブキーワード280』発行
2007年3月22日　『デリバティブキーワード300』発行
2013年1月17日　『デリバティブキーワード333』発行
2019年4月3日　『デリバティブキーワード360』発行

編　者　三井住友信託銀行
　　　　マーケット事業

発行者　加　藤　一　浩

〒160-8519　東京都新宿区南元町19
発　行　所　一般社団法人　金融財政事情研究会
出　版　部　TEL 03(3355)2251　FAX 03(3357)7416
販売受付　TEL 03(3358)2891　FAX 03(3358)0037
URL https://www.kinzai.jp/

校正：株式会社友人社／印刷：株式会社太平印刷社

ISBN978-4-322-14486-4